AP® SPANISH

Preparing for the Language and Culture Examination

José M. Díaz

     Digital Edition

SAVVAS
LEARNING COMPANY

ISBN-13: 978-0-13-323801-3
ISBN-10:   0-13-323801-6

20   22

Contents

Preface

Introduction

AP® Spanish: Preparing for the Language and Culture Examination is a comprehensive test preparation manual to accompany an Advanced Placement® Spanish Language and Culture course based on the College Board's Curriculum Framework. The following chart shows the organization of the exam as of 2013.

Section		Number of Questions	Percent of Final Score	Time
Section I: Multiple Choice				**Approx. 95 minutes**
Part A	Interpretive Communication: Print Texts	30 questions	**50%**	Approx. 40 minutes
Part B	Interpretive Communication: Print and Audio Texts (Combined)	35 questions		Approx. 55 minutes
	Interpretive Communication: Audio Texts			
Section II: Free Response				**Approx. 85 minutes**
Interpersonal Writing: E-mail Reply		1 prompt	**12.5%**	15 minutes
Presentational Writing: Persuasive Essay		1 prompt	**12.5%**	Approx. 55 minutes
Interpersonal Speaking: Conversation		5 prompts	**12.5%**	20 seconds for each response
Presentational Speaking: Cultural Comparison		1 prompt	**12.5%**	2 minutes to respond

(Table courtesy of the College Board's *AP® Spanish Language and Culture Course and Exam Description*.)

AP® Spanish: Preparing for the Language and Culture Examination provides extensive test practice in sections that reflect the same organization.

Section I: Multiple Choice

    Part A Interpretive Communication: Print Texts

    Part B-1 Interpretive Communication: Print and Audio Texts (Combined)

    Part B-2 Interpretive Communication: Audio Texts

Section II: Free Response

    Part C Interpersonal Writing: E-mail Reply

    Part D Presentational Writing: Persuasive Essay

    Part E Interpersonal Speaking: Conversation

    Part F Presentational Speaking: Cultural Comparison

Each "Part" in the test manual begins with an introductory section that explains how that part of the exam is organized and provides strategies for taking it successfully.

The AP® Exam and the Standards for Foreign Language Learning

The Advanced Placement Spanish Language and Culture Course and Examination is informed by the principles outlined in the ACTFL *Standards for Foreign Language Learning in the 21st Century*. Key principles of the National Standards are interwoven throughout the exam.

Three Modes of Communication

The core of the AP® Spanish Language and Culture Course and Examination focuses on six groups of learning objectives based upon the three modes of communication (interpersonal, interpretive, and presentational) outlined in Goal 1 of the *Standards for Foreign Language Learning in the 21st Century*. These learning objectives are:

> Spoken Interpersonal Communication
> Written Interpersonal Communication
> Audio, Visual, and Audiovisual Interpretive Communication
> Written and Print Interpretive Communication
> Spoken Presentational Communication
> Written Presentational Communication

These learning objectives guide student expectations and are reflected in the various parts of the examination. As students use each mode of communication within a learning objective, they are also tested on various combinations of the following skills, among others: their comprehension of content, their critical and analytical skills, their understanding and use of vocabulary and language structures, their ability to implement strategies, their awareness and knowledge of cultural products, practices and perspectives, and their skill at making connections and comparisons.

- **Interpersonal Communication** is the active negotiation of meaning among speakers in both spoken and written exchanges. This mode is practiced in Part C (Interpersonal Writing: E-mail Reply) and Part E (Interpersonal Speaking: Conversation).
- **Interpretive Communication** is the appropriate interpretation of written and spoken language where there is no active negotiation of meaning with the speaker or writer. This mode is practiced primarily in Part A (Interpretive Communication: Print Texts), Part B-1 (Interpretive Communication: Print and Audio Texts Combined) and Part B-2 (Interpretive Communication: Audio Texts). It is also practiced in combination with other modes in Part C (Interpersonal Writing: E-mail Reply), Part D (Presentational Writing: Persuasive Essay), and Part E (Interpersonal Speaking: Conversation).
- **Presentational Communication** is the creation of messages that can be interpreted by members of the target culture without active negotiation of meaning. This mode is practiced in Part D (Presentational Writing: Persuasive Essay) and Part F (Presentational Speaking: Cultural Comparison).

Cultures, Connections, and Comparisons

While taking the exam, students weave in additional Goals from the *Standards for Foreign Language Learning in the 21st Century* that include Cultures (Goal 2), Connections (Goal 3), and Comparisons (Goal 4). Students are tested on their knowledge and understanding of cultural products, practices, and perspectives from across the Spanish-speaking world. Students make connections to other content areas and make comparisons between other cultures and their own through the six Themes and the accompanying Essential Questions outlined in the Curriculum Framework. The six over-arching curricular themes are *Los desafíos mundiales,*

La ciencia y la tecnología, La vida contemporánea, Las identidades personales y públicas, Las familias y las comunidades, and *La belleza y la estética.* Each theme also includes several recommended contexts that explore the theme in greater depth. Throughout, students demonstrate their ability to interact with these themes using each (or a combination) of the three communicative modes and their culture knowledge and understanding of the cultures through the Spanish-speaking world.

Although this book is intended primarily to guide and assist students preparing to sit for the AP® Spanish Language and Culture Examination, teachers may find it as an effective component in other advanced courses.

Integrating Print and Digital

AP® Spanish: Preparing for the Language and Culture Examination provides unparalleled support for test preparation with the integration of the powerful Digital Courseware into daily instruction. The Digital Courseware is located on SuccessNet Plus, Savvas' personalized learning management system. Schools can access the materials through the purchase of either of these two Student Edition options that include licenses to the Digital Courseware:

(1) **Student Edition (print) with Digital Courseware.** Each softcover print Student Edition includes a 1-year or 3-year license to the Digital Courseware.

(2) **Student Edition (eText) with Digital Courseware.** This option includes an online Student Edition (eText) and a 1-year or 3-year license to the Digital Courseware.

The Digital Courseware includes:

- eText with embedded audio links
- Assignable activities for test practice
- Auto-graded listening and reading activities
- Open-ended (teacher-graded) speaking and writing tasks
- Speaking assessments using RealTalk!

The **Teacher Digital Center** provides tools to manage enrollments and instruction, assign activities, customize and add content, and communicate with students. It also contains PDF files of the Teacher's Resource Book and downloadable audio files.

The **Student Digital Center** includes the tools to access and complete assignments, record speaking tasks, monitor grades, and communicate with teachers.

Print only

The softcover print version of *AP® Spanish: Preparing for the Language and Culture Examination* is available for purchase in an option that does not include access to the Digital Courseware.

Student Access to the Digital Courseware

The Digital Courseware is located on Savvas' personalized learning management system called SuccessNet® Plus (**www.successnetplus.com**). At the beginning of the course, your teacher will enroll you in the class and provide you a Username and Password. Be sure to notify the teacher if you already have a SuccessNet® Plus login. Your teacher can enroll you from the School Roster and you can use the existing login to access the *AP® Spanish: Preparing for the Language and Culture Examination* Digital Courseware.

To get started, there are several important steps.

1. Confirm with your teacher that you are enrolled in the class. Confirm your Username and Password. Each time you want to log in, go to **www.successnetplus.com** and enter your login credentials.

2. If you are using the Digital Courseware on a non-school computer, be sure to check out the System Requirements to confirm that you are using compatible browsers and have the needed software.

3. Visit MySAVVASTraining.com for additional tips. Click on the SuccessNet® Plus link and look for information on the Student tab. You'll find extensive support for accessing the Digital Courseware and the eText from a computer or mobile device.

4. Savvas offers a wide range of technology support. You will find these links on **successnetplus.com**.

For Additional Test Preparation

Teachers preparing students for the AP® Spanish Language and Culture Examination may wish to use another highly recommended two-volume Savvas series: *Abriendo paso. Abriendo paso: Temas y lecturas* is a collection of authentic readings, both literature and informational texts, that provides complete coverage of the themes, recommended contexts, and learning objectives outlined in the College Board's *AP® Spanish Language and Culture Course and Exam Description. Abriendo paso: Temas y lecturas* is available in two formats: print and online. The print Student Edition includes a 7-year license to the Digital Course. The online eText with embedded audio and video links includes either a 1-year or 7-year license to the Digital Course. *Abriendo paso: Gramática* provides thorough grammar review and is also available in two formats: print and online. The print hardcover Student Edition includes a 7-year license and the print softcover edition includes a 1-year license. The eText is available with 1-year or 7-year licenses.

Visit Savvas.com for more information.

Acknowledgments

This fourth edition of *AP® Spanish: Preparing for the Language and Culture Examination* could not have been accomplished without the contributions of the best team an author can ever have. I am especially indebted to Kris Swanson for her editorial expertise. Her continued support, thoughtful advice, and management of the details of the complicated preparation of the manuscript was invaluable. Her outstanding contributions and guidance were key while preparing the successful third edition and more so for this edition. I don't think I would have been able to complete this book without her friendship, advice, and patience.

Without Gisela Aragón-Velthaus's support, guidance, and encouragement this book would have never been completed on time. There are not enough words to show my appreciation for her dedication and the limitless time she dedicated to this project. Her professionalism and knowledge helped to overcome any obstacles that came across along the way.

Cathy Wilson's wise advice and knowledge of language teaching helped shape this edition. Her insightful suggestions, constructive criticism, and efforts to improve the text have been the best any author can ever hope to receive.

The careful review of the manuscript by Raúl Rodríguez and María Elena Villalba, including their critiques and recommendations for change, were outstanding. I do hope I have done justice to their many suggestions. Karin Fajardo's assistance with several parts of the manuscript was an enormous help. She showed a great deal of commitment and flexibility, and her assistance and dedication to the project was outstanding.

Finally, the rest of the Savvas team, especially Regina McCarthy and Harold Swearingen, have my gratitude for their hard work, support, and commitment to the success of the book.

Academic Reviewers

Raúl S. Rodríguez
College Board Consultant and Adjunct Assistant Professor, Manhattan College and Faculty Emeritus, Xaverian High School, Brooklyn, New York

María Elena Villalba
Teacher and Foreign Language Chairperson, Miami Palmetto Senior High School, Pinecrest, Florida

About the Author

José M. Díaz is a Spanish teacher at Hunter College High School in New York City. He has served as Chair of the AP® Spanish Language and Literature Development Committee and as Table Leader, Question Leader for the scoring of the examination. He has led workshops throughout the United States and Europe and continues to act as a consultant for the College Board. He has also written guides and articles for several College Board publications. He is the co-author of *Abriendo paso: Temas y lecturas* and *Abriendo paso: Gramática*, *Listening Comprehension Skills for Intermediate Students* and *¡En marcha!*, among others. He has a B.A. in Spanish Literature from Hunter College and an M.A. from Teacher's College, Columbia University.

SECTION I
MULTIPLE CHOICE

Part A
Interpretive Communication: Print Texts

In this portion of the AP® Spanish Language and Culture Examination, you will be tested on your ability to comprehend and interpret an authentic reading passage selected for its linguistic, cultural, or literary value as well as for its varied themes and topics. These types of readings consist of literary passages, journalistic articles, letters, and promotional pieces. In some cases, a journalistic selection is combined with a second source—a chart, table, or graph that is somehow related to the content of the reading passage. The content of these reading selections and visuals relates to the curricular themes as set forth in the Curriculum Framework for the AP Spanish Language and Culture Examination.

In the multiple choice questions that follow the passages (and, in some cases, visuals), you will be asked not only to identify the written texts' main points and significant details, but also to read critically, recognize vocabulary in context, identify the point of view of the author, and to make inferences and predictions.

When taking this portion of the exam, you will have forty minutes to read a fixed number of passages and answer the questions that follow. Once you see the number of passages you will be reading, you can budget your time accordingly.

Because the AP exam emphasizes honing your reading skills, take the time to study and apply the following reading strategies. They will also be useful when taking several other parts of the exam: Part B-1, Part C, and Part D.

Strategies

1. **As you read, make connections to what you already know and to other subjects and content areas.** The more you know about a subject and the richer your vocabulary is, the better you will understand the passage. As you practice your reading skills, try to determine how the main idea, the purpose of the passage, and specific key words connect to the knowledge you have learned in other classes: science, art, social studies, psychology, geography, and others. You will then be able to transfer this knowledge to the reading passage. It may be a cliché, but it is applicable: "Knowledge is power," and this power will make you a more successful reader. Fiction writers and newspaper journalists write for an educated audience. You are a member of that audience.

2. **Look for the main idea and activate background knowledge about it.** All readings will have an introduction with information about the source. This introduction usually includes the author's name and some brief information about the passage. It sometimes includes other facts, such as the novel or short story from which the passage comes and the nationality of its author. Get as much information as you can from this introduction. This will trigger ideas about what you already know regarding the subject matter and similar situations you have read or heard about. Use this to make connections to what you expect to read in the passage.

3. **Use context to derive meaning.** In some cases you may not be sure of a word or an expression. In those cases, look at the context of the entire sentence and paragraph in order to help you figure out its meaning. Avoid the bilingual dictionary and remember you do not have to know every word to understand the

passage. Use your ability to make inferences, recognize cognates and words of the same family, break up prefixes and suffixes and, if necessary, make educated guesses.

4. **Study the visuals.** Some of the reading passages are paired with a second source that is an informational graphic, such as a chart, table, or graph. In these cases, establish the relationship between these visuals and the ideas or objects mentioned in the passage. Then look at the visual to see what additional information it provides. You will answer multiple-choice questions that relate to both the reading passage and the visual, so it will help you if you highlight, circle, or underline the source of the question (**fuente escrita, artículo, gráfico**, etc.). This way you will know exactly the source you need to consult in order to answer the questions.

Keep in mind that these visual elements present information in a way that combines text with images. You must analyze the parts and then see how they work together as a whole in order to understand all the information they are presenting.

- Read carefully any titles or captions in order to understand exactly what type of information is being shown.
- With charts and tables, pay close attention to the column and row heads. Note any use of extra rules, spacing, or shading that helps to group items into subcategories.
- With line and bar graphs, note that there are normally two axes (at the left and at the bottom). Make sure you understand what information is being presented on each axis. Then look to see how the point on the line or the top of the bar shows the intersection of these two kinds of information. Analyzing that intersection will help you interpret the information being presented.
- Pie charts show percentages of a whole ("slices" of a "pie"). These percentages add up to 100%, or the whole "pie." Usually the percentages are listed on each "slice," but sometimes they are not. In those cases, look at the relative size of the "slices" to determine rough percentages.
- For further support, review Appendix A: Vocabulary for Reading Tables and Graphs.

5. **Make inferences, compare facts and ideas, and draw conclusions.** Some questions in this section of the exam will test your ability to make cultural inferences. For example, suppose you are asked to read an article printed in a newspaper from Colombia. If the article describes a tradition, a custom, or a holiday celebrated in that country, that is a **cultural practice** in that culture that may be different from yours. If the article discusses a type of food, a piece of art, or some other object that is well known to the audience for whom the passage is intended, that is a **cultural product** that you may not be familiar with. If, as you read, you come to the conclusion (you infer) that the passage reflects the way the ideas are viewed in that culture, this is a **cultural perspective**, a view different from your own.

Your ability to make inferences will be tested in several ways.

- Some questions may require that you interpret linguistic cues to infer social relationships. Does the article talk about a specific sociocultural group? Does it discuss different ethnic groups and their contributions to society? Does it present ideas about religion, government, or education? Does it include a dialogue that allows you to focus on how people use formal or informal language to address each other?
- At times, you may be asked to identify the tone of a selection. Look for cues that will help you identify if the passage is funny, romantic, pessimistic, nostalgic, objective, etc. What point of view is the author expressing and how does the tone contribute to that point of view?

6. **Follow a three-step reading process.** As you start practicing for the exam, use the following reading process: pre-reading, reading, and post-reading. As you become more proficient in the language and reading, you will be able to go through the process more quickly.

- **Pre-reading:** Organize yourself before you start to read.

  —Look at the curricular theme that is associated with the reading to preview its content. As noted above, there are six curricular themes used throughout the exam: **Los desafíos mundiales, La ciencia y la tecnología, La vida contemporánea, Las identidades personales y públicas, Las familias y las comunidades,** and **La belleza y la estética.**

  —Read the title and any other information that precedes the selections and make predictions about what it might contain.

  —It is always a good idea to read the questions before you read the passage; that way you will know what information you need to find.

- **Reading:** Start connecting the passage's content and main ideas to what you already know about the subject.

  —Read the first paragraph and continue to make predictions.

  —Focus on details and language.

  —Visualize the passage content as you read.

  —Focus on associations and connections (background knowledge) triggered by the text.

  —Watch out for false cognates.

  —Check the tense in which the passage is written.

  —Pay attention to word order. Sometimes the sentences may not have the order you are used to seeing, for example, a subject followed by a verb.

  —Take notes and mark key words or ideas. Circle, underline, or place checks or other marks next to facts or key words you noticed when you previewed the questions before reading. Although you will not be allowed to use a highlighter the day of the exam, you should use a different color pen to underline the main idea of each paragraph.

- **Post-reading: After reading the entire passage, make sure you do the following:**

  —Synthesize what you have learned from the text. Were you able to make successful connections to what you already know and to the different kinds of information included in the reading (and visual)?

  —Be strategic when answering the questions. In some exams, you lose 1/3 of a point for incorrect answers. On the AP® exam you do not, so you can guess any time you are not sure about the answer.

> The following practice activities (pp. 5–105) are arranged in order of increasing difficulty and are designed to give you practice in reading and interpreting print texts and visuals.

You will read several selections. Each selection is accompanied by a number of questions. For each question, choose the response that is best according to the selection and mark your answer on your answer sheet.

Vas a leer varios textos. Cada texto va acompañado de varias preguntas. Para cada pregunta, elige la mejor respuesta según el texto e indícala en la hoja de respuestas.

ACTIVIDAD 1
Tema curricular: La belleza y la estética

Introducción
El siguiente anuncio proviene del portal de la Liga Profesional de Improvisación. Su primera temporada tuvo lugar en el año 1987.

Novedades

INFORMES E INSCRIPCIÓN:
www.lpi.com.ar
secretarialpi@gmail.com

TALLER INTERNACIONAL CON EL MAESTRO JUAN CRISTÓBAL BOTERO (COLOMBIA) viernes 12 de abril. 11 a 13 h y 14 a 16 h La SEDE Teatro. (Sarmiento 1495) 50% off con la entrada de IMPREVISIBLES DEL VIERNES

El Taller Intensivo impartido por el director colombiano Juan Cristóbal Botero abordará la estructura del Teatro Playback, técnicas de impro para la narración de historias reales, espontaneidad, escucha, aceptación, exteriorización de los sentimientos, construcción física de espacios.

El Teatro Playback es una forma de improvisación teatral basado en historias reales, sentimientos, sueños, recuerdos de los espectadores. Emergió desde el movimiento de teatro experimental, el psicodrama y la tradición oral. Este es un teatro fundamentado en la idea de que es necesario escucharnos a niveles profundos para lograr una transformación personal y social.
Informes e inscripción: secretarialpi@gmail.com

MATCH INTERNACIONAL
Humor improvisado en competencia
ARGENTINA vs. COLOMBIA

IMPROGOL, el nuevo formato de la Impro Nacional, se estrena en la tradicional Calle Corrientes de Buenos Aires con un partido internacional. Una cancha de fútbol, dos equipos vestidos como futbolistas, un divertido árbitro y el público decidiendo al ganador, son los condimentos de este espectáculo.

Las clásicas improvisaciones con estilo combinadas con los juegos de impro, en cuya investigación fuimos pioneros a partir de 2002, dan por resultado un formato único que es una combinación perfecta entre los clásicos Match de Impro y Theatresports. Una función especial del elenco de lujo de IMPREVISIBLES, que en esta ocasión será Selección Nacional: Los experimentados Cachi Bratoz, Gustavo Sosa, Jorgelina Uslenghi y Caro Chande como invitada especial. En el otro banco jugará el grupo **La Solución Impro de Colombia** dirigido por Juan Cristóbal Botero. Dirección e histriónico arbitraje: Ricardo Behrens.

3 BENEFICIOS PARA NUESTROS SEGUIDORES:

1. 2x1 ($30 c/u) para todas las funciones enviando un mail a **secretarialpi@gmail.com**, ya no tenés excusas... vení a divertirte este fin de semana.

2. Si venís al show del viernes Argentina vs. Colombia, llevando esa entrada tenés un 50% off (pagás solo $50) en el Taller Internacional del maestro colombiano Juan Cristóbal Botero. **Viernes 12 de abril.**
   11 a 13 h y 14 a 16 h.
   También acceso a clases gratis de la LPI.

3. Si venís al show del viernes Argentina vs. Colombia, también podés pedirnos 1 entrada gratis a cualquiera de los espectáculos de La Solución Impro de Colombia en
   La SEDE Teatro, Sarmiento 1495:
   "Ritus"
   Sábado 13 de abril 21 h
   "Improvisaciones desCLOWNtroladas"
   Domingo 14 de abril 20 h
   Todas las reservas, aclarando la solicitud en: **secretarialpi@gmail.com**

1. ¿Qué oportunidad ofrece la Liga Profesional de Improvisación?
   (A) Acudir a obras de teatro innovadoras
   (B) Asistir a clases con un personaje reconocido
   (C) Escuchar narraciones de hoy en día
   (D) Participar en escribir obras de teatro

2. ¿Cómo se podría caracterizar el Teatro Playback?
   (A) Escandaloso
   (B) Tradicional
   (C) Nostálgico
   (D) Auténtico

3. En el Match Internacional, ¿cómo será el escenario donde actuarán los participantes?
   (A) Como un campo deportivo
   (B) Como una plaza tradicional
   (C) Como un estadio destruido
   (D) Como una pista de patinaje

4. ¿Qué tarea tendrán las personas que asistan a la presentación?
   (A) Escoger a los futbolistas de cada equipo
   (B) Investigar quién es el árbitro
   (C) Seleccionar el equipo vencedor
   (D) Decidir cuánto dura la presentación

5. ¿Qué beneficio recibirán las personas que asistan al *show* del viernes?
   (A) La mitad de precio para el seminario
   (B) Descuentos en viajes internacionales
   (C) Entrada gratis a todas las presentaciones
   (D) Reservas por adelantado a cualquier *show*

6. Si necesitas más información sobre el taller que ofrecen, ¿cuál sería la pregunta más apropiada para enviarle a la persona cuya dirección de correo electrónico aparece en el anuncio?
   (A) ¿Es necesario tener buenos conocimientos de psicología?
   (B) ¿Puedo asistir al taller aunque no sea uno de sus seguidores?
   (C) ¿Se necesita algún tipo de experiencia en el teatro para participar?
   (D) ¿Dónde puedo encontrar un uniforme de futbolista para el *show*?

ACTIVIDAD 2
Tema curricular: La vida contemporánea

Introducción

El artículo a continuación fue publicado en *México Desconocido*, una revista que tiene como objetivo dar a conocer la variedad de lugares que se pueden visitar en plan turístico a través del país.

Feria de la Piñata de Acolman

Línea *Vive en Acolman, Pueblo con Encanto del Estado de México, la Feria de la Piñata, una de las fiestas más coloridas dedicadas a una de las artesanías más populares de México.*

(5)   Es casi imposible imaginar una Navidad en México sin la tradicional piñata, hoy considerada una de las artesanías más bellas del país.

La primera piñata de México fue elaborada en el Pueblo con Encanto de Acolman, Estado

(10) de México, bajo el mismo propósito que muchas de las tradiciones mexicanas fueron desarrolladas: el de la evangelización.

La tradición de la piñata llegó a México a través de los españoles durante el siglo XVI.

(15) Se dice que surgió en Italia donde se regalaban ollas llenas de regalos a los trabajadores durante las fiestas de Cuaresma. Sin embargo, los europeos una vez en la Nueva España, adaptaron dicha práctica a las fiestas decembrinas

(20) para atribuirle un nuevo significado: el del demonio y los siete pecados capitales.

Fue en el exconvento de San Agustín de Acolman donde, según la tradición, se elaboró la primera piñata tal y como hoy la conocemos.

(25) Ahí, a la olla de barro traída por los misioneros, se le agregó el papel de China para hacerla más vistosa en representación de los placeres superfluos, así como los picos que simbolizarían los siete pecados capitales que serían destruidos con

(30) los ojos vendados, pues recordemos que la fe es ciega, ayudados de un palo como símbolo de la virtud que destruye las tentaciones.

Hoy por hoy, es posible conseguir una piñata en la mayor parte de México, pero Acolman es

(35) aún el lugar ideal para obtener una elaborada tradicionalmente, sobre todo en su ya tradicional Feria de la Piñata que está por realizar su XXVI edición.

La Feria de la Piñata se celebra con bailes populares y concursos donde varias comu- (40) nidades participan con su propia piñata para premiar a la más grande y original; también se llevan a cabo las tradicionales posadas que, por cierto, también surgieron en Acolman. Este Pueblo con Encanto te espera con gran variedad (45) de actividades (grupos musicales, jaripeos, carreras de caballos, gastronomía local) y atractivos coloniales para pasar un fin de semana navideño al estilo Acolman.

XXVI Feria de la Piñata (50)
Acolman, Estado de México
del 15 al 20 de diciembre 2011.
Conoce más de Acolman, Pueblo con
Encanto.

Cómo llegar: Desde la Ciudad de México (55) toma la avenida de los Insurgentes con rumbo a Indios Verdes hasta llegar a Ecatepec. De ahí, continúa por la autopista núm. 132 hacia Tulancingo–Pirámides y sigue hasta encontrar el poblado de Acolman. Desde Pachuca (60) puedes tomar la carretera núm. 105 con rumbo a Venustiano Carranza y sigue por la carretera núm. 132 hasta llegar al entronque a Santiago Tolman y de ahí a Acolman.

1. ¿Con qué propósito se elaboraron las piñatas originalmente?
   (A) Artístico
   (B) Comercial
   (C) Religioso
   (D) Defensor

---

2. ¿Qué resultado se obtiene al golpear la piñata?
   - (A) Engañar a la persona con los ojos vendados
   - (B) Celebrar las virtudes de la persona que la golpea
   - (C) Representar las virtudes de los creyentes
   - (D) Purificar a las personas de sus pecados

3. ¿Qué distingue a las piñatas de Acolman?
   - (A) Son decoradas con material de mucho valor.
   - (B) Son fabricadas como eran originalmente.
   - (C) Sus colores son únicos.
   - (D) Sus tamaños son impresionantes.

4. ¿Para quién son las instrucciones para llegar a Acolman?
   - (A) Para las personas con coches
   - (B) Para las personas que les gusta caminar
   - (C) Para los que prefieren el metro
   - (D) Para los que viajan en autobús

5. ¿Cuál de las siguientes preguntas sería más apropiada si quisieras visitar Acolman para la Feria de la Piñata?
   - (A) ¿Existen lugares donde me pueda hospedar a un costo razonable?
   - (B) ¿Puede usted enviarme varios estilos de piñata para decidir si quiero ir?
   - (C) ¿Hay otra época del año cuando se celebre la feria además de diciembre?
   - (D) ¿Dónde exhiben los artesanos las obras de arte basadas en las piñatas?

ACTIVIDAD 3
Tema curricular: La belleza y la estética

Introducción

La revista *Américas* publicó el siguiente artículo sobre el Museo de la Música Puertorriqueña. Nos describe las muestras que podemos encontrar para disfrutar de las tradiciones musicales de la isla.

Museo de la Música Puertorriqueña

Línea Aunque tanto en prestigio como en tamaño está eclipsado por el internacionalmente renombrado Museo de Arte de Ponce, en Puerto Rico, el Museo de la Música Puertorriqueña no debe

(5) ser pasado por alto por los visitantes que llegan a la segunda ciudad de la isla. Quienes desean obtener una perspectiva de las entrañables tradiciones musicales de esta isla caribeña, que se extienden desde las épocas precolombinas hasta

(10) el presente, se verán plenamente recompensados al experimentar las vistas y los sonidos que se exhiben en el museo. Las muestras temáticas incluyen una amplia colección de instrumentos musicales antiguos, fotografías históricas,

(15) afiches y manuscritos musicales, videos y exhibiciones audiovisuales.

Situado en el centro histórico de la ciudad, el museo se halla en un edificio de principios del siglo XX y da una idea del elegante estilo

(20) de vida de épocas pasadas. La mansión neoclásica fue construida en 1912, diseñada por un arquitecto local para Félix Juan Serrallés, nieto del fundador de la destilería de ron Serrallés, una de las más importantes industrias de Ponce.

(25) Desde 1990, cuando el edificio se restauró y se inauguró el museo, todos los espacios interiores, desde las salas hasta el comedor formal, se han utilizado para documentar diferentes períodos de la historia de la música de Puerto Rico.

(30) La sala dedicada a la cultura indígena de los taínos sienta las bases de la evolución experimentada, desde el momento en que Puerto Rico fuera colonizada por los españoles y más tarde con la llegada de los esclavos africanos. La

(35) exhibición de los taínos contiene una diversidad de instrumentos rudimentarios, desde flautas de bambú y palma hasta un gran tambor construido con el tronco de un árbol. Las costumbres cortesanas de la alta sociedad de mediados del

siglo XIX están representadas en la exhibición (40) de danza, que incluye instrumentos europeos como el violín, el violoncelo y el corno francés. El museo asimismo rinde homenaje a los no demasiado conocidos compositores, músicos y directores clásicos puertorriqueños, y a su nota- (45) ble tradición operística.

Los aficionados a los estilos musicales puertorriqueños más contemporáneos como la bomba, la plena y la salsa, encontrarán una amplia gama de objetos que les permitirá (50) ampliar su conocimiento de algunos de los más conocidos músicos, cantantes y compositores de la isla. No debe sorprender que Enrique Arsenio Lucca Quiñónez, más conocido como Pappo Lucca, pianista, compositor, arreglista y direc- (55) tor del famoso conjunto la Sonora Ponceña, ocupe un lugar prominente.

Es particularmente interesante la amplia colección de cuatros, la pequeña guitarra que se ha convertido en un símbolo de la música folclórica (60) de la isla después de avivar la escena musical puertorriqueña por espacio de más de cuatro siglos. Los más preciados cuatros son aquellos fabricados por Carmelo Martel Luciano, consumado artesano cuyos instrumentos hechos (65) a mano se consideran obras maestras del arte folclórico. Entre sus creaciones más notables se encuentran cuatros en la forma de un gallo, un pato, un pez y el mapa de Puerto Rico. Todos ellos son diseños sumamente complejos, con (70) profusión de colores y detalles microscópicos.

Después de recorrer el museo, el guía Ángel Luis Dávila suele preguntar a los visitantes si quieren poner en práctica sus nuevos conocimientos tocando ritmos tropicales en congas, (75) bongós y claves. El museo, ubicado en la intersección de las calles Isabel y Salud, está abierto al público de martes a domingos.

1. ¿Qué podemos inferir sobre las declaraciones del autor al principio del artículo?
   (A) Que las tradiciones musicales no reciben la atención que merecen
   (B) Que los sonidos de la música puertorriqueña se aprecian mejor en el museo
   (C) Que el museo parece ser pasado por alto por los visitantes a la isla
   (D) Que la colección de instrumentos solo representan la música de hoy

2. ¿Cómo son los instrumentos usados por los taínos?
   (A) Primitivos
   (B) Revolucionarios
   (C) Innovadores
   (D) Defectuosos

3. ¿Qué ofrece el museo para los amantes de la música de hoy?
   (A) Una comparación con la música tradicional
   (B) Lo más moderno en el ámbito musical
   (C) Los grandes representantes de la tradición operística
   (D) La crónica de las influencias musicales de otros países

4. ¿Qué es el cuatro?
   (A) Un estilo de música tradicional que ha llegado hasta hoy
   (B) La artesanía representada en los instrumentos musicales
   (C) Los músicos que han revivido la música folclórica
   (D) El instrumento que es insignia de la música tradicional

5. ¿Qué caracteriza los instrumentos fabricados por Carmelo Martel Luciano?
   (A) Sus diseños únicos
   (B) Sus formas geométricas
   (C) Los materiales que usa
   (D) Las escenas típicas que ilustran

ACTIVIDAD 4
Tema curricular: Las identidades personales y públicas

Introducción

El siguiente artículo apareció en la revista *Américas* y presenta el nuevo galardón que recibió Perú de la Organización de Estados Americanos (OEA).

Gastronomía peruana: "Patrimonio cultural de las Américas"

Línea En ocasión del inicio oficial del Año Interamericano de la Cultura, la OEA declaró la gastronomía peruana "Patrimonio cultural de las Américas". El galardón fue entregado
(5) por el Secretario General José Miguel Insulza al Ministro de Comercio y Turismo peruano, Eduardo Ferreyros.

Dicho reconocimiento procura "destacar las expresiones culturales que mejor representan
(10) el patrimonio de los países de este hemisferio", aseguró el Secretario General Insulza, quien además expresó su complacencia de poder honrar a la gastronomía peruana, ya que "se ha convertido en un enorme embajador y atractivo
(15) para este hermoso país y sigue siendo una representación viva de su acervo cultural".

La gastronomía, destacó el máximo representante de la OEA, "no es solo la suma de sabores y productos, es el reflejo de la relación
(20) que nace entre el hombre y su medio, entre el hombre, su tierra, su historia, su geografía, su gente, es el reflejo de los vínculos que crean los individuos con su tierra, sus frutos, sus colores y sus costumbres".

(25) Al recibir el premio, el ministro Ferreyros recordó que la gastronomía del Perú "se enriqueció a lo largo de la historia con las tradiciones culinarias de las distintas colonias afincadas en el territorio peruano, como la
(30) italiana y la francesa, lo que dio lugar a nuevas recetas que expresan toda la creatividad de los peruanos en su comida" y continuó diciendo que "nos sentimos muy honrados de tener un lugar en el marco cultural de las Américas, de
(35) que la gastronomía sea reconocida como nuestra contribución regional al mundo".

En la ceremonia, que se realizó en la sede principal de la OEA en Washington, DC y en la que participaron altos funcionarios y represen-
(40) tantes de los países miembros de la organización, reconocidos *chefs* peruanos ofrecieron muestras de la cocina tradicional de su país. El Perú es el primer país de la región que recibe dicho galardón, que ha sido creado por la OEA con el
(45) fin de difundir el aporte cultural de las Américas al mundo y de reafirmar su presencia en el escenario internacional, desde una perspectiva dinámica, viva y en constante evolución. En adelante el reconocimiento se otorgará a otras
(50) manifestaciones culturales del continente.

1. ¿Qué papel juega la gastronomía peruana según el señor Insulza?
   - (A) Evoca la memorias culinarias de un Perú colonial.
   - (B) Sirve de excelente emisario para beneficio del país.
   - (C) Representa los éxitos que ha tenido la gastronomía en el extranjero.
   - (D) Trata de eliminar sus vínculos con el arte culinario de otros países.

2. Además de los sabores y los productos, ¿qué manifiesta la gastronomía peruana?
   - (A) La relación del hombre con su entorno y la cultura
   - (B) El nacimiento de una nación en busca de sus antepasados
   - (C) Los éxitos recientes de la economía
   - (D) La gran variedad de la flora y la fauna

3. Según el ministro Ferreyro, ¿cuál es uno de los factores que caracteriza la gastronomía peruana?
   - (A) La variedad de comidas según la región
   - (B) El uso exclusivo de productos indígenas
   - (C) La conservación intacta de las recetas de la antigüedad
   - (D) La influencia del arte culinario de otros países

4. ¿Qué distinción tiene Perú entre los otros países de las Américas?
   - (A) Ningún otro país posee la variedad gastronómica.
   - (B) Ha participado en certámenes internacionales.
   - (C) Ningún otro país ha recibido todavía este honor.
   - (D) Ha creado una gastronomía inigualable.

5. Imagina que puedes entrevistar a José Miguel Insulza. ¿Cuál de las siguientes preguntas sería más oportuna?
   - (A) ¿Qué reconocimientos está planeando la OEA para los otros países de las Américas?
   - (B) ¿Cuáles son los lugares donde se pueden probar los platos que reflejan la verdadera gastronomía tradicional de Perú?
   - (C) ¿Por qué se mantienen en secreto las recetas de la cocina tradicional y las que representan innovaciones?
   - (D) ¿Cuántas colonias participaron a lo largo de la historia en el arte culinario de Perú?

ACTIVIDAD 5
Tema curricular: La vida contemporánea

Introducción

En el siguiente fragmento, el narrador habla de las reacciones de algunas personas ante una situación inesperada. Viene de un cuento corto de Gabriel García Márquez titulado "El avión de la bella durmiente".

Línea Yo estaba en la fila de registro detrás de una anciana holandesa que demoró una hora discutiendo el peso de sus once maletas. Empezaba a aburrirme cuando vi la aparición instantánea
(5) que me dejó sin aliento, así que no supe cómo terminó el altercado, hasta que la empleada me bajó de las nubes con un reproche por mi distracción. A modo de disculpa le pregunté si creía en los amores a primera vista. "Claro
(10) que sí", me dijo. "Los imposibles son los otros". Siguió con la vista fija en la pantalla de la computadora, y me preguntó qué asiento prefería: fumar o no fumar.
—Me da lo mismo —le dije con toda inten-
(15) ción—, siempre que no sea al lado de las once maletas. Ella lo agradeció con una sonrisa comercial sin apartar la vista de la pantalla fosforescente.

—Escoja un número —me dijo—: tres, cuatro o siete. (20)
—Cuatro.
Su sonrisa tuvo un destello triunfal.
—En quince años que llevo aquí —dijo—, es el primero que no escoge el siete.
Marcó en la tarjeta de embarque el número (25) del asiento y me la entregó con el resto de mis papeles, mirándome por primera vez con unos ojos de color de uva que me sirvieron de consuelo mientras volvía a ver a la bella. Sólo entonces me advirtió que el aeropuerto acababa de (30) cerrarse y todos los vuelos estaban diferidos.
—¿Hasta cuándo?
—Hasta que Dios quiera —dijo con una sonrisa—. La radio anunció que será la nevada más grande del año. (35)

1. ¿Qué hacía la anciana holandesa al principio del fragmento?
   (A) Discutía con la empleada.
   (B) Le gritaba al narrador.
   (C) Se paseaba de un lado al otro.
   (D) Buscaba algo en su equipaje.

2. ¿A quién describe la frase "la aparición instantánea" [línea 4]?
   (A) A un ser fuera de este mundo
   (B) A la empleada en el aeropuerto
   (C) A una persona que le gusta mucho
   (D) A la anciana holandesa delante del narrador

3. ¿A qué se refiere la frase "Los imposibles son los otros". [línea 10]?
   (A) A los pasajeros que son exigentes
   (B) A los ancianos que son incapaces de viajar
   (C) A los viajeros que se distraen fácilmente
   (D) A los amores que se fortalecen con el tiempo

4. ¿Por qué no supo el narrador lo que sucedió con la anciana holandesa?
   (A) Porque hablaba con otra empleada
   (B) Porque estaba algo distraído
   (C) Porque se durmió de aburrimiento
   (D) Porque trabajaba en la computadora

5. ¿Qué está interesada en saber la empleada?
   (A) Si el narrador está enamorado
   (B) Si el narrador lleva sobrepeso
   (C) Dónde prefiere sentarse el narrador
   (D) Cuál es el destino del narrador

6. ¿A qué se refieren los números que discuten el narrador y la empleada?
   (A) Al número de personas
   (B) Al número de maletas
   (C) Al número del vuelo
   (D) Al número del asiento

7. ¿Qué parece indicar este comentario de la empleada: "En quince años que llevo aquí —dijo—, es el primero que no escoge el siete" [líneas 23–24]?
   (A) Los viajeros son indiferentes a los números.
   (B) La empleada no sabe sumar.
   (C) Los viajeros son supersticiosos con los números.
   (D) La empleada prefiere el número siete.

8. ¿Qué le advirtió la empleada al viajero?
   (A) Que había escogido un número equivocado
   (B) Que no habría más vuelos por largo tiempo
   (C) Que sus papeles no estaban en orden
   (D) Que iba a ver a la bella muy pronto

9. ¿Qué frase resume mejor el fragmento?
   (A) Las relaciones personales siempre nos definen.
   (B) El amor vence cualquier dificultad.
   (C) Los viajes proporcionan nuevas aventuras.
   (D) La paciencia es una virtud inigualable.

ACTIVIDAD 6
Tema curricular: La vida contemporánea

Introducción
Este fragmento nos describe las dificultades que enfrenta un joven estudiante cuando llega a la ciudad de Barcelona. Proviene del cuento "Antes de la cita con los Linares" de Alfredo Bryce Echenique.

Línea

Llegó a Barcelona en la noche del veintisiete de julio y llovía. Bajó del tren y al ver en su reloj que eran las once de la noche, se convenció de que tendría que dormir en la calle. Al salir de la
(5) estación empezaron a aparecer ante sus ojos los letreros que anunciaban las pensiones, los hostales, los albergues. Se dijo "No hay habitación para usted" en la puerta de cuatro pensiones, pero se arrojó valientemente sobre la escalera
(10) que conducía a la quinta pensión que encontró. Perdió y volvió a encontrar su pasaporte antes de entrar, y luego avanzó hasta una especie de mostrador donde un recepcionista lo podría estar confundiendo con un contrabandista.
(15) Quería, de rodillas, un cuarto para varios días porque en Barcelona se iba a encontrar con los Linares, porque estaba muy resfriado y porque ahora tenía que dormir bien esa noche. El

recepcionista le comentó que él era el propietario de esa pensión, el dueño de todos los (20) cuartos de esa pensión, de todas las mesas del comedor de esa pensión y después le dijo que no había nada para él, que sólo había un cuarto con dos camas para dos personas. Sebastián inició la más grande requisitoria contra todas las (25) pensiones del mundo: a él que era un estudiante extranjero, a él que estaba enfermo, resfriado, cansado de tanto viajar, a él que tenía su pasaporte en regla (lo perdió y lo volvió a encontrar), a él que venía en busca de descanso, de sol (30) y del Quijote, se le recibía con lluvia y se le obligaba a dormir en la intemperie. "Calma, calma, señor", dijo el propietario-recepcionista, "no se desespere, déjeme terminar: voy a llamar a otra pensión y le voy a conseguir un cuarto". (35)

1. ¿Qué problema tiene Sebastián al llegar a Barcelona?
   (A) No puede encontrar a sus amigos.
   (B) No tiene donde hospedarse.
   (C) Ha llegado después de la medianoche.
   (D) Tiene mucha hambre.

2. ¿A qué se refieren las palabras "las pensiones, los hostales, los albergues" [líneas 6–7]?
   (A) A los lugares que quiere visitar
   (B) A los lugares donde se puede hospedar
   (C) A los tipos de habitaciones que están disponibles
   (D) A los malestares que lo están afectando

3. ¿Cómo se siente Sebastián al llegar a la quinta pensión?
   (A) Entusiasmado
   (B) Avergonzado
   (C) Agotado
   (D) Ensimismado

4. ¿Por qué no le quiere alquilar la habitación a Sebastián el recepcionista?
   (A) Porque Sebastián es un estudiante extranjero
   (B) Porque Sebastián está enfermo y de mal humor
   (C) Porque cree que Sebastián es contrabandista
   (D) Porque el cuarto que tiene es para más de una persona

5. Entre otras cosas, ¿con qué motivo ha venido Sebastián a Barcelona?
   (A) Para reunirse con una familia
   (B) Para buscar su pasaporte
   (C) Para concluir unos negocios
   (D) Para recobrar la salud

6. ¿Qué técnica usa el autor para enfatizar los ruegos del estudiante?
   - (A) Da una lista de los contratiempos que tiene.
   - (B) Compara la situación a un episodio de *Don Quijote*.
   - (C) Muestra la indiferencia del propietario-recepcionista.
   - (D) Menciona el placer que encontrará en Barcelona.

7. ¿Qué parece sentir el propietario hacia Sebastián?
   - (A) Rencor
   - (B) Cariño
   - (C) Miedo
   - (D) Lástima

8. Finalmente, ¿qué decide hacer el dueño de la pensión?
   - (A) Ayudar a Sebastián
   - (B) Darle a Sebastián un cuarto
   - (C) Echar a Sebastián a la calle
   - (D) Llamar a un médico

9. ¿Cuál sería la conducta más apropiada del joven al final del fragmento?
   - (A) Abandonar todos sus planes
   - (B) Ofrecer una recompensa
   - (C) Mostrar su agradecimiento
   - (D) Buscar un hospital cercano

ACTIVIDAD 7
Tema curricular: Las familias y las comunidades
Fuente número 1

Introducción

El siguiente artículo presenta uno de los numerosos grupos étnicos y lingüísticos de México. Apareció en el portal de las Naciones Unidas.

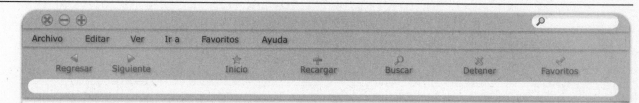

Una comunidad protege el idioma indígena en México

Línea   "Somos una comunidad muy orgullosa. Ser cucapá es algo de lo que uno puede sentirse orgulloso".

—Nicolás

Nicolás, miembro de los indios cucapás de México, habla orgulloso de los orígenes de sus antepasados: "La historia de los cucapás comienza cuando Cepa y Commat estaban bajo el agua. Mientras

(5)   pensaban cómo salir, Commat comenzó a fumar y salieron del agua transportados por el humo. Empezaron a crear todo y secaron esta tierra. Cepa creó el sol, pero no brillaba. Commat dijo que eso sería la luna y creó el sol que tenemos".

La reserva de los cucapás en la que vive Nicolás, tiene 178 habitantes y está situada en San Luis Río Colorado. Los cucapás solían navegar por el difícil río Colorado en balsas de juncos. Hablando

(10)   de la vida de los cucapás, Nicolás dice: "Nuestros antepasados no trabajaban los campos, únicamente pescaban y cazaban. Pero ahora el río se ha secado, está cerrado. De manera que plantamos cilantro y perejil para venderlo".

Desgraciadamente, el río no es lo único que se ha secado, ya que el idioma de los cucapás también se está evaporando. Se estima que 93 idiomas indios han desaparecido completamente. Sin embargo,

(15)   los miembros más jóvenes del grupo tienen programas para ayudar a conservar su idioma. La narración de cuentos es muy popular y se mantiene cuidadosamente la costumbre de que los ancianos enseñen a los jóvenes maneras de conservar el idioma. "Soy muy feliz siendo cucapá y enseñando a los niños nuestro idioma para que puedan enseñarlo a los demás", dice Margarita.

Históricamente, los cucapás vivían en cuatro grupos, que creían que habían sido asignados por los

(20)   dioses: wiahwir, mat skuri, kwakwarsh y hwanyak. La tierra de los cucapás se dividió cuando se estableció la frontera entre México y Estados Unidos. Como resultado, en la actualidad los cucapás viven en cuatro comunidades que hablan inglés o español y su idioma cucapá ancestral.

La comunidad tiene ricas creencias y costumbres, que contienen su propio concepto del más allá y la creación del hombre. Los antiguos cucapás basaban sus creencias religiosas en la naturaleza, y to-

(25)   maban parte en ritos como la adoración del sol, el océano e incluso los relámpagos. Poseían enormes conocimientos de hierbas medicinales y empleaban plantas del desierto, como mesquite y agave, para varios usos.

México tiene entre 8 y 10 millones de indios divididos en 56 grupos étnicos y lingüísticos que hablan más de 100 dialectos diferentes, algunos únicamente por un pequeño número de personas.

(30)   Algunos grupos, como los nahuas, mayas, zapotecas y mixtecas ascienden a cientos de miles, mientras que otros, como los cucapás, lacandones, kiliwas y paispais, han quedado reducidos a unas cuantas docenas de familias.

Fuente número 2

Introducción

La tabla a continuación presenta los municipios con población indígena originarios del Estado de México. Apareció en el portal del Consejo Estatal para el Desarrollo Integral de los Pueblos Indígenas del Estado de México.

Pueblo - Mazahua

MUNICIPIO	POBLACIÓN TOTAL	POBLACIÓN HABLANTE DE LENGUA INDÍGENA ORIGINARIA DE CINCO AÑOS Y MÁS	%
Almoloya de Juárez	137,274	840	0.6
Atlacomulco	92,402	12,634	13.7
Donato Guerra	29,789	6,927	23.3
El Oro	34,269	4,789	14.0
Ixtapán del Oro	3,902	61	1.6
Ixtlahuaca	14,122	19,973	14.2
Jocotitlán	60,111	1,696	2.8
San Felipe del Progreso	121,194	33,646	27.8
San José del Rincón	90,357	11,191	12.4
Temascalcingo	51,080	9,766	19.1
Valle de Bravo	52,695	614	1.2
Villa de Allende	42,706	3,299	7.7
Villa Victoria	83,690	4,933	5.9
Subtotal en comunidades	813,591	**110,369**	11.7
Otros municipios		**5,871**	
TOTAL		**116,240**	

Fuente: INEGI

1. ¿Quiénes son Cepa y Commat?
   (A) Arqueólogos
   (B) Historiadores
   (C) Jefes
   (D) Dioses

2. ¿Qué le sucedió al primer sol?
   (A) Lo quemaron.
   (B) Lo iluminaron.
   (C) Lo transformaron en luna.
   (D) Lo pusieron bajo el agua.

3. ¿Por qué se tuvieron que dedicar a la agricultura los cucapás?
   (A) No ganaban lo suficiente.
   (B) No sabían nada sobre los cultivos.
   (C) No les gustaba la pesca.
   (D) No podían pescar más.

4. ¿Cómo tratan de preservar el idioma los cucapás?
   (A) A través de escuelas de idiomas
   (B) A través de los relatos orales
   (C) A través de grabaciones
   (D) A través del análisis lingüístico

5. ¿Quiénes determinaron los diferentes grupos de los cucapás?
   (A) Los jefes de tribus
   (B) Los seres divinos
   (C) Los líderes ancianos
   (D) Los cuerpos celestes

6. ¿Qué se enfatiza al final del artículo?
   (A) El reconocimiento de grupos lingüísticos
   (B) La homogeneidad de los grupos étnicos
   (C) La disparidad en el número de integrantes de grupos étnicos
   (D) La abundancia de creencias y ritos religiosos

7. ¿Qué tipo de información presenta la tabla?
   (A) El número de habitantes que habla una lengua indígena en cada municipio
   (B) El número de indígenas que forma parte de la población total
   (C) El porcentaje de la población indígena que vive en varios municipios
   (D) El porcentaje de comunidades y municipios con una población indígena mayoritaria

8. ¿Cuál de las siguientes declaraciones sobre la información que presenta la tabla es la más acertada?
   (A) Valle de Bravo tiene el menor número de hablantes de lengua indígena.
   (B) Donato Guerra tiene el porcentaje más alto de hablantes de lengua indígena.
   (C) Ixtapán del Oro tiene el porcentaje más bajo de hablantes de lengua indígena.
   (D) San Felipe del Progreso tiene el mayor número de hablantes de lengua indígena.

ACTIVIDAD 8
Tema curricular: La vida contemporánea

Introducción

En el siguiente fragmento del cuento "A través de las ondas" de Soledad Puértolas un hombre, el narrador, anda en busca de algo o alguien aparentemente muy deseado.

Línea

Anduve un largo trecho del angosto pasillo y me detuve frente a la puerta de su cuarto. No se filtraba luz por debajo, ni se percibía ningún ruido. La golpeé suavemente y, al no obtener (5) respuesta, aumenté la fuerza de mis golpes. Pero ella ya no estaba allí. La cerradura era simple y se abrió sin demasiadas dificultades para darme paso a la habitación vacía y levemente desordenada donde aún flotaba el olor de su perfume. (10) Excepto ese olor, no había dejado nada. Revolví el cuarto con obstinación y deshice la cama en busca de un objeto olvidado, convencido de que la gente siempre olvida algo en los hoteles, sobre todo si sale de ellos huyendo. Bajé al vestíbulo (15) de mal humor porque el tiempo corría a más velocidad que yo. Los inquilinos que minutos antes se quejaban de la tormenta con el conserje habían desaparecido. Se habían refugiado en sus pequeñas habitaciones o habían decidido andar (20) bajo la lluvia. Me dirigí al conserje con la cartera en la mano. Mientras la abría, le pregunté:

—La chica del cuarto piso, de cabello oscuro y corto, buena figura... ¿Cuándo salió?

El hombre miró el billete que sobresalía de la cartera. (25)

—Me gustaría ayudarle —dijo—. Siempre me gusta ayudar en estos casos. Pero no la vi. No vi a ninguna chica esta tarde.

—Al menos, debió verla entrar —indiqué—. Yo estaba afuera cuando ella entró aquí. Haga (30) un esfuerzo, debió de salir hace poco, con una maleta.

—Pagó la cuenta esta mañana —dijo el hombre, encogiéndose de hombros—. Le dije que podía quedarse un día más. Me gusta ayudar, ya (35) se lo he dicho. Pero no la he visto esta tarde.

Me alejaba, desesperado por su colaboración, cuando me hizo un gesto.

—Pudo salir por la puerta de atrás —susurró—. No es lo normal, pero... (40)

---

1. ¿Por qué aumentó la fuerza de sus golpes el narrador?
   - (A) Porque nadie le contestaba
   - (B) Porque le molestaba el silencio
   - (C) Porque quería hacerle daño a alguien
   - (D) Porque hacía falta más luz en el cuarto

2. ¿Qué buscaba el narrador cuando entró en la habitación?
   - (A) Una botella de perfume
   - (B) Algo que él había olvidado
   - (C) Algún rastro de la mujer
   - (D) La llave de la puerta

3. ¿Qué trata de comunicar el autor cuando dice "aún flotaba el olor de su perfume" [línea 9]?
   - (A) Que la mujer había estado allí hacía poco
   - (B) Que la habitación olía mal
   - (C) Que el perfume era demasiado desagradable
   - (D) Que el perfume había asustado a la gente

4. ¿Qué insinúa el narrador sobre la mujer cuando dice "sobre todo si se sale de ellos huyendo" [líneas 13–14]?
   - (A) Que ella está completamente confundida
   - (B) Que ella pronto llegará a su destino
   - (C) Que ella está molesta con la gente
   - (D) Que ella quiere escapar de alguien o algo

5. ¿Por qué estaba de mal humor el narrador?
   (A) Porque estaba perdiendo demasiado tiempo
   (B) Porque le molestaba que hubiera una tormenta
   (C) Porque el olor del perfume lo estaba afectando
   (D) Porque había demasiadas personas en el vestíbulo

6. ¿Qué podemos deducir cuando el narrador dice "Me dirigí al conserje con la cartera en la mano". [líneas 20–21]?
   (A) Que iba a pagar la cuenta
   (B) Que iba a pagar por la información
   (C) Que iba a perder todo su dinero
   (D) Que iba a alquilar otra habitación

7. ¿Cuál es la actitud del narrador mientras habla con el conserje?
   (A) Despreocupada
   (B) Insistente
   (C) Insolente
   (D) Complaciente

8. ¿Por qué hace un gesto el conserje al final del fragmento?
   (A) Quería que el narrador se alejara.
   (B) Estaba en un estado de desesperación.
   (C) Iba a darle más información al narrador.
   (D) Trataba de acompañar al narrador.

ACTIVIDAD 9
Tema curricular: Las identidades personales y públicas

Introducción

La siguiente es una carta escrita por el vicepresidente de una organización que defiende el patrimonio histórico. La carta va dirigida al Director General de Patrimonio Histórico de la Comunidad de Madrid.

A la atención de D. Jaime Ignacio Muñoz Llinás
Director General de Patrimonio Histórico
COMUNIDAD DE MADRID
c/ Arenal 18 28013 - Madrid

14 de noviembre de 2012

Estimado Director:

Entre los días 24 de octubre y 5 de noviembre de 2012 se ha producido la demolición del edificio principal del cuartel Muñoz Grandes, conocido antiguamente como Cuartel del Batallón de Zapadores n°1 y situado en el número 441 de la carretera de Extremadura, dándose la circunstancia de que este edificio estaba catalogado como edificio protegido en el PGOUM con nivel 2 volumétrico.

Para nuestra asociación GEFREMA (Grupo de Estudios del Frente de Madrid), que tiene como objetivo la preservación y difusión del patrimonio histórico relacionado con la Guerra Civil de 1936 en Madrid, el edificio derruido tenía un valor especial por lo que hemos asistido consternados al proceso de destrucción de este importante referente histórico.

Desde este edificio se dirigió la sublevación de los cuarteles de Campamento contra el Gobierno de la Segunda República en julio de 1936, que fue simultánea a la del Cuartel de la Montaña en el Paseo de Rosales. La sublevación en Madrid fracasó al igual que en otras ciudades importantes, lo que determinó el inicio de la trágica Guerra Civil. En este edificio murieron los jefes de la sublevación, el general Miguel García de la Herrán y el teniente coronel Alberto Álvarez de Rementería. Estos hechos son recogidos de una u otra forma en la infinidad de libros, artículos y crónicas que se han escrito sobre esta guerra dentro y fuera de España.

Con su destrucción la ciudad pierde uno de los lugares con capacidad de evocación del pasado. Es igualmente lamentable su pérdida para el Distrito de Latina, que uno de sus barrios tiene el nombre de Campamento, pues los "campamentos militares" fueron su origen y dedicación principal durante casi un siglo. Este edificio estaba destinado a ser un elemento singular en el proyecto de remodelación de la zona de los cuarteles, junto con los otros dos edificios protegidos en el plan.

Queremos expresar nuestro disgusto por esta demolición. Nos gustaría conocer las circunstancias que han llevado a este edificio a la situación de "Ruina inminente", que fue el motivo de la demolición, así como exigir responsabilidades sobre la gestión de este importante patrimonio.

Manifestamos nuestra preocupación por los otros elementos protegidos en el plan —los tres pabellones principales del cuartel Alfonso XIII y la Torre de Tiro situado en el Polígono de Experiencias Militares—, ya que podrían correr suerte parecida, dado el estado de abandono en que se encuentran y el previsible tiempo de retraso en la proyectada Operación Campamento, dada la difícil coyuntura económica actual.

Por último solicitamos protección para los restos de la artística fachada principal —la planta baja completa— del edificio derruido, ya que, si bien como edificio ha quedado inútil, como vestigio histórico sigue siendo importante para la ciudad y para el barrio.

El edificio de Zapadores era la imagen más potente y simbólica del conjunto de los Cuarteles de Campamento, por lo que la permanencia de ese fragmento del edificio, convenientemente restaurado, en la forma que los diseñadores estimen oportuno, podría formar parte de otro edificio o de una zona ajardinada, manteniendo a su vez los valores históricos antes aludidos.

Esperando su contestación, le saluda atentamente.

Luis de Vicente Montoya
Vicepresidente de GEFREMA
Grupo de Estudios del Frente de Madrid
C/ Seseña 9, 9°C
28024 - Madrid

1. ¿Cuál es el propósito de la carta?
   (A) Pedir la designación de un edificio al patrimonio
   (B) Informar sobre algunos documentos históricos
   (C) Presentar una queja por la destrucción de un edificio
   (D) Determinar las acciones necesarias para la construcción de un edificio

2. Según el documento, ¿por qué es de gran importancia el lugar que se discute en la carta?
   (A) Hubo eventos que contribuyeron al comienzo de la guerra civil.
   (B) Era adecuado para encarcelar a los militares.
   (C) Fue uno de los edificios con gran valor arquitectónico.
   (D) Sirvió de escenario para muchas maniobras durante la guerra.

3. ¿Qué van a dejar de tener los ciudadanos de Madrid?
   (A) Un lugar donde hospedarse
   (B) Unos documentos históricos importantes
   (C) Unos objetos de valor histórico
   (D) Un edificio conmemorativo

4. ¿Por qué se llama uno de los barrios Campamento?
   (A) Está situado muy cerca de los campos.
   (B) Permitía que los militares disfrutaran del aire libre.
   (C) En ese barrio había instalaciones militares.
   (D) Los edificios eran parecidos a pequeños campamentos.

5. ¿Qué le pide el señor Luis de Vicente Montoya al director?
   (A) Una cantidad de dinero modesta
   (B) Una explicación por las acciones
   (C) Una entrevista lo antes posible
   (D) Una carta pidiéndole disculpas

6. ¿Por qué están preocupados los miembros del grupo que representa el señor de Vicente Montoya?
   (A) Les inquieta la falta de apoyo de la Comunidad de Madrid.
   (B) Les inquieta la pérdida de las tumbas de varios militares.
   (C) Temen la venta de edificios semejantes.
   (D) Temen la destrucción de otros edificios.

7. ¿Qué le pide el señor de Vicente Montoya al director al final de la carta?
   (A) Proteger lo que queda del edificio
   (B) Investigar las acciones del gobierno
   (C) Entrevistarse con alguien de la Comunidad
   (D) Establecer un grupo consejero a la Comunidad

ACTIVIDAD 10
Tema curricular: La vida contemporánea

Introducción

El siguiente es un fragmento del cuento "Amor secreto", de Manuel Payno. Nos relata el primer encuentro de dos personajes.

Línea La primera noche que la vi fue en un baile; ligera, aérea y fantástica como las sílfides, con su hermoso y blanco rostro lleno de alegría y de entusiasmo. La amé en el mismo momento, y (5) procuré abrirme paso entre la multitud para llegar cerca de esa mujer celestial, cuya existencia me pareció de ese momento que no pertenecía al mundo, sino a una región superior; me acerqué temblando, con la respiración trabajosa, la (10) frente bañada en un sudor frío... ¡Ah!, el amor, el amor verdadero es una enfermedad bien cruel. Decía, pues, que me acerqué y procuré articular unas palabras, y yo no sé lo que dije; pero el caso es que ella con una afabilidad indefinible (15) me invitó a que me sentase a su lado; lo hice, y abriendo sus pequeños labios pronunció algunas palabras indiferentes sobre el calor, el viento, etcétera; pero a mí me pareció su voz musical, y esas palabras insignificantes sonaron de

una manera tan mágica a mis oídos que aún (20) las escucho en este momento. Si esa mujer en aquel acto me hubiera dicho: *Yo te amo, Alfredo*; si hubiera tomado mi mano helada entre sus pequeños dedos de alabastro y me la hubiera estrechado; si me hubiera sido permitido depo- (25) sitar un beso en su blanca frente... ¡Oh!, habría llorado de gratitud, me habría vuelto loco, me habría muerto tal vez de placer.

A poco momento, un elegante invitó a bailar a Carolina. El cruel, arrebató de mi lado a mi (30) querida, a mi tesoro, a mi ángel. El resto de la noche Carolina bailó, platicó con sus amigas, sonrió con los libertinos pisaverdes; y para mí, que la adoraba, no tuvo ya ni una sonrisa, ni una mirada, ni una palabra. Me retiré cabizbajo, (35) celoso, maldiciendo el baile. Cuando llegué a mi casa me arrojé en mi lecho y me puse a llorar de rabia.

---

1. ¿Qué piensa el narrador sobre Carolina cuando la ve por primera vez?
   - (A) Que es una gran artista
   - (B) Que es una criatura casi celestial
   - (C) Que es bastante insignificante
   - (D) Que es bastante orgullosa

2. ¿Cómo se siente el narrador al acercarse a la muchacha?
   - (A) Triste
   - (B) Celoso
   - (C) Magnánimo
   - (D) Agitado

3. ¿Qué quiere decir "el amor verdadero es una enfermedad bien cruel" [líneas 10–11]?
   - (A) Que el amor es contagioso
   - (B) Que mucha gente muere de amor
   - (C) Que el amor nos hace sufrir
   - (D) Que el amor y la crueldad son indefinibles

4. ¿Cómo reacciona la muchacha a las palabras del narrador?
   - (A) Cortésmente
   - (B) Cruelmente
   - (C) Avergonzadamente
   - (D) Emocionalmente

5. ¿Qué le ha impresionado más al narrador?
   - (A) La apariencia de Carolina
   - (B) La multitud que había en el baile
   - (C) La manera en que cantaba Carolina
   - (D) La amabilidad de los invitados

6. ¿A qué se refiere la frase "El cruel, arrebató de mi lado a mi querida..." [líneas 30–31]?
   - (A) A un poeta muy conocido
   - (B) A un caballero bien vestido
   - (C) A un amor imposible
   - (D) A un inalcanzable tesoro

7. ¿Por qué lloró de rabia el narrador?
   (A) Carolina no le había hecho caso el resto de la noche.
   (B) Carolina no le dijo que era una mujer comprometida.
   (C) Carolina le había hablado de temas inoportunos.
   (D) Carolina se mostró extremadamente celosa.

8. ¿Qué nos comunica el narrador a través del pasaje?
   (A) Él presiente que Carolina lo ama.
   (B) No le gustan los bailes.
   (C) Él se enamora a primera vista.
   (D) No admira a los que bailan.

9. ¿De qué tipo de cuento parece provenir este fragmento?
   (A) De ciencia ficción
   (B) De misterio
   (C) De espías
   (D) De romance

10. ¿Cuál de los siguientes títulos sería más apropiado para este fragmento?
    (A) Un amor sin límites
    (B) Un amor no correspondido
    (C) La crueldad del amor
    (D) La intriga no deseada

ACTIVIDAD 11
Tema curricular: La ciencia y la tecnología

Introducción

El siguiente es un fragmento del artículo titulado "Ciberadictos" de Tony Dokoupil. Apareció en la revista *XL Semanal* del portal digital Finanzas.

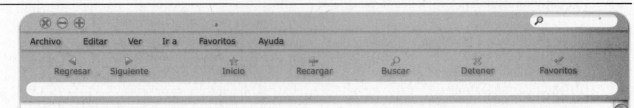

Ciberadictos

Línea

Nuevas investigaciones muestran que la obsesión por estar conectados a través de los dispositivos móviles nos vuelve más ansiosos, depresivos y hasta psicóticos.

El cerebro de los adictos a Internet se parece al de los adictos al alcohol o las drogas. En un estudio aparecido en enero, unos investigadores chinos hablan de "materia blanca anormal", células

(5)   nerviosas cuya función es la de la aceleración en las áreas especializadas en la atención, el control y la función ejecutiva. Un estudio paralelo ha encontrado transformaciones parecidas en los cerebros de los adictos a los videojuegos. Y ambos estudios se superponen con los resultados de otras investigaciones que asocian la adicción a Internet con "anomalías estructurales en la materia gris", esto es, una reducción de entre el diez y el veinte por ciento en el área del cerebro responsable de proce-

(10)   sar el habla, la memoria, el control motriz y las emociones.

Al igual que la adicción, la posible conexión digital a la depresión y la ansiedad en su momento fue objeto de burlas. Un estudio de 1998 financiado por Carnegie Mellon encontró que el uso de la web durante un periodo de dos años estaba vinculado a sentimientos depresivos, soledad y la pérdida de amigos en el mundo real. "Pero los entrevistados eran todos habitantes de Pittsburgh",

(15)   ciudad no especialmente 'alegre', se mofaron los críticos.

En los últimos cinco años, numerosos estudios han replicado los resultados inicialmente obtenidos en Carnegie Mellon, y de forma aumentada. Un reciente estudio norteamericano basado en datos sobre el uso de la web por los adolescentes a lo largo de los años noventa ha encontrado una vinculación entre el tiempo pasado en la web y la aparición de trastornos depresivos durante la pri-

(20)   mera edad adulta. Los investigadores chinos, asimismo, han hallado "una conexión directa" entre el uso abusivo de la Red y el desarrollo de depresiones agudas, mientras que los estudiosos de la Case Western Reserve University hablan de una correlación entre el uso continuado de los mensajes de texto y los medios sociales con el estrés, la depresión y los pensamientos suicidas. Y sobre este estudio, un artículo publicado en la revista *Pediatrics* subrayaba el incremento de un nuevo fenómeno

(25)   conocido como "depresión de Facebook".

El año pasado, cuando el canal MTV encuestó a sus espectadores de entre 13 y 30 años sobre sus hábitos en la Red, la mayoría dijo sentirse "definido" por cuanto colgaban en la web, "exhaustos" por tener que estar siempre colgando información y por completo incapaces de abstenerse de Internet por miedo a estar perdiéndose algo. MTV lo denominó el síndrome FOMO (*Fear Of*

(30)   *Missing Out*).

El último estudio sobre la relación entre Internet y la depresión es aún más triste. La Universidad del Estado de Misuri estuvo siguiendo los hábitos en la Red de 216 jóvenes, el 30 por ciento de los cuales daban muestra de depresión. Los resultados, publicados el mes pasado, revelan

(35) que los jóvenes deprimidos son los que más usan Internet, los que dedican más horas al correo electrónico, los chats y los videojuegos. También son los que cambiaban con mayor frecuencia de ventanas de navegación, en una búsqueda constante y no fructífera, o eso se supone. Son como Doug, un alumno de una universidad del Medio Oeste que tenía cuatro avatares y mantenía los cuatro mundos virtuales abiertos en el ordenador, junto con sus trabajos universitarios, correo electrónico y videojuegos. Doug dijo […] que su vida real "no es más que otra ventana más" y que

(40) "tampoco es que se trate de mi mejor ventana".

Algunos tratados sugieren que en este mundo digitalizado podría estar el origen de formas incluso más extremas de enfermedad mental: trastorno múltiple de la personalidad, alucinaciones y psicosis. Un equipo de investigadores de la Universidad de Tel Aviv publicó a finales del año pasado lo que definen como los primeros casos documentados de "psicosis inducida por

(45) Internet". ¿Y qué podemos hacer al respecto? Pues, para empezar, tomar conciencia de la situación, decidir cómo queremos que sea nuestra relación con la Red y las nuevas tecnologías. Lo que está claro es que es nuestra mente la que está en juego.

1. ¿Qué relación existe entre los adictos a Internet y los adictos al alcohol o las drogas?
   (A) Las células nerviosas actúan con mejor control.
   (B) El estado de su cerebro es deficiente.
   (C) Los estados emocionales actúan de manera menos errática.
   (D) La mutación de las células ocurre mucho más rápido.

2. ¿Cuál es una de las consecuencias de la adicción a Internet?
   (A) Aumenta la calidad de la retención.
   (B) Ayuda a activar la memoria de manera excesiva.
   (C) Contribuye a la disminución del tamaño de ciertas área del cerebro.
   (D) Influye positivamente en el desarrollo de ciertas funciones vitales.

3. ¿Cómo fue recibido el estudio de Carnegie Mellon sobre el uso de la web?
   (A) Como una broma
   (B) Como un triunfo
   (C) Como la respuesta definitiva a las causas de la depresión
   (D) Como la explicación concluyente a un gran enigma

4. ¿Con qué se relaciona el tiempo que pasan los adolescentes en la web?
   (A) Con la disminución del estrés a través de las redes sociales
   (B) Con los abusos que se presentan en algunas relaciones personales
   (C) Con la pérdida del interés en los estudios a nivel universitario
   (D) Con algunas irregularidades en el estado de ánimo de los jóvenes

5. ¿Por qué consideran importante el uso de Internet los espectadores de MTV?
   (A) Quieren estar al tanto de lo que está sucediendo.
   (B) Reciben todos los datos que les podrían mantener mentalmente saludables.
   (C) Definen sus relaciones personales según el tiempo que pasan en línea.
   (D) Aumentan la capacidad de reconocer lo que causa su cansancio.

6. ¿A qué conclusión llegó el alumno de universidad llamado Doug?
   (A) La búsqueda constante le permitía mejorar sus estudios.
   (B) El mundo virtual le ayudaba a escapar del continúo estrés.
   (C) Su vida real le parecía verdaderamente imperfecta.
   (D) Su mundo virtual era una ventana a un mundo desconocido.

7. ¿Qué recomienda el artículo para reducir los trastornos mentales a causa de Internet?
   (A) Definir claramente nuestra personalidad real
   (B) Reconocer que su adicción es un problema
   (C) Examinar la conciencia social que nos define
   (D) Evitar los juegos que intensifican la psicosis

8. ¿A qué se refiere la frase "es nuestra mente la que está en juego" [línea 47]?
   (A) A los beneficios de los juegos en línea
   (B) A las tácticas que aprendemos en los juegos
   (C) A las aventuras de los avatares
   (D) A los peligros del mundo digitalizado

ACTIVIDAD 12
Tema curricular: Las identidades personales y públicas

Introducción

El siguiente es un fragmento de la novela *Y Matarazo no llamó...*, de Elena Garro. Nos presenta un incidente que le ocurrió a uno de los personajes, Eugenio Yáñez.

Línea Estaba cansado; en un instante perdió el interés
vital que lo había convertido en un ser activo
por dos días. El silencio de su casa lo deprimió.
Su vida continuaría siendo la misma: una rutina
(5) solitaria. Se echó en la cama para dormir una
siesta. El timbre de entrada volvió a despertarlo.
Sin ánimos fue a abrir la puerta y se encontró
con un desconocido, que avanzó hasta el centro
de la salita. Era un hombre flaco, de ademanes
(10) nerviosos y rostro pálido.
    —Usted no me conoce, compañero. Vengo
sólo de pasada para avisarle que su nombre
figura en la lista de la Procuraduría... —le dijo
mirándolo con sus ojos enrojecidos.
(15)   —¿Mi nombre? —preguntó Eugenio con
animación.
    —Sí, compañero, ¿que no es usted Eugenio
Yáñez? —preguntó el visitante súbitamente
alarmado.
(20)   —¡Ese es mi nombre! Eugenio Yáñez
—afirmó.

    —Sería prudente que no duerma usted aquí
esta noche. ¡Sálgase! Vaya a la casa de algún
familiar o a un hotel. Ahora tengo que irme
para avisarles a otros amigos —dijo deprisa el (25)
desconocido.
    —¿Y usted cómo lo sabe? —preguntó
Eugenio súbitamente desconfiado.
    —Tenemos las listas, nos las pasa un compa-
ñero. Perdone, tengo que irme, el tiempo cuenta (30)
en estos casos —dijo el hombre, enrojeciendo
ligeramente.
    Eugenio lo miró con asombro. No era un
obrero, tenía más bien el aspecto de un buró-
crata modesto. No le preguntó su nombre. Lo (35)
acompañó hasta la puerta, ya que el desconocido parecía no querer perder un minuto y
buscaba la salida. Al llegar a la puerta, el desconocido se volvió, le tendió la mano y le dijo:
    —¡Alberto!, para servirlo, compañero. Y por (40)
favor, Yáñez, sálgase de su casa unos días.

1. ¿Por qué se sentía deprimido Eugenio?
   (A) Porque había dormido muy poco
       últimamente
   (B) Porque era la primera vez que vivía solo
   (C) Porque su vida había cambiado demasiado
   (D) Porque la actividad reciente había pasado

2. ¿Qué despertó a Eugenio?
   (A) Alguien tocó a la puerta.
   (B) Alguien abrió la puerta.
   (C) Oyó ruido en la calle.
   (D) Sintió la presencia de alguien.

3. ¿Qué implicaba el hecho de que el nombre de
   Eugenio aparecía en la hoja de la Procuraduría?
   (A) Que él sería premiado
   (B) Que él estaría en peligro
   (C) Que ahora podría dormir a gusto
   (D) Que ahora podría hacer un viaje

4. ¿Qué le aconsejó el desconocido a Eugenio?
   (A) Que se cambiara de nombre
   (B) Que se quedara en otro lugar
   (C) Que informara a su familia
   (D) Que lo acompañara esa noche

5. ¿Por qué no le dio más información el descono-
   cido a Eugenio?
   (A) Porque necesitaba marcharse
       inmediatamente
   (B) Porque no le tenía mucha confianza a
       Eugenio
   (C) Porque Eugenio no parecía interesado en lo
       que decía
   (D) Porque se sintió ofendido por lo que dijo
       Eugenio

6. ¿Cómo es el ambiente a lo largo del fragmento?
   (A) Diabólico
   (B) Apasionante
   (C) Inquietante
   (D) Idílico

7. ¿Cómo parece ser la situación en la que Eugenio
   y sus amigos están involucrados?
   (A) Placentera
   (B) Divertida
   (C) Humillante
   (D) Clandestina

8. ¿Cuál de las siguientes preguntas sería la más
   apropiada para que Eugenio continuara la
   conversación?
   (A) ¿Por qué tengo que hacer eso?
   (B) Bueno, ¿tiene usted algún familiar?
   (C) ¿A qué hora me vienen a buscar?
   (D) ¿Dónde trabaja usted ahora?

ACTIVIDAD 13
Tema curricular: La belleza y la estética

Introducción

Este fragmento es del artículo "La narrativa dominicana empieza a ser conocida", escrito por Juana Vera y publicado en la revista *Ecos*.

La narrativa dominicana empieza a ser conocida

Línea El año pasado, la Dirección General del Libro, la Casa de América y la Editorial Siruela publicaron "Cuentos dominicanos", una antología en la que participan ocho autores de ese país. Cada

(5) autor escribió tres cuentos; con ellos se formó este libro que nos muestra la realidad de la República Dominicana a lo largo del siglo XX.

"Rítmicos, sincréticos, onomatopéyicos, nostálgicos, románticos, insólitos, cálidos, híbridos,

(10) eclécticos, acuáticos, atléticos, gastronómicos, mágicos, oníricos, líricos...," fueron algunos de los adjetivos esdrújulos que el escritor Manuel Llibre Otero utiliza para definir a los dominicanos.

(15) Los autores y su país

Ángela Hernández Núñez, otra de las autoras de la antología, definió así su país: "El 50% de la población dominicana es analfabeta. Por ello, aprender a escribir y a leer fue un privilegio

(20) para mí. Nací en Buena Vista, un lindo valle entre montañas. Allí no había libros pero sí provocaciones para la imaginación. Las aguas eran voluptuosas y también terribles. No había reloj, y la televisión, que tampoco había, se sus-

(25) tituía por las tertulias. No había libros, pero sí una realidad para leer: los ciclones doblaban las casas, los apellidos eran, en su mayoría, malditos, porque Trujillo, el dictador, los había condenado a muerte. A pesar de todo, había sueños y

(30) un firme hilo de sabor en la memoria".

Dentro y fuera de la isla

Metamorfosis, magia, lirismo, psicoanálisis y la realidad putrefacta de la dictadura, que asoló el país durante años, se mezclan con las palabras

(35) llenas de resonancias en este libro y nos abren una ventana que nos acerca a la literatura dominicana, una de las más ricas del Caribe insular, junto con la cubana y la de Puerto Rico. Pero si estas dos últimas literaturas son bien conocidas en el mundo, la dominicana es la gran olvidada, (40) la gran desconocida. Esta situación ha comenzado a cambiar, gracias a iniciativas como las de Danilo Manera, responsable de esta antología, que también apareció en lengua italiana.

Hoy, más de un millón de dominicanos viven (45) en Nueva York, donde se ha creado una colonia tan grande que se puede encontrar casi todo lo que hay en la isla, desde música hasta los más autóctonos platos de la gastronomía tradicional. Allí viven también Julia Álvarez y Junot Díaz, (50) autores dominicanos que escriben en inglés. Pero, ¿son de verdad dominicanos? Este asunto crea gran polémica en la República Dominicana y las opiniones son diversas.

"Para mejorar el país necesitamos inversión (55) y educación. Hoy todavía hay funcionarios del tiempo de Trujillo en las escuelas. Esto es terrible, porque transmiten visiones xenófobas del haitiano, nuestro vecino y ciudadano de uno de los países más pobres del mundo. Esta realidad (60) se refleja en 'Cuentos dominicanos', pero la literatura no basta para solucionarla. Con respecto al problema con Haití, tienen que intervenir las instituciones internacionales. Con respecto a la educación y al fin del analfabetismo en nuestro (65) país, solo nosotros podemos hacerlo luchando contra la corrupción", comenta Marcio Veloz, el autor más veterano de esta antología, un intelectual de gran talla en Latinoamérica y un cuentista por antonomasia, pues, como él bien dice, (70) "yo solo escribo cuentos".

1. Según el artículo, ¿cuál es el propósito de esta antología?
   (A) Presentar la situación dominicana del siglo pasado
   (B) Compensar con dinero a los nuevos autores
   (C) Reconocer los errores del pasado dominicano
   (D) Definir lo que significa ser un autor dominicano

2. ¿Qué inspiró a Angela Hernández Núñez a escribir?
   (A) La lectura a una temprana edad
   (B) El deseo de ayudar a los analfabetos
   (C) El ambiente donde nació
   (D) La situación política de su país

3. Entre los temas que encontramos en la antología, ¿qué tema es recurrente en los cuentos?
   (A) La importancia de las tertulias
   (B) La influencia de la literatura de otras islas
   (C) La persistencia del analfabetismo
   (D) La horrible situación política

4. ¿En qué se diferencia la literatura dominicana de la de Cuba y Puerto Rico?
   (A) Es más lírica.
   (B) Es más profunda.
   (C) Es menos conocida.
   (D) Es menos realista.

5. ¿Qué problema existe hoy día con respecto a la literatura dominicana?
   (A) Algunos consideran que las obras en inglés no son dominicanas.
   (B) Los libros escritos fuera de la isla son demasiado dogmáticos.
   (C) Los escritores fuera de la isla no comprenden la realidad dominicana.
   (D) Algunos piensan que no presenta la diversidad de ideas existentes.

Introducción

El siguiente artículo trata de un descubrimiento en Huaca Rajada, Perú. Fue publicado en el diario español *El Mundo*.

El mayor tesoro anterior al dominio inca

Línea En 1987, Walter Alva y su equipo de investigadores encontraron el yacimiento arqueológico
más rico de la cultura moche conocido hasta la
fecha. Sus maravillas pueden contemplarse en el
(5) Museo Reales Tumbas de Sipán, que él mismo
dirige, en Lambayeque, desde que se inauguró
hace ocho años. Este centro de arte antropo-
lógico no se ubicó en la zona de excavaciones
porque no existía corriente eléctrica en esa área.
(10) Las primeras piezas fueron depositándose en
el Museo Bruning, que también funcionaba
bajo sus directrices. La importancia de este
hallazgo radica en que el complejo no había sido
saqueado y permanecía intacto desde el siglo IV
(15) d. C. Los trabajos en Huaca Rajada nos permiten saber hoy el rito funerario que siguió uno de
los reyes más poderosos (llegó a controlar cuatro valles) de las civilizaciones peruanas prehispánicas: el Señor de Sipán. "Me di cuenta de que
(20) habíamos descubierto la tumba de un importante gobernante por la cantidad de objetos con
los que estaba enterrado; algunos los había visto
representados en restos de otros yacimientos",
expresó el doctor Alva coincidiendo con la visita
(25) de la Ruta Quetzal al museo.

No puede evitar indignarse por los saqueos
que sufren las pirámides, pues los tesoros
encontrados acabarán en el mercado negro:
"Lo peor es que seguirán blanqueando ope-
(30) raciones mientras se permita a los coleccionistas hacerse con estas obras", lamenta el
investigador peruano. En este sentido, la clave
para acabar con el expolio de un valiosísimo
patrimonio estriba únicamente en la lucha
(35) contra los saqueadores y negociadores ilegales: "Tenemos un convenio con EE.UU. para
luchar contra estas mafias de forma conjunta.
El FBI ha logrado infiltrar agentes en sus redes
y hacerse con alguna pieza antes de que se com-
(40) pletara una venta. Lo malo es que hay tantos

monumentos que haría falta multiplicar por tres
nuestro ejército para protegerlos". El Señor de
Sipán pudo fallecer hace 1.700 años, a los 45 o
50 años de edad. Sus narigueras (piezas de oro
que cubrían la boca desde la nariz), protectores, (45)
estandartes y cetros de oro o cobre dorado cons-
tituyen la base de un amplísimo tesoro. Además,
el museo también contiene bajo sus muros el
cadáver de uno de sus ancestros, que ocupó el
mismo escalón jerárquico. (50)

Por antigüedad, este último debería haber
sido el primero en llamarse Señor de Sipán,
pero apareció después y el mundo científico ya
se había decantado por su sucesor, por lo que
tuvo que incluir el calificativo 'Viejo' junto a esa (55)
misma denominación. La leyenda y mitología
sobre el oro con el que se fabricaban armas y
elementos de decoración hace pensar a muchos
vecinos que, de existir El Dorado, estaría en esta
zona del norte de Perú: "Yo no lo creo así, eso (60)
fue un invento de los incas para alejar a los españoles hacia la selva", sentenció Alva. La realidad
es que estos descubrimientos arqueológicos
supusieron un impacto a nivel nacional, pues
hasta el año 87 su población no se había inte- (65)
resado demasiado por este asunto. Alva espera
despertar vocaciones entre los más jóvenes. Para
que un buen número de expedicionarios sigan
sus pasos se organizaron talleres de cerámica, de
dibujo arqueológico, de excavación o de tejidos (70)
en algodón nativo junto al campamento, insta-
lado en la parte trasera de las Reales Tumbas.

1. ¿Cuál es el propósito del artículo?
   (A) Informar sobre un notable hallazgo
   (B) Documentar el último saqueo de un museo
   (C) Aconsejar a los coleccionistas sobre el mercado negro
   (D) Criticar el trabajo de un equipo de investigadores

2. ¿A qué se debe la magnitud de este descubrimiento?
   (A) No se había descubierto otro igual en todo el continente.
   (B) No contenía los típicos artefactos encontrados en el área.
   (C) Su contenido no había sido alterado por nadie.
   (D) Los artefactos provenían de varias tumbas.

3. ¿Quién parece ser el Señor de Sipán?
   (A) Un monarca de gran importancia
   (B) Un director del museo Bruning
   (C) Un contrabandista del mercado negro
   (D) Un oficiante de ritos funerales

4. ¿Qué trata de comunicar el autor cuando dice que uno de los cadáveres "ocupó el mismo escalón jerárquico" [líneas 49–50]?
   (A) Que ocupaba un alto cargo
   (B) Que pertenecía a otro grupo indígena
   (C) Que contribuyó a la defensa de su gente
   (D) Que poseía una cantidad de joyas enorme

5. ¿A qué se refiere el autor cuando usa el calificativo "Viejo" [línea 55]?
   (A) Al tesoro que encontraron en la tumba
   (B) Al segundo cadáver que se encontró
   (C) Al mito que existía sobre el rey
   (D) Al lugar donde se encontraba El Dorado

6. ¿Con qué propósito menciona el autor la leyenda de El Dorado?
   (A) Para alabar las creencias religiosas de los incas
   (B) Para defender la mitología sobre el oro
   (C) Para alabar la creatividad de los incas
   (D) Para explicar el lugar del descubrimiento

ACTIVIDAD 15
Tema curricular: La belleza y la estética

Introducción

El siguiente fragmento proviene de la exitosa novela *La sombra del viento* de Carlos Ruiz Zafón. La narración establece la relación entre un padre y su hijo. La novela fue publicada por primera vez en 2001.

El Cementerio de los Libros Olvidados

Línea
Todavía recuerdo aquel amanecer en que mi padre me llevó por primera vez a visitar el Cementerio de los Libros Olvidados. Desgranaban los primeros días del verano

(5) de 1945 y caminábamos por las calles de una Barcelona atrapada bajo cielos de ceniza y un sol de vapor que se derramaba sobre la Rambla de Santa Mónica en una guirnalda de cobre líquido.

—Daniel, lo que vas a ver hoy no se lo puedes

(10) contar a nadie —advirtió mi padre—. Ni a tu amigo Tomás. A nadie.

—¿Ni siquiera a mamá? —inquirí yo, a media voz.

Mi padre suspiró, amparado en aquella son-

(15) risa triste que le perseguía como una sombra por la vida.

—Claro que sí —respondió cabizbajo—. Con ella no tenemos secretos. A ella puedes contárselo todo.

(20) Poco después de la guerra civil, un brote de cólera se había llevado a mi madre. La enterramos en Montjuïc el día de mi cuarto cumpleaños. Sólo recuerdo que llovió todo el día y toda la noche, y que cuando le pregunté a mi padre si

(25) el cielo lloraba le faltó la voz para responderme. Seis años después, la ausencia de mi madre era para mí todavía un espejismo, un silencio a gritos que aún no había aprendido a acallar con palabras. Mi padre y yo vivíamos en un pequeño

(30) piso de la calle Santa Ana, junto a la plaza de la iglesia. El piso estaba situado justo encima de la librería especializada en ediciones de coleccionista y libros usados heredada de mi abuelo, un bazar encantado que mi padre confiaba en que

(35) algún día pasaría a mis manos. Me crié entre libros, haciendo amigos invisibles en páginas que se deshacían en polvo y cuyo olor aún conservo en las manos. De niño aprendí a conciliar el sueño mientras le explicaba a mi madre en la

penumbra de mi habitación las incidencias de (40) la jornada, mis andanzas en el colegio, lo que había aprendido aquel día... No podía oír su voz o sentir su tacto, pero su luz y su calor ardían en cada rincón de aquella casa y yo, con la fe de los que todavía pueden contar sus años con (45) los dedos de las manos, creía que si cerraba los ojos y le hablaba, ella podría oírme desde donde estuviese. A veces, mi padre me escuchaba desde el comedor y lloraba a escondidas.

Recuerdo que aquel alba de junio me des- (50) perté gritando. El corazón me batía en el pecho como si el alma quisiera abrirse camino y echar a correr escaleras abajo. Mi padre acudió azorado a mi habitación y me sostuvo en sus brazos, intentando calmarme. (55)

—No puedo acordarme de su cara. No puedo acordarme de la cara de mamá —murmuré sin aliento.

Mi padre me abrazó con fuerza.

—No te preocupes, Daniel. Yo me acordaré (60) por los dos.

Nos miramos en la penumbra, buscando palabras que no existían. Aquélla fue la primera vez en que me di cuenta de que mi padre envejecía y de que sus ojos, ojos de niebla y de pérdida, (65) siempre miraban atrás. Se incorporó y descorrió las cortinas para dejar entrar la tibia luz del alba.

—Anda, Daniel, vístete. Quiero enseñarte algo —dijo.

—¿Ahora? ¿A las cinco de la mañana? (70)

—Hay cosas que sólo pueden verse entre tinieblas —insinuó mi padre blandiendo una sonrisa enigmática que probablemente había tomado prestada de algún tomo de Alejandro Dumas. (75)

1. ¿Cómo es la actitud del padre al principio del pasaje?
   (A) Desafiante
   (B) Insultante
   (C) Misteriosa
   (D) Tranquilizante

2. ¿A qué se refiere la frase "le perseguía como una sombra" [línea 15]?
   (A) A los enemigos que lo buscaban
   (B) A la constante aflicción que sentía
   (C) A los secretos que escondía de la madre
   (D) A la explicación que no podía darle a su hijo

3. ¿Cómo le parecía la muerte de su madre al hijo?
   (A) Consoladora
   (B) Irritante
   (C) Oportuna
   (D) Irreal

4. ¿Qué papel jugaría el negocio que estaba debajo de su piso en el futuro?
   (A) Sería un impedimento para su éxito.
   (B) Sería suyo algún día.
   (C) Sería la causa de su nostalgia.
   (D) Sería su único escape.

5. ¿Dónde había hecho amistades el narrador?
   (A) En la iglesia
   (B) En los libros
   (C) En las calles
   (D) En los colegios

6. ¿Qué hacía el narrador para dormirse?
   (A) Hablaba con su madre.
   (B) Escribía sus experiencias.
   (C) Leía por varias horas.
   (D) Sujetaba la mano de su madre.

7. ¿Qué sentía en su habitación el narrador?
   (A) Una tentación irresistible
   (B) Una soledad opresiva
   (C) La presencia de su madre
   (D) La voz de su padre

8. ¿Cuál es una posible razón por la que el padre lloraba?
   (A) Echaba de menos a su esposa.
   (B) Le preocupaban las aventuras de su hijo.
   (C) Le inquietaba la falta de alimento.
   (D) Les temía a las palabras de su hijo.

9. ¿Por qué se despertó gritando el narrador?
   (A) Porque le daba lástima su padre
   (B) Porque pensaba que su padre lo había abandonado
   (C) Porque le preocupaban las palpitaciones del corazón
   (D) Porque parecía haber olvidado el rostro de la madre

10. ¿Qué vio el narrador en los ojos del padre?
    (A) Una sensación de duda
    (B) Una gran nostalgia
    (C) Una actitud de desprecio
    (D) Una curiosidad alarmante

ACTIVIDAD 16
Tema curricular: Los desafíos mundiales

Introducción

Belén Palanco, la autora del siguiente artículo, describe una manera alternativa para evitar el consumismo en la Navidad. Proviene de la Agencia EFE, un portal de noticias en español.

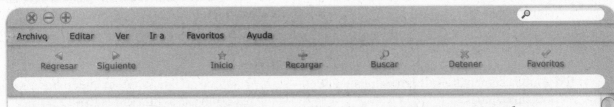

Regalos solidarios en Navidad, una alternativa válida al consumismo que nos inunda

Línea
Apadrinar a un niño en Mozambique, adoptar un animal abandonado, pagar una escuela o un pozo de agua en Sudán o comprar un vestido tejido por mujeres maltratadas son solo algunas de las alternativas solidarias al consumismo que nos inunda en Navidad.

(5)
Por Navidad, las diversas ONG[1] lanzan originales campañas, como regalar vacunas contra enfermedades mortales o bienes de primera necesidad como vacas, cabras, material escolar y pruebas médicas a quien realmente lo necesita: los pobres del Tercer Mundo y muy especialmente los niños.

Subirse al tren de la solidaridad siempre es posible y, sobre todo, en Navidad. La forma de viajar en ese tren tan especial es única: sentirse solidario y aceptar el reto de serlo, como ya lo hicieron famosos como la actriz Audrey Hepburn, que durante tanto tiempo colaboró con UNICEF.

(10)
El primer paso es decidir qué tipo de billete de tren se va a adquirir, si el que conduce a ser el representante de una organización, o el que lleva a contribuir de manera puntual por Navidad de diversas maneras: donando, regalando productos del denominado comercio justo o, incluso, apadrinando a un niño o una familia.

En este especial tren no existen compartimentos de turista y primera clase, todos los viajeros son

(15)
iguales, desde el voluntario anónimo hasta los famosos que colaboran desinteresadamente, como la reina Rania de Jordania, los futbolistas Leo Messi y David Beckham, la cantante Shakira, o los actores Orlando Bloom, Mia Farrow, Whoopi Goldberg y Susan Sarandon, entre otros.

Cada uno a su manera pelea por conseguir un mundo mejor. En la actualidad, cada hora mueren más de 900 niños (menores de cinco años), lo que supone que en un año han muerto 7,6 millo-

(20)
nes de pequeños, según informes de la Organización Mundial de la Salud.

En Navidad, las organizaciones no gubernamentales lanzan nuevos productos con la sana finalidad de recaudar dinero. Todas siguen la fórmula tradicional, que es la venta por Internet o en tiendas de objetos marcados con el logo de la institución de la que se trate.

Entre esos artículos podremos adquirir, desde bolígrafos, gorras, tazas y camisetas, hasta pro-

(25)
ductos de alimentación, ropa y complementos, la mayor parte de ellos fabricados en países en vías de desarrollo y que se venden con la etiqueta de "Comercio Justo".

[1]Organizaciones No Gubernamentales

1. ¿Cuál es el propósito del artículo?
   (A) Dar a conocer las acciones de personas que se preocupan por otros
   (B) Ilustrar los fracasos de diferentes organizaciones para mejorar la salud pública
   (C) Criticar cómo el consumismo afecta a las organizaciones benéficas
   (D) Demostrar las mejoras de los pobres en el Tercer Mundo

2. ¿Qué técnica usa la autora para corroborar sus ideas?
   (A) Amplía comentarios de representantes de organizaciones.
   (B) Da ejemplos de los posibles regalos solidarios en la época navideña.
   (C) Explica la razón por las que muchos contribuyen para erradicar la pobreza.
   (D) Menciona a los famosos que viajan por los países del Tercer Mundo.

3. ¿Cuál de las siguientes frases transmite la misma idea que "Subirse al tren de la solidaridad siempre es posible" [línea 7], tal como se usa en el artículo?
   (A) Los trenes tratan de fomentar la fraternidad.
   (B) La solidaridad requiere compromiso.
   (C) Viajar a un país en necesidad es aconsejable.
   (D) Animarse a cooperar es realizable.

4. ¿A qué se refiere la frase "El primer paso es decidir qué tipo de billete de tren se va a adquirir" [línea 10]?
   (A) Al tipo de organización que una persona quisiera representar
   (B) A la clase de aportación que una persona está dispuesta a dar
   (C) A la localidad donde le gustaría adoptar a un niño
   (D) A la clase de comercio con el que le gustaría trabajar

5. ¿Por qué declara la autora que "todos los viajeros son iguales" [líneas 14–15]?
   (A) Todos ayudan con el mismo propósito.
   (B) Todos trabajan de manera anónima.
   (C) Todos escogen las mismas organizaciones.
   (D) Todos pertenecen a la misma organización.

6. Según el artículo, ¿por qué llaman a la venta de productos "Comercio Justo"?
   (A) Los precios son razonables.
   (B) Las ventas favorecen inmensamente la economía.
   (C) Su propósito es ayudar a los necesitados.
   (D) Su finalidad es solamente emplear a los pobres.

ACTIVIDAD 17
Tema curricular: Los desafíos mundiales

Introducción
Este es un fragmento del artículo "Chupa Chups" por Lola Tanibo, publicado en la revista *Ecos*. Trata de un caramelo muy conocido a nivel mundial.

Chupa Chups

Línea ¿Quién no ha chupado un "chupa chups"? Creo que nadie en Europa, Estados Unidos y gran parte de Latinoamérica, pues la empresa española produce cuatro millones de chupa chups (5) al año en todo el mundo, de más de 40 sabores diferentes, incluido uno de chile para el mercado mexicano.

Chupa Chups fue el primer caramelo con palo que se consumió en el espacio, saboreado (10) por los cosmonautas de la estación espacial Mir, en 1995, y es el de mayor ventas en el mundo. Su inventor, Enric Bernat Fontlladosa, murió el pasado 27 de diciembre en su casa de Barcelona a los 80 años de edad, retirado de los negocios (15) tras padecer una grave enfermedad.

La prensa española e internacional se hizo eco de la noticia con la publicación de biografías y notas necrológicas dedicadas al creador del caramelo con palo más vendido del mundo.

(20) El inventor

Enric Bernat, el arquetipo de hombre de negocios hecho a sí mismo y con gran carisma de vendedor, nació el 20 de octubre de 1923, y estudió hasta cuarto de Bachillerato y, posterior-(25) mente, tres cursos de Comercio.

A finales de los 50, a Bernat, hijo de una familia de confiteros catalanes, se le ocurrió crear un caramelo redondo con palo (*lollipops*), después de ver cómo los niños se ensuciaban los (30) dedos comiendo los dulces de aquella época.

El empresario catalán patentó este invento, que en un primer momento fabricó y comercializó a través de la compañía Granja Asturias, S.A. (1958) con el nombre de Chups.

(35) Bernat introdujo en los años sesenta un sistema de autodistribución innovador, con la financiación de unos Seat 600 decorados con la imagen del chupa chups, con la que creó una amplia red de vendedores que distribuían, vendían y facturaban la mercancía en el momento. (40)

En 1969, Salvador Dalí diseña el logotipo de la marca Chupa Chups, por una suma millonaria, y los dulces salen al mercado al precio de una peseta, mucho dinero para aquella época en la que la economía de España trataba de despe-(45) gar y el nivel salarial medio era muy bajo.

A la conquista del mercado

La internacionalización de Chupa Chups se llevó a cabo en los años setenta y ochenta, con exportaciones a Alemania, Italia, EE.UU., Japón (50) y Australia, y el establecimiento de nuevas filiales comerciales en el extranjero.

El éxito de Chupa Chups, que emplea en la actualidad a 1.700 personas en todo el mundo, se debe también al éxito de la estrategia (55) comercial aplicada por su fundador, que en sus comienzos se remitió al eslogan: "es redondo y dura mucho, Chupa Chups", y a su apuesta por el mercado internacional.

Enric Bernat creó un imperio con una simple (60) idea: poner un palo a un caramelo para adaptarlo mejor a sus mejores clientes, los niños, para evitar que se ensuciaran los dedos. "Sería como comerse un caramelo con tenedor", pensó.

1. ¿Cuál es el propósito del artículo?
   - (A) Detallar los inicios de un producto
   - (B) Evaluar el error de muchos empresarios
   - (C) Presentar una estrategia malograda
   - (D) Discutir la preparación de un empresario

2. Según el primer párrafo del artículo, ¿qué podemos deducir sobre la producción de los Chupa Chups?
   - (A) La producción ha disminuido en España.
   - (B) La producción es mayormente en Latinoamérica.
   - (C) Se trata de satisfacer todos los gustos.
   - (D) Se trata de limitar los países productores.

3. ¿Con qué propósito menciona la autora la estación espacial Mir?
   - (A) Para mostrar la durabilidad del producto
   - (B) Para burlarse de la obsesión por el producto
   - (C) Para aplaudir el arquetipo de un innovador
   - (D) Para destacar la universalidad del producto

4. ¿Qué relación existe entre la estación espacial Mir y los Chupa Chups?
   - (A) Sirvieron de alimento para los cosmonautas.
   - (B) Se hicieron experimentos para mejorar el sabor del producto.
   - (C) La compañía patrocinó parte del vuelo.
   - (D) Se hicieron varios anuncios publicitarios en la estación.

5. ¿A causa de qué se publicaron artículos sobre Enric Bernat?
   - (A) Su jubilación
   - (B) Su muerte
   - (C) La venta de la compañía
   - (D) La enfermedad que padecía

6. ¿De dónde le surgió a Bernat la idea para la invención de los Chupa Chups?
   - (A) Al recordar su placentera niñez
   - (B) Al ver la falta de competencia en la industria
   - (C) Al descubrir un método fácil para hacer caramelos
   - (D) Al querer una manera más limpia de comer caramelos

7. ¿Por qué fueron importantes los años sesenta para la compañía?
   - (A) Porque se decidió mantener el diseño original del producto
   - (B) Porque se modificó el modelo de hacer negocios
   - (C) Porque se compensó a los vendedores con coches Seat
   - (D) Porque se cambiaron los sabores de los caramelos

8. ¿Cuál fue una de las características que contribuyó al éxito de los Chupa Chups?
   - (A) Que no se consumían rápidamente
   - (B) Que no se encontraban fácilmente en el mercado
   - (C) Que los vendedores recibían grandes recompensas
   - (D) Que la economía española mejoraba mucho

9. Según el artículo, ¿qué circunstancias existían en España cuando salieron los Chupa Chups al mercado?
   - (A) Los patentes se conseguían fácilmente.
   - (B) El costo de la producción era muy alto.
   - (C) La economía intentaba prosperar.
   - (D) La población estaba interesada en un nuevo producto.

ACTIVIDAD 18
Tema curricular: La vida contemporánea

Introducción

El siguiente fragmento trata de los sentimientos de una esposa hacia su esposo. Proviene del cuento "El asco" de Silvina Ocampo.

Línea
En los primeros tiempos de su vida de casada, Rosalía mantenía la casa como una casa de muñecas. Todo estaba ordenado y limpio. Para su marido, preparaba comidas muy complicadas.
(5) En la puerta de la calle, ahí no más, se tomaba olor a frituras apetitosas. Que una mujer tan delicada como ella, sin mayor conocimiento de lo que es manejar una casa, supiera desenvolverse, causaba admiración. El marido, embo-
(10) bado, no sabía qué regalos hacerle. Le regaló un collar de oro, una bicicleta, un abrigo de piel y finalmente, como si no fuera bastante, un reloj, engarzado con pequeños brillantes, muy costoso.
Rosalía sólo pensaba en una cosa: en cómo
(15) perder el asco y la repulsión por el hombre. Durante días imaginó maneras de volverlo más simpático. Trataba de que sus amigas se enamoraran de él, para poder de algún modo llegar al cariño a través de los celos, pero dispuesta a
(20) abandonarlo, eso sí, a la menor traición.
A veces cerraba los ojos para no verle la cara, pero su voz no era menos odiosa. Se tapaba las orejas, como alisándose el pelo, para no oírlo: su aspecto le daba náuseas. Como una enferma
(25) que no puede vencer su mal, pensó que no tenía cura. Durante mucho tiempo, como pan que no se vende, anduvo perdida, con los ojos extraviados. Para sufrir menos, la pobrecita comía siempre caramelos, como esas criaturas que se
(30) consuelan con pavadas. Mi socia me decía:
—¿Qué le pasa a esa señora? El marido anda loco por ella, ¿qué más quiere?
—Ser amada no da felicidad, lo que da felicidad es amar, señora —yo le respondía.

1. ¿Cómo se puede describir la manera en que Rosalía manejaba la casa?
   - (A) Ejemplar
   - (B) Juguetona
   - (C) Dictatorial
   - (D) Despreocupada

2. Por el comportamiento del esposo, ¿cómo se sentía él?
   - (A) Muy agradecido
   - (B) Muy poderoso
   - (C) Muy desanimado
   - (D) Muy delicado

3. ¿Cómo demostraba sus sentimientos el esposo?
   - (A) Dejándola reunirse con sus amigas
   - (B) Dándole objetos valiosos
   - (C) Felicitándola por su apariencia
   - (D) Fingiendo que le daba asco

4. ¿Qué trataba de hacer Rosalía?
   - (A) Aprender a cocinar bien
   - (B) Conseguir amar a su esposo
   - (C) Recibir el perdón de su marido
   - (D) Mostrar el cariño que sentía

5. ¿Qué le permitirían los celos a Rosalía?
   - (A) Sentirse una esposa ideal
   - (B) Apreciar más a sus amigas
   - (C) Empezar a querer a su esposo
   - (D) Volverse más fascinante

6. ¿Qué no le permitiría Rosalía a su esposo?
   - (A) Mentiras
   - (B) Insultos
   - (C) Humildad
   - (D) Infidelidad

7. ¿Por qué comía caramelos Rosalía?
   - (A) Para aumentar de peso
   - (B) Para aliviar su angustia
   - (C) Para premiar el amor de su esposo
   - (D) Para evitar las náuseas

8. ¿Qué podemos deducir sobre Rosalía a través de la selección?
   - (A) Que estaba locamente enamorada
   - (B) Que estaba mejorando de salud
   - (C) Que estaba descontenta con su situación
   - (D) Que estaba luchando con sus celos

Introducción

El siguiente artículo sobre los compradores en línea proviene del portal del diario español *ABC*.

Los cuatro tipos de compradores "online" y cómo atraparlos

Línea

No todos los usuarios son iguales, y no todos los compradores online responderán igual a una campaña publicitaria u otra.

(5) Muchas empresas elaboran una sola estrategia de *marketing* que intenta atrapar a todos sus usuarios, posibles clientes y grandes compradores con un mismo mensaje. Sin datos e información para dirigirla, esa campaña es la equivalente a *mailings* masivos o el *spamming* y (10) nunca funciona con todos los clientes. No todos los usuarios son iguales, y no todos los compradores *online* responderán igual a una campaña publicitaria u otra.

Un estudio de Forrester sobre el estado de (15) analítica de consumidores en el año 2012 apunta que la analítica predictiva es la mejor aliada de las empresas para descubrir más sobre sus clientes y expandir el conocimiento sobre lo que quieren y lo que hace que hagan clic en "comprar" en (20) lugar de irse a casa con las manos vacías.

Los datos sobre los usuarios podrán ser traducidos en oportunidades de negocio para las empresas *online*, pudiendo crear estrategias de negocio basándose en datos (en lugar de apuestas). (25) Para ello, las empresas tienen que conocer a su clientela: en lugar de tener datos sobre millones de usuarios, es más útil tener información segmentada sobre las miles de personas que generan beneficio seguro para poder dirigirse a (30) ellos.

Las empresas se enfrentan a un abanico de posibles clientes: los grandes compradores, los indecisos, los *window shoppers*, los que buscan ofertas o los que son alérgicos a Internet. (35) Para poder triunfar, se tiene que intentar acertar con todos, pero concentrarse en los que generen mayor valor para la empresa. Para poder entender los tipos principales de usuarios a los que se enfrentan las *retailers*, enumeramos los cuatro más frecuentes y cómo atraparlos: (40)

Los *window shoppers*

Al igual que en las tiendas de la calle, algunas veces las personas entran en las páginas web simplemente para cotillear. Estas son las personas que pueden pasar horas mirando los (45) diferentes productos o servicios, mirar todo al detalle, pero nunca hacer clic en comprar. Estas personas pueden haberse inscrito en tu *site* como compradores, pero quizás nunca hayan comprado nada. Les gusta explorar y los *retailers* (50) deberían animarles a seguir haciéndolo para crear mayor confianza y difundir la palabra sobre el servicio. Con persuasión y ofertas a medida, estos usuarios pueden convertirse en compradores. Es recomendable, sin embargo, (55) que los *retailers* no pongan todo su empeño sobre este tipo de cliente ya que aún no han generado beneficios y no hay garantía que lo hagan en el futuro.

Los amantes de las compras (60)

Son el mejor tipo de cliente sin duda para los *online retailers*. Estas son personas que acuden a Internet en lugar de las tiendas convencionales para encontrar lo que quieren con comodidad y rapidez. Para estas personas, encontrar lo que quieren en el (65) menor número de clics posible es clave para que elijan siempre esta web y no otra. Son personas que necesitan ver que la empresa establece una conexión con ellos, que escucha lo que quieren y se les muestre un servicio de valor añadido para que (70) no vayan a otro lugar a hacer compras. Estos son los clientes que generan más beneficios, por lo que es importante nunca ignorarlos.

Los usuarios temerosos

Son las personas que a) no están familiarizados (75) con el mundo *online*, o b) tienen miedo de Internet. Estos usuarios tendrán una desconfianza

absoluta del site hasta que puedan asegurarse de que sea de confianza. Ante estas personas, la
(80) transmisión de confianza inicial es clave. Si ellos sienten que el sitio web es de fiar, los términos y condiciones de uso están presentes en un primer instante y los *reviews* de otros clientes y garantías son buenos, es probable que se conviertan en
(85) amantes de las compras. Es clave la transparencia.

Los buscadores de ofertas

Las personas que acuden online para buscar las mejores ofertas, pensando que en Internet pueden encontrar el precio más barato para lo que quieren, son quizás los más difíciles de predecir (90) para las empresas. Un *online retailer* no puede funcionar de forma rentable si piensa que todos sus clientes son de este tipo (se produciría un efecto dominó de caídas de precios que provocarían la quiebra y la desesperación) por lo que, (95) dentro de la oferta de calidad y personalización, se debe tener en cuenta que estas personas pueden o no aceptar la oferta del *site* dependiendo del precio o la cantidad.

Fuente número 2

Introducción

Los siguientes gráficos presentan los datos de los usuarios y las compras en Internet. Provienen del Estudio de Comercio Electrónico realizado por la Asociación Mexicana de Internet (AMIPCI) en 2010.

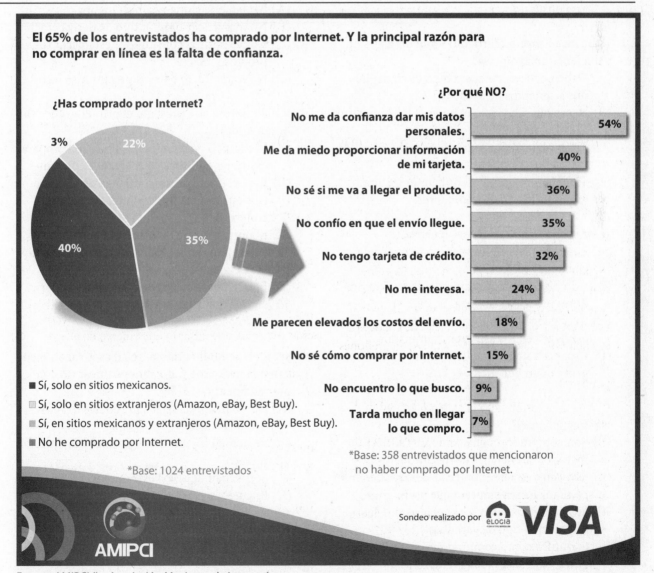

El 65% de los entrevistados ha comprado por Internet. Y la principal razón para no comprar en línea es la falta de confianza.

¿Has comprado por Internet?

3% · 22% · 40% · 35%

- ■ Sí, solo en sitios mexicanos.
- ▫ Sí, solo en sitios extranjeros (Amazon, eBay, Best Buy).
- ▪ Sí, en sitios mexicanos y extranjeros (Amazon, eBay, Best Buy).
- ■ No he comprado por Internet.

*Base: 1024 entrevistados

¿Por qué NO?

No me da confianza dar mis datos personales.	54%
Me da miedo proporcionar información de mi tarjeta.	40%
No sé si me va a llegar el producto.	36%
No confío en que el envío llegue.	35%
No tengo tarjeta de crédito.	32%
No me interesa.	24%
Me parecen elevados los costos del envío.	18%
No sé cómo comprar por Internet.	15%
No encuentro lo que busco.	9%
Tarda mucho en llegar lo que compro.	7%

*Base: 358 entrevistados que mencionaron no haber comprado por Internet.

Sondeo realizado por eLOGia VISA

Fuente: AMIPCI (La Asociación Mexicana de Internet)

1. ¿Cuál es el propósito del artículo?
   (A) Rechazar los mitos sobre hábitos de los consumidores
   (B) Describir a los diferentes tipos de compradores en línea
   (C) Analizar las campañas publicitarias de las empresas
   (D) Mostrar las oportunidades de ventas en línea

2. ¿Por qué critica el autor las empresas al principio del artículo?
   (A) No dirigen sus campañas de *marketing* adecuadamente.
   (B) No toman en consideración los deseos de los consumidores.
   (C) Descartan a los consumidores que van a casa con las manos vacías.
   (D) Predicen erróneamente el conocimiento de los consumidores.

3. ¿Qué idea expresa el artículo sobre los datos que debe tener una empresa?
   (A) Deben concentrar sus esfuerzos en pequeños segmentos de usuarios.
   (B) Necesitan saber solo el poder adquisitivo de los usuarios.
   (C) Están obligados a usar información de todos los clientes posibles.
   (D) Tienen que comparar los hábitos de una gran cantidad de compradores.

4. ¿Qué permite a las empresas tener éxito?
   (A) Usar los datos de un número reducido de clientes
   (B) Adivinar el comportamiento de los compradores indecisos en línea
   (C) Averiguar los hábitos y concentrar sus esfuerzos en los usuarios examinados
   (D) Crear estrategias publicitarias aunque no generen un beneficio seguro

5. ¿A qué conclusión llega el artículo sobre los *window shoppers*?
   (A) Son compradores que compran después de fijarse en los detalles de los productos.
   (B) Son generalmente compradores que tienen confianza en la empresa que usan.
   (C) Sus hábitos pueden ser alterados si se les ofrece todo tipo de garantías.
   (D) Su futuro como compradores no ofrece ninguna seguridad para las empresas.

6. Según el artículo, ¿por qué regresan "los amantes de las compras" a las mismas empresas?
   (A) Las empresas tienen perfiles específicos para ellos.
   (B) Pueden encontrar allí productos a bajo costo.
   (C) Las empresas responden a sus necesidades.
   (D) Se sienten parte del éxito de la empresa.

7. Según el artículo, ¿cómo pueden atraer a "los usuarios temerosos"?
   (A) Llevándolos paso a paso a hacer la compra
   (B) Asegurándoles los mejores precios
   (C) Ofreciéndoles ayuda en cualquier momento
   (D) Haciéndolos sentir seguros

8. ¿Qué recomendación les da el artículo a las empresas sobre "los buscadores de ofertas"?
   (A) No temerle a una posible quiebra
   (B) No manifestar ningún tipo de desesperación
   (C) No permitir al consumidor establecer sus propios precios
   (D) No tratar de ofrecer los precios más bajos

9. ¿Qué información presenta el primer gráfico (a la izquierda)?
   (A) El número de compras en línea en comparación a las compras en mercados corrientes
   (B) El porcentaje de desconfianza de los usuarios que nunca utilizan Internet para sus compras
   (C) El porcentaje de la influencia de mercados extranjeros en los hábitos de compra de los mexicanos
   (D) El porcentaje de las personas que compran en Internet y las razones por las que otros no lo hacen

10. Según el segundo gráfico, ¿cuál es la razón mencionada más a menudo para justificar no comprar en línea?
    (A) Desconfían recibir los productos exactos que ordenaron.
    (B) Se sienten inseguros de proveer información privada.
    (C) Sospechan de sitios extranjeros.
    (D) Encuentran los precios elevados.

ACTIVIDAD 20
Tema curricular: La ciencia y la tecnología

Introducción

Este fragmento, escrito por Yaihara Fortis-Santiago, comenta la vida, la experiencia y los éxitos de un científico puertorriqueño. Proviene de un artículo que apareció en el portal Ciencia Puerto Rico.

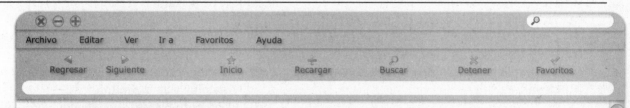

Arte con-ciencia: divulgación de las ciencias a través del arte

Línea

Convertirse en científico es un proceso muy individual, que puede llevarnos por varios rumbos, a través de los cuales vamos descubriendo y combinando diversas experiencias e intereses. Aunque el proceso de tallar este camino es muy personal, el encontrar la manera de fundir las ciencias con otras de nuestras pasiones nos puede ayudar a conseguir el éxito a la hora de seguir una carrera;

(5)   y este fue el caso del Dr. José Francisco Salgado quien se desempeña como astrónomo, fotógrafo, artista visual y educador.

Gracias a un libro sobre Neil Armstrong, el primer hombre que pisó la Luna, el Dr. José Francisco Salgado se interesó en el espacio. Observar las estrellas en el cielo de Carolina cuando niño con un telescopio que le ayudó a comprar su papá, reafirmó su interés de estudiar astronomía.

(10)   "Como aficionado, iba hasta Culebra con mi telescopio de 10 pulgadas de diámetro a ver el cometa Halley o el movimiento de los astros", nos cuenta. Apoyado por sus padres y maestros, ingresó a la Universidad de Puerto Rico, Recinto de Río Piedras para estudiar física. Al terminar el bachillerato, participó como maestro de física y química en Carolina, tiempo en el que fue descubriendo la importancia de la educación científica formal e informal.

(15)   En 1992, entró a la Universidad de Michigan–Ann Arbor a estudiar una maestría, y luego un doctorado en astronomía. Como parte de su tesis doctoral, viajaba constantemente a Puerto Rico a recopilar datos en el Observatorio de Arecibo. A pesar de su gran interés en astronomía, como estudiante graduado, José Francisco aún no estaba seguro de qué profesión le gustaría seguir después de completar el doctorado. Su momento ¡Eureka! le llegó cuando alguien de la NASA dio

(20)   una charla en Michigan sobre la divulgación de la astronomía para el público general. Fue en ese momento cuando él decidió que quería integrar un componente de divulgación y educación en cada uno de sus proyectos investigativos.

Su entrenamiento científico, combinado con la experiencia de la divulgación científica de sus investigaciones, le ganó un puesto en el Planetario Adler de Chicago. El planetario Adler es un

(25)   museo de astronomía, muy particular, que se vale de herramientas e iniciativas innovadoras como teatros, telescopios, un planetario y una tecnología muy sofisticada para el estudio del espacio a través de la educación científica formal e informal.

A José Francisco, el museo le ha servido como escenario para usar sus destrezas de diseño gráfico y para incluir o incorporar otra pasión que traía desde niño: la fotografía. La afición de José

(30)   Francisco por la fotografía y su peritaje sobre el espacio, le han permitido crear una serie de videos

para el planetario, donde, a través de medios visuales, logra presentar el espacio de una manera original y llamativa. Al preguntarle cómo logra un astrofísico combinar la ciencia con la fotografía, nos comenta que "la gente que se encarga de divulgar imágenes de astros tiene un punto de vista científico, pero una sensibilidad artística".

1. ¿Cuál es el propósito del artículo?
   (A) Presentar los retos de escoger una carrera
   (B) Discutir la formación de un exitoso artista
   (C) Dar a conocer a un científico prolífico
   (D) Mostrar la importancia de la divulgación científica

2. Según la autora, ¿qué nos ayudaría a triunfar en nuestras carreras?
   (A) Estudiar varias áreas y luego lanzarse a una pasión en particular
   (B) Encontrar una convergencia en nuestros diversos intereses
   (C) Usar la ciencia como guía de todas nuestras pasiones
   (D) Decidir muy temprano un rumbo específico

3. ¿Qué efecto tuvo el libro sobre Neil Armstrong en la carrera del doctor Salgado?
   (A) Lo guió durante sus estudios en la Universidad de Michigan.
   (B) Lo animó a mudarse a Río Piedras para estudiar allí.
   (C) Lo motivó a ampliar sus conocimientos astronómicos.
   (D) Lo usó de referencia en varias de las conferencias que dio.

4. ¿Qué dificultad tuvo que enfrentar el doctor Salgado mientras estudiaba?
   (A) Tenía dudas en cuanto a qué carrera escoger.
   (B) Le impedían llevar la ciencia al público.
   (C) Los proyectos investigativos interferían con sus estudios.
   (D) Los datos que reunía fueron inválidos para su tesis.

5. ¿Qué le ha permitido el interés por las artes al doctor Salgado?
   (A) Diseñar cursos para un público con pocos conocimientos científicos
   (B) Presentar el universo desde un punto de vista muy personal y único
   (C) Obtener resultados antes desconocidos en el campo de la ciencia
   (D) Perfeccionar su talento para poder tener éxito en el escenario

6. ¿Cuál de las siguientes preguntas sería la más apropiada para hacerle al doctor Salgado?
   (A) ¿Por qué encontró en Puerto Rico el lugar ideal para hacer fotografía?
   (B) ¿Qué dificultades tuvo al inmigrar a un país desconocido?
   (C) ¿Qué tipo de investigación tuvo la oportunidad de hacer en la NASA?
   (D) ¿Cómo ve el papel de la fotografía en los avances científicos del futuro?

ACTIVIDAD 21
Tema curricular: La vida contemporánea
Fuente número 1

Introducción

El siguiente artículo de María Rosa Bouzón apareció en la versión digital del periódico argentino *Clarín*. Trata de los mates, objetos utilizados para beber la popular infusión conocida también como mate.

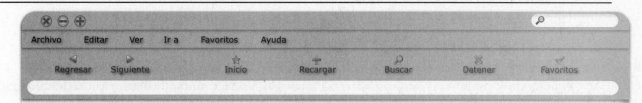

El mate, rito y objeto de culto en La Rural

Línea

De cuero, con apliques o de silicona, en el predio de Palermo la oferta en mates es de lo más variada, como también lo son sus precios. En quince *stands* en total, por los que Clarín.com hizo una recorrida, se puede elegir entre un sinfín de modelos, desde los tradicionales de calabaza a los mates de colección. Un abanico de alternativas de este objeto de culto argentino.

(5)   Al margen del ruido y del movimiento que pueblan La Rural por estos días, nunca falta el tiempo ni el espacio para tomar un mate. Unos, con su termo abajo del brazo, pasean de un lado a otro. Otros, al margen del frenético movimiento de la exposición, se apartan en algún rincón y lo disfrutan más tranquilos.

Y es que el mate es, sin duda alguna, la infusión más elegida por los visitantes y trabajadores de

(10)   La Rural, cuyos expositores este año se hicieron eco de este rito. Los *stands* en los que se pueden comprar mates este año ascienden a quince, en los que no solo se puede elegir entre los más originales modelos, sino ajustar las compras al propio bolsillo. El espectro de precios va desde los $40 a los $1600 el más caro.

En el pabellón verde es donde se concentra una gran parte de los *stands*. Allí, se pueden con-

(15)   seguir, por ejemplo, los mates típicos de calabaza a $40, que también se ofrecen con detalles en alpaca. Para aquellos que busquen mates estampados, los hay forrados en cuero y cuestan desde $50 hasta $85, si el comprador lo quiere con patas de metal.

Pero una particularidad de este sector son los mates cincelados en el momento por su artesano, Pedro Torres. Caballos y flores de lis son algunos de los motivos que él mismo va tallando, y a

(20)   los que les agregan detalles a pedido. "Lo que hacemos acá es cincelado de metal. Se lo hacemos delante de la gente para que vean cómo es todo el proceso y atrás les dejamos un espacio para que la gente le pueda poner su nombre. Después tenemos pavas[1] cinceladas, que ya son más elaboradas, y arrancan desde $140", comenta. "Los que más le gustan a la gente son los dibujos típicos, y lo que más llama la atención son las pavas, porque son algo relativamente nuevo", agrega.

(25)   Pero si de motivos típicos se trata, la figura que no podía faltar en La Rural es la de Molina Campos. Los mates estampados con algunos de sus cuadros más famosos, también se hallan en este pabellón a $60. Otra opción muy novedosa, que atrae sobre todo por sus colores, es la de los mates de silicona, que recibieron en 2009 el Premio Argentino a la Innovación. Además de su inusual material, los usuarios valoran la practicidad de los mismos para vaciarlos una vez usados y lavarlos.

(30)   Vienen con bombilla y cuestan $65.

---

[1] Recipiente, generalmente de metal, para calentar agua

A medida que se le suman detalles, como el recubrimiento con cuero de carpincho, la bombilla o los adornos en alpaca, los precios van obviamente en aumento. En el extremo opuesto del predio, en el paseo de las provincias, un mate de madera de algarrobo, típica de la provincia de La Rioja, forrado en cuero y cosido con tiento cuesta entre $70 y $90 según la elaboración de su diseño.

(35)   Otros mates tradicionales son los de cuero de suela y cuero crudo, que salen a $140. Ahora bien, si se busca algo más vistoso, un mate con apliques de alpaca cincelada se consigue a $160 y unos muy finos recubiertos con cuero de carpincho, a $180.

Finalmente, claro está, no podían faltar los mates con apliques de plata, que son los más caros de todos. Dependiendo de los detalles y el trabajo del metal, van desde $1050 a $1600.

(40)   **Cómo se toma el mate**

Si hay algo que queda claro cuando se le pregunta a la gente cómo debe ser un buen mate, la respuesta casi definitiva es que hay que tomarlo amargo. "Un mate nunca se tiene que mezclar con dulce, siempre tiene que ser amargo. Si le agregás azúcar pierde el gusto", explica Omar Navar, sentado en el pabellón bovino, obviamente con un mate en la mano. Lo mismo opina Agustín

(45)   Baldassini, quien ataviado con su ropa gaucha responde sin dudar: "Un buen mate tiene que tener su buena yerba a la medida, el agua bien a punto y algún yuyito. Y el criollo busca toda su vida el mate amargo", concluye, para luego recitar orgulloso un verso del Martín Fierro.

Fuente número 2

Introducción

Los gráficos a continuación presentan la cantidad de yerba mate en toneladas que importa Chile de varios países. Apareció en un documento sobre el mate publicado por Innova, un programa silvícola chileno.

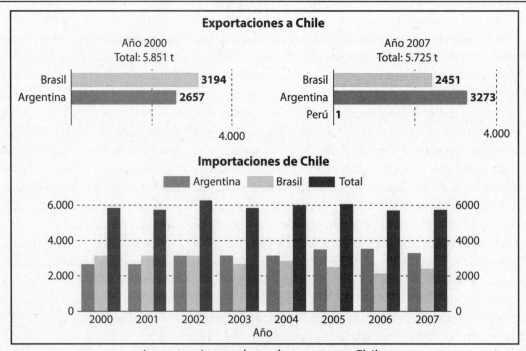

Importaciones de yerba mate en Chile

Fuente: Elaborado con información de la Dirección Nacional de Aduanas

1. ¿Cuál es el propósito del artículo?
   (A) Describir diferentes tipos de recipientes
   (B) Citar los beneficios del mate para la salud
   (C) Explicar cómo ha cambiado una costumbre antigua
   (D) Presentar cómo ha afectado la economía la producción del mate

2. ¿A qué se refiere la autora cuando dice "Un abanico de alternativas de este objeto" [línea 4]?
   (A) A la popularidad de ciertos materiales
   (B) A los precios de los mates
   (C) A los sabores de los mates
   (D) A la gran variedad de mates

3. ¿Qué afecta el precio de los mates?
   (A) El material y el diseño
   (B) El diseño solamente
   (C) El color de los metales
   (D) El tamaño de los *stands*

4. ¿Qué servicio ofrecen los vendedores a los clientes?
   (A) Personalizar los mates
   (B) Enseñarles a diseñar los mates
   (C) Devolver el dinero si no están completamente satisfechos
   (D) Descontar el precio según el número de objetos que compran

5. ¿Cuál es uno de los motivos típicos que es popular?
   (A) Los diseños antiguos
   (B) Los dibujos tradicionales
   (C) Las escenas de La Rural
   (D) Las pinturas de un artista

6. ¿Qué se recomienda para disfrutar un buen mate?
   (A) No calentarlo
   (B) No endulzarlo
   (C) Mezclarlo con leche
   (D) Agregarle agua fría

7. ¿Qué tipo de información presentan los gráficos?
   (A) El gran aumento en el número de países de donde Chile importa la yerba mate
   (B) Los principales países que exportan la yerba mate a Chile
   (C) La variación en el consumo de la yerba mate en diferentes países
   (D) El incremento en el número de toneladas procedentes de Brasil

8. Entre los años 2000 y 2007, ¿qué cambios se pueden observar en los gráficos?
   (A) Brasil llega a ser el exportador principal de mate a Chile.
   (B) Paraguay empezó a exportar más mate a Chile.
   (C) Argentina aumentó sus exportaciones de mate a Chile.
   (D) La importación total de mate en Chile siguió aumentando.

9. ¿En qué año el número de toneladas exportadas es similar entre Brasil y Argentina?
   (A) 2000
   (B) 2002
   (C) 2004
   (D) 2007

ACTIVIDAD 22
Tema curricular: Las identidades personales y públicas

Introducción

El siguiente fragmento trata de lo que le ocurrió a un profesor y cómo los eventos afectaron a su ayudante, Celina Vallejo. Proviene del cuento "Las palabras del mundo", del autor español José María Merino.

Línea
El profesor se dejó caer sentado en su sillón, con ademán de abatimiento. Ella insistía en su gesto de alargarle el cuaderno y el bolígrafo, pero él tardó un rato en responder. Tomó al fin el bolí-
(5) grafo y el cuaderno y ella comprendió que aquel hombre había sufrido —estaba sufriendo— una nueva transformación. Pues en lugar de escribir con la precisión y rapidez a que acostumbraba, comenzó a hacerlo con torpeza y lentitud que
(10) recordaba el esfuerzo de un escolar que elabo-rase sus primeros palotes.

Al cabo de un tiempo, le mostró el mensaje, hecho con letras deformes y temblequeantes: «Me cuesta mucho», decía. Como si recupe-
(15) rase el aliento y reuniese sus fuerzas, esperó un tiempo antes de continuar. Se inclinó por fin otra vez sobre el cuaderno: «Olvido las letras. Es el fin», escribió.

La ayudante Vallejo se fue de allí muy afec-
(20) tada. Aquella misma semana, el profesor se ausentó sin dejar señal alguna. Y casi un mes más tarde llegó la noticia de su extraña desa-parición en la llamada Costa de la Muerte, al borde de una playa apartada, donde había sido
(25) localizado su automóvil y, dentro de él, ropas y objetos que le pertenecían.

Cuando la policía tuvo testimonios de la peculiar conducta del profesor Souto en los últimos meses, supuso que él mismo había sido
(30) el causante de su desaparición, posiblemente dando fin a su vida entre aquellas olas turbu-lentas, aunque su cuerpo no hubiese sido locali-zado todavía entonces, como no lo ha sido hasta la fecha.

(35) La noticia desazonó tanto a Celina Vallejo, que emprendió de inmediato el largo viaje a las tierras gallegas. Recuperar los cuadernos que el desaparecido llevaba consigo le costó algunos prolijos trámites, pero al fin se los entregaron.
(40) En cuanto a la cartera y los cheques de gasolina,

así como la ropa —arrebujada en una bolsa de plástico— deben esperar, para su entrega, una tramitación más compleja.

1. ¿Qué trataba la ayudante Vallejo que hiciera el profesor al principio del fragmento?
   (A) Que se comunicara con ella
   (B) Que se sentara a su lado
   (C) Que se entusiasmara un poco
   (D) Que se preparara para el viaje

2. ¿Con quién compara la manera de escribir del profesor el narrador?
   (A) Con una ayudante
   (B) Con una policía
   (C) Con un niño
   (D) Con un escritor

3. ¿Cómo sabemos que el profesor había sufrido una transformación?
   (A) Por la manera en que le hablaba
   (B) Por la manera en que escribía
   (C) Por la rapidez con que le contestó
   (D) Por la falta de interés en la conversación

4. ¿Qué podemos inferir sobre el profesor en el segundo párrafo?
   (A) Que no quería gastar su dinero
   (B) Que no recordaba el mensaje
   (C) Que no comprendía a la mujer
   (D) Que no podía hablar

5. Según el fragmento, ¿qué había sucedido esa misma semana?
   (A) El profesor no quiso ir más a la playa.
   (B) El profesor no aparecía por ninguna parte.
   (C) La ayudante Vallejo se fue a una playa desierta.
   (D) La ayudante Vallejo se llevó sus pertenencias.

6. ¿A qué conclusión había llegado la policía?
   (A) Que el profesor actuaba como de costumbre
   (B) Que el profesor ocultaba un pasado turbulento
   (C) Que el profesor se había mudado
   (D) Que el profesor se había ahogado

7. ¿Por qué fue Celina Vallejo a las tierras gallegas?
   (A) Quería obtener las pertenencias del profesor.
   (B) Quería alejarse de la Costa de la Muerte.
   (C) Necesitaba recuperarse.
   (D) Necesitaba hablar con el profesor.

ACTIVIDAD 23
Tema curricular: Las identidades personales y públicas

Introducción
El siguiente texto es un fragmento del cuento "Un mendigo", de Manuel Rojas. A veces, las apariencias engañan.

Línea Anduvo aún dos cuadras más. El número y la
casa deseada no aparecieron. Se detuvo en una
esquina y miró hacia lo lejos, dejando correr
su nublada pupila por la alta hilera de focos
(5) que parpadeaban en la noche. Sentía ganas de
llorar, de dejarse caer al suelo, irreflexivamente,
abandonándose.

Cerca de donde estaba parado había un restaurante con dos focos a la puerta y una gran
(10) vitrina iluminada, a través de la cual se veía, en
medio de un resplandor rojizo, cómo los pollos
se doraban a fuego lento, ensartados en un asa-
dor que giraba, chorreando gruesas gotas de
doradas grasas.

(15) Se abrió la puerta y un caballero alto, gordo,
enfundado en grueso sobretodo, salió; se detuvo
en la puerta mirando al cielo, subióse el cuello
del abrigo y echó a andar. En ese momento lo
vio Lucas Ramírez; no lo había visto salir del
(20) restaurante sino que se dio vuelta al sentir pasos
en la acera. Se le ocurrió una idea: preguntar
a ese señor que venía tan de prisa, por lo que
buscaba. El transitar por ahí indicaba que tal vez
vivía en la misma calle o en las inmediaciones y
(25) bien pudiera ser que conociera a su amigo.

Con un gesto sencillo, con el gesto que
cualquiera hace al detener a una persona para
preguntarle algo, lo detuvo. El caballero se paró
en seco y lo miró de arriba abajo, con mirada
(30) interrogadora, y lo vio tan miserable, tan vaci-
lante, tan deshecho, que cuando Lucas Ramírez
empezó a decir:
—Señor, por favor...
Sin dejarlo terminar la frase, contestó:
(35) —Cómo no, amigo...
Se desabrochó el sobretodo y por la abertura
metió la mano en dirección a un bolsillo, de
donde recogió algunas monedas y en la mano
que Lucas Ramírez había extendido y abierto
(40) para detenerlo, las dejó caer con voluptuosidad,
diciendo:

—Tome, compañero.
Y se fue, abrochándose rápidamente el
sobretodo.

Lucas Ramírez se quedó como si hubiera reci- (45)
bido una bofetada sin motivo alguno y estuvo
un instante sin saber qué hacer, qué pensar ni
qué decir. Después le dio rabia, y se volvió como
para llamar a aquel hombre, pero el otro iba ya
a media cuadra de distancia y si lo hubiera lla- (50)
mado no habría vuelto la cabeza; tal vez habría
pensado: "¡Qué mendigo fastidioso! Le di casi
todo el sencillo que llevaba y todavía me llama".

1. ¿Dónde estaba Lucas al empezar la
   narración?
   (A) En un restaurante elegante
   (B) En la casa de un amigo
   (C) En el pueblo de su familia
   (D) En un lugar poco familiar

2. ¿Cómo se dio cuenta Lucas de la presencia
   del hombre?
   (A) Lo vio cuando entraba al restaurante.
   (B) Oyó que caminaba por la calle.
   (C) Lo vio cuando el hombre lo saludó.
   (D) Enfrentó al hombre cara a cara.

3. ¿Qué esperaba Lucas al dirigirse al señor?
   (A) Que le ayudara a encontrar a alguien
   (B) Que lo invitara a comer en el
       restaurante
   (C) Que lo llevara a su casa
   (D) Que le diera el dinero que necesitaba

4. ¿Por qué reaccionó un poco brusco el caba-
   llero al ver a Lucas?
   (A) Por la apariencia de Lucas
   (B) Por la mirada de Lucas
   (C) Por haber reconocido su cara
   (D) Por haberse sentido insultado

5. ¿Qué hizo el caballero cuando Lucas trató de hablarle?
   (A) Le extendió la mano amistosamente.
   (B) Le respondió groseramente.
   (C) Le regaló un poco de dinero.
   (D) Le dio el abrigo que llevaba.

6. ¿Por qué se quedó perplejo Lucas al final de la narración?
   (A) Porque obtuvo lo que buscaba
   (B) Porque se sintió humillado
   (C) Porque el señor desapareció
   (D) Porque recibió poco dinero

7. ¿Cuál de las siguientes frases comunica la misma intención que "le dio rabia" [línea 48]?
   (A) Se sorprendió.
   (B) Se quedó.
   (C) Se enfureció.
   (D) Se afeitó.

8. ¿Qué palabra indica la misma idea que la palabra "el sencillo" [línea 53]?
   (A) El medicamento
   (B) Las monedas
   (C) Los cargamentos
   (D) El polvo

9. ¿Cómo nos presenta el narrador a Lucas al final del fragmento?
   (A) Optimista
   (B) Aliviado
   (C) Engañado
   (D) Indignado

ACTIVIDAD 24
Tema curricular: La vida contemporánea

Introducción

El siguiente es un fragmento del cuento "El viaje de Lucio" de María Esther Vázquez que aparece en la colección *Cuentos fantásticos argentinos*.

Línea

Un día Ana, la mujer que lo atendía, fue al cuarto a llevarle el almuerzo. La puerta estaba cerrada, pero ella oyó voces vagas, un fragmento de conversación deshilvanada. Pensó que Nora
(5) habría llegado sin que ella lo notara. Cuando golpeó la puerta, las voces, del otro lado, cesaron. Dentro del cuarto, Lucio, solo, sentado frente a su cuadro, lo miraba fijamente.

Llegó el invierno. Las palmeras altas y frías
(10) anunciaban el viento. Desde la muerte de la abuela, Lucio había adelgazado mucho; sus manos habían tomado el color del marfil viejo. Nora, preocupada, había querido llevárselo al campo, pero él se había negado en forma
(15) rotunda, porque —agregó— estaba preparando un viaje más importante. No quiso dar más detalles. En realidad, no hacía nada, no dibujaba, no pintaba, no leía, casi no comía, parecía no vivir. Sus horas se iban frente al cuadro,
(20) mirando la tela. A veces no se daba cuenta de que en el cuarto no había luz; del crepúsculo pasaba a la oscuridad y a la noche, sentado, inmóvil, hablando en voz baja o sin hablar. Nora se dio cuenta de que ya ni siquiera había varian-
(25) tes en la tela.

Una mañana de agosto, como a las diez, Ana, agitadísima, llamó a Nora por teléfono. Dijo que pasaba algo muy raro. Nora llegó a la casa en menos de veinte minutos; era un día lluvioso y
(30) frío. Subió al cuarto de Lucio seguida por Ana, que lloraba grandes lágrimas silenciosas. Entró. Lucio no estaba. La cama, deshecha, conservaba aún la huella y el calor de su cuerpo. El cuadro, como siempre, sobre el caballete y, apoyadas
(35) contra la tela, Nora vio las muletas y la manta. Un aire extraño e irreal había invadido la habitación. Todo estaba como siempre, pero nada era igual. Entonces Nora miró el cuadro y notó un cambio: la ventana del primer piso había sido
(40) cerrada y ya no se veía la mano delicadísima

que la abría apenas. Algo más había variado: la puerta, la hermética puerta cerrada, estaba entreabierta. Nora supo, todavía confusa pero inexorablemente, que Lucio había iniciado el viaje. (45)

Nadie volvió a verlo y, años después, cuando vendieron la casa de Belgrano, advirtieron que el cuadro también había desaparecido. Las muletas, la manta, los lápices, los óleos, los dibujos, todo, estaban en el cuarto donde había vivido (50) Lucio.

1. ¿Qué pensó Ana cuando fue a llevarle el almuerzo a Lucio?
   (A) Que Lucio ya había almorzado
   (B) Que había otra persona con él
   (C) Que Nora la había oído entrar
   (D) Que su presencia no era bienvenida

2. ¿Qué supo Ana una vez que entró al cuarto?
   (A) Que Nora ya había llegado
   (B) Que Lucio no la podía ver
   (C) Que las voces venían de otro cuarto
   (D) Que solamente había una persona en el cuarto

3. ¿Por qué NO quiso Lucio ir al campo?
   (A) Porque pensaba ir a otro lugar
   (B) Porque Nora lo molestaba
   (C) Porque el campo le desagradaba
   (D) Porque el viaje lo cansaba mucho

4. Por la descripción del narrador, ¿qué podemos deducir sobre Lucio?
   (A) Que estaba obsesionado con el cuadro
   (B) Que estaba satisfecho con el cuadro
   (C) Que estaba enojado con el cuadro
   (D) Que estaba acostumbrado al cuadro

5. ¿De qué se dio cuenta Nora cuando subió al cuarto de Lucio seguida por Ana?
   (A) De que la lluvia había entrado
   (B) De que Lucio lloraba
   (C) De que Lucio acababa de irse
   (D) De que la cama ya no estaba

6. ¿Qué ambiente trata de crear el autor con la frase "Todo estaba como siempre, pero nada era igual" [líneas 37–38]?
   (A) Romántico
   (B) Sofocante
   (C) Relajado
   (D) Misterioso

7. ¿Qué vio Nora en el cuadro cuando entró en el cuarto?
   (A) Que Lucio lo había cambiado
   (B) Que Lucio aparecía en él ahora
   (C) Que la puerta en el cuadro estaba completamente cerrada
   (D) Que los colores en el cuadro le daban otra perspectiva

8. Un lector quisiera saber más sobre el final del cuento. ¿Cuál de las siguientes preguntas probablemente tendría en mente?
   (A) ¿Cuánto habrán pagado por los cuadros?
   (B) ¿Quién habría comprado la casa de Lucio?
   (C) ¿Qué le habría pasado a Lucio?
   (D) ¿Por qué estarían las posesiones de Lucio a la venta?

ACTIVIDAD 25
Tema curricular: Los desafíos mundiales

Introducción

El artículo a continuación, escrito por Roxana Kreimer, apareció en la versión digital del periódico argentino *Clarín*. Trata de los estereotipos existentes sobre la tercera edad.

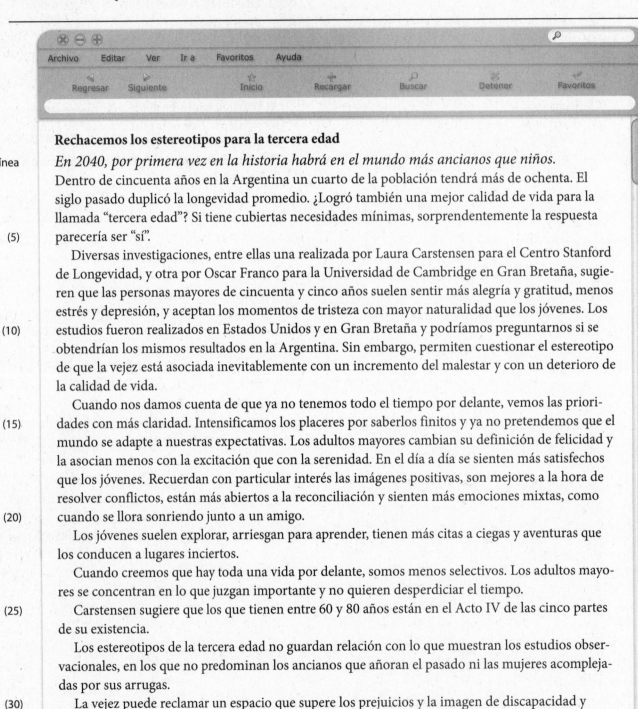

Rechacemos los estereotipos para la tercera edad

En 2040, por primera vez en la historia habrá en el mundo más ancianos que niños.
Dentro de cincuenta años en la Argentina un cuarto de la población tendrá más de ochenta. El siglo pasado duplicó la longevidad promedio. ¿Logró también una mejor calidad de vida para la llamada "tercera edad"? Si tiene cubiertas necesidades mínimas, sorprendentemente la respuesta
(5) parecería ser "sí".

Diversas investigaciones, entre ellas una realizada por Laura Carstensen para el Centro Stanford de Longevidad, y otra por Oscar Franco para la Universidad de Cambridge en Gran Bretaña, sugieren que las personas mayores de cincuenta y cinco años suelen sentir más alegría y gratitud, menos estrés y depresión, y aceptan los momentos de tristeza con mayor naturalidad que los jóvenes. Los
(10) estudios fueron realizados en Estados Unidos y en Gran Bretaña y podríamos preguntarnos si se obtendrían los mismos resultados en la Argentina. Sin embargo, permiten cuestionar el estereotipo de que la vejez está asociada inevitablemente con un incremento del malestar y con un deterioro de la calidad de vida.

Cuando nos damos cuenta de que ya no tenemos todo el tiempo por delante, vemos las priori-
(15) dades con más claridad. Intensificamos los placeres por saberlos finitos y ya no pretendemos que el mundo se adapte a nuestras expectativas. Los adultos mayores cambian su definición de felicidad y la asocian menos con la excitación que con la serenidad. En el día a día se sienten más satisfechos que los jóvenes. Recuerdan con particular interés las imágenes positivas, son mejores a la hora de resolver conflictos, están más abiertos a la reconciliación y sienten más emociones mixtas, como
(20) cuando se llora sonriendo junto a un amigo.

Los jóvenes suelen explorar, arriesgan para aprender, tienen más citas a ciegas y aventuras que los conducen a lugares inciertos.

Cuando creemos que hay toda una vida por delante, somos menos selectivos. Los adultos mayores se concentran en lo que juzgan importante y no quieren desperdiciar el tiempo.
(25) Carstensen sugiere que los que tienen entre 60 y 80 años están en el Acto IV de las cinco partes de su existencia.

Los estereotipos de la tercera edad no guardan relación con lo que muestran los estudios observacionales, en los que no predominan los ancianos que añoran el pasado ni las mujeres acomplejadas por sus arrugas.
(30) La vejez puede reclamar un espacio que supere los prejuicios y la imagen de discapacidad y decadencia.

Si los años no han pasado en vano, los adultos mayores aprenden a tomarse la vida con filosofía. El arte de vivir requiere de habilidad y experiencia, y los años suelen favorecer esta perspectiva.

(35) Hubo más ocasiones para el ensayo y el error, y aunque disminuya la energía, se la administra con mayor eficacia. Al superar la adversidad, si uno no se convierte en un amargado, se vuelve más tolerante y agradecido.

Lo mejor sería que pudiéramos aprovechar mejor el tiempo antes de llegar a la vejez. Pero si esto no ocurre antes, aún tenemos ocasión de conquistar cierta sabiduría con el paso de los años. Es el momento en el que se cultiva el arte de la aceptación y las debilidades se convierten en ventajas.

(40) Entonces se comprende que la celulitis tiene remedio, es gratuito y se llama presbicia.

1. ¿Cuál es el propósito del artículo?
   (A) Mostrar los beneficios de una vida tranquila
   (B) Contradecir falsas percepciones sobre la vejez
   (C) Desmentir las causas del deterioro de la calidad de vida
   (D) Exaltar la importancia de tolerar a los adultos

2. ¿A qué se refiere la frase "tercera edad" [línea 4]?
   (A) A las personas de edad avanzada
   (B) A las personas con poca calidad de vida
   (C) A la población joven en la Argentina
   (D) A la población que no tiene cubierta las necesidades mínimas

3. ¿Cómo parecen sentirse las personas mayores en comparación con los jóvenes?
   (A) Un poco desanimados
   (B) Bastante orgullosos
   (C) Más ingenuos
   (D) Más a gusto

4. ¿Qué demuestra el estudio realizado en Estados Unidos y Gran Bretaña?
   (A) Apoya la opinión de los jóvenes.
   (B) Justifica los resultados obtenidos en Argentina.
   (C) Contradice las ideas aceptadas por muchos.
   (D) Confirma los daños causados por la vejez.

5. ¿Cuál de las siguientes frases comunica la misma idea que "ya no tenemos todo el tiempo por delante" [línea 14]?
   (A) Ya podemos actuar como queramos.
   (B) Ya no nos queda mucho tiempo por vivir.
   (C) Ya podemos disfrutar del tiempo que nos queda.
   (D) Ya no podemos revivir nuestra juventud.

6. ¿Cuál es una de las razones por la que las personas mayores se sienten más satisfechas?
   (A) Establecen expectativas mucho más bajas.
   (B) Aprenden a determinar cuáles conflictos les afectan más.
   (C) Prestan atención a los factores que los perjudican.
   (D) Reconocen lo que es importante en la vida.

7. ¿Cuál es uno de los aspectos que ayuda a los adultos mayores a sentirse más satisfechos?
   (A) Resuelven los conflictos en seguida.
   (B) Aceptan los retos con entusiasmo.
   (C) Cambian su opinión sobre la felicidad.
   (D) Tratan de sonreír ante las adversidades.

8. ¿Qué significa la frase "los que tienen entre 60 y 80 años están en el Acto IV de las cinco partes de su existencia" [líneas 25–26]?
   (A) Que les quedan pocas escenas para vivir
   (B) Que todavía pueden contribuir a la sociedad
   (C) Que ya se pueden relajar ante el futuro
   (D) Que los acompañan muchos otros adultos

9. ¿A qué conclusión llega el artículo?
   (A) En la juventud deberíamos aprenderlo todo.
   (B) En la juventud deberíamos combatir nuestras debilidades.
   (C) En la vejez todavía es posible mejorar nuestra manera de ser.
   (D) En la vejez hay que desafiar cualquier falta de energía física o mental.

ACTIVIDAD 26
Tema curricular: La vida contemporánea

Introducción

El siguiente artículo trata de un reciente fenómeno que se está observando en Alemania. Apareció en un portal de noticias de Chile.

Alemania comenzó a producir sus propias telenovelas

Línea *Varias cadenas de televisión del país europeo están interesadas en dar vida con sus actores a un género propiamente latinoamericano.*

(5) La televisión alemana ha importado el género típicamente latinoamericano de la telenovela y entre los diversos canales ha empezado ya una carrera por sacar al mercado sus primeras producciones para que los televidentes sufran durante meses y al final se alegren con un final

(10) feliz.

Bianca —la "primera telenovela alemana", como la anuncia la cadena pública ZDF utilizando la palabra española para definir el género— empieza a emitirse. La cadena privada

(15) SAT 1 saldrá al mercado con una telenovela propia en la próxima primavera —se llamará *Todo por amor*— y RTL está trabajando en otro proyecto.

El súbito descubrimiento del género resulta

(20) sorprendente, pues, como lo han recordado algunos críticos, su origen data de hace 45 años, cuando llegó a las pantallas mexicanas la primera versión de *El derecho de nacer*, con la historia de Albertico Limonta, que hizo llorar a

(25) generaciones de latinoamericanos.

En la telenovela de la ZDF, Bianca, una mujer de 28 años, sale de la cárcel en la que ha pasado cuatro años por un crimen que no ha cometido y encuentra al hijo de un banquero

(30) rico, Oliver, que se convierte en el amor de su vida. Sin embargo, el destino, las diferencias de clase y una prima intrigante se interponen en el "camino hacia la felicidad" de los enamorados. Siguiendo las exigencias tradicionales del

(35) género, es de esperar que al final superen todas las dificultades que atraviesan.

"Bianca" se emitirá de lunes a viernes y los sábados la ZDF presentará un resumen de los capítulos de la semana. "200 capítulos de dolor del corazón", ha escrito el diario *Bild* en su (40) página de televisión para presentar a *Bianca*. La ZDF cree haber descubierto con *Bianca* una "nueva dimensión de la televisión sentimental" y que los espectadores, y ante todo las espectadoras, estarán agradecidos de tener una (45) alternativa a los múltiples espacios dramatizados que representan querellas judiciales y que dominan el programa de televisión de las tardes.

Según la crítica del diario *Berliner Zeitung*, Klaudia Brunst, el descubrimiento de la teleno- (50) vela por parte de la televisión alemana puede ser enmarcado dentro de una tendencia a hacer renacer cierto tipo de romanticismo de otros tiempos. Esa tendencia se ve en Alemania en los éxitos que han tenido las versiones televisadas (55) de los libros de una escritora como Rosamunde Pilcher, que, sin embargo, no responden a las exigencias del género telenovelístico, pues se reducen a unos pocos capítulos.

La salida al aire de *Bianca* ha hecho posible (60) además que se piense en general en lo que ha significado el género para Latinoamérica y en cómo Mario Vargas Llosa, con *La tía Julia y el escribidor*, hizo un homenaje irónico a su antecedente más directo, la radionovela. También (65) se ha recordado cómo el género nacido en Latinoamérica tiene otro antecedente mucho más ilustre: la novela por entregas, típica del siglo XIX europeo.

1. ¿Qué se propone este artículo periodístico?
   - (A) Hacer la campaña publicitaria de la telenovela *Bianca*
   - (B) Comentar una novedad en la televisión alemana
   - (C) Analizar el tema de *Bianca*
   - (D) Publicar un horario de programas alemanes

2. ¿Qué le llama la atención al autor del artículo?
   (A) Que los alemanes vean *La tía Julia y el escribidor*
   (B) Que el canal privado proyecte lanzar una telenovela
   (C) Que la telenovela sea un producto nuevo en Alemania
   (D) Que la telenovela cause ansiedad en el público alemán

3. Según la información acerca de las telenovelas alemanas, ¿qué podemos inferir del artículo?
   (A) Van a pasar de moda en muy poco tiempo.
   (B) Van a ser más populares que las mexicanas.
   (C) Van a presentar una nueva versión de *El derecho de nacer*.
   (D) Van a ofrecer más opciones a los televidentes alemanes.

4. ¿Cómo justifica la ZDF la producción de la telenovela *Bianca*?
   (A) Los televidentes alemanes se aburren fácilmente.
   (B) Los telespectadores alemanes desconocen el género.
   (C) El público alemán prefiere sufrir con las telenovelas.
   (D) La audiencia busca identificarse con los personajes.

5. Según la descripción, ¿qué podemos deducir acerca de la trama de *Bianca*?
   (A) Que será dogmática
   (B) Que será violenta
   (C) Que será complicada
   (D) Que será intelectual

6. Según el artículo, ¿qué trata de comunicar el diario *Bild* con la frase "200 capítulos de dolor del corazón" [líneas 39–40]?
   (A) El efecto que tendrá la telenovela en los televidentes
   (B) El tema de la próxima producción que se planea
   (C) La pobreza que tendrán que superar los personajes
   (D) La crueldad que presentará el programa en sus capítulos

7. ¿A qué conclusión llega el artículo?
   (A) El género telenovelístico inicia el romanticismo.
   (B) Los libros románticos son más populares que la telenovela.
   (C) Vargas Llosa glorifica las telenovelas latinoamericanas.
   (D) La telenovela tiene precedentes en Europa.

8. De acuerdo con el artículo, ¿qué podemos deducir sobre los telespectadores alemanes?
   (A) Les atraen las historias románticas.
   (B) Les gustan los programas informativos.
   (C) Se benefician al oír actores que hablan español.
   (D) Se enorgullecen de comprender una lengua extranjera.

ACTIVIDAD 27
Tema curricular: Las identidades personales y públicas

Introducción

Y Matarazo no llamó... es una novela de Elena Garro. El siguiente fragmento, un poco misterioso, nos relata los acontecimientos de unos días en la vida de Eugenio.

Línea El domingo fue un día extravagante. La ciudad estaba quieta, como si quisiera ignorar lo que había sucedido en la estación. Eugenio no quiso leer los diarios. ¿Para qué? Él conocía
(5) mejor los acontecimientos de la víspera y los hechos distorsionados le iban a producir un malestar.

A las doce del día se encontró sentado en una iglesia; allí podía reflexionar y pedir que
(10) sus amigos llegaran bien a su destino. No podía confiarse en nadie, se sentía el depositario de un secreto importante, tan importante que de su silencio dependía la vida de aquellos dos hombres. No era absurdo haber ido a la iglesia; se
(15) encontraba rodeado de gente y el espectáculo de la misa le hizo olvidar sus preocupaciones.

Al salir se enfrentó al sol radiante del mediodía. La gente caminaba junto a él cabizbaja, se sentía que no era un domingo cualquiera. Los
(20) encabezados de los diarios encomiaban la energía empleada por las autoridades para anular a los sediciosos, que habían actuado bajo las órdenes de algunas potencias extranjeras. Eugenio los leyó sin querer en las manos de algunos de
(25) los clientes de la heladería adonde fue después de la misa a beber un *ice cream soda* de vainilla, que lo reconfortó después de aquella noche sedienta.

En una taquería de la avenida Insurgentes
(30) comió unas chalupitas y varios tacos de pollo con guacamole, y satisfecho volvió andando a su casa. Al encontrarse frente al sillón manchado de sangre y las tazas sucias de café dispersas en la salita, le cayó encima una enorme fatiga.
(35) ¿Para qué se había metido con aquellos obreros si todo era inútil? "Soy un viejo estúpido, a ver si esto no me acarrea consecuencias graves", pensó con cansancio. La seguridad de que sus amigos pertenecían a una organización a la cual él era
(40) ajeno, lo hizo sentirse ridículo.

—¡Bah!, es igual, ellos no me necesitan. Yo fui el que los busqué —se dijo en voz baja, mientras recogía la camisa desgarrada y llena de sangre que Pedro había abandonado a un lado del sillón verde. (45)

Hizo un bulto con la ropa vieja de los muchachos y dudó en tirarlo al bote de la basura. Por las películas de crímenes sabía que era comprometido y peligroso poseer ropa ensangrentada. "Es verdad, no es normal tirar ropa llena de sangre", se repitió. Escondió el bulto en su ropero. (50) El lunes, al ir al trabajo, lo escondería en la cajuela del coche y a la salida lo tiraría en algún llano perdido.

1. ¿Qué querría ignorar la ciudad?
   (A) Las noticias de los diarios
   (B) Las opiniones de Eugenio
   (C) Los ruidos de la estación
   (D) Los incidentes del día anterior

2. ¿Por qué se iba a sentir molesto el narrador?
   (A) Porque las noticias iban a ser falsas
   (B) Porque el silencio le hacía daño
   (C) Porque las noticias eran deprimentes
   (D) Porque la estación fue destruida

3. ¿En qué estado de ánimo se siente Eugenio?
   (A) Preocupado por sus amigos
   (B) Mareado por tanta gente
   (C) Alegre de sentirse tranquilo
   (D) Feliz con su destino

4. Según el fragmento, ¿por qué tenía que tener cuidado el narrador?
   (A) Porque podría delatar a sus amigos
   (B) Porque había envejecido muchísimo
   (C) Porque muchos lo conocían en la iglesia
   (D) Porque siempre confiaba en todo el mundo

5. ¿Para qué le sirvió sentarse en la iglesia a Eugenio?
   (A) Para ocultarse de alguien
   (B) Para pensar y distraerse
   (C) Para confesar su secreto
   (D) Para encontrar a sus amigos

6. ¿Qué hizo Eugenio mientras estaba en la heladería?
   (A) Le dio la mano a una de las empleadas allí.
   (B) Charló con las autoridades extranjeras.
   (C) Se enteró de lo que decían los periódicos.
   (D) Trató de animar a unos clientes.

7. ¿Por qué se siente ridículo Eugenio?
   (A) Porque no conoce la intención de sus amigos
   (B) Porque no les había dado de comer a sus amigos
   (C) Porque no se había dado cuenta de la sangre antes
   (D) Porque no pertenecía a la organización de los trabajadores

8. ¿Por qué decidió Eugenio no tirar la ropa a la basura?
   (A) Porque sus amigos regresarían por ella
   (B) Porque temía que la encontraran
   (C) Porque él se consideraba valiente
   (D) Porque quizás necesitaría evidencia

9. ¿Qué iba a hacer Eugenio con la ropa el lunes?
   (A) La guardaría en su lugar de empleo.
   (B) La llevaría a las autoridades.
   (C) La limpiaría bien antes de regresar a su trabajo.
   (D) La haría desaparecer antes de regresar a su casa.

ACTIVIDAD 28
Tema curricular: La ciencia y la tecnología

Introducción

El artículo a continuación relata una expedición mexicana que tenía como finalidad la observación de los astros. Fue publicado en la revista *México Desconocido*.

Al encuentro de Venus y el Sol

Línea Una expedición de astrónomos mexicanos en 1874 viajó a Japón para realizar una exitosa observación astronómica.

Sebastián Lerdo de Tejada, presidente de
(5) la República en ese entonces, entusiasmado, aprobó y financió la expedición, convirtiéndola en el primer viaje oficial al extranjero, que realizaban científicos mexicanos. El veracruzano Francisco Díaz Covarrubias (1833–1889) tuvo
(10) una exitosa carrera como ingeniero, por lo que fue el elegido para dirigir esta empresa.

El 18 de septiembre de 1874, los cinco miembros de la comisión se presentaron en Palacio Nacional para recibir las últimas instrucciones
(15) de Lerdo de Tejada. Dispuestos con los instrumentos que les permitirían obtener y analizar los datos, ese mismo día por la noche viajaron hacia Orizaba y luego al puerto de Veracruz, con el fin de tomar el barco, el día 24, que los llevaría
(20) hacia La Habana, Cuba, el día 28.

Pero los científicos mexicanos no contaron con que su estancia en La Habana les traería un gran problema. Debido a que poco antes, la capital cubana había sido atacada por la peste
(25) bubónica, las autoridades sanitarias de Estados Unidos quisieron imponerles a todos los pasajeros una cuarentena, pues temían un contagio. Pero gracias a los esfuerzos del capitán del barco y al embajador mexicano en Washington, con-
(30) siguieron el permiso para desembarcar y proseguir su camino hacia Nueva York.

El lado este del planeta era el mejor lugar para realizar las observaciones, de manera que la mayoría de los países del primer mundo
(35) enviaron sus expediciones hacia lugares como Egipto, India, Nagasaki, Pekín (ahora Beijín), isla San Pablo, isla San Mauricio, la península de Kamchatka, entre otros. La comisión mexicana se instalaría en la ciudad japonesa de Yokohama.

(40) Después de 21 días por el Pacífico de agitada travesía marítima, desembarcaron en el puerto de Yokohama el 9 de noviembre. Solo les quedaba un mes exacto para levantar las dos estaciones de observación que se requerían para
(45) tener los datos completos. El gobierno japonés les dio todo tipo de facilidades, pero fue un carpintero chino quien les ayudó con la construcción de las estaciones astronómicas, una en la colina Bluff y la otra en Nogue-no-yama.

(50) La fecha había llegado, 9 de diciembre de 1874. Ese día se presentaron diversas personalidades, a quienes se les pidió que permanecieran en absoluto silencio para no interrumpir a la persona que mediría el paso del tiempo. Los
(55) primeros resultados obtenidos fueron los fotográficos. En enero de 1875, Díaz Covarrubias se dirigió a París para presentarlos, llevándose la grata sorpresa de saber que eran los primeros en contribuir a precisar la distancia Tierra-Sol. Casi
(60) un año después los comisionados fueron eufóricamente recibidos por el pueblo de México, el 19 de noviembre de 1875.

El exitoso viaje demostró que en México había personas con capacidad para contribuir al
(65) desarrollo de la ciencia. Estos hechos, además del impulso del propio Francisco Díaz, motivaron la instalación del Observatorio Astronómico Nacional en el Castillo de Chapultepec, creado por decreto presidencial e inaugurado por el
(70) presidente Porfirio Díaz, el 5 de mayo de 1876. Durante los siguientes cien años, este edificio formaría a los futuros investigadores del Instituto de Astronomía de México, institución heredera del Observatorio Autonómico
(75) Nacional, reconocida internacionalmente por el excelente trabajo de frontera de sus investigadores.

1. ¿Cuál es el propósito del artículo?
   (A) Relatar las aventuras de un grupo de científicos
   (B) Contradecir los resultados de una expedición científica
   (C) Plantear los problemas que enfrenta la ciencia
   (D) Narrar el éxito de algunos científicos mexicanos

2. Según el artículo, ¿cuál era el propósito principal de este proyecto?
   (A) Precisar el espacio entre dos cuerpos celestes
   (B) Establecer una agenda de trabajo de sol a sol
   (C) Puntualizar el trayecto desde México a Japón
   (D) Determinar un fenómeno frecuente en el espacio

3. ¿Por qué sobresale este proyecto?
   (A) El presidente mexicano iba en la expedición.
   (B) Era un logro sin precedentes en México.
   (C) Era un acontecimiento inesperado.
   (D) El viaje duraría casi un año.

4. ¿Qué factor contribuyó a llevar a cabo la expedición?
   (A) La elección de un nuevo presidente
   (B) El uso de instrumentos japoneses
   (C) La ayuda económica de Washington
   (D) El consentimiento del gobierno

5. ¿Qué constituyó un contratiempo para el éxito del proyecto?
   (A) Un problema burocrático
   (B) El alto costo del viaje
   (C) Una epidemia inesperada
   (D) La distancia entre México y Japón

6. Según el artículo, ¿por qué viajaron los científicos mexicanos hasta Japón?
   (A) Iban a colaborar con un grupo de Estados Unidos.
   (B) Los países orientales ofrecían mejor visibilidad.
   (C) Egipto estaba muy distante de México.
   (D) Hacía mucho frío en Kamchatka.

7. De acuerdo con la lectura, ¿qué necesitaban para ejecutar los últimos pasos del proyecto?
   (A) Una instalación de observatorios
   (B) Una colecta para compensar a los científicos
   (C) La ayuda del gobierno chino
   (D) La salida desde el puerto de Yokohama

8. ¿Qué aporte NO tuvo la conclusión del proyecto?
   (A) La contribución mexicana al progreso científico
   (B) La construcción del Observatorio Nacional de México
   (C) La reputación de México en el campo de la astronomía
   (D) La creación de un día festivo para conmemorar el hecho

9. ¿Cuál sería la publicación más apropiada si quisieras obtener más información sobre el tema del artículo?
   (A) *La peste negra o bubónica podría ser la madre de todas las pestes*
   (B) *La modernización reciente de la ciencia en México: El caso de los astrónomos: México, D.F.*
   (C) *Viaje de la Comisión Astronómica Mexicana al Japón*
   (D) *Anuario del Observatorio Astronómico Nacional de Chapultepec*

ACTIVIDAD 29
Tema curricular: La vida contemporánea

Introducción

En la siguiente selección el autor describe los últimos días de un chico en un internado. Es un fragmento de la novela *Un hombre* de José María Gironella.

Línea

Miguel se pasó dos días leyendo y releyendo la carta. ¡San Sebastián! Guardaba un buen recuerdo de la ciudad. En cuanto a su amigo, el señor Gurrea, era notario y muy buena persona.
(5) Se rió pensando en él, pues era un hombre muy ordenado, con una exacerbada preocupación por la limpieza. Si se le caía un lápiz al suelo, lo cogía con el pañuelo y lo frotaba[1] por todos los lados antes de usarlo de nuevo.
(10) Después de larga vacilación terminó por aceptar. Escribió a su madre en este sentido y estuvo esperando los acontecimientos. Los últimos días del internado fueron una pesadilla para Miguel. Finalizando ya el curso, la mayoría
(15) de los chicos se había marchado, por lo que el convento estaba solitario. Recorría los pasillos jugando a no pisar las junturas[2] de las losas[3]. En el patio se entretenía con las hormigas, siguiendo sus caminatas negras. Iba a la capilla,
(20) oscura y vacía. Se arrodillaba y, a veces, rezaba. Rezaba por su madre, para que no la acechara ningún peligro; y rezaba un poco por el señor Gurrea. Pero de repente le parecía que algún santo le miraba con extraña fijeza, y salía de
(25) prisa yendo hacia el patio a contemplar las hormigas otra vez.

El día primero de julio, puntualmente, el señor Gurrea, notario, con sombrero hongo y paraguas en el hombro, fue al convento, con
(30) una autorización de Eva que presentó al Padre Director, a recoger a Miguel Serra, quien se despedía del internado.

Hubo una escena un tanto cómica cuando, ya en la salida, oyeron unos pasos precipitados. Se
(35) volvieron y vieron llegar, sudoroso, al organista, con un paquete en la mano.

—Esto para ti, Miguel —le dijo con cierta timidez—. Y se retiró.

¹ lo frotaba: *he would rub it*
² junturas: *cracks*
³ losas: *flagstones, tiles*

Una vez fuera, el chico, muy sorprendido, abrió el paquete y se encontró con una caja (40) de madera llena de bombones. Sostuvo un momento la caja, sin saber qué pensar.

1. ¿Por qué leía y releía Miguel la carta que recibió?
   (A) Porque la idea de viajar le atraía
   (B) Porque le sería imposible ir a San Sebastián
   (C) Porque quería olvidar su contenido
   (D) Porque quería comprender su contenido

2. Según el fragmento, ¿qué le molestaba al señor Gurrea?
   (A) La vida ordenada
   (B) Las cosas sucias
   (C) El comportamiento de Miguel
   (D) Los recuerdos de San Sebastián

3. ¿Con qué propósito le escribió Miguel a su madre?
   (A) Para pedirle que lo acompañara
   (B) Para quejarse de su situación
   (C) Para informarle sobre el viaje
   (D) Para contarle una pesadilla

4. ¿Dónde parecía ser estudiante Miguel Serra?
   (A) En una universidad de San Sebastián
   (B) En una escuela pública
   (C) En un instituto técnico
   (D) En un colegio religioso

5. Por la descripción, ¿qué se puede inferir acerca de los últimos días de Miguel en el internado?
   (A) Fueron aburridos.
   (B) Fueron laboriosos.
   (C) Fueron perturbadores.
   (D) Fueron deleitables.

6. Para pasar el tiempo, ¿cómo se entretenía Miguel?
   (A) Conversando con sus amigos imaginarios
   (B) Hablando con sus profesores favoritos
   (C) Distrayéndose con unos insectos en el patio
   (D) Divirtiéndose con unos juegos peligrosos

7. ¿Qué le pasaba a Miguel cuando estaba en la capilla?
   (A) Le asustaban los santos.
   (B) Le daba sueño.
   (C) Le molestaban las hormigas.
   (D) Le dolían las rodillas.

8. ¿Para qué fue el señor Gurrea al internado?
   (A) Para pedirle una autorización al director
   (B) Para despedirse de los compañeros
   (C) Para lucir su sombrero
   (D) Para llevarse a Miguel

9. ¿Qué contenía el paquete que recibió Miguel del organista?
   (A) Un sombrero
   (B) Un regalo
   (C) Unos insectos
   (D) Unos juguetes

ACTIVIDAD 30
Tema curricular: Las familias y las comunidades

Introducción

En este fragmento de *El hermano asno*, el autor Eduardo Barrios nos demuestra cómo las relaciones entre miembros de una familia pueden ser objeto de reflexión.

Línea

Cuando pequeño, mi madre me conducía de la mano, me guiaba por todos los caminos. Un día partí, a estudiar lejos, varios años, y hube de valerme ya solo. Sin embargo, durante aquella

(5) separación, Señor, aún pensaba yo en mi madre como un niño; mis cartas llamábanla "mamá", "mamacita", y las suyas me acariciaban, cubrían de besos a su muchachuelo. Pasó tiempo, otros años pasaron, y la vida tornó a reunirnos. Fue

(10) allá en una ciudad del Norte, donde ciertas ambiciones me llevaron en busca de fortuna y en la cual ella se sentía extranjera entre las gentes y las costumbres. Entonces, de repente, nos hallamos con que había llegado un camino por

(15) el cual debía conducirla yo a ella. Esa mañana trémula y dorada hubo en mi corazón una fiesta, bella de orgullo: dirigía yo a mi madre ahora; yo la imponía de cuanto era discreto y conveniente hacer, porque además de no conocer aquella

(20) tierra, parecía ignorar la marcha de los tiempos nuevos; yo, el fuerte, la guiaba, y ella, la débil y remisa, entregábase a mi saber y mi prudencia.

Un día llega siempre, Señor, en nuestra vida, a partir del cual, como empieza el árbol

(25) a dar sombra y abrigo a sus raíces, los hijos comenzamos a cobijar a nuestra madre. Esa mañana trémula y dorada, siempre hay una fiesta en nuestro corazón, bella de orgullo; pero también perdemos el supremo bien de una madre que nos besa, nos cubre y nos protege (30) cuando estamos desarmados.

Desde entonces mi viejecita es una criatura que yo conduzco de la mano.

Y ahora no sé, madre, qué dicha vale más: si aquella de la que tú me amparabas porque yo (35) permanecía el más débil o ésta en que mi alma pone un brazo alrededor de tus hombros y te lleva como a una hija.

No lo distingo, madre. Apenas veo que aquella fiesta es hoy un duelo, porque me ha dejado (40) solo.

Madre mía, ¿qué te has hecho? Viuda y huérfano, mucho nos quisimos siempre, y tu amor fue mi felicidad más segura.

¿Y hoy? (45)

¡Ah, desearía ser de nuevo yo un niño! Necesito de ti; decirte no madre, sino mamá, y entibiar mi corazón en tu regazo.

---

1. ¿A qué se refiere la frase "hube de valerme ya solo" [líneas 3–4]?
   (A) A que su vida será solitaria
   (B) A que su vida no valdrá mucho
   (C) A que estuvo forzado a escapar
   (D) A que tuvo que cuidarse a sí mismo

2. ¿Para qué fue el narrador a la ciudad del Norte?
   (A) Para reunirse con su madre
   (B) Para tratar de mejorar su vida
   (C) Para pasar sus vacaciones allí
   (D) Para hacer nuevos amigos

3. ¿Por qué debía el narrador conducir a su madre por el camino?
   (A) Porque vivían en un lugar desconocido para ella
   (B) Porque habían estado separados por mucho tiempo
   (C) Porque la madre estaba coja
   (D) Porque la madre estaba ciega

4. ¿Cuál de las siguientes palabras trasmite la misma intención que "cobijar"?
   (A) Engañar
   (B) Abandonar
   (C) Proteger
   (D) Recordar

5. ¿Por qué se siente solo el narrador ahora?
   (A) Sabe que su familia lo ha abandonado.
   (B) Sospecha que se han llevado a su hija.
   (C) Ahora no tiene quien lo proteja.
   (D) Ya no tiene amigos cerca.

6. ¿Cómo es el tono de este monólogo?
   (A) Suplicante
   (B) Melancólico
   (C) Presagioso
   (D) Fastidioso

7. ¿Cuál es el tema principal de este fragmento?
   (A) El cambio de papel entre madre e hijo
   (B) El papel de la religión en nuestra vida
   (C) La estadía en una ciudad extranjera
   (D) La búsqueda de un porvenir mejor

ACTIVIDAD 31
Tema curricular: Los desafíos mundiales
Fuente número 1

Introducción

El siguiente artículo apareció en la versión digital del diario *El Mundo*. Examina el tema de la emancipación de los jóvenes españoles.

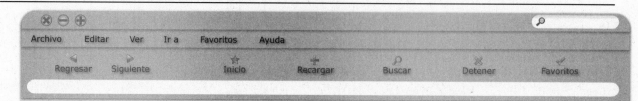

Siete de cada 10 jóvenes españoles de entre 20 y 29 años vive con sus padres

Línea   La emancipación tardía es el principal rasgo de los jóvenes españoles en comparación con los europeos. El 70% de quienes tienen entre 20 y 29 años vive con sus padres, según el informe "La transición de los jóvenes a la vida adulta. Crisis económica y emancipación tardía", de la Fundación La Caixa.

(5)   Los resultados del estudio, presentados en CaixaForum de Madrid, recogen que la crisis económica actual está acentuando el modelo español de emancipación tardía de los jóvenes. La edad media de abandono del hogar familiar se sitúa en torno a los 29 años, mientras que en otros países como Finlandia se produce a los 23 años.

   Pese a que la emancipación tardía siempre ha sido un rasgo característico de los jóvenes españoles con respecto a los europeos, "actualmente esta emancipación tardía se produce de una

(10) manera forzada", ha explicado Antonio López, el autor del estudio y catedrático de Trabajo Social y Servicios Sociales en la Universidad Nacional de Educación a Distancia (UNED). Mientras que en 2005 el 40,7% de los jóvenes de 16 a 34 años aún vivía con sus padres, en 2011 esa cifra era del 44,1%.

(15) **El estudio confirma que la solidaridad familiar evita el riesgo de exclusión social**

El estudio también confirma la solidaridad y la importancia del papel de la familia para evitar el riesgo de exclusión social de los jóvenes. Sin embargo, según afirma López, "esta solidaridad familiar alcanzará un límite tanto temporal como generacional", debido al elevado número de parados y la mala situación económica que están atravesando las familias.

(20)   Además, la repercusión de la crisis y del desempleo en muchos hogares encabezados por jóvenes está provocando que, al no poder hacer frente a los pagos de hipoteca o alquiler muchos de ellos tengan que volver a la vivienda familiar.

   En los últimos cuatro años ha habido un descenso del porcentaje de hogares encabezados por jóvenes, pasando del 16,4% en 2008 al 14,5% en 2011. La causa principal, por tanto, es el incre-

(25) mento del paro juvenil y la precarización laboral.

   La crisis ha acentuado la destrucción de empleo, especialmente en el colectivo de los jóvenes de entre 20 y 29 años debido a que, según explica Moreno, "este grupo ya era el que más contratos temporales tenía, y son, precisamente, este tipo de contratos los que más han sido destruidos".

(30) En 2011, el 18% de los jóvenes españoles de 25 a 29 años de edad y el 44,4% de entre 20 y 24 años estaba en paro, frente al 5,2 % y el 2,8% de los jóvenes holandeses en esas mismas franjas de edad.

Ni los que tienen trabajo pueden independizarse

Además, los contratos temporales y la precariedad laboral que conllevan, provocan que hasta los jóvenes que trabajan no puedan independizarse. En ese sentido, el 18,7% de los ocupados entre 30 y 34 años y el 43,9% de los de 25 a 29 años todavía vive con sus padres.

Fuente número 2

Introducción

La siguiente tabla muestra el intercambio de ayudas entre miembros de una misma familia en España. Apareció en una nota de prensa de la Colección de Estudios Sociales de la Fundación "La Caixa".

Motivos aducidos para la ayuda proporcionada para gastos corrientes, en porcentajes. Respuesta múltiple.

MOTIVOS DE LA AYUDA	HOMBRE	MUJER	18–39	40–59	60 +
Crisis económica por desempleo, quiebra, etcétera	37	40	33	46	34
Problemas de salud	9	6	12	–	–
Pago de estudios	7	7	–	13	–
Crisis familiar: separación o muerte	–	–	–	5	–
Ingresos insuficientes	15	20	17	16	19
Otros motivos	34	26	29	24	40
Total de respuestas	102	99	91	104	93

Nota: El símbolo "-" en la tabla indica menos de cinco casos.

Fuente: Fundación La Caixa

1. ¿Qué caracteriza a los jóvenes españoles con respecto a la emancipación?
   (A) Los padres impiden la emancipación.
   (B) La falta de vivienda acentúa la emancipación tardía.
   (C) Se emancipan a una edad más avanzada.
   (D) Tratan de imitar a otros países europeos.

2. ¿Por qué parece ser diferente la situación hoy en día para muchos jóvenes?
   (A) La emancipación de la familia no dura por poco tiempo.
   (B) La idea de abandonar el hogar empieza a una temprana edad.
   (C) La sociedad espera que establezcan un hogar al casarse.
   (D) La emancipación tardía no es lo que verdaderamente desean.

3. ¿Qué efecto tiene la situación económica en la emancipación?
   (A) Crea una circunstancia complicada.
   (B) Permite una relación más congenial con la familia.
   (C) Ayuda a que los jóvenes tomen más riesgos.
   (D) Genera más interés en los estudios superiores.

4. ¿Por qué regresan a vivir con sus padres los jóvenes que encabezan sus propios hogares?
   (A) Se encuentran abandonados viviendo solos.
   (B) Se sienten excluidos de la comunidad.
   (C) La salud mental se ve afectada negativamente.
   (D) Las viviendas están fuera de su alcance.

5. ¿Qué ha marcado el empeoramiento en el campo laboral?
   (A) No encuentran puestos ni por cortos plazos.
   (B) No se ven aumentos en los sueldos.
   (C) Hay muchos contratos pero con sueldos demasiado bajos.
   (D) Hay más preferencia por trabajadores con experiencia.

6. ¿Cuál de las siguientes declaraciones resume mejor el artículo?
   (A) El porcentaje de contratos temporales ha aumentado repentinamente.
   (B) El impacto de la economía produce pocas alternativas para los jóvenes.
   (C) La vivienda familiar es el lugar indicado para solidificar el éxito.
   (D) España sirve de modelo para la emancipación en muchos países europeos.

7. ¿Qué tipo de información presenta la tabla?
   (A) Las razones por las que los miembros de una familia se ayudan mutuamente
   (B) Los aportes de ayuda en casos extremos de necesidad familiar
   (C) El efecto de la crisis económica en el aumento gradual de gastos familiares
   (D) El aporte económico gubernamental para los gastos diarios

8. ¿Cuál es la razón que impacta más la ayuda para los gastos corrientes?
   (A) Salarios bajos
   (B) Retos económicos
   (C) Necesidades de salud
   (D) Altos precios

9. ¿Qué sector de la población tiene más necesidades?
   (A) Las personas menores de 18 años
   (B) Las personas entre 18–39 años
   (C) Las personas entre 40–59 años
   (D) Las personas con más de 60 años

ACTIVIDAD 32
Tema curricular: La belleza y la estética

Introducción

Este artículo de Ana Cristina Raymundo apareció en la revista *Nexos*. Nos da a conocer a Santiago Calatrava, famoso arquitecto a nivel mundial.

Santiago Calatrava: la construcción de una leyenda

Línea   Sus puentes y edificios son inconfundibles. Sus obras, además de ser funcionales y contar con la más avanzada tecnología, revelan belleza y arte. No se puede esperar menos de Santiago

(5) Calatrava, un arquitecto humanista que extrae su inspiración de sus muchas otras pasiones como la escultura, pintura, literatura y música. Santiago Calatrava es de esos hombres que vienen al mundo solo una vez por milenio.

(10)   Muchas de sus obras son lugares cotidianos, como terminales y puentes; sin embargo, a la funcionalidad, Calatrava ha añadido el arte y la belleza. Calatrava percibe lo cotidiano y lo ordinario como extraordinario. "Desde mi punto de

(15) vista, no hay nada ordinario. Cualquier actitud humana es una cosa extraordinaria. Los gestos más elementales pueden convertirse en gestos monumentales en el sentido de que pueden ser ejemplares y grabarse en la memoria de los

(20) hombres para convertirse en la metáfora de lo que es atravesar la vida".

   Calatrava continúa diciendo: "¡Qué cosa más grandiosa es un puente! Es tan grandioso que, en tiempos romanos, a los sacerdotes se

(25) los llamaban pontífices porque establecían puentes entre el hombre y Dios". Claro está que Calatrava intenta encontrar ese sentido en cada una de sus obras. Las estaciones o terminales de transporte —otras de sus obras favoritas— son

(30) estructuras que pertenecen a todos y son de los pocos edificios que permanecen abiertos las 24 horas del día, a diferencia de los asilos y las iglesias. Según explica Calatrava, "pocos edificios de una ciudad ofrecen el valor testimonial de ser

(35) un centro de acogida. Una terminal es como el corazón de la ciudad".

   Calatrava nació en Valencia, España. Su madre lo envió a Francia para aprender francés.

Vivía en París y tenía dieciocho años durante la famosa "Primavera de París" de 1968. Para (40) hacer frente a las huelgas e interrupciones de clases universitarias, Calatrava formó un grupo independiente demostrando de esa manera su iniciativa e inquietud intelectual. "Era necesario crear estructuras de trabajo, establecer y marcar (45) pautas de comportamiento que me llevaron a estudiar las diversas culturas de una manera autodidacta". El proceso resultó revelador porque descubrió que todo aprendizaje es autodidacto y que los profesores son más que nada (50) testimoniales.

   En cuanto a la relación entre la arquitectura y la política, si bien es cierto que los organismos políticos deciden cuáles obras públicas se hacen y cuáles no, también es cierto que la (55) arquitectura perdura y la política es temporal. Consecuentemente, queriendo dejar testimonio de sus tiempos, el régimen establecido se acoge a los objetos construidos. "Como portadora de la memoria de una época, la arquitectura es (60) tremendamente consistente; además, transmite un mensaje social", asegura. "Pero hay algo muy importante: la calidad de la obra depende de la calidad del cliente, del arquitecto y del constructor. No hay un solo edificio grande que no (65) haya tenido detrás un gran cliente porque, a fin de cuentas, los que construyen los edificios no son los arquitectos, ni siquiera los constructores, sino los clientes".

1. ¿En qué basa Santiago Calatrava sus creaciones?
   (A) En lo divino
   (B) En lo extraño
   (C) En múltiples disciplinas
   (D) En diversas ideas políticas

2. ¿Qué cualidad de la obra de Calatrava se destaca en el artículo?
   (A) Lo vanidoso
   (B) Lo práctico
   (C) La musicalidad
   (D) La modestia

3. ¿Dónde encuentra a menudo Calatrava inspiración para sus obras?
   (A) En los recuerdos de su país y la literatura
   (B) En los arquetipos de los tiempos romanos
   (C) En los sucesos de todos los días y lo común
   (D) En las estructuras de los templos ordinarios

4. ¿Con qué propósito menciona Calatrava a los sacerdotes?
   (A) Para establecer la importancia de los puentes
   (B) Para demostrar el impacto de la religión
   (C) Para exaltar a la arquitectura romana
   (D) Para definir la esencia de su obra

5. ¿Cómo se puede resumir la filosofía de Calatrava de acuerdo con el artículo?
   (A) Lo habitual ayuda a crear monumentos.
   (B) Los asilos deben permanecer abiertos todo el día.
   (C) Lo más importante es lo extraordinario.
   (D) Los profesores deben ser autodidactos.

6. ¿Por qué son las estaciones o terminales de transporte las obras favoritas de Calatrava?
   (A) Porque le recuerdan a las iglesias
   (B) Porque revelan lo pasajero de la vida
   (C) Porque favorecen a la población total
   (D) Porque definen la identidad de las ciudades

7. ¿Qué experiencia impactó a Calatrava a temprana edad?
   (A) Unirse a los objetivos de la "Primavera de París"
   (B) Evitar asistir a las clases en la universidad
   (C) Estar al frente de una huelga estudiantil universitaria
   (D) Descubrir su capacidad para instruirse a sí mismo

8. Según la lectura, ¿qué ideas parecen tener los políticos de la arquitectura?
   (A) Perdura menos tiempo que la política del gobierno.
   (B) Contribuye a perpetuar el nombre de los políticos.
   (C) Establece el orden político de la época.
   (D) Favorece la protección de la educación.

9. ¿Qué acentúa Calatrava al final del artículo sobre la calidad de una obra arquitectónica?
   (A) Que transmite el valor del arquitecto
   (B) Que necesita la colaboración de los políticos
   (C) Que la contribución del arquitecto es decisiva
   (D) Que el cliente tiene un rol decisivo

ACTIVIDAD 33
Tema curricular: Las identidades personales y públicas

Introducción

El siguiente es un fragmento del cuento "La paciente y el médico", de Silvina Ocampo. En él, la narradora explica la relación que tenía con su médico.

Línea

Mi vida transcurría monótonamente, pues tengo un testigo constante que me prohíbe la felicidad: mi dolencia. El doctor Edgardo es la única persona que lo sabe.

(5) Hasta el momento de conocerlo viví ignorando que algo dentro de mi organismo me carcomía. Ahora conozco todo lo que sufro: el doctor Edgardo me lo ha explicado. Es mi naturaleza: Algunos nacen con ojos negros, otros (10) con ojos azules.

Parece imposible que siendo tan joven sea tan sabio; sin embargo, me he enterado de que no se precisa ser un anciano para serlo. Su piel lisa, sus ojos de niño, su cabellera rubia, ensortijada, (15) son para mí el emblema de la sabiduría.

Hubo épocas en que lo veía casi todos los días. Cuando yo estaba muy débil venía a mi casa a verme. En el zaguán al despedirse me besó varias veces. Desde hace un tiempo me (20) atiende sólo por teléfono.

—Qué necesidad tengo de verla si la conozco tanto: es como si tuviera su organismo en mi bolsillo, como el reloj. En el momento en que usted me habla puedo mirarlo y contestar a (25) cualquier pregunta que me haga.

Le respondí:

—Si no necesita verme, yo necesito verlo a usted.

A lo que replicó:

(30) —¿Mi retrato y mi voz no le bastan?

1. ¿Qué le ha explicado el doctor Edgardo a la narradora?
   (A) Que no le debe confiar su dolencia a nadie
   (B) Que el color de sus ojos pudiera cambiar
   (C) Que no puede cambiar su manera de ser
   (D) Que la naturaleza modifica lo que somos

2. ¿Qué le parece imposible a la narradora?
   (A) Que el doctor se sintiera tan joven
   (B) Que el doctor fuera tan viejo
   (C) Que el doctor rehusara tratar su mal
   (D) Que el doctor supiera tanto

3. ¿De qué se ha enterado la narradora?
   (A) De que la edad no afecta los conocimientos
   (B) De que los ancianos saben mucho
   (C) De que su apariencia lo hace lucir más viejo
   (D) De que la juventud se debe disfrutar

4. ¿Qué le trata de comunicar el doctor a la narradora?
   (A) Que ella debe quedarse en su casa
   (B) Que ella funciona como un reloj
   (C) Que él necesita tenerla cerca siempre
   (D) Que él puede tratarla sin verla

5. ¿Con qué propósito usa el doctor el ejemplo del reloj?
   (A) Para exigirle que se aleje de él
   (B) Para describir el efecto de su voz
   (C) Para demostrar lo familiarizado que él está con ella
   (D) Para convencerla de que está perdiendo el tiempo

6. ¿Qué trata de hacer el doctor al final del fragmento?
   (A) Darle esperanza a la narradora
   (B) Buscar una excusa para no verla
   (C) Poner un final a su matrimonio
   (D) Animar a la narradora para que lo vea

7. ¿Cuál parece ser el propósito del autor en este fragmento?
   (A) Explicar las dificultades de una diagnosis
   (B) Mostrar una relación complicada
   (C) Poner a prueba la importancia de la edad
   (D) Describir lo que representa la felicidad

ACTIVIDAD 34
Tema curricular: Las identidades personales y públicas

Introducción

"La casa de azúcar" es un cuento de Silvina Ocampo. El siguiente fragmento relata un incidente extraño entre un esposo, que es el narrador, y su esposa.

Línea

Una mañana sonó el timbre de la puerta de la calle. Yo estaba afeitándome y oí la voz de Cristina. Cuando concluí de afeitarme, mi mujer ya estaba hablando con la intrusa. Por la abertura
(5) de la puerta las espié. La intrusa tenía una voz tan grave y los pies tan grandes que eché a reír.

—Si usted vuelve a ver a Daniel, lo pagará muy caro, Violeta.

—No sé quién es Daniel y no me llamo
(10) Violeta —respondió mi mujer.

—Usted está mintiendo.

—No miento. No tengo nada que ver con Daniel.

—Yo quiero que usted sepa las cosas como son.

(15) —No quiero escucharla.

Cristina se tapó las orejas con las manos. Entré en el cuarto y dije a la intrusa que se fuera. De cerca le miré los pies, las manos y el cuello. Entonces advertí que era un hombre disfrazado
(20) de mujer. No me dio tiempo de pensar en lo que debía hacer; como un relámpago desapareció dejando la puerta entreabierta tras de sí.

No comentamos el episodio con Cristina; jamás comprenderé por qué; era como si nues-
(25) tros labios hubieran estado sellados para todo lo que no fuese besos nerviosos, insatisfechos o palabras inútiles.

En aquellos días, tan tristes para mí, a Cristina le dio por cantar. Su voz era agradable,
(30) pero me exasperaba, porque formaba parte de ese mundo secreto, que la alejaba de mí. ¡Por qué, si nunca había cantado, ahora cantaba noche y día mientras se vestía o se bañaba o cocinaba o cerraba las persianas!
(35) Un día en que oí a Cristina exclamar con un aire enigmático:

—Sospecho que estoy heredando la vida de alguien, las dichas y las penas, las equivocaciones y los aciertos. Estoy embrujada —fingí no
(40) oír esa frase atormentadora. Sin embargo, no sé

por qué empecé a averiguar en el barrio quién era Violeta, dónde estaba, todos los detalles de su vida.

1. ¿Qué reacción tuvo el narrador cuando vio a la intrusa?
   (A) Le irritó su presencia.
   (B) Le trajo malos recuerdos.
   (C) Empezó a temer un enfrentamiento.
   (D) Encontró su apariencia cómica.

2. ¿Qué podemos deducir de la conversación que tenían las dos mujeres?
   (A) La intrusa estaba celosa.
   (B) Violeta le debía dinero.
   (C) El narrador era infiel.
   (D) Daniel era amigo del narrador.

3. ¿De qué se dio cuenta el narrador cuando se acercó a la intrusa?
   (A) De que era alguien a quien conocía
   (B) De que era algo imaginario
   (C) De que no era tan antipática
   (D) De que no era lo que aparentaba

4. ¿Qué significa la frase "era como si nuestros labios hubieran estado sellados para todo lo que no fuese besos nerviosos, insatisfechos o palabras inútiles" [líneas 24–27]?
   (A) Estaban verdaderamente enamorados.
   (B) Temían revelar al culpable del crimen.
   (C) Evitaban hablar del incidente.
   (D) Se sentían aliviados por el incidente.

5. ¿Por qué pasaba días tristes el narrador?
   (A) Porque el secreto de él había sido descubierto
   (B) Porque sospechaba que Cristina ocultaba algo
   (C) Porque la música le hacía revivir el pasado
   (D) Porque detestaba el mensaje de las canciones

6. ¿Qué sospechaba Cristina?
   (A) Que se convertía en otra persona
   (B) Que su esposo le mentía
   (C) Que se estaba volviendo loca
   (D) Que la intrusa regresaría

7. ¿En qué estaba interesado el narrador al final del fragmento?
   (A) En hablar con Violeta
   (B) En conocer la identidad de Violeta
   (C) En expresarle sus sentimientos a Cristina
   (D) En descubrir el pasado de Cristina

8. ¿Cómo parece sentirse el narrador como resultado de los eventos que él describe?
   (A) Ensimismado
   (B) Decepcionado
   (C) Perturbado
   (D) Insultado

ACTIVIDAD 35
Tema curricular: La ciencia y la tecnología
Fuente número 1

Introducción
El siguiente artículo trata de cómo los adolescentes argentinos pasan el tiempo libre. Apareció en el portal del diario *Clarín*.

Los chicos se divierten cada vez más puertas adentro

Línea La influencia de los medios de comunicación, junto al avance incesante de la tecnología, es total en los adolescentes argentinos. La actividad al "aire libre" va quedando atrás, a medida que la
(5) cultura del entretenimiento se expande y coloniza los hogares. En plena era de las pantallas, suena lógico que la generación de nativos digitales (chicos de entre 10 y 17 años) monopolice su tiempo libre adentro de casa y enchufada a un
(10) aparato. Este comportamiento queda reflejado en un reciente estudio sobre los adolescentes y sus hábitos culturales: la evidencia muestra allí que ver televisión, escuchar música y la radio son las actividades que realizan más asiduamente.
(15) A esta altura, los resultados del relevamiento parecen en algunos casos obvios: el 99% de estos chicos y chicas de entre 10 y 17 consultados mira tele más de una vez por semana. Con esa misma frecuencia de tiempo, el 96% escucha
(20) música, el 80% está atento a la radio y el 55% se conecta a Internet. Dentro del *ranking* elaborado por la consultora TNS Gallup para la Universidad de Palermo aparece como excepción una actividad fuera del hogar que incluso
(25) supera a Internet: hacer deportes, con el 64%. "Aquí se incluyen los deportes en la escuela", justifican los responsables del relevamiento.
Los datos quedan más expuestos cuando se mira el fondo de esta tabla: ir al cine (2%), al teatro
(30) y visitar exposiciones (1%), todas salidas por las que, generalmente, hay que pagar, están entre las menos frecuentadas. También van a bailar menos de lo que podría pensarse: de los adolescentes, solo uno de cada tres va al boliche semanalmente. La
(35) cancha y el *shopping* tampoco son muy habituales.
Para Roxana Morduchowicz, directora del Programa Escuela y Medios en el Ministerio de Educación de la Nación, estos índices que, en

principio harían pensar que la vida social y la relación con el afuera están en jaque, no hacen más (40) que demostrar la vida de hoy, pleno siglo XXI. "Las pantallas no anularon su vida social. En todo caso, generaron nuevas formas de sociabilidad juvenil". La experta entiende que la prioridad para los jóvenes sigue siendo relacionarse con amigos, solo que (45) ahora existen otros medios para hacerlo. "Cuentan con más soportes para su vida social. Cuando se les pregunta qué es un día divertido, responden 'salir con amigos'. El principal uso que hacen de la computadora es chatear. Y la función más popu- (50) lar del celular es mandar mensajes de texto a sus amigos", entiende. El estudio confirma lo que dice Morduchowicz: el 68% de los consultados reconoce que chatear es lo que más hace en Internet.
"Lo que hacen los jóvenes no está ni bien ni (55) mal, expresa las tendencias y nuevas formas de integración", sostiene desde Berlín la socióloga argentina Liliana Mayer, especialista en temas de juventud. No obstante, la experta opina: "La computadora, mediante su interactividad, per- (60) mite la salida del mundo sin salir de casa. En términos del lazo social, lo fragmenta aun más, ya que individualiza más el ocio y aumenta la reclusión en el tiempo libre. Pero en todo caso, es la sociedad la que no motiva a los jóvenes, que (65) por eso no realizan actividades. Y no al revés".
La investigadora en juventud del Conicet Ana Miranda cree que los jóvenes, con sus prácticas cotidianas, manifiestan los aprendizajes de la sociedad ante los cambios. "Aprenden de (70) lo que decimos y de lo que hacemos. Ninguno aprendió solo. Llama la atención que aún se difundan estudios que solo planteen o analicen los consumos culturales de los jóvenes sin tomar en cuenta los consumos o las prácticas de su (75) entorno cotidiano. ¿Cuántas horas miramos TV los adultos? ¿Cuántas veces llevamos a los chicos a museos?", se pregunta.

Fuente número 2

Introducción

Este gráfico muestra el lugar de uso del ordenador e Internet entre adolescentes de 10 a 15 años. Apareció en un artículo titulado "Los usos de Internet en las edades más jóvenes: algunos datos y reflexiones sobre hogar, escuela, estudios y juegos" de Cecilia Castaño Collado, directora del programa de Investigación Género y TIC del Internet Interdisciplinary Institute, Cataluña, España.

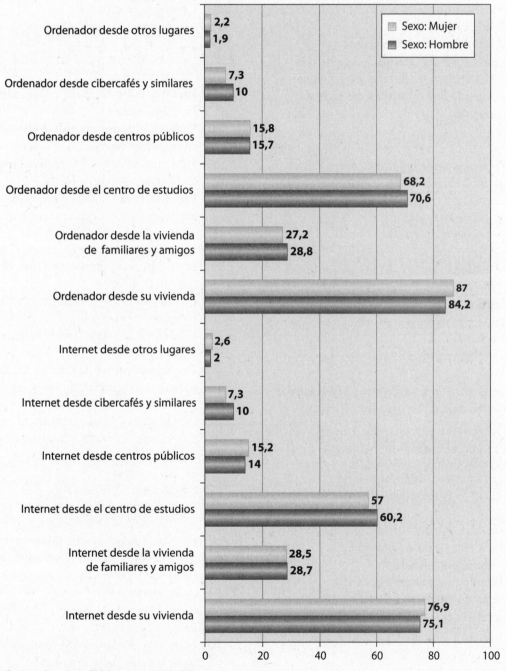

Lugar de uso de ordenador e Internet, 10–15 años

Fuente: Encuesta TIC Hogares 2008, INE

1. ¿Qué técnica usa el autor para apoyar sus declaraciones?
   - (A) Usa ejemplos de su experiencia personal con adolescentes en su propia familia.
   - (B) Usa resultados de encuestas producidos por diferentes medios de comunicación.
   - (C) Resume las conclusiones de su observación directa en las escuelas argentinas.
   - (D) Cita a expertos e investigaciones que estudian los hábitos de los adolescentes.

2. ¿Qué está disminuyendo notablemente entre los adolescentes argentinos?
   - (A) Las actividades fuera de la casa
   - (B) El interés por las actividades deportivas
   - (C) La satisfacción con los aparatos digitales
   - (D) Las actividades con adolescentes de su misma edad

3. ¿A qué se refiere el autor cuando usa la frase "En plena era de las pantallas" [línea 6]?
   - (A) A la era de la televisión
   - (B) A la era de la tecnología
   - (C) A la era de la diversión
   - (D) A la era del monopolio

4. ¿En qué actividad participan los adolescentes más que en Internet?
   - (A) Escuchar música popular
   - (B) Hacer actividades físicas
   - (C) Escuchar la radio
   - (D) Visitar exposiciones

5. ¿Cuál parece ser un aspecto que consideran los adolescentes cuando escogen las actividades en que participan?
   - (A) La cercanía de los eventos
   - (B) Las sugerencias de los amigos
   - (C) El tiempo que tienen disponible
   - (D) El costo de la actividad

6. Según Roxana Morduchowicz, ¿qué no ha cambiado en la vida de los adolescentes?
   - (A) Su interés por socializar
   - (B) El tiempo que pasan en línea
   - (C) La falta de interés por chatear a diario
   - (D) Su preferencia por los aparatos electrónicos

7. Según Liliana Mayer, ¿cuál es uno de los efectos negativos del uso de la computadora para los adolescentes?
   - (A) Se aíslan.
   - (B) Se desaniman.
   - (C) Su condición física se deteriora.
   - (D) Su modo de hablar es incomprensible.

8. ¿Cómo ve Liliana Mayer la computadora?
   - (A) Como un medio destructor de amistades
   - (B) Como un medio que dificulta el ocio
   - (C) Como una escapatoria
   - (D) Como una distracción

9. ¿Con qué propósito usa el autor las preguntas al final del artículo?
   - (A) Para que el lector, si es posible, participe en futuros estudios
   - (B) Para que el lector considere otras alternativas de diversión
   - (C) Para promover que los estudios tomen en consideración a los adultos
   - (D) Para enfatizar la falta de impacto que tienen los adultos en el consumo cultural

10. ¿Qué tipo de información presenta el gráfico?
    - (A) Los últimos cambios en los usos de ordenadores e Internet
    - (B) Los efectos del uso de Internet en la vida familiar
    - (C) El aumento de servicios tecnológicos en los lugares públicos
    - (D) Los lugares preferidos por los adolescentes para usar la tecnología

11. Según el gráfico, ¿dónde usan los adolescentes los ordenadores e Internet con más frecuencia?
    - (A) En lugares públicos
    - (B) En sus hogares
    - (C) En los centros de estudio
    - (D) En las casas de amigos y familiares

12. ¿Cuál de los siguientes artículos complementaría un estudio sobre el tema del artículo y el gráfico?
    - (A) *La relación entre tecnología y género: el papel de los estereotipos*
    - (B) *Los efectos de la tecnología en el éxito social de los adolescentes*
    - (C) *El fracaso escolar: un efecto siempre pasado por alto en la sociedad actual*
    - (D) *La brecha digital y su impacto en la familia contemporánea*

ACTIVIDAD 36
Tema curricular: La belleza y la estética

Introducción

Este fragmento nos presenta a la reconocida autora mexicana Elena Poniatowska. El artículo original, escrito por Elizabeth Coonrod Martínez, apareció en la revista *Américas*.

Elena Poniatowska: Entrelíneas de los olvidados

Línea *Aclamada por su impactante periodismo, esta escritora mexicana también es conocida por sus conmovedoras e inquietantes obras de ficción.*

(5) Elena Poniatowska es una de las más importantes escritoras mexicanas contemporáneas. Desde que se inició en la carrera periodística en 1953, Poniatowska ha publicado treinta y cinco libros. De estos, varios son de ensayo periodístico, pero también hay tres colecciones de cuentos y siete novelas. Su creación literaria

(10) es muy diferente de la ficción de los *bestsellers* contemporáneos, esas novelas que entretienen con recetas de cocina y asuntos de amoríos. Las novelas y los cuentos de Poniatowska son más

(15) bien meditaciones filosóficas y evaluaciones del papel de la mujer, del desamparo sin acceso a los privilegios de la sociedad, en fin, de la sociedad misma. Pero aunque es mejor conocida como periodista, ella prefiere la obra creativa.

(20) Al contrario de los escritores que siempre citan a unos cuantos miembros masculinos e internacionalmente reconocidos de la generación literaria llamada el "*boom* latinoamericano", Poniatowska siempre ha señalado las

(25) contribuciones literarias y artísticas de las mujeres desde principios del siglo XX, aspecto importante en un ámbito internacional que pretende que ninguna mujer publicó antes del estreno de *Como agua para chocolate* (1989). Su

(30) libro *Las siete cabritas* (2000) es una colección de ensayos sobre siete fascinantes y prolíficas mujeres que parecían ser radicales solo porque su producción artística ocurrió a pesar de las barreras que se les imponían. Durante cincuenta

(35) años, no ha dejado de escribir artículos y ensayos en periódicos y revistas, se mantiene involucrada en el ámbito social y político de su país, y

con frecuencia hace presentaciones formales en México y en otros países.

(40) La gran dama de las letras mexicanas es responsable por transformar el género de la entrevista en México. Es una observadora sin igual, y ese talento se revela tanto en su periodismo como en su ficción. Después de su entrada al

(45) mundo periodístico con sus entrevistas de personajes famosos, Poniatowska ha sido siempre persistente en buscar un medio para los que no tienen voz. En 1980 publicó *Fuerte es el silencio*, donde se evocan las voces de las madres de pri-

(50) sioneros políticos encarcelados o desaparecidos, los líderes de movimientos de trabajadores.

Entre los años cincuenta y setenta, en una época en que las mujeres tenían poco acceso a las editoriales, Poniatowska surgió como una

(55) voz femenina y sutil en una sociedad enfocada en el poder del varón. Esto, a pesar de su dulce y diminutivo apodo de 'Elenita'. Disfrazó su persistente empuje por examinar las tradiciones de los apoderados con la dulzura y el papel dimi-

(60) nutivo que le asignaban y sin quejarse nunca. Ahora, al haber recibido varios premios y distinciones literarias y periodísticas —incluyendo el Premio Nacional Mexicano a la Literatura 2001— su reconocimiento es muchísimo más

(65) respetuoso que diminutivo, y cada vez más internacional. En el 2000, Colombia y Chile otorgaron su premio más distinguido de la literatura a la escritora mexicana.

Poniatowska no fue reconocida en todo el

(70) mundo como otros prolíficos escritores latinoamericanos de su generación, y tampoco desempeñó cargos diplomáticos, o buscó agentes literarios internacionales como las escritoras recientes. En los años noventa, Poniatowska tra-

(75) bajó con la agente neoyorquina Susan Bergholz. Posteriormente disolvieron su unión, pero en

buenos términos porque Bergholz se enojaba con Poniatowska cuando esta aceptaba hacer conferencias y otras presentaciones sin cobrar o sin consultarla. Poniatowska reacciona con un gesto de "ni modo", y dice que cuando siempre le están pidiendo esto y aquello, cómo va a decir que no.

(80)

1. ¿Cuál es una característica de la obra de Elena Poniatowska?
   (A) Distrae con historias de amor.
   (B) Sobresale por la profundidad de sus temas.
   (C) Influye a los escritores masculinos del *boom*.
   (D) Incluye un recetario de la cocina mexicana.

2. ¿Cuáles de sus propias obras estima más la autora Elena Poniatowska?
   (A) Las de naturaleza informativa
   (B) Las conferencias formales
   (C) Las novelas y los cuentos
   (D) Las creaciones *bestsellers*

3. ¿Qué actitud mostraban muchos autores con respecto a las obras de autoras mexicanas del siglo XX?
   (A) Rechazaban las novelas de amor con recetas de cocina.
   (B) Valoraban poco a las creadoras de *bestsellers*.
   (C) Ignoraban las contribuciones de autoras femeninas.
   (D) Apreciaban la obra temprana de Elena Poniatowska.

4. Según el artículo, ¿qué impacto ha tenido la obra de Elena Poniatowska en la prensa en México?
   (A) Revolucionó el estilo de la entrevista.
   (B) Ha contribuido a las ventas de *bestsellers*.
   (C) Mostró desdén por personajes famosos.
   (D) Popularizó los libros de recetas.

5. Según la lectura, ¿por qué sobresale hoy Elena Poniatowska como periodista?
   (A) Por la copiosa producción de artículos
   (B) Por la capacidad para captar la belleza
   (C) Por darle voz a los que necesitan ser oídos
   (D) Por ser una entrevistadora de los políticos

6. En este fragmento, ¿cuál es claramente una prioridad para esta autora mexicana?
   (A) Entrevistar a otros autores de México
   (B) Comentar *Como agua para chocolate*
   (C) Apoyar a los autores del "*boom* latinoamericano*"
   (D) Auxiliar a los marginados de su país

7. ¿Cuál era un aspecto de Elena Poniatowska que irritaba a la agente neoyorquina?
   (A) No era muy prolífica ni crítica.
   (B) No le buscaba cargos diplomáticos.
   (C) No escribía muchos *bestsellers*.
   (D) No le comunicaba sus actividades.

ACTIVIDAD 37
Tema curricular: La belleza y la estética

Introducción

El siguiente artículo de Luisa Moreno, que fue publicado en la revista *Ecos,* explica la tradición del traje flamenco.

El traje flamenco

Línea *Una tradición llena de sensualidad*

Volantes cortos, estampados de flores, mangas largas, talles bajos... el vestido flamenco es posiblemente el único atuendo folclórico tradi-

(5) cional en el que hay modas que van cambiando cada temporada. Pueden llegar a ser tan diversos, que tal vez el único rasgo común que los identifica como vestidos de flamenca sean sus volantes.

(10) Ya desde el inicio de la primavera, muchas mujeres andaluzas preparan sus vestidos, los sacan de los armarios, los lavan y los planchan; llegada la ocasión, se disponen a lucirlos en las ferias y fiestas que hasta el final del verano se

(15) celebran por todo el sur de España.

El origen del vestido de flamenca tiene más de un siglo y se remonta a los primeros años de la Feria de Abril, de Sevilla, que se inició como feria de ganado. A ella acudían los tratantes de

(20) ganado —muchos de ellos, gitanos— acompañados de sus mujeres, que solían vestir sencillas y alegres batas de percal rematadas con volantes. La gracilidad que estos humildes vestidos proporcionaban al cuerpo de la mujer y la vivacidad

(25) de sus colores hizo que las mujeres de clases más pudientes imitaran la forma de vestir de las gitanas y campesinas, y se vistieran de este modo para acudir a las fiestas y romerías populares.

Para ir vestida de flamenca no basta con

(30) llevar un vestido de volantes, es necesario lucir los complementos apropiados: la flor en el pelo, los zarcillos de aro o de estilo lágrima de coral. El pelo de una flamenca debe ir recogido en un moño. Los zapatos que se llevan con el vestido

(35) de flamenca deben ser de tacón no muy alto. Los vestidos de flamenca que se usan para las ferias son diferentes de los vestidos y faldas rocieros (propios para las romerías) y difieren también de los vestidos de volantes que se

(40) emplean en los espectáculos y en las academias

de baile flamenco. Las diferencias entre esos tres atuendos flamencos se basan en el uso al que cada uno de ellos está destinado: el vestido de feria está más pensado para lucirse socialmente paseando por la feria a pie o en coche de caba- (45) llos, bailando en las casetas o montando a la grupa de un caballo.

Los vestidos o batas rocieras son modelos para lucir en la romería, mucho más sencillos que los de feria, con pocos volantes, pensados (50) para andar muchos kilómetros por el campo, haciendo el camino hasta El Rocío.

1. ¿Cuál es el propósito del artículo?
   (A) Describir la trayectoria de la moda campesina española
   (B) Aclarar los orígenes de la Feria de Abril
   (C) Examinar la influencia del traje flamenco en la moda contemporánea
   (D) Presentar los cambios del traje flamenco a través de los años

2. ¿Qué distingue el vestido flamenco, según el artículo?
   (A) Se caracteriza por los estampados de lunares.
   (B) Cambia de tiempo en tiempo.
   (C) Tiene dos modalidades.
   (D) Se usa todo el año.

3. ¿Dónde nace el traje flamenco?
   (A) Entre campesinos
   (B) Entre burgueses
   (C) Entre militares
   (D) Entre mendigos

4. Según la selección, ¿qué contribuyó a la popularidad del traje flamenco?
   (A) Aliviaba el calor.
   (B) Favorecía la figura.
   (C) Les encantaba a las gitanas.
   (D) Les agradaba a los ganaderos.

5. ¿Cuál es un complemento del traje flamenco que NO menciona el artículo?
   (A) El calzado adecuado
   (B) El adorno para el cabello
   (C) El peinado apropiado
   (D) El abanico adornado

6. ¿Por qué es variado el atuendo flamenco femenino hoy?
   (A) Por las épocas del año en que se usa
   (B) Por el capricho de quien lo escoge
   (C) Por las actividades en que lo usan las mujeres
   (D) Por los quehaceres laborales que se realizan en el campo

7. Según la selección, ¿por qué son simples los vestidos o batas rocieras?
   (A) Porque es importante controlar el costo
   (B) Porque se usan para guiar el ganado
   (C) Porque permiten bailar sin dificultad
   (D) Porque permiten caminar con más facilidad

8. ¿Qué podemos inferir acerca del traje flamenco?
   (A) Representa un símbolo de la cultura.
   (B) Inspira la feria de ganado de Sevilla.
   (C) Indica la jerarquía de la mujer que lo usa.
   (D) Manifiesta el último grito de la moda invernal.

9. De acuerdo con la historia del traje flamenco femenino, ¿qué podemos predecir acerca de su futuro?
   (A) Disminuirá la demanda.
   (B) Tendrá usos limitados.
   (C) Surgirán otras variedades.
   (D) Reducirán más los precios.

ACTIVIDAD 38
Tema curricular: Las familias y las comunidades

Introducción

Este artículo, publicado en la revista *Américas,* describe un nuevo destino turístico en Bolivia y los proyectos que tratan de conservarlo.

Chullpas en Bolivia

Línea Un nuevo destino turístico ha irrumpido en América del Sur. La región del río Lauca, en el departamento boliviano de Oruro, ofrece la posibilidad de ver flamencos andinos, antiguos
(5) volcanes y culturas que datan de la época precolombina. Ahora, con la restauración de 26 antiguas cámaras mortuorias llamadas chullpas, la región ofrece un tesoro arqueológico único del altiplano sudamericano.
(10) Las chullpas son sepulturas precolombinas en forma de torre que los aymaras de Bolivia y Perú construían de piedra y adobe. Estas cámaras mortuorias edificadas sobre la superficie se elevaban hasta doce metros y con frecuencia esta-
(15) ban decoradas con detalladas y coloridas tallas. Las investigaciones sugieren que estas cámaras albergaban a más de un ocupante y estaban reservadas solo para la elite social de la sociedad aymara. Aunque las chullpas más conocidas y
(20) más altas se encuentran en Sillustani, en el Perú, Bolivia también cuenta con una impresionante colección que data de los años 1200 a 1300 antes de Jesucristo.
  Con el transcurso del tiempo, el clima ha
(25) deteriorado seriamente las cámaras, erosionándolas y produciendo inestabilidad estructural. El proyecto destinado a restaurar las chullpas comenzó en 2008 con el respaldo de la Organización de los Estados Americanos y el
(30) Ministerio de Cultura de Bolivia.
  El proyecto empleó a miembros de tres comunidades locales —Macaya, Sacabaya y Julo— y tuvo por objeto estabilizar las cámaras, eliminar el exceso de vegetación, y restablecer
(35) el color de la fachada de las tumbas. Los integrantes de estas tres comunidades ya estaban trabajando en conjunto en un emprendimiento turístico comunitario que les permite exhibir la belleza del lugar y a la vez obtener beneficios

financieros directos. El Ministro de Cultura (40) organizó una serie de talleres de trabajo para capacitar a los miembros de las comunidades sobre la forma de conservar las tumbas, dirigir excursiones y administrar actividades turísticas.
  Las 26 cámaras mortuorias —junto con otras (45) diecisiete restauradas en 2004 con una donación del Fondo Mundial para Monumentos— forman parte del Circuito Ecoturístico del Río Lauca. Las excursiones comienzan en Caseta, continúan por el pueblo de Macaya y terminan en la (50) laguna Sakewa. El circuito está junto al Parque Nacional Sajama, destino favorito de los turistas más aventurados.
  La restauración de las chullpas y la asociación entre el gobierno y las poblaciones indígenas (55) locales reflejan el cambio experimentado en Bolivia. Cerca del 50 por ciento de la población habla dialectos indígenas, aunque su voz ha sido durante mucho tiempo ignorada y suprimida por diversos gobiernos bolivianos. Con (60) la elección de un presidente aymara en 2005, sin embargo, esas voces están siendo oídas. En la ceremonia de inauguración de las chullpas, Pablo Groux, Ministro de Cultura de Bolivia, dijo que "su recuperación nos permitirá escribir (65) la historia del siglo XXI sin perder las raíces de nuestra identidad".

1. ¿Cuál es el propósito del artículo?
   (A) Desmentir los misterios de las chullpas de Bolivia
   (B) Presentar el descubrimiento de sepulturas de Bolivia
   (C) Confirmar los descubrimientos de escrituras en las chullpas de Bolivia
   (D) Describir la rehabilitación de unas ruinas arqueológicas en Bolivia

2. ¿Qué son las chullpas?
   (A) Unas edificaciones altas para sepultar cadáveres
   (B) Unas ceremonias secretas para enterrar a los muertos
   (C) Unos sacrificios humanos para glorificar a los dioses
   (D) Unas construcciones en forma de pirámides invertidas

3. ¿Para quiénes estaban destinadas las chullpas?
   (A) Para cualquier persona aymara
   (B) Para los miembros de las comunidades locales
   (C) Para los aymaras de la clase más alta
   (D) Para funcionarios del gobierno

4. ¿Qué se está haciendo para preservar las chullpas?
   (A) Se están restaurando.
   (B) Se limita el número de visitantes.
   (C) Están cubriéndolas con materiales contra la erosión.
   (D) Se reparan con fondos económicos extranjeros.

5. ¿Qué hizo el Ministro de Cultura por los miembros de las comunidades?
   (A) Designó a un administrador reconocido.
   (B) Estableció un programa de entrenamiento.
   (C) Condujo paseos por las ruinas.
   (D) Recaudó fondos para seguir las excavaciones.

6. ¿Qué efecto ha tenido el trabajo que se hace en las chullpas?
   (A) Se le concede más autonomía al gobierno de las comunidades.
   (B) La enseñanza de las lenguas indígenas ha aumentado.
   (C) El gobierno no parece interesado en acelerar el proyecto.
   (D) Se le presta más atención a la población indígena.

7. Al preparar un informe sobre el mismo tema del artículo, quieres buscar información en una fuente adicional. ¿Cuál de las publicaciones a continuación sería más apropiada?
   (A) *Actas del Primer Simposio de la Fundación de Arqueología Social*
   (B) *La presencia andina en los valles de Arica, siglos XVI–XVIII*
   (C) *Arqueología funeraria del señorío aymara Pakasa (postiwanaku)*
   (D) *El estado Inca y los grupos étnicos en el sistema de riego de Socoroma*

ACTIVIDAD 39
Tema curricular: Las familias y las comunidades

Introducción

El siguiente fragmento viene del cuento corto "El lobizón" de Silvina Bullrich. Trata de una conversación entre miembros de una familia que discuten algunos cambios en su vida.

Línea   Aquella tarde mi padre entró en el comedor como todos los días al regresar de la oficina. Besó a mi madre en la frente y luego dijo con ese acento categórico de amo que usan todos los

(5)   empleados humildes dentro de su casa:

—Ya está todo resuelto; a principios de mes nos vamos a Entre Ríos.

El ruido de la máquina de coser de mi madre cesó bruscamente:

(10)   —¡No! —exclamó mi madre—. ¿Lo dices en serio? ¡No es posible!

—¿Por qué no va a ser posible? Tus hermanos son unos incapaces y no me inspiran fe; quiero ir yo mismo a regir tu campo. Ya verás cómo lo

(15)   hago rendir.

—Pero es una extensión muy chica —arguyó mi madre—, y si pierdes tu empleo, a la vuelta no encontrarás otro. Recuerda que este te lo dio el padrino cuando bautizamos a Diego, pero

(20)   ahora las cosas no están fáciles para el partido.

—¿Y crees que voy a seguir pudriéndome en una oficina por cuatrocientos miserables pesos? Ni siquiera me alcanzan para mantener a mi familia, y eso que nunca voy al café. Ya estoy

(25)   harto de ahogar entre cuatro paredes los mejores años de mi vida.

—Pero antes era peor. El taller sólo daba gastos…

—Bueno; pediré licencia sin goce de sueldo

(30)   y después veremos. Pero tengo confianza en el campo. El tuyo es alto, rico…

—La casa es casi un rancho…

—¿Acaso esto es un palacio?

Entonces mi madre pronunció la frase deci-

(35)   siva, sorprendente. Resistiendo por primera vez a una orden del marido, exclamó:

—No, yo no me voy. No quiero irme… No puedo… por Diego.

¿Por mí? ¿Por qué podía ser yo un impe-

(40)   dimento para ese viaje? ¡Si nadie tenía tantas

ganas como yo de vivir en el campo! Quería correr el día entero al aire libre, como los chicos ricos durante los meses de vacaciones.

—No puedo admitir que una leyenda estúpida destruya nuestras vidas —rugió mi (45) padre—. Sería completamente absurdo…

—Pero ¿de qué se trata? —inquirió mi tía.

Mis padres parecieron titubear; por fin mi madre contestó:

—Diego es el menor de siete hermanos (50) varones…

—¿Y…?

—Tengo miedo —sollozó mi madre—, miedo de las noches de luna llena.

1. ¿Qué anunció el padre al llegar a su casa una tarde?
   (A) Que había perdido su empleo
   (B) Que la familia se iba a mudar
   (C) Que nunca estuvo a gusto en su casa
   (D) Que le molestaba la máquina de coser

2. ¿Cuál era una razón por la que el padre quería ir a Entre Ríos?
   (A) Echaba de menos a los hermanos de su esposa.
   (B) Quería bautizar a Diego.
   (C) No se llevaba bien con su esposa.
   (D) No les tenía confianza a los hermanos de su esposa.

3. ¿Qué parecía preocuparle a la esposa con respecto a su esposo?
   (A) Que el padrino se enojara con él
   (B) Que perdiera su puesto para siempre
   (C) Que no pudiera vender el rancho
   (D) Que no pudiera unirse al partido en el futuro

4. Según el fragmento, ¿cómo consiguió el padre el empleo que tenía ahora?
   - (A) Una persona cercana a la familia se lo dio.
   - (B) Un colega de su esposa se lo ofreció.
   - (C) El partido lo asignó específicamente a ese puesto.
   - (D) Recibió una merecida promoción.

5. ¿A qué se debía la opinión que tenía el padre sobre su empleo?
   - (A) A que no ganaba lo suficiente
   - (B) A que no era un reto para él
   - (C) A que no respetaban sus ideas
   - (D) A que no estaba en un lugar conveniente

6. ¿Qué opina el padre sobre la vida que lleva?
   - (A) Se siente intranquilo.
   - (B) Le parece estable.
   - (C) Se siente insatisfecho.
   - (D) Le parece envidiable.

7. ¿Cómo reaccionó la madre a la sugerencia de su esposo?
   - (A) La aceptó con ciertos reparos.
   - (B) Le dio varias opciones posibles.
   - (C) Se entusiasmó mucho.
   - (D) Estuvo en contra de la sugerencia.

8. ¿Qué opinión tenía el narrador sobre la mudanza?
   - (A) Le daba miedo mudarse lejos.
   - (B) Le gustaría conocer a un chico rico.
   - (C) Le importaba apoyar a su madre.
   - (D) Le gustaría vivir en el campo.

9. ¿Qué podemos deducir sobre la madre por lo que expresó al final del fragmento?
   - (A) Que era débil
   - (B) Que era indecisa
   - (C) Que era supersticiosa
   - (D) Que era vengativa

ACTIVIDAD 40
Tema curricular: La belleza y la estética

Introducción

El siguiente artículo de Leslie M. Mira apareció en *Américas*, una revista de la Organización de los Estados Americanos. En él discute una nueva publicación sobre el español de Argentina.

Aprenda a hablar argentino

Línea El español de Argentina, un idioma del que a veces se burla el resto de los latinoamericanos, ha ganado más credibilidad local desde que la Academia Argentina de Letras publicó el primer (5) *Diccionario del habla de los argentinos,* uniendo en un solo libro las peculiaridades lexicográficas de una nación que se extiende desde los cerros de la Patagonia y las provincias del norte, donde también se habla quechua, hasta la capital.

(10)   El diccionario de 609 páginas está lleno de sorpresas. Para aquellos de nosotros que creemos que «papa» se refiere al tubérculo, el diccionario agrega que también puede querer decir «mujer linda», y la frase «ser una papa» significa (15) algo que es muy fácil.

La Academia ha dedicado casi dos páginas a la palabra «mate», una infusión parecida al té que toman los argentinos todos los días con una bombilla de metal. Incluye expresiones colo- (20) quiales como «milico», un término peyorativo para soldado o policía, y «catingoso», palabra de origen quechua que significa «oloroso».

«Un diccionario es un monumento al idioma», dice Francisco Petrecca, lingüista de (25) la Academia de Letras que ayudó a compilar los más de 3.500 vocablos del diccionario. «Siempre está en evolución y es necesariamente incompleto». Petrecca cita al autor de diccionarios del siglo XVIII Samuel Johnson: «Los diccionarios (30) son como los relojes: ninguno tiene la hora exacta, pero es importante tener uno».

Sobre su escritorio pueden verse recortes de diarios nuevos y otros amarillentos, que ponen en evidencia el trabajo del lingüista. Como otros (35) escritores de diccionarios, Petrecca revisa diarios y revistas buscando palabras acuñadas por los periodistas. «Ni siquiera leo las historias, solo estoy buscando las palabras nuevas», dice. Petrecca, con la colaboración de otro lingüista,

trabajó casi dos años compilando palabras y (40) escribiendo el diccionario.

Petrecca explica por qué el español argentino es especialmente fecundo, aunque diplomáti- camente se niega a decir si el español argentino puede contar en su lexicografía más palabras (45) generadas localmente que el español que se habla en otros países de la región. (Los diferen- tes idiomas «no tienen mayor o menor riqueza de palabras», dice.)

Los argentinos atribuyen esta fecundidad a la (50) influencia indígena del quechua y del guaraní en el idioma hablado de todos los días; las olas de inmigrantes de Italia, España, Irlanda, Inglaterra y Francia también han moldeado la dicción. Y la históricamente vigorosa clase media argen- (55) tina ha enriquecido el español que se habla en el país, dice Petrecca. Una clase media «permite un flujo de palabras más libre que en una socie- dad donde la clase rica y la clase pobre son más extremas». (60)

Si bien el sello de autoridad de la Academia confiere al nuevo diccionario prestigio nacional, este se suma a una larga tradición de libros más informales sobre el español argentino.

1. ¿Qué idea se presenta en este artículo?
   (A) Argentina es un país plurilingüe.
   (B) El quechua se habla en toda la Argentina.
   (C) La clase media aportó apoyo económico a un proyecto.
   (D) El léxico del español argentino es el más rico de América.

2. Según el texto, ¿qué concepto existía del habla argentina antes de la publicación del diccionario?
   (A) Que era desconocida para Hispanoamérica
   (B) Que muchos la tomaban en broma
   (C) Que aparecía en un diccionario bilingüe
   (D) Que era semejante a un reloj

3. ¿Qué podemos concluir acerca de los términos que aparecen en este diccionario?
   (A) Son novedosos.
   (B) Parecen refinados.
   (C) Son absurdos.
   (D) Parecen imprecisos.

4. ¿Qué caracteriza al nuevo diccionario del habla argentina?
   (A) Ofrece un método para aprender a hablar argentino.
   (B) Causa confusión a los que desconocen el idioma.
   (C) Falta al respeto con palabras irreverentes.
   (D) Incluye elementos provenientes de otros países.

5. ¿En cuál de las siguientes características sobre los diccionarios hace hincapié el lingüista Petrecca?
   (A) Tienen que contener la lexicografía exacta.
   (B) Deben abarcar solo una región específica.
   (C) Están en continua transformación.
   (D) Evitan el léxico periodístico.

6. ¿Con qué propósito usa Petrecca el ejemplo de los relojes?
   (A) Para demostrar la necesidad de modernizar el léxico
   (B) Para afirmar la necesidad de incluir el lenguaje coloquial
   (C) Para acentuar la falta de precisión de los diccionarios
   (D) Para enfatizar la pobreza del español argentino actual

7. Según el artículo, ¿por qué razón es rico el léxico de Argentina?
   (A) Surge de múltiples orígenes.
   (B) Aparece en muchos diccionarios.
   (C) Hay una gran afición a la lectura en el país.
   (D) Hay una Academia de Letras muy activa.

8. Después de leer el artículo, ¿qué podemos inferir acerca del español de Argentina?
   (A) Se va a imponer en muchos lugares de América.
   (B) Continuará su saludable crecimiento.
   (C) Va a promover el desarrollo de la clase pobre.
   (D) Dejará de influir a la clase media.

9. ¿Cuál de las siguientes publicaciones sería la más pertinente para escribir un informe sobre este artículo?
   (A) *Nuevos datos para un viejo problema. Investigación y discusiones en torno al poblamiento de América del Sur*
   (B) *El patrimonio lingüístico extranjero en el español del Río de la Plata*
   (C) *Aspectos del desarrollo de la lingüística española a través de los siglos*
   (D) *Manual de dialectología hispánica. El español de América*

ACTIVIDAD 41
Tema curricular: Los desafíos mundiales
Fuente número 1

Introducción

La situación económica en España y sus efectos en la juventud es el tema principal de este artículo publicado en la versión digital del periódico *El País*.

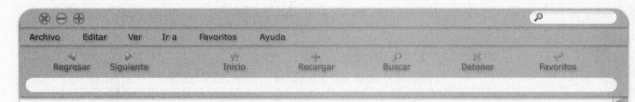

Vuelta a las aulas

<table>
<tr><td>Línea</td><td>Muchos jóvenes han retomado los estudios, pero la tasa de abandono escolar está aún lejos de la
media europea</td></tr>
</table>

Muchos de los jóvenes que en los años de bonanza económica y burbuja inmobiliaria abandonaron los estudios después de la etapa obligatoria atraídos por la posibilidad de ganar dinero fácil

(5)   en los servicios o la construcción, están volviendo al aula. Y muchos otros que en otras circunstancias tal vez también desertarían, continúan estudiando porque las perspectivas de encontrar un trabajo sin tener ninguna cualificación profesional son ahora remotas. Ello ha contribuido a que por cuarto año consecutivo descienda en España la tasa de abandono escolar, que en 2008, inmediatamente antes de que estallara la crisis, era del 31,9% y ahora está en el 24,9%.

(10)   Es sin duda un dato positivo y esperanzador. Pero no podemos lanzar las campanas al vuelo porque se debe sobre todo a factores coyunturales y España sigue en los últimos puestos de Europa en un indicador con un alto valor predictivo sobre las posibilidades de progreso de un país. Pese al descenso, estamos aún lejos de la media europea, que es del 13,5%, y, más aún, del objetivo que se ha fijado la UE de reducir el abandono escolar al 10% en 2020.

(15)   Hacer de la necesidad virtud es una buena manera de encarar situaciones adversas, pero lograr un cambio duradero e irreversible exige medidas estructurales profundas y en diferentes frentes. El escolar, por supuesto, y en este ámbito, los recortes decididos por el Gobierno no ayudan en absoluto. Pero también se han de tomar medidas en el frente laboral y el cultural. La crisis ha hecho añicos el espejismo que durante años hizo creer a muchos jóvenes que era fácil ganar dinero y

(20)   triunfar en la vida sin apenas esfuerzo. Ahora han podido comprobar que no es así. Y han de saber que ese 55% de paro juvenil al que hemos llegado no se reparte de forma homogénea. Cuanto mayor nivel de formación, menor es la tasa de desempleo. De hecho, la mayor tasa de paro juvenil se concentra en los jóvenes que han abandonado los estudios y carecen de formación profesional.

Fuente número 2

Introducción

La siguiente tabla muestra la evolución del alumnado matriculado en universidades en diferentes ciudades de España. Proviene de la publicación "Avance de los Procesos Universitarios Curso 2011–2012" de la Consejería de Economía, Innovación, Ciencia y Empleo.

Alumnado Matriculado en 1° y 2° Ciclo y Grados. Curso 2011–2012

EVOLUCIÓN DEL TOTAL DEL ALUMNADO MATRICULADO EN 1 y 2 CICLO, y GRADOS POR UNIVERSIDAD. CURSO 2011–2012

UNIVERSIDAD	AÑO					
	2006–07	2007–08	2008–09	2009–10	2010–11	2011–12
Almería	11.318	10.810	11.159	11.390	11.434	11.780
Cádiz	19.590	19.513	19.332	19.771	20.145	20.227
Córdoba	17.700	17.751	17.305	17.256	18.015	18.146
Granada	54.093	53.401	53.184	53.733	54.692	54.664
Huelva	9.951	10.083	10.231	10.746	10.771	10.948
Jaén	14.291	14.558	14.996	15.770	15.734	15.743
Málaga	33.359	32.888	32.736	34.159	34.543	35.371
Sevilla	57.688	57.568	57.235	58.541	59.646	60.699
TOTAL	217.990	216.572	216.178	221.366	224.980	227.578

Fuente: Elaborado con información de la Junta de Andalucía, España

1. ¿De qué se han dado cuenta los jóvenes?
   (A) De que necesitan obtener un nivel de educación más alto que antes
   (B) De que los puestos disponibles son solo en los servicios y en la construcción
   (C) De que ganar dinero fácil requiere estudiar hasta la etapa obligatoria
   (D) De que el mejoramiento de la crisis económica no es una meta remota

2. ¿En qué área se ha visto una caída en España?
   (A) En las oportunidades de continuar los estudios avanzados
   (B) En los requisitos necesarios para los trabajos en los servicios y en la construcción
   (C) En el número de personas que deja sus estudios después de la etapa obligatoria
   (D) En la cantidad de personas que quiere lograr una calificación profesional

3. Según el artículo, ¿cómo se ve la disminución del porcentaje de abandono escolar?
   (A) Como un factor positivo
   (B) Como un aspecto perjudicial
   (C) Como una señal de las mejoras económicas
   (D) Como un agente imprescindible de cambio

4. ¿Cuál es uno de los retos que enfrenta España para alcanzar el objetivo de la Unión Europea?
   (A) La falta de variedad de cursos preparatorios
   (B) El aumento de estudiantes en las comunidades autónomas
   (C) La oposición a proveer los servicios públicos adecuados
   (D) La disminución de la contribución del gobierno a la educación

5. ¿Qué se puede decir sobre la creencia de que ganar dinero y triunfar en la vida era fácil?
   (A) Era una ilusión alcanzable
   (B) Era una situación ideal
   (C) Era una burla
   (D) Era un engaño

6. ¿A qué se refiere la frase "la mayor tasa de paro juvenil" [línea 22]?
   (A) A las ganancias por parte de los jóvenes
   (B) Al grado de abandono escolar
   (C) Al índice de desempleo
   (D) Al volumen de estudiantes

7. ¿Qué tienen en común la información del artículo y la tabla?
   (A) Desmienten las críticas de los estudios avanzados.
   (B) Confirman el regreso de los jóvenes a las universidades.
   (C) Apoyan el alto porcentaje de abandono escolar.
   (D) Disputan la media europea de progreso en el área de abandono escolar.

8. Según la tabla, ¿en qué ciudad se ven pocos cambios en los últimos tres años (2009–2012)?
   (A) Cádiz
   (B) Jaén
   (C) Sevilla
   (D) Málaga

9. ¿En qué años se ve un aumento considerable en el número de jóvenes que regresaron a los estudios?
   (A) 2008–2009
   (B) 2009–2010
   (C) 2010–2011
   (D) 2011–2012

ACTIVIDAD 42
Tema curricular: La belleza y la estética

Introducción

El siguiente artículo de Manuel Martín-Loeches proviene del sitio web español El Cultural y trata de un estudio científico que tiene que ver con la música y sus efectos. Este estudio llamado "efecto Mozart" ha causado mucha polémica.

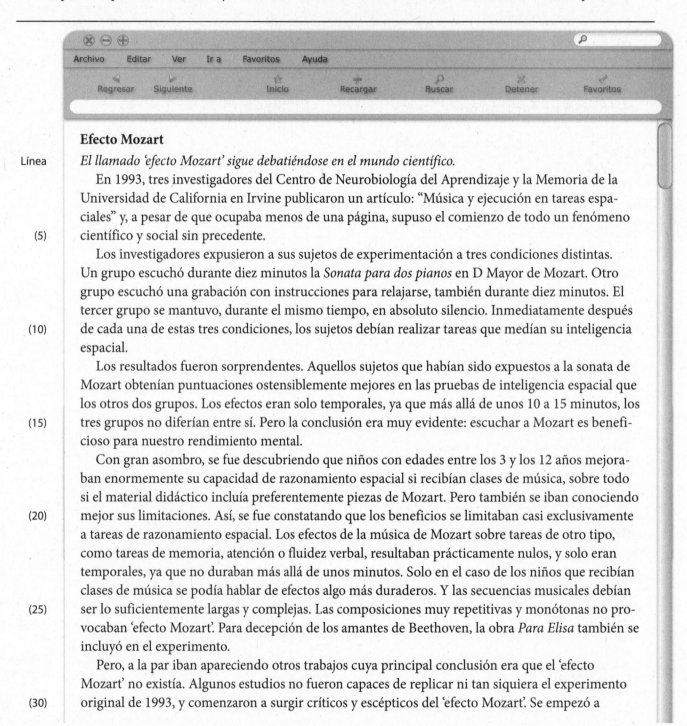

Efecto Mozart

Línea

El llamado 'efecto Mozart' sigue debatiéndose en el mundo científico.

En 1993, tres investigadores del Centro de Neurobiología del Aprendizaje y la Memoria de la Universidad de California en Irvine publicaron un artículo: "Música y ejecución en tareas espaciales" y, a pesar de que ocupaba menos de una página, supuso el comienzo de todo un fenómeno

(5) científico y social sin precedente.

Los investigadores expusieron a sus sujetos de experimentación a tres condiciones distintas. Un grupo escuchó durante diez minutos la *Sonata para dos pianos* en D Mayor de Mozart. Otro grupo escuchó una grabación con instrucciones para relajarse, también durante diez minutos. El tercer grupo se mantuvo, durante el mismo tiempo, en absoluto silencio. Inmediatamente después

(10) de cada una de estas tres condiciones, los sujetos debían realizar tareas que medían su inteligencia espacial.

Los resultados fueron sorprendentes. Aquellos sujetos que habían sido expuestos a la sonata de Mozart obtenían puntuaciones ostensiblemente mejores en las pruebas de inteligencia espacial que los otros dos grupos. Los efectos eran solo temporales, ya que más allá de unos 10 a 15 minutos, los

(15) tres grupos no diferían entre sí. Pero la conclusión era muy evidente: escuchar a Mozart es beneficioso para nuestro rendimiento mental.

Con gran asombro, se fue descubriendo que niños con edades entre los 3 y los 12 años mejoraban enormemente su capacidad de razonamiento espacial si recibían clases de música, sobre todo si el material didáctico incluía preferentemente piezas de Mozart. Pero también se iban conociendo

(20) mejor sus limitaciones. Así, se fue constatando que los beneficios se limitaban casi exclusivamente a tareas de razonamiento espacial. Los efectos de la música de Mozart sobre tareas de otro tipo, como tareas de memoria, atención o fluidez verbal, resultaban prácticamente nulos, y solo eran temporales, ya que no duraban más allá de unos minutos. Solo en el caso de los niños que recibían clases de música se podía hablar de efectos algo más duraderos. Y las secuencias musicales debían

(25) ser lo suficientemente largas y complejas. Las composiciones muy repetitivas y monótonas no provocaban 'efecto Mozart'. Para decepción de los amantes de Beethoven, la obra *Para Elisa* también se incluyó en el experimento.

Pero, a la par iban apareciendo otros trabajos cuya principal conclusión era que el 'efecto Mozart' no existía. Algunos estudios no fueron capaces de replicar ni tan siquiera el experimento

(30) original de 1993, y comenzaron a surgir críticos y escépticos del 'efecto Mozart'. Se empezó a

decir, por ejemplo, que el 'efecto Mozart' era consecuencia de los cambios de humor que provoca la música. Escuchar a Mozart induciría un estado de ánimo positivo en algunos sujetos. Por eso, si esta situación emocional no se consigue en algunos sujetos, el 'efecto Mozart' no aparece. Sería estupendo que el 'efecto Mozart' fuera cierto, pero no existen estudios científicos que respalden tan
(35) suntuosas afirmaciones. En cualquier caso, escuchar a Mozart no puede hacer mal a nadie.

1. ¿Qué significó la aparición del artículo acerca de Mozart?
   (A) Impactó negativamente a la comunidad científica.
   (B) Marcó un momento cumbre en la historia de la música.
   (C) Favoreció los estudios sobre la adaptación de los niños.
   (D) Repercutió considerablemente en varios círculos.

2. ¿A qué contribuyó la publicación del artículo "Música y ejecución en tareas espaciales"?
   (A) A la inauguración del Centro de Neurobiología de Irving
   (B) Al desarrollo de una etapa de estudios especiales
   (C) Al comienzo de una serie de conciertos de Mozart
   (D) A la promoción de un centro de música clásica

3. ¿Qué descubrieron los autores del artículo "Música y ejecución en tareas espaciales"?
   (A) La melodía de Mozart induce al sueño.
   (B) La *Sonata para dos pianos* dura 10 minutos.
   (C) Las composiciones de Mozart son alegres y repetitivas.
   (D) La música de Mozart estimula un aspecto del intelecto.

4. ¿Qué manifiesta la investigación acerca de los que escuchan la música de Mozart?
   (A) Que beneficia a los más jóvenes
   (B) Que afecta la salud física
   (C) Que favorece a los ancianos
   (D) Que disminuye el aprendizaje

5. Según la lectura, ¿cómo es el 'efecto Mozart'?
   (A) Agobiante
   (B) Pasajero
   (C) Desorientador
   (D) Refrescante

6. ¿Cómo se evidencia el 'efecto Mozart'?
   (A) Repercute en todas las actividades intelectuales.
   (B) Influye de manera adversa en la memoria a largo plazo.
   (C) Se comprueba en funciones específicas.
   (D) Es contraproducente en algunas áreas afectivas.

7. ¿Qué concluyeron otros estudios sobre el 'efecto Mozart'?
   (A) Confirman al pie de la letra las pautas del estudio original.
   (B) Asumen que escuchar la música de Mozart es una pérdida de tiempo.
   (C) Contradicen los resultados de trabajos previos.
   (D) Creen que Beethoven causa un resultado semejante.

8. ¿Cuál de las siguientes publicaciones sería pertinente consultar para hacer una presentación sobre este tema?
   (A) *La música es el espejo de la mente*
   (B) *Mejorando la capacidad de escuchar música clásica y popular*
   (C) *¿Hay relación entre la memoria y la inteligencia?*
   (D) *Factores que contribuyen al desarrollo mental de los niños*

ACTIVIDAD 43
Tema curricular: La vida contemporánea

Introducción

El siguiente es un fragmento de *Tormento*, una novela de Benito Pérez Galdós. Relata un incidente con una mujer que es incapaz de quedarse dormida.

Línea No podía apreciar bien la pensadora el tiempo
que pasaba. Sólo hacía de rato en rato la vaga
apreciación de que debía de ser muy tarde.
Y el sueño estaba tan lejos de ella, que en lo
(5) profundo de su cerebro, detrás del fruncido
entrecejo, le quemaba una idea extraña...: el convencimiento de que nunca más había de dormir.
    Dio un salto de repente, y su corazón vibró
con súbito golpe. Había sonado la campanilla de
(10) la puerta. ¿Quién podía ser a tal hora? Porque ya
habían dado las diez y, quizá, las diez y media.
Tuvo miedo, un miedo a nada comparable, y se
figuró si sería... ¡Oh!, si era, ella se arrojaría por
la ventana a la calle. Sin decidirse a abrir, estuvo
(15) atenta breve rato, figurándose de quién era la
mano que había cogido aquel verde cordón de
la campanilla, nada limpio por cierto. El cordón
era tal, que siempre que llamaba se envolvía ella
los dedos en su pañuelo. La campana sonó otra
(20) vez... Decidióse a mirar por el ventanillo, que
tenía dos barrotes en cruz.
    —¡Ah!..., es Felipe.
    —Buenas noches. Vengo a traerle a usted una
carta de mi amo —dijo el muchacho, cuando la
(25) puerta se le abrió de par en par y vio ante sí la
hermosa y para él siempre agradabilísima figura
de la Emperadora.

1. Cuando empieza la narración, ¿cómo se
   encuentra la mujer?
   (A) Un poco perezosa
   (B) Bastante inconsciente
   (C) Totalmente despistada
   (D) Completamente desvelada

2. ¿Cuál de las siguientes frases comunica
   la misma intención que "Dio un salto de
   repente" [línea 8]?
   (A) Dejó de respirar
   (B) Comenzó a correr
   (C) Se puso furiosa
   (D) Se levantó súbitamente

3. ¿Por qué se asusta la mujer?
   (A) Porque algo le ha saltado encima
   (B) Porque alguien ha llamado a la puerta
   (C) Porque algo ha entrado por la ventana
   (D) Porque el reloj ha dado la hora en ese
       momento

4. Si la persona que llega es quien ella sospe-
   cha, ¿cómo reaccionaría?
   (A) Huiría.
   (B) Gritaría.
   (C) La golpearía.
   (D) La invitaría a pasar.

5. Según el pasaje, ¿para qué usaba ella un
   pañuelo?
   (A) Para limpiarse la mano
   (B) Para abrir la ventanilla
   (C) Para no ensuciar la campanilla
   (D) Para no ensuciarse los dedos

6. ¿Quién llegó a la casa de la Emperadora?
   (A) Un pariente
   (B) Un pretendiente
   (C) Un sirviente
   (D) Un cartero

7. ¿Con qué propósito fue Felipe a la casa de la
   Emperadora?
   (A) Para discutir algo con ella
   (B) Para entregarle una carta
   (C) Para venderle algo
   (D) Para arreglar la campanilla

ACTIVIDAD 44
Tema curricular: Las identidades personales y públicas

Introducción

El siguiente artículo de Juana Vera fue publicado en la revista *Ecos* y trata de los judíos que se han establecido en España.

Judíos en la España de hoy

Línea *Apenas 35.000 judíos viven hoy en España. Testimonios de la presencia de este grupo se remontan a la Edad Media.*

(5) Después de la expulsión de los judíos de España (1492), los israelitas comenzaron a retornar a España durante el siglo XIX. A comienzos del siglo XX, los judíos que se asentaron en España eran, a diferencia de los actuales, mayoritariamente askenazíes, es decir,
(10) procedían del Centro de Europa, sobre todo de Alemania, Hungría, Ucrania y Rusia. Muchos de ellos llegaron huyendo de pogromos en Europa, y otros, como representantes de grandes empresas financieras. Fueron estos últimos los
(15) que sentaron las bases de la Comunidad Judía de Madrid junto con algunos intelectuales como el profesor Yehuda, que promovió los estudios de hebreo en la Universidad Complutense de Madrid.

(20) En España, durante la Edad Media, los judíos se dedicaron a la usura y al préstamo, pues casi todas las actividades comerciales, profesionales y de otro orden les estaban prohibidas, así como el matrimonio con cristianos. Quizá por eso
(25) y como consecuencia de tal situación, vivida durante siglos, se ha llamado al pueblo judío "el creador de la ética del capitalismo".

El profesor Julio Trebolle Barrera es el crea-dor del Instituto de Ciencias de las Religiones
(30) de Madrid, el único de estas características que hay en España. Trebolle Barrera opina sobre la existencia del substrato antijudío en España, que "España fue el último país de la Organización de las Naciones Unidas (ONU) en reconocer
(35) al Estado de Israel. Fue en el año 1986, aun no hace tanto tiempo. Las causas son complejas. Por un lado, la visión del judío masón que había en este país; por otro, la poca simpatía que el Estado de Israel sentía hacia el país donde tanto

(40) había sufrido a causa de la Inquisición. Sin embargo, tras el reconocimiento, ha surgido una etapa floreciente en las relaciones entre ambos países y también en las relaciones de las Comunidades Judías de España con el gobierno
(45) central y con los gobiernos autonómicos".

Explica Trebolle Barrera que "el judaísmo español es minoritario y reciente. En la actua-lidad, la mayor parte de los judíos que viven en España son los hijos de las primeras migracio-
(50) nes de judíos procedentes, mayoritariamente, de Marruecos. El judaísmo tiene poca presen-cia en nuestra sociedad, pero tuvo una época gloriosa y dorada, que es necesario conocer y dar a conocer a través de los textos escolares.
(55) Hoy hay una carencia gravísima de profesores de Ciencia de las Religiones, porque no hay dónde formarlos en las universidades. El debate de las Humanidades se reduce a las lenguas nacionales, la historia de España y sus naciona-
(60) lidades, pero no incluye el tema religioso, que no se afronta con valentía desde perspectivas históricas, culturales y universitarias". Añade el rabino Ariel Atiri de la Asociación de Judíos de Barcelona: "Pocos saben que los judíos vivimos
(65) en España durante 1.400 años antes de la expul-sión. Hay que admitir nuestra historia. Pero en España no se ha hecho, y esto es peligroso".

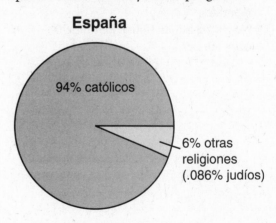

España

94% católicos

6% otras religiones (.086% judíos)

1. ¿Cuál es el propósito de este artículo?
   (A) Elogiar los triunfos económicos de los israelitas
   (B) Reflexionar sobre la posición de los judíos en la España contemporánea
   (C) Oponerse a la asimilación de la población judía a la población española
   (D) Apoyar los derechos de los judíos askenazíes a la nacionalidad española

2. ¿A qué se debió la inmigración de los judíos a España a principios del siglo XX?
   (A) Al deseo de aumentar su supremacía económica
   (B) A los esfuerzos de varias organizaciones israelitas
   (C) Al reconocimiento del Estado de Israel por parte de España
   (D) Al deseo de hallar oportunidades fuera de sus países de origen

3. Según el artículo, ¿qué se les impedía hacer a los judíos durante la Edad Media?
   (A) Casarse con personas de la religión mayoritaria
   (B) Dedicarse en privado a una actividad intelectual
   (C) Trabajar en el área de las finanzas
   (D) Practicar su religión entre ellos

4. De acuerdo con la lectura, ¿por qué se destacaron los judíos en las actividades financieras?
   (A) Lograban casarse con miembros de la clase alta.
   (B) Querían imponer el capitalismo a otros grupos.
   (C) No les interesaba trabajar en ocupaciones laborales.
   (D) No les permitían trabajar en muchas ocupaciones.

5. ¿Qué subraya el profesor Julio Trebolle Barrera con respecto a la población judía que vive hoy en España?
   (A) Ha sido vista a través de ciertos estereotipos.
   (B) Ha sido reconocida por las Naciones Unidas.
   (C) Tiene el apoyo de la Comunidad Judía de Marruecos.
   (D) Carece del amparo del gobierno central.

6. Según el artículo, ¿qué distingue a la población judía de la España de hoy?
   (A) Su estancia en el país es provisional.
   (B) Su presencia se limita a unas pocas décadas.
   (C) Ha rehusado participar activamente en la política.
   (D) Ha contribuido con éxito al progreso del país.

7. ¿Qué piensa el profesor Trebolle Barrera acerca de los españoles de hoy?
   (A) Deben fomentar el debate de las lenguas nacionales.
   (B) Imponen su cultura a los judíos que viven en su territorio.
   (C) Desconocen su pasado glorioso ligado a los judíos.
   (D) Deben difundir la carta de las Naciones Unidas.

8. ¿Qué podemos deducir de este artículo?
   (A) Los judíos son el grupo más religioso de España.
   (B) Colaborar con las Naciones Unidas evita conflictos internacionales.
   (C) Desconocer una cultura puede traer consecuencias graves.
   (D) Los españoles crearon su nación hace 1.400 años.

ACTIVIDAD 45
Tema curricular: Los desafíos mundiales
Fuente número 1

Introducción

La siguiente selección de Rosa Rivas proviene de la sección cultural del portal digital del diario español *El País*. Trata de la importancia de la gastronomía peruana a nivel mundial.

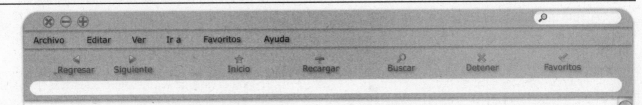

Perú exporta su cocina como arma social

Línea

- Gastón Acurio y Ferran Adrià cuentan en un documental la revolución gastronómica del país andino
- Más de 80.000 jóvenes peruanos realizan estudios culinarios

Nueva York, París, Barcelona, Madrid… son algunas de las escalas de un viaje divulgador de los

(5)   famosos cocineros Ferran Adrià y Gastón Acurio. Su periplo está basado en otro viaje: el que realizaron en 2011 por todo el territorio peruano —costa, sierra y Amazonía— persiguiendo el sabor de sus cocinas, sus mercados, sus zonas de cultivo y pesca y una materia prima humana que hace sabrosa una inmensa despensa de la que el mundo se ha beneficiado desde hace siglos (patata y tomate son dos ejemplos). En Perú más de 80.000 jóvenes estudian cocina. Los fogones han encen-

(10)   dido un orgullo nacional y una mecha de oportunidades de progreso para quienes tienen pocas. Por eso, el documental que muestra el líder de El Bulli y el líder del imperio gastronómico surgido de Astrid y Gastón, se titula *Perú sabe, la cocina como arma social*.

Pescadores artesanos conscientes del respeto a las vedas y del impacto de la pesca salvaje. Agricultores que han cambiado el cultivo ilegal de coca por el de nutriente cacao. Mujeres que han sacado adelante

(15)   a sus hijos preparando anticuchos o recuperando antiguas recetas. Chefs en busca del cebiche perfecto. Jóvenes que enseñan a los turistas los tipos de fruta en el mercado, que dejan el fútbol para jugar seriamente con cacerolas y sartenes, que quieren montar un restaurantito para alimentar la economía familiar, que cambian la vida al filo del abismo por un compromiso laboral, que caminan tres horas hasta llegar a la escuela culinaria de Pachacutec, en medio del desierto, en un barrio pobre de Lima…

(20)   *Perú sabe*, con guion y dirección de Jesús María Santos, dura 70 minutos y está producido por Media Networks y Tensacalma. Será transmitido en Perú por Plus TV, en Estados Unidos por Univisión y en Europa por RTVE.

Como prueba el documental —en el que dan su visión de la revolución peruana grandes cocineros como Michel Bras, René Redzepi, Alex Atala o Dan Barber—, la cocina es un motor que impulsa cam-

(25)   bios y propicia mejoras sociales, revaloriza los ingredientes y repercute en distintas industrias del país. "El caso de Perú es una receta para el desarrollo", opina Adrià. Y con este argumento, el poder transformador social de la cocina, presentó su gastroviaje audiovisual con Acurio en la ONU el pasado junio. Ambos chefs unen esfuerzos en la iniciativa *Juntos para transformar,* apoyados por Telefónica, y que incluye proyectos de integración social haciendo uso de la gastronomía y de las nuevas tecnologías.

(30)   "Da sentido continuar en la brecha cuando ves a estos chicos", ha dicho Ferran Adrià en Madrid, en Casa de América, y ha recordado lo que aconsejó a los alumnos de Pachacutec y un inmenso auditorio limeño: "Cocinad con el corazón y hablad con los productos. Se puede ser ambicioso y

competitivo, pero con valores humanos. Se puede triunfar sin ser un consentido". "La cocina es un arma social para que España dialogue con Latinoamérica de tú a tú. El diálogo con Latinoamérica lo hemos hecho fatal", opina Adrià.

(35)

Según Gastón Acurio, el 90% de las marcas que exporta la nación andina corresponde a alimentos y restaurantes. En Perú la gastronomía es cuestión de Estado y aprovechando el impacto que tiene en la apreciación del país como "nación moderna, atractiva y en crecimiento", las autoridades de comercio exterior y turismo están difundiendo un vídeo, *Recordarás Perú*, obra de la cineasta Claudia Llosa (*La teta asustada*, Oso de Oro en Berlín). Es un viaje en el tiempo y en el espacio: la ruta del paladar y de la memoria.

(40)

Fuente número 2

Introducción

El siguiente gráfico muestra la remuneración en soles (la moneda de Perú) en el sector operativo de restaurantes.

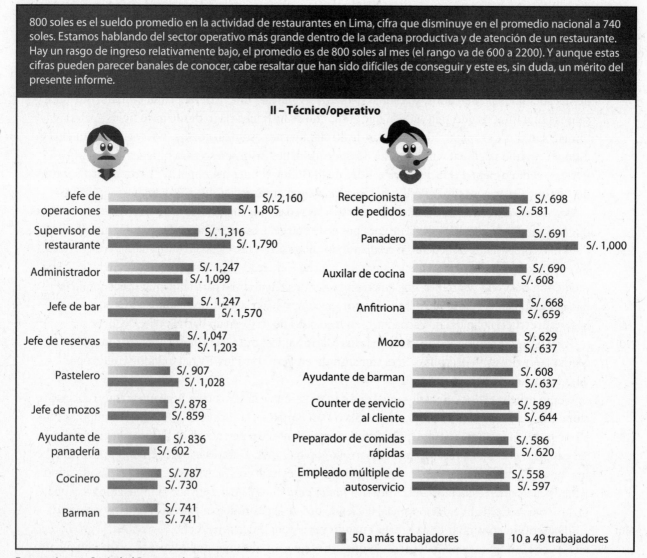

800 soles es el sueldo promedio en la actividad de restaurantes en Lima, cifra que disminuye en el promedio nacional a 740 soles. Estamos hablando del sector operativo más grande dentro de la cadena productiva y de atención de un restaurante. Hay un rasgo de ingreso relativamente bajo, el promedio es de 800 soles al mes (el rango va de 600 a 2200). Y aunque estas cifras pueden parecer banales de conocer, cabe resaltar que han sido difíciles de conseguir y este es, sin duda, un mérito del presente informe.

II – Técnico/operativo

	50 a más trabajadores	10 a 49 trabajadores
Jefe de operaciones	S/. 2,160	S/. 1,805
Supervisor de restaurante	S/. 1,316	S/. 1,790
Administrador	S/. 1,247	S/. 1,099
Jefe de bar	S/. 1,247	S/. 1,570
Jefe de reservas	S/. 1,047	S/. 1,203
Pastelero	S/. 907	S/. 1,028
Jefe de mozos	S/. 878	S/. 859
Ayudante de panadería	S/. 836	S/. 602
Cocinero	S/. 787	S/. 730
Barman	S/. 741	S/. 741

	50 a más trabajadores	10 a 49 trabajadores
Recepcionista de pedidos	S/. 698	S/. 581
Panadero	S/. 691	S/. 1,000
Auxilar de cocina	S/. 690	S/. 608
Anfitriona	S/. 668	S/. 659
Mozo	S/. 629	S/. 637
Ayudante de barman	S/. 608	S/. 637
Counter de servicio al cliente	S/. 589	S/. 644
Preparador de comidas rápidas	S/. 586	S/. 620
Empleado múltiple de autoservicio	S/. 558	S/. 597

Fuente: Apega, Sociedad Peruana de Gastronomía

1. ¿Cuál fue el propósito del viaje de los famosos cocineros?
   (A) Dar a conocer sus habilidades gastronómicas a través del mundo
   (B) Explicar cómo el cultivo y la pesca impactan la geografía peruana
   (C) Poner la cocina peruana al alcance del público internacional
   (D) Regresar a los lugares donde habían iniciado sus carreras

2. ¿Por qué piensas tú que usaron el título *Perú sabe, la cocina como arma social* para su documental?
   (A) El estudio del arte culinario produce cambios en la sociedad.
   (B) El progreso económico se ve afectado positivamente por la gastronomía.
   (C) Es necesario dar a conocer las influencias del arte culinario en las tradiciones.
   (D) Hay obligación de incluir todos los sectores de la sociedad en la gastronomía.

3. ¿Qué técnica usa la autora para resaltar el impacto que ha tenido la gastronomía en Perú?
   (A) Critica la influencia de las drogas en la sociedad peruana.
   (B) Describe el renacimiento de la cocina tradicional.
   (C) Compara el impacto familiar de la cocina al impacto nacional.
   (D) Enumera la transformación de varios sectores de la población.

4. ¿Qué podemos decir sobre los estudiantes que asisten a la escuela culinaria?
   (A) Se interesan mucho en los deportes.
   (B) Se sacrifican para progresar.
   (C) Quieren recibir reconocimiento internacional.
   (D) Buscan maneras de improvisar lo que cocinan.

5. ¿Qué muestra el documental?
   (A) La importancia de las nuevas tecnologías en divulgar la gastronomía
   (B) El valor social de mantener vivas las tradiciones culinarias
   (C) El impacto de la cocina en muchas áreas de la sociedad peruana
   (D) El poder de la sociedad en transformar el arte culinario antiguo

6. ¿Qué anima a Ferran Adrià a apoyar los estudios culinarios en Perú?
   (A) Los resultados que observa
   (B) Las ganancias del programa
   (C) La fama que lo acompaña
   (D) El deber de ser ambicioso

7. Según el gráfico, ¿cuál es la diferencia con respecto al sueldo para cocineros en restaurantes pequeños y restaurantes grandes?
   (A) Es mayor que los pasteleros.
   (B) Es similar a los preparadores de comidas rápidas.
   (C) Es tan alto como el sueldo de los auxiliares de cocina.
   (D) Es relativamente pequeña en ambos sectores.

8. ¿Qué ocupación recibe la mejor remuneración en el área de la producción de comidas?
   (A) Los pasteleros de restaurantes pequeños
   (B) Los auxiliares de cocina de restaurantes grandes
   (C) Los panaderos de restaurantes pequeños
   (D) Los ayudantes de panadería de restaurantes grandes

ACTIVIDAD 46
Tema curricular: Los desafíos mundiales

Introducción

Este fragmento es del artículo "Talleres de Fotografía Social" de Luisa Moreno, publicado en la revista *Ecos*. Trata de un Taller de Fotografía Social iniciado en Perú.

Talleres de Fotografía Social

Línea

Lo que más tarde se convertiría en un movimiento reivindicativo de los derechos de los campesinos y trabajadores indígenas peruanos, comenzó a principios de los ochenta, cuando
(5) Helga Müller-Herbon y Thomas Müller le entregaron a Gregorio Condori, un campesino indígena amigo de ellos, una cámara automática que Condori les había pedido prestada. El resultado fue sorprendente. Gregorio consiguió lo que un
(10) fotógrafo profesional bien equipado no hubiera logrado: captar escenas de la realidad más recóndita del pueblo. A partir de entonces, el interés por retratar su propia realidad, analizarla y darla a conocer fue creciendo entre los repre-
(15) sentantes de comunidades de campesinos de los Andes peruanos.

Las primeras experiencias fotográficas se fueron concretando y, como relata Thomas Müller, en 1986 se creó en Oncongate el primer TAFOS
(20) (Taller de Fotografía Social). A él acudieron ocho representantes de pueblos y de agricultores; para asistir al TAFOS, algunos de ellos recorrieron todo un día decenas de kilómetros a pie, otros viajaron hasta allí durante muchas
(25) horas. Los Müller habían comprado, ayudados por amigos y familiares, 5 cámaras fotográficas y 200 carretes. A cada participante se le entregó una cámara y un carrete de fotos en blanco y negro. La actividad de los fotógrafos se fue
(30) organizando de forma que cada treinta días se reunían, entregaban su carrete para revelar y se llevaban otro para ese mes.

Las cámaras se fueron convirtiendo en verdaderas armas pacíficas contra la injusticia. Ya
(35) Condori, el primer fotógrafo de los TAFOS, captó con la pequeña cámara prestada el momento en que el juez de paz de su aldea aceptaba un soborno; esa foto sirvió para apartar al juez de su cargo. Los espontáneos fotógrafos

documentaron sus marchas para pedir tierra, (40) la muerte de un compañero minero accidentado, las reuniones de agricultores, el cultivo del campo, los asesinatos de campesinos a manos del grupo terrorista Sendero Luminoso, las manifestaciones… Algunos de ellos fueron ame- (45) nazados o perseguidos y detenidos por represores, unas veces militares y otras terroristas. Otros, alguna vez tuvieron que salvar el carrete arrancándolo de la cámara y escondiéndolo en lugares insospechados. El minero-fotógrafo (50) Simón Díaz fue detenido durante una manifestación por hacer fotos de la policía disparando y de los heridos. Con la rápida intervención de un abogado, Díaz fue puesto en libertad a las pocas horas, y hoy puede contarlo. Fueron muchas las (55) organizaciones de base que utilizaron la fotografía como medio de comunicación; el colectivo de mineros sindicados consiguió con sus imágenes llamar la atención sobre sus condiciones laborales. (60)

Con el paso de los años, aquella solidaridad que fue la fuerza de cohesión de los TAFOS se tornó en lucha individual por la supervivencia a la miseria y a la crisis. Hoy los TAFOS no tienen tantas organizaciones de base como a finales (65) de los ochenta, y su estrategia está más dirigida a internacionalizar las luchas por sus derechos que están librando muchos pueblos de América Latina.

1. ¿Cuál es el propósito del artículo?
   (A) Denunciar las acciones horrorosas de unos terroristas
   (B) Promover el uso de la fotografía para educar a los campesinos
   (C) Celebrar los éxitos de algunos agricultores peruanos
   (D) Detallar los inicios de un programa de gran impacto social

2. ¿Qué nos dice la selección sobre los comienzos de la "fotografía social"?
   (A) Que costó mucho trabajo
   (B) Que causó violencia
   (C) Que fue censurada
   (D) Que surgió por casualidad

3. ¿Qué demostraron las personas que vinieron al primer TAFOS?
   (A) Que estaban muy necesitadas
   (B) Que tenían mucho interés
   (C) Que querían ser profesionales
   (D) Que sospechaban del gobierno

4. ¿Cuál fue el propósito de TAFOS?
   (A) Organizar a los fotógrafos
   (B) Representar a los fotógrafos
   (C) Documentar los logros del gobierno
   (D) Recompensar el trabajo de los peruanos

5. ¿Para qué sirvió la cámara de Condori?
   (A) Para defenderse en un ataque
   (B) Para hacerse juez
   (C) Para documentar un crimen
   (D) Para conseguir un premio

6. ¿Qué propósito persigue el autor al mencionar el incidente con Condori?
   (A) Enfatizar la fuerza del movimiento
   (B) Denunciar la corrupción de los sindicatos mineros
   (C) Documentar las marchas de protesta
   (D) Dar un ejemplo de la intención de los represores

7. ¿Cómo se puede caracterizar la vida de muchos de los fotógrafos que participaban en el programa?
   (A) Placentera
   (B) Peligrosa
   (C) Divertida
   (D) Decadente

8. ¿Qué consiguieron los peruanos a través de la fotografía?
   (A) Contribuir a la cultura del país
   (B) Derrotar al gobierno existente
   (C) Luchar por sus derechos
   (D) Mejorar las condiciones de las cárceles

ACTIVIDAD 47
Tema curricular: La belleza y la estética

Introducción

El siguiente texto es un ensayo escrito por el autor Arturo Pérez-Reverte para la publicación *El Semanal*. Presenta sus ideas sobre los libros viejos.

Libros viejos

Línea No sé si a ustedes les gustan los libros viejos y
antiguos. A mí me gustan más que los nuevos,
tal vez porque a su forma y contenido se añade
la impronta de los años; la historia conocida o
(5)   imaginaria de cada ejemplar. Las manos que
lo tocaron y los ojos que lo leyeron. Recuerdo
cuando era jovencito y estaba tieso de viruta,
cómo husmeaba en las librerías de viejo con mi
mochila al hombro y maneras de cazador; la
(10) alegría salvaje con que, ante las narices de otro
fulano más lento de reflejos que yo, me adueñé
de los *Cuadros de viaje* de Heine, en su modesta
edición rústica de la colección Universal de
Calpe; o la despiadada firmeza con que, al
(15) cascar mi abuela, me batí contra mi familia
por la preciosa herencia de la primera y muy
usada edición de obras completas de Galdós en
Aguilar, donde yo había leído por primera vez
los *Episodios nacionales*.
(20)   Siempre sostuve que no hay ningún libro
inútil. Hasta el más deleznable en apariencia,
hasta el libro estúpido que ni siquiera aprende
nada de quien lo lee, tiene en algún rincón, en
media línea, algo útil para alguien. En realidad
(25) los libros no se equivocan nunca, sino que
son los lectores quienes yerran al elegir libros
inadecuados; cualquier libro es objetivamente
noble. Los más antiguos entre ellos nacieron en
prensas artesanas, fueron compuestos a mano,
(30) las tintas se mezclaron cuidadosamente, el
papel se eligió con esmero: buen papel hecho
para durar. Muchos fueron orgullo de impresores, encuadernadores y libreros. Los echaron al
mundo como a uno lo arrojan a la vida al nacer;
(35) y, como los seres humanos, sufrieron el azar,
los desastres, las guerras. Pasó el tiempo, y los
que habían nacido juntos de la misma prensa
y la misma resma de papel, fueron alejándose

unos de otros. Igual que los hombres mismos,
vivieron suertes diversas; y en la historia de   (40)
cada uno hubo gloria, fracaso, derrota, tristeza
o soledad. Conocieron bibliotecas confortables
e inhóspitos tenderetes de traperos. Conocieron
manos dulces y manos homicidas, o bibliócidas.
También, como los seres humanos, tuvieron   (45)
sus héroes y sus mártires: unos cayeron en los
cumplimientos de su deber, mutilados, desgas-
tados y rotos de tanto ser leídos, como soldados
exhaustos que sucumbieran peleando hasta la
última página; otros fallecieron estúpida y oscu-   (50)
ramente, intonsos, quemados, rotos, asesinados
en la flor de su vida. Sin dar nada ni dejar rastro.
Estériles.

1. ¿Por qué le gustan más los libros viejos al
   autor?
   (A) Porque le recuerdan su niñez
   (B) Porque su legado es más respetable
   (C) Porque le alegra descubrir ediciones
       perdidas
   (D) Porque llevan las huellas de su pasado

2. ¿Por qué se considera el autor como un
   cazador en su juventud?
   (A) Porque así lo llamaba su abuela
   (B) Porque había heredado esa distinción
   (C) Porque se apoderaba de ediciones únicas
   (D) Porque le apasionaban los cazadores

3. ¿Qué opinión tiene el autor sobre los libros?
   (A) Que todo libro es honorable
   (B) Que muchos no enseñan nada
   (C) Que cada uno encierra la verdadera
       realidad social
   (D) Que un mensaje erróneo puede ser
       dañino para el lector

4. Según el autor, ¿quién es responsable de los libros inútiles?
   (A) Los autores
   (B) Los lectores
   (C) Las editoriales
   (D) Las librerías

5. ¿Con qué compara los libros el autor?
   (A) Con los impresores
   (B) Con las guerras
   (C) Con los seres humanos
   (D) Con los desastres naturales

6. ¿A qué se refiere el autor cuando dice "Conocieron manos dulces y manos homicidas, o bibliócidas" [líneas 43–44]?
   (A) A los libros
   (B) A los escritores
   (C) A las librerías
   (D) A las bibliotecas

7. ¿Qué frase resume mejor la idea principal del artículo?
   (A) Solo los libros antiguos tienen un verdadero valor.
   (B) Solo un héroe puede sobrepasar el valor de un libro.
   (C) El futuro de los libros es cuestionable.
   (D) El valor de los libros es indiscutible.

8. ¿Qué técnica usa el autor para apoyar sus ideas sobre los libros en el segundo párrafo?
   (A) Describe sus faltas.
   (B) Hace comparaciones con los hombres.
   (C) Enumera sus cualidades.
   (D) Detalla la evolución de los libros.

ACTIVIDAD 48
Tema curricular: Las identidades personales y públicas

Introducción

En el siguiente artículo, Elizabeth Coonrod Martínez nos presenta la historia de Rosa Nissán, hija de una familia de inmigrantes judíos. Fue publicado en la revista *Américas*.

Nuevas identidades de mujeres mexicanas

Línea *Nacida en una familia de inmigrantes judíos, Rosa Nissán venció obstáculos culturales y personales, cuestionando el tradicional papel de la mujer en las obras que celebran su identidad.*

(5) Cuando a fines de los años noventa se estrenó la película mexicana *Novia que te vea* en varios festivales de cine latinoamericano en los Estados Unidos, algunos espectadores reaccionaron con sorpresa. «Yo crecí en México y no sabía

(10) que había judíos mexicanos», fue uno de los comentarios que se escucharon con frecuencia. Sin embargo, es obvio que muchos mexicanos sabían que había judíos, pero también sabían que su herencia étnica no formaba parte de la

(15) ideología nacional del mestizo que define al ser mexicano como parte indígena y parte español.

Más de una década antes del estreno de esta película, Rosa Nissán había comenzado a crear la historia humorística e intensamente viva de

(20) una niña sefardí-mexicana (basada en gran parte en su propia vida) en un taller literario dirigido por la distinguida escritora Elena Poniatowska. La película y su primera novela se publicaron a la vez en 1992, ambas con el título

(25) elegido por Nissán, *Novia que te vea*, un dicho sefardí por el que se desea el pronto matrimonio de una joven.

Las protagonistas de la película son dos jóvenes judías, Oshinica, que es sefardí, y Rifke, que

(30) es askenazí. Nacidas en la Ciudad de México, llegan a la mayoría de edad en los años sesenta, una época de gran efervescencia política en el país. Tanto en la película como en la novela de Nissán, la familia de Oshinica habla ladino (una

(35) forma arcaica del español usada por los judíos españoles que fueron expulsados de España en 1492) y celebran costumbres tradicionales. Las adolescentes son rebeldes y actúan en contra de los preceptos judíos; una se casa con un gentil

y la otra se niega a aceptar el matrimonio arre- (40) glado por su familia y elige su propio marido. La popularidad de la película tanto en el ambiente nacional como en el extranjero, produjo el reconocimiento inmediato de Nissán como escritora y debe haber ayudado en la venta de sus dos (45) novelas. Fue un gran debut, para Nissán como mujer independiente, para la mujer mexicana y para las minorías étnicas.

Era también un excelente momento para este tipo de descubrimiento o entendimiento (50) en México. Los cambios políticos que tuvieron lugar hacia fines de los años ochenta y principios de los noventa, unidos a la creciente crisis política y económica, provocaron el colapso del antiguo mito de unidad cultural nacional. (55) Florecieron las manifestaciones de los movimientos feministas y de resistencia indígena. Para Nissán, que había nacido en 1939, los años ochenta y noventa fueron sinónimos de libertad, una libertad que se le había negado como mujer, (60) tanto como mexicana, como mujer casada y como miembro de la comunidad judía. Ser innovadora y precursora de un nuevo género no es tarea fácil.

1. De acuerdo con el artículo, ¿qué desconocían muchos mexicanos?
   - (A) La procedencia de una parte de la población
   - (B) La autora de la novela *Novia que te vea*
   - (C) El número de mestizos de indígenas y españoles
   - (D) El éxito de una película mexicana

2. ¿Qué incluye la película *Novia que te vea* de acuerdo con el artículo?
   (A) Características melodramáticas
   (B) Detalles autobiográficos
   (C) La defensa del matrimonio
   (D) El apoyo al indigenismo

3. ¿Cómo caracteriza Nissán a las protagonistas de la película?
   (A) Pacíficas
   (B) Desafiantes
   (C) Románticas
   (D) Indiferentes

4. ¿Qué podemos inferir acerca del impacto de *Novia que te vea*?
   (A) Censuró el nacionalismo mexicano.
   (B) Provocó una reacción antisemítica.
   (C) Satirizó el carácter nacional.
   (D) Representó una crítica social.

5. ¿Qué contribuyó al éxito de la película a partir de su estreno?
   (A) Los factores económicos eran favorables en México.
   (B) La obra de Nissán había sido popular.
   (C) Reflejó un fenómeno social de la época.
   (D) Recibió el apoyo de los políticos.

6. ¿Qué podemos suponer sobre la obra futura de Nissán?
   (A) Presentará problemas sociales de las mujeres.
   (B) Buscará soluciones pacíficas a problemas complicados.
   (C) Rechazará a sectores marginados.
   (D) Defenderá los moldes tradicionales.

7. ¿Cómo se pueden caracterizar los cambios que ocurrieron en México en los años ochenta y noventa?
   (A) Desafortunados para los indígenas
   (B) Inoportunos para los judíos
   (C) Victoriosos para los políticos
   (D) Favorables para la mujer

8. ¿Cuál de los siguientes temas capta la información del artículo?
   (A) La asimilación total de una mujer judía
   (B) La libertad de los judíos en México
   (C) La creciente independencia de la mujer mexicana
   (D) Un hecho precursor a la aceptación de la comunidad judía

Part B-1

Interpretive Communication: Print and Audio Texts (Combined)

In the AP® Spanish Language and Culture Examination, Part B includes both Print and Audio Texts (Combined) as well as Audio Texts on their own. However, for the purposes of this practice book, the exam's Part B has been divided into two parts, Part B-1: Print and Audio Texts (Combined) and Part B-2: Audio Texts.

In this portion of the AP® Spanish Language and Culture Examination, you will be tested on your ability to comprehend and interpret information from two different sources: print and audio. You will first read a print selection and then listen to an audio selection. After that, you will answer multiple-choice questions that relate to both selections. Both the questions and multiple-choice options appear in print. The content of these reading and listening selections relates to the curricular themes as set forth in the Curriculum Framework for the AP® Spanish Language and Culture Examination.

The print selections are from journalistic sources. The audio segments include news broadcasts, conversations, and podcasts. The multiple-choice questions that follow the selections ask you to identify main ideas as well as to understand and interpret additional ideas, details, facts, conclusions, and inferences. Some questions will ask you what the two sources have in common or to focus on and distinguish specific features of each source. In some cases you will be asked to choose what a person may say or write as a result of the reading or the listening passage, or to choose a topic for further study, based on the information included in the passages.

When taking this portion of the exam, you will have a designated amount of time to read the print selection. You will have additional time to read the introduction to the audio selection and then skim the questions that follow. Then you will listen to the audio selection. After listening, you will have one minute to begin to answer a series of multiple-choice questions that cover information included in both the print and audio selections. You will then listen to the selection a second time. After that you will have 15 seconds per question to finish answering the questions.

In this portion of the AP® exam, you will be using both reading and listening strategies. (For a complete review of reading strategies, see Part A, pp. 2–4. For a complete review of listening strategies, see Part B-2, pp. 163–164.)

Strategies

1. **Use your time efficiently.** Be aware of the amount of time you have to read and answer each of the two selections. As you read or listen to each, focus first on getting main ideas, then details.

2. **Look carefully at the introductions to the reading and listening passages and read the questions that follow.** They will provide information that tells you what the passages are about and what information you need to identify. You will also notice key vocabulary related to the topic while skimming these sections.

3. **Take detailed notes while listening.** Remember that while you can always return to the print selection for more information, you will only hear the listening selection twice. The first time you listen, jot down as many key words and ideas as you can. Then, as you listen a second time, underline key ideas in your notes and jot down additional information you didn't get during the first listening.

4. **Look for similarities.** How are the selections connected? What is the unifying theme? Do they both present the same point of view about this theme? Are they on the same side of the issue or do they take opposing sides?

5. **Look for differences.** How does one selection relate to and expand up on the theme presented in the other selection? Does one passage include information that is not included in the other?

The following practice activities (pp. 109–162) are arranged in order of increasing difficulty and are designed to give you practice in reading and interpreting print texts combined with audio segments.

You have 1 minute to read the directions for this part.	Tienes 1 minuto para leer las instrucciones de esta parte.

You will listen to several audio selections. Each audio selection is accompanied by a reading selection. You will have a designated amount of time to read it. For each audio selection, first you will have a designated amount of time to read the introduction and the questions. You will hear each selection twice. As you listen to each selection, you may take notes. Your notes will not be scored. After listening to each selection the first time, you will have 1 minute to begin answering the questions; after listening to each selection the second time, you will have 15 seconds per question to finish answering them. For each question, choose the response that is best according to the audio and/or reading selection and mark your answer on your answer sheet.	Vas a escuchar varias grabaciones. Cada grabación va acompañada de una lectura. Vas a tener un tiempo determinado para leerla. Para cada grabación, primero vas a tener un tiempo determinado para leer la introducción y las preguntas. Vas a escuchar cada grabación dos veces. Mientras escuchas, puedes tomar apuntes. Tus apuntes no van a ser calificados. Después de escuchar cada selección por primera vez, vas a tener 1 minuto para empezar a contestar las preguntas; después de escuchar por segunda vez, vas a tener 15 segundos por pregunta para terminarlas. Para cada pregunta, elige la mejor respuesta según la grabación o el texto e indícala en la hoja de respuestas.

ACTIVIDAD 1
Tema curricular: La ciencia y la tecnología
Fuente número 1
Primero tienes 4 minutos para leer la fuente número 1.

Introducción

El artículo a continuación trata de las golondrinas (*swallows*) y las consecuencias que sufren a causa del tráfico. El artículo apareció en el diario español *El País*.

El peligro de ser atropelladas impulsa la evolución de un tipo de golondrinas

Línea

Los humanos no son, ni mucho menos, las principales víctimas del tráfico. Los animales de todo tipo, desde insectos a mamíferos, también tienen que evitar los atropellos. Solo en Estados
(5) Unidos se calcula que más de 60 millones de pájaros mueren al año atropellados. Tan intensa es la presión, que 100 años de automoción han bastado para que algunos animales evolucionen con el fin de esquivar los atropellos. Es lo que
(10) han hecho un tipo de golondrinas de Nebraska, las *Petrochelidon*. Ni casco ni cinturón de seguridad: la idea es correr más. O, mejor dicho, maniobrar mejor. Igual que los famosos mosquitos de la aviación de hace medio siglo, las aves
(15) han reducido su envergadura y así, con alas cortas, maniobran más ágilmente, alzan el vuelo antes y evitan los accidentes.

El proceso ha sido sorprendentemente rápido. Nada de las islas aisladas durante mile-
(20) nios que alertaron a Darwin. En 30 años de estudio se ha podido medir el resultado, según publican Charles Brown, de la Universidad de Tulsa (Oklahoma) y Mary Bomberger Brown, de la Universidad de Nebraska-Lincoln, en *Current*
(25) *Biology*. La pareja ha medido el número de nidos de aves atropelladas y su tamaño. Y la relación es clara: las menores prosperan más y mueren menos.

Los investigadores afirman que desde 1982
(30) han recorrido las mismas carreteras de la misma zona parándose a recoger cada golondrina atropellada que encontraban. Esa fue la base del trabajo. El resultado es que ha habido una disminución continua de la envergadura media
(35) de las aves que se corresponde con una mayor cantidad de golondrinas y un menor número de aves atropelladas. Y las que morían en un accidente tenían las alas más largas que la media.

Los autores admiten que esta atractiva expli-
(40) cación puede no ser la única. Según escriben, ha habido otras condiciones, como el aumento de fuertes vientos, que pueden haber ayudado. También que las aves hayan aprendido a evitar los coches por observación directa. O —y esta
(45) opción es casi llamativa como la evolutiva— que haya un proceso de aprendizaje entre las golondrinas. Sea cual sea la causa, que seguramente sea una mezcla de todo, por lo menos parece que esta vez los coches no han sido causa de
(50) extinción. El asunto da una nueva dimensión al concepto de selección natural, al incorporar a los vehículos como depredadores. Darwin disfrutaría.

Fuente número 2

🔊))) Tienes 2 minutos para leer la introducción y las preguntas.

Introducción

El siguiente *podcast* es de Jorge Pedraza, un periodista peruano. Trata de un animal único que era residente de la reserva de las islas Galápagos. La grabación dura aproximadamente tres minutos y medio.

1. Según el artículo, ¿qué se puede notar sobre ciertas golondrinas como resultado de los retos que tienen que enfrentar ante el tráfico?
   (A) Han alterado su cuerpo.
   (B) Han abandonado ciertos lugares.
   (C) La reproducción ha disminuido.
   (D) El vuelo es mucho más bajo.

2. Según el artículo, ¿qué se puede decir sobre las golondrinas hoy en día?
   (A) No pueden evitar los accidentes de tráfico.
   (B) No pueden volar tan rápido como antes.
   (C) Su facultad mental ha disminuido.
   (D) Su habilidad para guiarse ha aumentado.

3. ¿Por qué es extraordinario el proceso que se describe en el artículo?
   (A) Porque ha ocurrido en un lugar inesperado
   (B) Porque ha ocurrido en un corto tiempo
   (C) Porque ocurre solo en golondrinas viejas y más pequeñas
   (D) Porque ocurre solo en un periodo de tiempo determinado

4. Según los investigadores que se mencionan en el artículo, ¿qué caracteriza a las golondrinas que mueren ahora?
   (A) Sus alas no han cambiado.
   (B) Su expectativa de vida ha aumentado.
   (C) La trayectoria de su vuelo está bien definida.
   (D) El volumen de su cuerpo ha aumentado mucho.

5. Según el artículo, ¿a qué podría deberse el cambio en los accidentes que tienen las golondrinas?
   (A) Al cambio en los patrones del tráfico
   (B) Al aumento de autos en las carreteras
   (C) A una combinación de condiciones variables
   (D) A la mala memoria de las golondrinas

6. Según la fuente auditiva, ¿cuál es una de las atracciones más populares en las islas Galápagos?
   (A) Los pájaros
   (B) Los peces
   (C) Las focas
   (D) Las tortugas

7. Según la fuente auditiva, ¿cómo se podrían describir los animales que se discuten en el artículo?
   (A) Inmensos
   (B) Feroces
   (C) Veloces
   (D) Domesticados

8. Según la fuente auditiva, ¿qué no pudo hacer George?
   (A) Cuidar sus crías
   (B) Reproducir la especie
   (C) Caminar muy lejos
   (D) Vivir en cautiverio

9. Según la fuente auditiva, ¿qué ha tratado de lograr la Dirección del Parque Nacional Galápagos?
   (A) Procrear un ejemplar similar a George
   (B) Animar a George a reproducirse
   (C) Evitar la muerte temprana de los animales recién nacidos
   (D) Encontrar nuevos métodos para el control de la natalidad

10. Según la fuente auditiva, ¿cuál es una de las dificultades para el proyecto del parque?
    (A) Existen pocos animales vivos de la especie.
    (B) Hay muy pocos grupos interesados en el proyecto.
    (C) El proceso del proyecto duraría mucho tiempo.
    (D) Los métodos para llevar a cabo el proyecto son deficientes.

11. Según la fuente auditiva, ¿qué ha permitido que estos animales vivan por tanto tiempo?
    (A) Viven en un hábitat perfecto.
    (B) Han podido procrear a un ritmo constante.
    (C) Sobreviven muchas epidemias.
    (D) Se han podido adaptar a los cambios.

12. Según la fuente auditiva, ¿con que propósito llevaron a George a Nueva York?
    (A) Para exhibirlo
    (B) Para curarlo
    (C) Para preservarlo
    (D) Para buscarle pareja

13. ¿Qué tienen en común la fuente escrita y la fuente auditiva?
    (A) Destacan cómo las especies se reproducen con éxito.
    (B) Citan cómo varias especies se han adaptado a su ambiente.
    (C) Afirman, sin duda alguna, el fracaso de varios estudios.
    (D) Cuestionan los esfuerzos para la protección de cierta especie.

ACTIVIDAD 2
Tema curricular: La belleza y la estética
Fuente número 1
Primero tienes 4 minutos para leer la fuente número 1.

Introducción
La siguiente selección describe una exhibición que nunca había sido presentada fuera de Guatemala. Proviene de la página web del Banco Interamericano de Desarrollo.

BID inaugura histórica exhibición arqueológica maya en Washington

Línea El Presidente del BID, Luis Alberto Moreno inauguró la exposición "Jade Celestial de los Mayas", que incluye excepcionales joyas y objetos elaborados con piedras de jade, fruto
(5) de recientes descubrimientos arqueológicos que por primera vez se exhiben en la capital estadounidense.

El Centro Cultural de BID presenta esta exhibición para conmemorar el décimo tercer
(10) Bak'tun o cambio de ciclo en el calendario maya, medido en intervalos de 394 años. Para los estudiosos del tema, el Bak'tun representa el comienzo de una nueva era, que en el calendario gregoriano se celebra este 21 de diciembre.

(15) "Más que una exhibición, representa un encuentro con la historia y una experiencia con la capacidad creadora de una de las más importantes culturas del continente", dijo Moreno. "Es una forma de honrar a los ancestros y poner de
(20) relieve a los pueblos de origen maya que hoy en día continúan enriqueciendo a la sociedad", agregó.

Jade Celestial de los Mayas se conforma tras una rigurosa selección de piezas milenarias pro-
(25) venientes del Museo Nacional de Arqueología y Etnología de la ciudad de Guatemala. La muestra, por primera vez expuesta fuera de Guatemala, permite apreciar la riqueza creativa de los mayas y propiciar la indagación sobre el
(30) contexto en que tuvieron lugar estos avances artísticos y religiosos.

Iván Duque Márquez, Jefe de la División de Cultura, Creatividad y Solidaridad del BID, considera la exhibición como "un empren-
(35) dimiento cultural sin precedentes para generar mayor comprensión de las raíces prehispánicas, suscitando una reflexión sobre el peso que tuvieron estas civilizaciones en la evolución del continente".

(40) En la apertura participaron también, Gina Montiel, Gerente de País del BID para Centroamérica, México, Panamá y República Dominicana y representantes de la alta administración del Banco, Libna Bonilla, Encargada
(45) de Negocios de la Embajada de Guatemala, co-auspiciador del evento, así como autoridades y miembros de la comunidad diplomática y cultural de Washington.

"Jade Celestial de los Mayas es una exhibición
(50) a través de la cual el BID quiere mostrar su compromiso y trabajo con los pueblos indígenas", dijo Gina Montiel. "Y qué mejor forma de hacerlo, que asociándose a una celebración histórica como el Bak'tun, que une a la región de
(55) Mesoamérica en sus propias raíces".

Durante siglos esta civilización estudió el movimiento de los astros y construyó una base conceptual para explicar la relación entre el individuo y el cosmos. La exposición es una
(60) manifestación del arte, historia, creencias y rituales, ya que para los mayas, el jade constituía un material más valioso que el oro.

Fuente número 2
🔊))) Tienes 2 minutos para leer la introducción y las preguntas.

Introducción
El siguiente diálogo tiene lugar en una de las salas de la exhibición. Ernesto se encuentra con su amiga Caridad y hablan sobre algunos descubrimientos recientes de la época de los mayas. La grabación dura aproximadamente tres minutos.

1. Según el artículo, ¿qué es Bak'tun?
   (A) Una etapa en el calendario gregoriano
   (B) Un nuevo periodo en el almanaque maya
   (C) La era de desintegración del universo
   (D) La fecha indicada para inaugurar la exhibición

2. Según el artículo, ¿a qué nos anima la exhibición arqueológica?
   (A) A examinar la importancia de las civilizaciones
   (B) A reconocer la riqueza monetaria de los mayas
   (C) A comprender mejor los grupos que influyeron a los mayas
   (D) A considerar el valor de las tradiciones religiosas

3. Según el artículo, ¿cuál es uno de los propósitos del Banco Interamericano de Desarrollo al presentar esta exhibición?
   (A) Examinar su impacto en los pueblos indígenas
   (B) Proteger la rápida transformación del continente
   (C) Manifestar su interés por los indígenas en el área
   (D) Dar a conocer la validez de los ciclos del calendario

4. Según el artículo, ¿cuál es uno de los logros de los mayas?
   (A) Revelaron la existencia de otras civilizaciones más avanzadas.
   (B) Encontraron una manera para procesar los metales preciosos.
   (C) Demostraron el impacto del cosmos en sus religiones.
   (D) Explicaron la conexión entre el individuo y el universo.

5. Según la conversación, ¿qué es Pa'Chan?
   (A) El nombre del templo
   (B) El nombre del gobernador
   (C) El nombre de la ciudad
   (D) El nombre de la pirámide

6. Según la conversación, ¿por qué llamaron la pirámide Diablo?
   (A) Por la representación del diablo en las paredes
   (B) Por las escrituras en las piedras de las paredes
   (C) Por el riesgo que presentaban los lados de la pirámide
   (D) Por la dificultad que la vegetación presentaba para llegar a ella

7. Según la conversación, ¿qué parece haber desaparecido con el tiempo?
   (A) La mayoría de las tumbas
   (B) Las joyas de los gobernantes
   (C) El altar para los sacrificios
   (D) Los colores de las máscaras

8. En la conversación, ¿a qué se refiere la expresión "va a ayudar a atar cabos"?
   (A) A la conexión entre las máscaras y los gobernantes mayas
   (B) A las teorías que se podrán verificar por medio de las máscaras
   (C) A las explicaciones que existen sobre las tumbas reales y los gobernantes
   (D) A la ayuda financiera que tendrán para continuar la investigación abandonada

9. ¿Qué tienen en común el artículo y la conversación?
   (A) Afirman la jerarquía de las diferentes clases sociales.
   (B) Mencionan el vínculo entre los mayas y los astros.
   (C) Aluden a la importancia del ciclo del calendario maya.
   (D) Describen las máscaras descubiertas recientemente.

ACTIVIDAD 3
Tema curricular: Las identidades personales y públicas
Fuente número 1
Primero tienes 4 minutos para leer la fuente número 1.

Introducción
El artículo trata del aburrimiento y su efecto en los seres humanos. Apareció en el portal de la BBC Mundo.

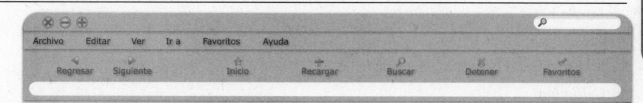

Dejemos que los niños se aburran

Línea

A los niños se les debe permitir que se aburran para que puedan desarrollar su capacidad innata de ser creativos, dice una experta en educación.

Teresa Belton, investigadora de la Universidad de Educación y Aprendizaje Permanente de la Universidad de East Anglia, en Reino Unido, le dijo a la BBC que las expectativas culturales de que

(5)   los niños deben estar siempre activos podrían obstaculizar el desarrollo de su imaginación.

Belton se reunió con la escritora Meera Syal y con el artista Grayson Perry para analizar cómo el aburrimiento había ayudado a su creatividad cuando eran niños.

Syal dijo que el aburrimiento la instó a escribir, mientras que Perry dijo que es un "estado creativo".

Belton conversó con varios autores, artistas y científicos para descubrir los efectos del aburri-

(10) miento. Así escuchó los recuerdos de Syal en una pequeña aldea minera en la que creció con pocas distracciones.

Belton asegura: "La falta de cosas que hacer la impulsó a hablar con gente que de otra forma no habría conocido y probar actividades que no habría hecho en otras circunstancias, como hablar con vecinos ancianos o aprender a hornear pasteles".

(15) "Pero lo más importante es que el aburrimiento la hizo escribir. Llevaba un diario desde que era muy joven, lo llenó con sus observaciones, cuentos, poemas y diatribas. Y ella atribuye a estos inicios el que se convirtiera más tarde en una escritora".

'Reflexión'

La comediante, ahora escritora, señala: "La soledad forzada acompañada de una página en blanco

(20) es un estímulo maravilloso".

Pero Perry cree que el aburrimiento también era beneficioso para los adultos: "A medida que me hago mayor, agradezco la reflexión y el aburrimiento. El aburrimiento es un estado muy creativo".

'Cortocircuito'

La académica, quien previamente había estudiado el impacto de la televisión y los videos en la

(25) escritura de los niños, dice: "Ahora, cuando los niños no tienen nada que hacer, de inmediato encienden el televisor, la computadora, el teléfono o algún tipo de pantalla. El tiempo que pasan frente a estas cosas se ha incrementado".

"Pero los niños necesitan tener tiempo para 'no hacer nada', tiempo para imaginar y perseguir sus propios procesos de pensamiento o asimilar sus experiencias a través del juego o simplemente

(30) observar el mundo que les rodea".

"Ese es el tipo de cosa que estimula la imaginación", agrega, mientras que la pantalla "tiende a hacer un cortocircuito en ese proceso y el desarrollo de la capacidad creativa".

Syal añade: "Uno empieza a escribir porque no hay nada que probar, nada que perder, nada más que hacer".

(35)   "Es muy liberador ser creativo no por otra razón que no sea dejarse llevar y matar el tiempo".

Belton concluye: "Por el bien de la creatividad tal vez tenemos que reducir la velocidad y desconectarnos de vez en cuando".

Fuente número 2

 Tienes 2 minutos para leer la introducción y las preguntas.

Introducción

El siguiente *podcast* trata de una reflexión personal del narrador sobre sus días escolares. La grabación es de Daniel Canelo Soria, periodista español, y dura aproximadamente tres minutos y medio.

1. Según la fuente escrita, ¿qué afirma Teresa Belton sobre las expectativas culturales de los niños?
   (A) Que la imaginación de los niños raramente encuentra obstáculos
   (B) Que el aburrimiento de los niños incita a mal comportamiento
   (C) Que la constante actividad de los niños podría tener efectos negativos
   (D) Que la creatividad surge aunque no exista la imaginación en la infancia

2. Según la fuente escrita, ¿cómo se explica la manera en que el aburrimiento influye en la imaginación?
   (A) Cuando no hay nada que hacer, la persona tiene la oportunidad de ser creativa.
   (B) Cuando no existen factores que incitan la creatividad, la persona necesita aprenderlos en la niñez.
   (C) Cuando se permite recordar los eventos del pasado, se impulsa la imaginación.
   (D) Cuando se posibilita analizar las distracciones, se impide que la persona use su imaginación.

3. ¿Qué le permitió hacer el aburrimiento a Teresa Belton, según la fuente escrita?
   (A) La impulsó en su deseo de ayudar a las personas mayores.
   (B) Le provocó intentar nuevas actividades y conocer a más personas.
   (C) Le permitió diseñar métodos para activar su creatividad.
   (D) La ayudó a superar la constante necesidad de estar sola.

4. Según la fuente escrita, ¿qué efecto tienen "las pantallas" que los niños usan constantemente?
   (A) Interrumpen el curso y el avance de la creatividad.
   (B) Permiten que los niños usen su creatividad de un modo diferente.
   (C) Conocen el mundo que los rodea a través de estos aparatos.
   (D) Pierden el interés en jugar y socializar con otros.

5. Según la grabación, ¿qué efecto tenía en el narrador asistir a la clase de educación física?
   (A) Lo obligaba a estar alerta.
   (B) Lo motivaba a aprender.
   (C) Lo ayudaba a divertirse por tener tanta energía.
   (D) Lo estimulaba a dejar correr la imaginación.

6. Según la grabación, ¿qué le sucedía al narrador cuando los estudiantes leían en la clase de lengua?
   (A) El profesor le daba ánimo para que fuera creativo.
   (B) Se sentía como si estuviera perdiendo el tiempo.
   (C) Pensaba en otras cosas relacionadas con el texto.
   (D) Se convertía en un crítico de la obra.

7. Según la grabación, ¿qué le hubiera ayudado a interesarse más en la clase de historia?
   (A) Asistir a la clase a una hora más temprana
   (B) Hacer reales a los personajes históricos
   (C) Relacionar a los personajes a su propia vida
   (D) Hacer conexiones con otras asignaturas

8. Según la grabación, ¿cómo se divertía con las matemáticas?
   (A) Creaba personajes misteriosos.
   (B) Escribía poemas con las fórmulas.
   (C) Se aprendía de memoria los resultados.
   (D) Se creía un investigador de crímenes.

9. Según la grabación, ¿a qué re refiere el narrador cuando dice "mis ratos muertos"?
   (A) A los momentos de aburrimiento
   (B) A los incidentes olvidados
   (C) A las clases desagradables
   (D) A las composiciones musicales

10. ¿Qué tienen en común las dos fuentes?
    (A) La inclusión de los peligros de la soledad
    (B) El impacto de la educación en la creatividad
    (C) La afirmación de la importancia del aburrimiento
    (D) El recuerdo de las experiencias contraproducentes

ACTIVIDAD 4
Tema curricular: La ciencia y la tecnología
Fuente número 1
Primero tienes 4 minutos para leer la fuente número 1.

Introducción
El artículo a continuación discute algunos cambios que han solicitado algunos países de la compañía Google. El artículo apareció en el portal de la BBC Mundo.

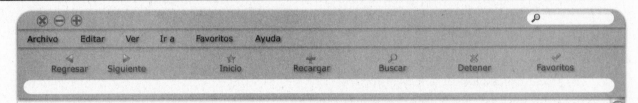

La "alarmante" actitud censora de los gobiernos en Internet

Línea

El gigante de Internet Google denunció un "alarmante" incremento de las solicitudes de supresión de contenidos por parte de gobiernos de todo el mundo.

En su informe semestral sobre transparencia, Google asegura haber detectado un fuerte aumento de los intentos oficiales para eliminar contenido político del buscador.

(5)   "Percibimos que las agencias gubernamentales de diferentes países a veces piden la eliminación de contenido político subido a nuestros servicios por diferentes usuarios. Teníamos la esperanza de que fuera una anomalía, pero ahora sabemos que no lo es", señala en el blog oficial de la empresa la analista de políticas públicas de Google, Dorothy Chou.

Según Google, gran parte de ese aumento de las peticiones de supresión de contenidos viene de (10) democracias occidentales supuestamente comprometidas con la libertad de información, opinión y pensamiento.

El informe no incluye a países como China e Irán, que bloquean directamente contenidos que no consideran apropiados sin consultar a Google.

En total, entre julio y diciembre de 2011, la compañía recibió 461 órdenes judiciales para retirar (15) casi 7.000 contenidos diferentes. Google acató el 68% de esas órdenes.

Además, recibió 546 requerimientos informales sobre casi 5.000 contenidos. En el 43% de los casos estuvo de acuerdo.

"Alarmante"

Chou expresó la preocupación de la empresa acerca de la enorme cantidad de requerimientos rela-(20) cionados con expresiones políticas.

"Es alarmante no solo porque la libertad de expresión se pone en riesgo sino porque algunos de los requerimientos vienen de países poco sospechosos, democracias occidentales que no son asociadas típicamente con la censura", dijo.

"Por ejemplo, durante la segunda mitad del año pasado, los reguladores españoles nos pidieron (25) eliminar 270 resultados de búsquedas vinculadas con blogs y artículos de periódicos referidos a individuos y figuras públicas, incluidos alcaldes y fiscales", asegura.

"En Polonia recibimos una petición de la Agencia de Desarrollo Empresarial para eliminar los vínculos a un sitio que la criticaba".

"No estuvimos de acuerdo con ninguno de estos requerimientos".

(30)　　　La empresa tampoco quiso retirar un video de un ciudadano canadiense que orina sobre su pasaporte antes de tirarlo por el inodoro, como le había pedido la Oficina de Pasaportes de Canadá.

Latinoamérica

En la región latinoamericana, las autoridades brasileñas destacan como las más activas a la hora de exigir a Google que elimine contenidos. Desde Brasil han llegado 128 peticiones judiciales y 66
(35)　extrajudiciales, de las que la compañía ha acatado el 69% y el 26% respectivamente.

　　　Detrás de las brasileñas siguen las autoridades argentinas, aunque sus peticiones tienen más que ver con resultados en el motor de búsquedas del gigante de Internet.

　　　Además, Google destaca que por primera vez desde que comenzó a recopilar estos datos en 2010, las autoridades judiciales bolivianas hicieron una petición de supresión de contenido de
(40)　Internet.

Fuente número 2

◀))) Tienes 2 minutos para leer la introducción y las preguntas.

Introducción

Este *podcast* es de Jorge Pedraza, un periodista peruano. Trata de Corea del Norte y las nuevas tecnologías. La grabación dura aproximadamente tres minutos.

---

1. ¿Cuál es el objetivo del artículo?
   (A) Informar al público sobre los bloqueos de contenidos que pudieran ocurrir en el futuro
   (B) Presentar las diferentes opiniones de ciertos países sobre la libertad de expresión
   (C) Explicar la evolución de la reacción de la ciudadanía a ciertos contenidos de Internet
   (D) Dar a conocer la petición de algunos gobiernos para eliminar contenidos de Google

2. Según el artículo, ¿qué parece sorprender a la compañía Google?
   (A) El tipo de gobiernos que ha solicitado ciertos cambios
   (B) La cantidad de gobiernos que suben contenidos
   (C) El aumento de contenidos que critican a los gobiernos
   (D) Las anomalías relativas al número de usuarios de países democráticos

3. Según el artículo, ¿por qué es sorprendente que España haya pedido ciertos cambios?
   (A) Ha rechazado los tratados anteriores con Google.
   (B) Es un país donde se respeta la libertad de expresión.
   (C) Se ha unido a países que han escogido otras compañías.
   (D) Requiere que los usuarios acepten ciertas condiciones.

4. Según el artículo, ¿cómo ha reaccionado Google a los pedidos?
   (A) Ha aceptado negociar con ciertos países.
   (B) Ha abandonado ciertos países.
   (C) Ha solicitado más tiempo antes de actuar.
   (D) Ha negado muchas de las peticiones.

5. Según el artículo, ¿cuál es la situación en Latinoamérica con respecto a las peticiones?
   (A) Solo regímenes dictatoriales han hecho peticiones.
   (B) La recopilación de datos ha sido insuficiente.
   (C) Parece que el número de países todavía es bajo.
   (D) Las peticiones se limitan a la falta de accesibilidad.

6. ¿Cuál es el tema principal del *podcast*?
   (A) Los esfuerzos de los ciudadanos coreanos para expresar sus ideas
   (B) El impacto positivo de las nuevas tecnologías en Corea del Norte
   (C) Las alternativas para tener libre acceso a Internet en Corea del Norte
   (D) La prohibición de la libre comunicación en Corea del Norte

7. Según el *podcast*, ¿a qué conclusión llegó la organización "Reporteros sin Fronteras"?
   (A) Que Corea del Norte es un buen ejemplo de gobierno flexible
   (B) Que Corea del Norte ha tomado pasos para mejorar los derechos humanos
   (C) Que Corea del Norte es uno de los países más oponentes a Internet
   (D) Que Corea del Norte empieza a apoyar más a los reporteros

8. Según el *podcast*, ¿qué situación existe en Corea del Norte en cuanto a los móviles, la radio y la televisión?
   (A) Su costo es prohibitivo para muchos.
   (B) Las frecuencias existentes son de mala calidad.
   (C) Su uso está controlado por el gobierno.
   (D) La mayoría fue fabricada en el extranjero.

9. Según la opinión de Erick Iriarte citada en el *podcast*, ¿qué buscan los regímenes totalitarios?
   (A) Generar interés en las políticas relativas a Internet
   (B) Prohibir que los ciudadanos reciban información abiertamente
   (C) Crear mecanismos que impidan el uso de Internet
   (D) Usar la libertad de expresión como una recompensa

10. Según el *podcast*, ¿qué tienen que hacer los turistas al entrar en Corea del Norte?
    (A) Privarse de aparatos electrónicos mientras estén en el país
    (B) Declarar toda la tecnología que llevan en su equipaje
    (C) Prometer no compartir sus dispositivos electrónicos
    (D) Afirmar no vender sus dispositivos electrónicos

11. En el *podcast*, ¿qué es el Kwangmyong?
    (A) Una tableta personal
    (B) Un tipo de Internet
    (C) Una rama del gobierno
    (D) Un censor oficial

12. Según el *podcast*, ¿quiénes tienen acceso a Internet en Corea del Norte?
    (A) Instituciones didácticas
    (B) Turistas extranjeros
    (C) Agentes prominentes del gobierno
    (D) Personas asociadas con el líder del gobierno

13. Según el *podcast*, ¿qué parece ser irónico sobre la situación en Corea del Norte?
    (A) La preferencia del líder por productos norteamericanos
    (B) La disponibilidad de la tecnología estadounidense en los centros comerciales
    (C) El interés por parte de la población por la cultura norteamericana
    (D) El uso de elementos culturales para reprochar a los Estados Unidos

14. ¿Qué se puede declarar sobre el artículo y el *podcast*?
    (A) El artículo explica el trabajo de las organizaciones de derechos humanos.
    (B) El *podcast* refuta las acusaciones de países defensores de la democracia.
    (C) En el artículo la información es inesperada y no es así en el *podcast*.
    (D) En el artículo y en el *podcast* la situación en Latinoamérica parece ser horrorosa.

ACTIVIDAD 5
Tema curricular: Las familias y las comunidades
Fuente número 1
Primero tienes 4 minutos para leer la fuente número 1.

Introducción
El siguiente artículo nos presenta las actividades de un programa de saneamiento y desarrollo urbano dedicado al mejoramiento de las viviendas de los habitantes de la ciudad de Manaus ("Manaos" en español) en Brasil. Proviene del portal del Banco Interamericano de Desarrollo.

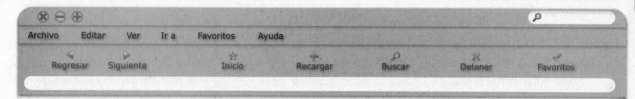

Manaus: De los pilotes a la tierra firme

Línea   Como a cualquier otra niña de su edad, a Rebeca Fernandes le encanta jugar en su nueva casa y sus alrededores, que en este caso son las orillas del río Negro en Manaus, Brasil. La diferencia radica en que cuando la familia de Rebeca se mudó recientemente de domicilio, su nuevo hogar se encontraba en tierra firme y no sobre pilotes enterrados bajo aguas fétidas. Es así como Rebeca ya no se

(5)   ve obligada a caminar tambaleándose sobre tablas de madera flotantes para jugar con sus vecinos. Y sobre todo, ya no se enferma como consecuencia del agua contaminada.

     La familia Fernandes es una de las miles que se han beneficiado de un programa de saneamiento y desarrollo urbano en Manaus, capital del estado del Amazonas, el cual a su vez alberga la selva más grande del mundo. En coordinación con 17 organismos públicos y el BID, desde marzo de

(10)   2006 se ha venido implementando lo que se conoce con el nombre de PROSAMIM (Programa Social y Ambiental).

     El programa aborda el impacto ambiental y social originado en un crecimiento urbano desenfrenado y caótico iniciado hace tres décadas, cuando Manaus recibió flujos masivos de brasileños que llegaban en busca de una vida mejor. La población del estado se quintuplicó en solo tres décadas.

(15)   Al igual que la familia Fernandes, muchos se establecieron a lo largo de las planicies aluviales del río Negro que bordean afluentes estacionales conocidos como *igarapés*, los cuales se encuentran expuestos constantemente al riesgo de inundación, además de que carecen de electricidad, agua potable y/o sistema de alcantarillado. Hoy en día se calcula que unas 600.000 personas viven en condiciones precarias en la cuenca de Educandos-Quarenta, cerca de donde se construyó la parte

(20)   más antigua de Manaus.

     Gracias al programa, 11.539 familias que vivían en la cuenca —entre las que se encuentra la de Rebeca Fernandes— han sido trasladadas a casas más seguras y mejor construidas. En el marco de esta iniciativa también se han construido 22.400 metros de obras de desagüe y alcantarillado, y 30.076 metros de carreteras pavimentadas. Los hogares beneficiarios cuentan con electricidad,

(25)   agua potable y sistemas de alcantarillado, y sus comunidades están dotadas de infraestructura básica como carreteras. Además, Rebeca y sus amigos pueden ahora jugar en tres parques estatales recientemente construidos.

     Todo este esfuerzo se ha desarrollado en el marco de un sistema de gestión ambiental cuidadosamente planeado del cual forman parte un extenso proceso de consulta pública y participación

(30) comunitaria, el establecimiento de una Unidad de Gestión de Programa y la capacitación de las familias en temas como saneamiento comunitario y conservación.

Los resultados cosechados hasta el momento sientan un precedente promisorio en cuanto a la
posibilidad de reproducir esta experiencia en toda la ciudad de Manaus. El BID está comenzando
una nueva etapa del programa centrada en quienes residen por debajo de la cota de inundación de 30

(35) metros en la cuenca de São Raimundo. En el curso de esta nueva fase estaremos atentos a otras familias como los Fernandes y a otros niños felices y saludables como Rebeca y sus amigos.

Fuente número 2

🔊))) Tienes 2 minutos para leer la introducción y las preguntas.

Introducción

La siguiente grabación trata de cómo la vida de miles de familias que viven en canales o *igarapés* en Manaus, Brasil,
ha cambiado. Apareció en el portal del Banco Interamericano de Desarrollo. La grabación dura aproximadamente tres
minutos y medio.

1. ¿Cuál es el propósito del artículo?
   (A) Comparar los desafíos de la vivienda en Brasil con los de otros países
   (B) Presentar el papel de los niños en los cambios de la sociedad
   (C) Describir un proyecto para mejorar la vida de los habitantes de Manaus
   (D) Criticar los planes desastrosos del gobierno brasileño para Manaus

2. Según el artículo, ¿dónde vivía Rebeca Fernandes antes de mudarse?
   (A) En una casa rodeada de agua
   (B) En un pequeño barrio de Manaus
   (C) Muy cerca del río Negro
   (D) A mucha distancia de sus amigos

3. En el artículo, ¿qué ha afectado la situación de la ciudad de Manaus?
   (A) El abandono de los barrios marginales en las últimas décadas
   (B) La migración a la ciudad por un alto número de personas
   (C) El mejoramiento de los servicios de agua potable
   (D) Las numerosas construcciones en los barrios antiguos

4. Según el artículo, ¿cómo funciona el programa que se ha establecido en Manaus?
   (A) Provee suficiente ayuda económica para las nuevas construcciones.
   (B) Ofrece toda la ayuda necesaria para planear la fabricación de las viviendas.
   (C) Permite que los habitantes participen en la construcción de carreteras.
   (D) Consulta con los habitantes y les dan información para mejorar sus condiciones.

5. ¿Cuál de las siguientes palabras se podría usar en lugar de *cosechados* [línea 32] en el artículo?
   (A) Rechazados
   (B) Estudiados
   (C) Obtenidos
   (D) Reproducidos

6. ¿Cuál de las siguientes declaraciones resume mejor la conclusión del artículo?
   (A) El éxito del programa llevado a cabo en Manaus solo da resultado en ese país.
   (B) El mejoramiento de las viviendas va mano a mano con habitantes bien informados.
   (C) Los esfuerzos para proteger el ambiente deben empezar en los barrios más pobres.
   (D) La preparación para los desastres naturales tiene que establecerse con anticipación.

7. ¿Por qué le tiene miedo a las lluvias la madre al principio de la fuente auditiva?
   (A) Existe el peligro de que se ahoguen los niños.
   (B) Obligan a las familias a abandonar sus casas.
   (C) Hacen que el precio de los alimentos suba.
   (D) Aumenta el número de crímenes.

8. En la fuente auditiva, ¿por qué están forzadas estas familias a vivir en canales o *igarapés*?
   (A) Porque le temen al crimen prevaleciente
   (B) Porque el alquiler de las viviendas es muy alto
   (C) Porque hay escasez de viviendas
   (D) Porque quieren estar cerca de sus familiares

9. Según la fuente auditiva, ¿qué es PROSAMIM?
   (A) Un proyecto para promover el cuidado de los parques
   (B) Un incentivo económico para asistir a las familias
   (C) Un plan para impulsar la limpieza del centro de la ciudad
   (D) Un programa para trasladar a las familias al centro de la ciudad

10. ¿Cuál fue el secreto del éxito del programa, según la fuente auditiva?
    (A) La cooperación de varias instituciones
    (B) La participación de la comunidad
    (C) El entrenamiento de los padres
    (D) El interés en conseguir mejores empleos

11. Según la fuente auditiva, ¿qué ha mejorado en la ciudad después de PROSAMIM?
    (A) Las relaciones familiares
    (B) El sistema educativo
    (C) La economía
    (D) La criminalidad

12. ¿Qué tienen en común las dos fuentes?
    (A) La mención de los esfuerzos para remediar la situación
    (B) La referencia a la importancia de los recursos naturales de la región
    (C) La idea de informar a los residentes para evitar accidentes cuando llueve
    (D) La inclusión de los resultados de estudios que se han llevado a cabo

Tema curricular: La belleza y la estética
Fuente número 1
Primero tienes 4 minutos para leer la fuente número 1.

Introducción

La selección a continuación trata de la obra del escritor guatemalteco Augusto Monterroso, reconocido internacionalmente por los microrrelatos. El artículo original fue escrito por Pedro Zuazua y apareció en el portal del diario español *El País*.

El microrrelato que se convirtió en *best seller*

Línea   Alguien, en algún momento, lo decidió. Y de repente aquellas 43 letras, distribuidas en 7 palabras y divididas por una coma se convirtieron, supuestamente, en el cuento más
(5)   corto del mundo en lengua española. "Cuando despertó, el dinosaurio todavía estaba allí", rezaba el microrrelato que se convirtió en *best seller*. Porque aquellas palabras de Augusto Monterroso (1921–2003) pasaron a ocupar
(10)   un lugar en las preguntas de los juegos de mesa e incluso se colaron en los programas de televisión en forma de preguntas para los concursantes.

Monterroso conseguía, con siete palabras,
(15)   elevar el cuento a la categoría de contenido mediático. Un prodigio de comunicación. La gente hacía cábalas sobre qué significaría aquel dinosaurio, ¿a quién se referiría?, ¿qué querría decir? Quizá algún despistado pueda llegar
(20)   a pensar que, en estos tiempos de brevedad e inmediatez, el microrrelato en cuestión es el *tweet* perfecto. Pero no. Lo escribió en 1959 y, más de 40 años después, el gran público lo conoció gracias a que el escritor ganó el Premio
(25)   Príncipe de Asturias, un galardón que él mismo entendió como un reconocimiento al relato breve: "el cuento, un género que ha venido siendo relegado por las grandes editoriales, por algunos críticos, y aun por los mismos lectores.
(30)   Pues bien, no tiene nada de extraño que así suceda. Las leyes del mercado son inexorables, y no somos los escritores de cuentos ni los poetas —hermanos en este negativo destino— quienes vamos a cambiarlas. Pero como decía el

Eclesiastés refiriéndose a la Tierra, generación (35) va y generación viene: mas el cuento siempre permanece", dijo el día que recibió el galardón.

Ahora, justo cuando se cumplen 10 años de su muerte, Random House Mondadori edita *El Paraíso imperfecto, Antología tímida*, una selec- (40) ción de cuentos y ensayos que, a lo largo de más de 200 páginas, dibujan un retrato de la personalidad del autor: irónicamente melancólico o, si se prefiere, melancólicamente irónico. Porque el libro tiene la esencia de lo que es Monterroso: (45) una prosa directa, sencilla, alegre y triste a la vez y en la que destaca el humorismo que, según el autor, es "el realismo llevado a las últimas consecuencias. Excepto mucha literatura humorística, todo lo que hace el hombre es risible o (50) humorístico".

La media sonrisa que sus relatos dejan en la cara resulta ambigua. El primer instinto conduce a la risa, pero cuando se reflexiona sobre lo leído, la melancolía atrapa al lector. Y es que, a (55) pesar de ese humorismo que regía sus escritos, Monterroso siempre lo tuvo claro: "La vida es triste. Si es verdad que en un buen cuento se encuentra toda la vida, y si la vida es triste, un buen cuento será siempre triste". (60)

Fuente número 2

🔊))) Tienes 2 minutos para leer la introducción y las preguntas.

Introducción

El siguiente *podcast* trata de la denominación de obras como *best sellers*. La grabación es de Tamara León, una reportera del portal Trending Podcast, y dura aproximadamente tres minutos.

1. ¿A qué se refiere la frase del artículo "Cuando despertó, el dinosaurio todavía estaba allí" [líneas 5–6]?
   (A) A un microrrelato olvidado
   (B) Al cuento en su totalidad
   (C) Al nombre de un programa de televisión
   (D) A un tema constante en las obras de Monterroso

2. Según el artículo, ¿por qué se elogia el talento de Monterroso en sus obras?
   (A) Los lectores se sienten intrigados al leerlas.
   (B) Sus tramas son muy comprensibles.
   (C) Son ideales para la televisión.
   (D) Ofrecen diferentes puntos de vista.

3. Según el artículo, ¿por qué es la obra de Monterroso el *tweet* perfecto?
   (A) Por su brevedad
   (B) Por la fuerza de las palabras
   (C) Por ser de alto interés
   (D) Por inspirar la comunicación

4. En el artículo, ¿qué trata de resaltar Monterroso en las palabras que expresó cuando recibió el Premio Príncipe de Asturias?
   (A) La popularidad del cuento
   (B) La delicadeza del cuento
   (C) La perdurabilidad del cuento
   (D) La transformación del cuento

5. Según el artículo, ¿cómo explica Monterroso sus escritos?
   (A) Reflejan las cualidades de la vida.
   (B) Ayudan a idealizar la realidad.
   (C) Contribuyen a la moral de los lectores.
   (D) Rechazan la aparente ironía en la vida.

6. ¿Qué declara la locutora al principio de la grabación acerca de los *best sellers*?
   (A) Que ayudan a los lectores a escoger buenas obras
   (B) Que la identificación con ese nombre no atrae a más lectores
   (C) Que la Real Academia Española rehúsa usar esa denominación
   (D) Que usan ese término para confundir a muchos de los lectores

7. Según la grabación, ¿de qué depende la denominación *best seller*?
   (A) De los comentarios de los críticos
   (B) Del género del libro y el lugar
   (C) De las ventas comparadas a otros libros
   (D) De la fama del autor y de su obra en general

8. En la grabación, ¿qué comenta la locutora sobre algunos libros designados *best sellers*?
   (A) Son de una calidad inferior.
   (B) Solo atraen a lectores sofisticados.
   (C) Son predilectos de un público informado.
   (D) Son satisfactorios para los lectores intransigentes.

9. ¿Con qué propósito menciona la locutora de la grabación a Harry Potter?
   (A) Para criticar los libros de calidad inferior
   (B) Para comparar libros de diferentes géneros
   (C) Para enfatizar que las promociones dan resultado
   (D) Para demostrar que el éxito es difícil de predecir

10. Según la grabación, ¿qué opinión tenía John F. Kennedy sobre los libros de James Bond?
    (A) Le gustaban mucho.
    (B) Los consideraba inferiores.
    (C) Le hubiera gustado ser incluido en uno de sus libros.
    (D) Los consideraba como unos libros inolvidables.

11. ¿Qué se puede afirmar sobre el artículo y la grabación?
    (A) La fuente auditiva presenta lo que verdaderamente es un *best seller* y la fuente escrita no lo hace.
    (B) La fuente escrita pone énfasis en la obra de un escritor en particular y la fuente auditiva no lo hace.
    (C) La fuente auditiva rechaza las ideas presentadas en la fuente escrita.
    (D) La fuente escrita apoya la importancia de la literatura extranjera.

ACTIVIDAD 7
Tema curricular: Los desafíos mundiales
Fuente número 1
Primero tienes 4 minutos para leer la fuente número 1.

Introducción
El siguiente artículo describe el reto que enfrentan las mariposas monarca en México. El artículo apareció en el portal de la BBC Mundo.

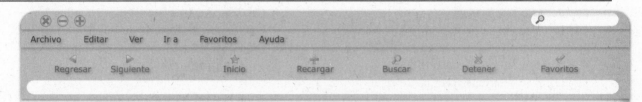

La brusca y peligrosa caída de la población de mariposas monarca en México

Línea

Las mariposas monarca se han ganado su espacio en la retina de los habitantes del continente americano. Sin embargo, el panorama hoy para la mariposa más famosa no es alentador.

Según el conteo de la temporada 2012–2013 realizado en el estado de Michoacán, donde se encuentra la región monarca, uno de los principales hábitats de la mariposa homónima, la superfi-

(5) cie forestal ocupada por las colonias de estas mariposas en diciembre de 2012, ha sido la más baja de las últimas dos décadas.

Realizado durante la segunda quincena de diciembre de 2012, el monitoreo encontró nueve colonias de hibernación, que ocuparon una superficie total de 1,19 hectáreas (ha) de bosque, un 59% menos respecto a las 2,89 ha ocupadas en diciembre de 2011.

(10) El reporte es "de mal agüero", según el entomólogo Lincoln Brower de Sweet Briar College en Virginia, quien ha estudiado las mariposas monarca durante los últimos 59 años.

"Esta no es solo la población más baja registrada en los últimos 20 años [...] es la continuación de una caída estadísticamente significativa de la población de la monarca que comenzó hace al menos una década", aseguró el entomólogo a través de un comunicado.

(15) **Las duras variaciones climáticas**

Según el reporte del WWF, una de las razones que explican la disminución tiene que ver con los extremos cambios climáticos a los que estuvieron expuestas las generaciones reproductivas de mariposas en primavera y verano de 2012.

"Las fluctuaciones climáticas extremas en la primavera y el verano en los Estados Unidos y

(20) Canadá afectan la supervivencia y la fecundidad de los adultos", aseguró Omar Vidal, director General de WWF México.

[...] el ciclo de vida de la mariposa monarca depende de las condiciones climáticas de los sitios donde se desarrollan. Los huevos, larvas y pupas logran un desarrollo más rápido si las condiciones son templadas.

(25) **¿Mariposas en hambruna?**

Otra de las razones que explican los bajos números de monarca está relacionada con la reducción de los algodoncillos (*Asclepias*), por el uso de herbicidas en los sitios de reproducción y alimentación de las mariposas en EE.UU.

(30)   "Las mariposas que migran a México se **alimentan de** algodoncillos en los campos de cultivo de soja y maíz en los Estados Unidos. El uso de herbicidas para erradicar esta planta, considerada maleza tóxica para el ganado, ha reducido hasta 58% la disponibilidad de los algodoncillos", dijo Vidal.

"La conservación de la mariposa monarca es una responsabilidad compartida por México, Estados Unidos y Canadá. Al proteger los santuarios y prácticamente haber eliminado la tala ilegal

(35)   de gran escala, México está cumpliendo su parte. Es necesario que Estados Unidos y Canadá cumplan con la suya y protejan el hábitat de esta mariposa en sus territorios", sentenció Vidal.

Sin embargo no todos los científicos coinciden en este punto.

"Los tres países tienen que hacer frente al **hecho de que** son nuestras actividades colectivas las que están afectando el fenómeno migratorio de la mariposa monarca", dijo.

Fuente número 2

🔊))) Tienes 2 minutos para leer la introducción y las preguntas.

Introducción

Este *podcast* trata de la situación de las mariposas monarca en el estado de Michoacán en México. El audio proviene del portal de la BBC Mundo y dura aproximadamente dos minutos.

---

1. ¿Cuál es el propósito del artículo?
   - (A) Discutir un nuevo programa para la protección de las mariposas
   - (B) Presentar la situación que afecta la reducción de la población de mariposas
   - (C) Rechazar la idea de que las mariposas están desapareciendo aceleradamente
   - (D) Dar a conocer el trabajo de los refugios para las mariposas

2. ¿Cuándo se volvió más agudo el problema que discute el artículo?
   - (A) Hace más de veinte años.
   - (B) Es imposible determinar.
   - (C) Hace por lo menos diez años.
   - (D) Está por determinarse.

3. Según el artículo, ¿por qué es difícil que las mariposas se reproduzcan últimamente?
   - (A) Necesitan ciertas condiciones atmosféricas que han cambiado.
   - (B) Los huevos son destruidos por otros animales que viven ahora en el área.
   - (C) La evolución del sistema reproductivo ha sido perjudicial.
   - (D) Las larvas no sobreviven en temperaturas frías.

4. Según Omar Vidal en el artículo, ¿qué otro factor empeora la situación de las mariposas?
   - (A) La constante interferencia por parte de los turistas
   - (B) La distancia que tienen que viajar
   - (C) La gran cantidad de lluvia en el área del santuario
   - (D) Los productos químicos usados en los campos

5. Según el artículo, ¿qué paso ha tomado México para mejorar la situación?
   - (A) Controlar el uso de pesticidas
   - (B) Limitar el corte de árboles
   - (C) Prohibir el ecoturismo en un área específica
   - (D) Aumentar el cultivo de ciertas plantas

6. Según la fuente auditiva, ¿por qué se encuentran las mariposas en el estado de Michoacán?
   - (A) Por las condiciones climáticas adversas
   - (B) Por la abundancia de insectos
   - (C) Para gozar de un lugar conocido
   - (D) Para descansar del largo viaje

7. En la fuente auditiva, ¿cuál es el problema que se menciona como causa de la disminución del número de mariposas?
    (A) El ambiente demasiado frígido
    (B) La escasez de refugios
    (C) La falta de lluvia para las plantas
    (D) Los productos químicos en el aire

8. Según la fuente auditiva, ¿de qué se quejan los habitantes del área?
    (A) De la pérdida de beneficios económicos
    (B) De los problemas que traen los turistas
    (C) De la falta de ayuda financiera para proteger las mariposas
    (D) De la cantidad de insecticidas que se usa en el área

9. ¿Qué tienen en común las dos fuentes?
    (A) La declaración que Estados Unidos y Canadá se niegan a proteger los santuarios
    (B) La mención del efecto que la alimentación tiene en las mariposas monarca
    (C) La inclusión de los estudios sobre el efecto de los herbicidas en el ganado
    (D) La cita del aumento en la superficie donde las mariposas paran para descansar

ACTIVIDAD 8
Tema curricular: La ciencia y la tecnología
Fuente número 1
Primero tienes 4 minutos para leer la fuente número 1.

Introducción
La siguiente fuente escrita describe un nuevo dispositivo que podría tener un gran impacto en la sociedad. El artículo apareció en el portal de la BBC Mundo.

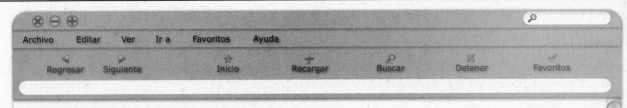

Escribir correos electrónicos... en el aire

Línea

El guante —apodado como *airwriter*— contiene sensores que registran los movimientos de la mano y fue desarrollado por investigadores del Karlsruher Institut für Technologie en Alemania. Un sistema informático es el que captura y decodifica los movimientos.

(5)

Además, tiene la capacidad de diferenciar entre los gestos para deletrear palabras y gestos al azar, sin ninguna relación, por lo que no tendríamos por qué retirar el guante de nuestra mano para continuar haciendo otras tareas y se podría escribir en el aire siempre que se desee.

"Todos los movimientos que no sean similares a la escritura, tales como cocinar, lavar la ropa, saludar a alguien, se pasan por alto", explicó a BBC Mundo Christoph Amma, uno de los desarrolladores, en el comunicado de prensa.

(10)

Amma cree que, en algún momento en el futuro, este tipo de tecnología podría incorporarse en prendas de vestir, en el tejido, o como pulseras o relojes para su uso diario.

De momento, el guante es solo un prototipo, por lo que no es todavía tan perfecto como imaginamos.

Tiene una tasa de error del 11% pero se hace más preciso cuanto más se utiliza y cuanto más el

(15)

sistema analiza los movimientos, hasta reducirse al 3%.

Control total

Christoph Amma y su compañero de investigación el profesor Tanja Schultz recientemente recibieron el premio a la investigación Google Faculty Research, en total U.S. $81 mil que se destinará a desarrollar esta tecnología para los dispositivos móviles, que sean portátiles y se puedan llevar a

(20)

todas partes.

Amma y su equipo quieren ir más allá con esta extensión de su investigación inicial. Quieren llegar a tomar completamente el control del dispositivo, de manera que el guante no sirva solo para escribir un *email*, sino también para, directamente, desbloquear el teléfono y abrir la aplicación correspondiente.

(25)

Esto podría significar que, en el futuro, si nos diéramos de bruces con la persona más rápida del mundo en escribir mensajes de texto se podría convertir en un espectáculo. ¿Se imagina a todos los pasajeros escribiendo en el aire en el autobús [...]?

"No es necesario que uno escriba delante de la cara", dice entre risas. "Es más fácil, también lo podemos hacer sobre un libro, en una pierna, o en cualquier otro soporte", especifica.

(30)   Cada vez más, las tecnologías de captación de movimientos acaparan la investigación. Parece que estamos empezando la era del control por gestos.

Con lo que los científicos descubrieron más recientemente significaría que podríamos incluso controlar una casa entera con el simple movimiento de una mano. Por ejemplo, ya existe un brazalete de MYO que permite controlar equipos Mac y PC a través de gestos.

(35)   La tecnología cambia vertiginosamente. Tal vez en unos años, nos parezca de lo más normal.

Fuente número 2

 Tienes 2 minutos para leer la introducción y las preguntas.

Introducción

Este *podcast* es de Sonia Marchesi, conductora de Telefe Noticias en Rosario, Argentina. Describe un nuevo avance tecnológico que promete ser de gran utilidad en el campo de la tecnología. La grabación dura aproximadamente dos minutos y medio.

1. Según el artículo, ¿por qué no es necesario quitarse el guante para hacer otros quehaceres?
   (A) Puede limpiarse sin ninguna dificultad.
   (B) Puede discriminar los diferentes movimientos.
   (C) Ayuda a que la persona tenga más agilidad.
   (D) Permite a la persona programar sus funciones.

2. Según el artículo, ¿qué se espera de esta tecnología en el futuro?
   (A) Se podrá adherir a otros objetos.
   (B) Ayudará a mejorar la escritura.
   (C) Será mucho más precisa.
   (D) Podrá adaptarse a otros aparatos.

3. Según el artículo, ¿qué querría Amma y su equipo que el guante hiciera?
   (A) Que tuviera más precisión
   (B) Que costara menos
   (C) Que desempeñara más funciones
   (D) Que se pudiera integrar al cuerpo

4. Según el artículo, ¿cuál sería un resultado si muchas personas usaran este guante en público?
   (A) Revolucionaría la escritura.
   (B) Afectaría la educación.
   (C) Resultaría en algo impresionante.
   (D) Sufriría la comunicación.

5. Según la fuente auditiva, ¿quiénes estarían interesados en la información del *podcast*?
   (A) Los ciegos
   (B) Los mudos
   (C) Los calvos
   (D) Los sordos

6. Según la fuente auditiva, ¿qué desventaja tiene el lenguaje de señas americano?
   (A) Es necesario saber bien las señas.
   (B) Toma mucho tiempo en aprenderlo.
   (C) Su sintaxis es bastante complicada.
   (D) Es usado muy poco alrededor del mundo.

7. Según la fuente auditiva, ¿qué es el AcceleGlove?
   (A) Un aparato que interpreta los signos
   (B) Un guante que ayuda con la escritura
   (C) Un dispositivo que detecta sonidos
   (D) Un mecanismo que transmite electricidad

8. ¿Qué tienen en común las dos fuentes?
   (A) Ambas cuestionan los beneficios de la tecnología.
   (B) Ambas describen aparatos que distinguen gestos.
   (C) Ambas aluden a la gran velocidad de los mecanismos de ciertos aparatos.
   (D) Ambas especifican con detalles los posibles usos de un aparato en el futuro.

ACTIVIDAD 9
Tema curricular: Las identidades personales y públicas
Fuente número 1
Primero tienes 4 minutos para leer la fuente número 1.

Introducción

El siguiente artículo nos presenta un proyecto iniciado en Inglaterra para ayudar a los jóvenes. El artículo apareció en el portal de la BBC Mundo.

Había una vez... o cómo la escritura ayuda a controlar emociones

Línea

"Había una vez un dragón muy enfadado...": así empieza un proyecto de escritura que ayuda a los estudiantes de un colegio de Inglaterra a controlar sus emociones.

Con esta entrada, los jóvenes escriben sus historias que al final de la clase se leen en voz alta y se ilustran.

(5) Este programa forma parte de una iniciativa sobre enseñanza terapéutica que utiliza la escritura creativa para explorar los sentimientos.

El proyecto Young Minds (Mentes jóvenes) se creó a partir de investigaciones que indican que se puede aumentar la motivación de los estudiantes si se les ofrece la oportunidad de explorar sus emociones a través de la escritura, compartiendo el cuento con los demás y haciendo dibujos al final.

(10) También permite a los niños tomar el control de una situación y cambiar la forma en que manejan las cosas en el futuro.

Una sesión típica empieza con una "actividad mental" que ayuda a relajar a los estudiantes, seguida de una "revisión" de sentimientos donde los chicos se suben a una escalera para mostrar su estado emocional.

(15) Solo entonces se ofrece el enunciado para que escriban sus historias.

Sentimiento de orgullo

"Creo que escribir es una manera muy buena de decirle a la gente cómo te sientes", le dijo a la BBC Jordan, un estudiante de octavo grado que participa en Young Minds.

Con frecuencia, al final se hace un repaso de las emociones. Es entonces cuando el orientador

(20) ofrece un comentario sobre los trabajos.

Esto es muy importante porque valida sus historias y les ofrece a los estudiantes algo de que sentirse orgullosos.

"A través de los cuentos podemos detectar las diferentes emociones con las que tienen que lidiar y las discutimos en grupo", le explica a la BBC la profesora Barnes, instructora del proyecto.

(25) Los chicos que participan en el proyecto aseguran que, en general, el ejercicio es algo bueno porque les ayuda a exteriorizar sus emociones.

Entran con rabia y salen contentos

Si se sienten con rabia, queda plasmado en la historia, lo que permite que al final de la clase salgan sintiéndose más felices.

(30)   "Me ayuda mucho a controlar mi rabia y las técnicas para tranquilizarme son muy útiles", señala Jordan.

     "Si estás molesto, entonces describes a un personaje molesto y eso hace que te sientas aliviada. Y es divertido porque les puedes decir a los demás cómo te sientes", agrega otra estudiante que no quiso decir su nombre.

(35)   La vida personal de los colegiales se preserva, pues solo si ellos quieren es que explican los motivos del enfado, y la historia se desarrolla de la forma que ellos desean.

Fuente número 2

 Tienes 2 minutos para leer la introducción y las preguntas.

Introducción

Esta grabación de María Noel Raschetti, periodista de Radio LT3, Argentina, presenta el uso de la música en diferentes situaciones para asistir a personas que sufren de ciertas condiciones. La grabación dura aproximadamente tres minutos.

1. Según el artículo, ¿cuál es uno de los beneficios de esta iniciativa?
   (A) Ayuda a reducir el abandono escolar.
   (B) Anima a los jóvenes a examinar sus emociones.
   (C) Inspira a los jóvenes a escribir mejor poco a poco.
   (D) Posibilita una mejor camaradería.

2. Según el artículo, ¿qué le da validez a lo que cuentan los jóvenes?
   (A) La crítica de otros chicos
   (B) El mejoramiento de la escritura
   (C) El deseo de seguir escribiendo
   (D) El diálogo con el guía

3. Según el artículo, ¿cómo expresan sus emociones los jóvenes que participan en este proyecto?
   (A) A través de los personajes de sus historias
   (B) A través de un diálogo franco con los guías
   (C) A través de juegos creativos
   (D) A través de actividades físicas

4. En tu opinión, ¿para quién sería beneficioso este programa?
   (A) Jóvenes que han abandonado sus estudios
   (B) Jóvenes que pueden superar los obstáculos
   (C) Jóvenes que son incapaces de expresarse abiertamente
   (D) Jóvenes que necesitan estructura en su vida diaria

5. En la grabación, ¿cuándo se empezó a usar la música en la terapia?
   (A) A partir de los horrores de la guerra mundial
   (B) Al descubrir las tradiciones de los indígenas
   (C) Durante los últimos años
   (D) En tiempos prehistóricos

6. Según la grabación, ¿a quién ha beneficiado la músico-terapia recientemente?
   (A) A soldados que regresan de la guerra
   (B) A personas que pierden a un ser querido
   (C) A las madres que han dado a luz recientemente
   (D) A la gente que tiene problemas comunicándose

7. Según la grabación, ¿qué distingue al Pavarotti Music Center?
   (A) Promueve la importancia de la religión.
   (B) Incluye a personas de diferentes culturas.
   (C) Apoya la importancia de la autosuficiencia.
   (D) Promociona la necesidad de hacer concesiones.

8. ¿Qué tienen en común las dos fuentes?
   (A) El llamamiento a estudios más extensos
   (B) El testimonio de personas traumatizadas
   (C) La mención de métodos para obtener resultados terapéuticos
   (D) La descripción del efecto de las experiencias traumáticas

ACTIVIDAD 10
Tema curricular: Los desafíos mundiales
Fuente número 1
Primero tienes 4 minutos para leer la fuente número 1.

Introducción

El siguiente artículo escrito por Juana Viúdez trata de la situación de algunas especies de tiburones (*sharks*) en diferentes países. También discute el uso de sus aletas (*fins*). El artículo proviene del diario español *El País*.

Protegidos por su aleta

Línea El comercio internacional de cinco especies de tiburones estará especialmente controlado a partir de ahora, si la Convención de Comercio Internacional de Especies Amenazadas (CITES
(5) por sus siglas en inglés) ratifica la decisión de incrementar su nivel de protección, adoptada en Bangkok (Tailandia) por más de dos tercios de votos a favor. Entre las especies que gozarán de más resguardo se encuentra el tiburón mar-
(10) tillo, el tiburón oceánico y el marrajo sardinero, además de dos tipos de mantarraya.

La propuesta fue impulsada por un grupo de países latinoamericanos y tiene el apoyo de EE.UU. y de la U.E. La aleta de tiburón es espe-
(15) cialmente apreciada en China y Japón, ya que es el ingrediente principal de sus sopas más populares. La carne de marrajo sardinero también está muy cotizada en Europa. Esta última especie se pesca en aguas españolas, por lo que el
(20) control en su captura afectará a la flota pesquera nacional.

Según las organizaciones de defensa de los animales, pasan cada año por el mercado de Hong Kong (China) entre 26 y 73 millones de
(25) aletas de tiburón. La mayor parte se procesa para elaborar la popular sopa china, considerada un manjar de prestigio social.

"El comercio no sostenible está poniendo en peligro poblaciones de estos animales, los eco-
(30) sistemas, el medio de subsistencia de las comunidades dependientes y el turismo ecológico", manifestó Sonja Fordham, representante de Shark Advocates International.

Si la votación se ratifica el 14 de marzo,
(35) estos tiburones se incluirán en el apéndice II de CITES, un paso previo a considerarlos en peligro de extinción. A partir de ese momento

serán necesarios los permisos para garantizar la sostenibilidad y la legalidad de las exportaciones. El debate sobre esta medida se reabrirá en (40) la jornada de clausura de la reunión.

Esta medida de protección se complementa con las medidas ya adoptadas en la U.E., donde entrarán en vigor nuevas normas que prohíben sin excepciones que se corte las aletas de los (45) tiburones y se abandone en el mar el resto del cuerpo del animal, práctica conocida como *finning*.

Los comisarios europeos de Medio Ambiente y de Pesca y Asuntos Marítimos, Janez Potocnik (50) y María Damanaki hicieron un llamamiento para su adopción definitiva, que según ellos "representará un hito en la protección de recursos marinos en todo el mundo".

Fuente número 2
🔊⟫ Tienes 2 minutos para leer la introducción y las preguntas.

Introducción
Este *podcast* presenta un animal único muy codiciado (*sought after*) en ciertas partes del mundo. Es del periodista Leonardo Farhat de Cablehogar Rosario. La grabación dura aproximadamente tres minutos y medio.

1. ¿Cuál es el propósito del artículo?
   (A) Discutir los planes para aumentar la protección de ciertos tiburones
   (B) Presentar las dificultades existentes para aprobar leyes de protección
   (C) Mostrar cómo los diferentes países respetan las leyes de protección
   (D) Rechazar las ideas de una propuesta para proteger a los tiburones

2. Según el artículo, ¿por qué es tan deseado capturar a estas especies de tiburones?
   (A) Por su valor estético
   (B) Por su valor gastronómico
   (C) Por sus cualidades medicinales
   (D) Por sus habilidades mentales

3. Según el artículo, ¿quiénes se benefician de la pesca de estos tiburones en China?
   (A) Los mercados de alimentos
   (B) Las personas pudientes
   (C) Los pescadores ilegales
   (D) La economía del país

4. ¿Qué parece insinuar la información del artículo?
   (A) Que los gobiernos se han mostrado desinteresados
   (B) Que el turismo ecológico ha agravado la situación
   (C) Que los permisos para atrapar los tiburones se deben cancelar
   (D) Que la especie de tiburones todavía se puede salvar

5. Según el artículo, ¿en qué consiste la práctica llamada *finning*?
   (A) En abandonar los tiburones sanos en las aguas del océano
   (B) En echar al mar el cuerpo de los tiburones una vez que se les ha cortado la aleta
   (C) En vender la deseada carne de los tiburones en algunos mercados alimenticios
   (D) En adoptar medidas que impiden la pesca de los tiburones

6. En la fuente auditiva, ¿a qué se parece el tatú carreta?
   (A) A un animal muy primitivo
   (B) A un dinosaurio gigante
   (C) A una fiera grotesca
   (D) A un antecesor humano

7. Según la fuente auditiva, ¿cuál es una de las razones por la cual el tatú carreta es muy deseado?
   (A) Por su belleza
   (B) Por su tamaño
   (C) Por su rareza
   (D) Por su talento

8. Según la fuente auditiva, ¿por qué se sabe poco sobre el tatú carreta?
   (A) Por ser muy difícil atraparlos
   (B) Por tener muchas variedades
   (C) Por haber muy pocos para estudiar
   (D) Por poderse ocultar muy fácilmente

9. Según la fuente auditiva, ¿dónde cae la culpabilidad por la desaparición de esta especie?
   (A) En las condiciones atmosféricas
   (B) En la contaminación de los mares
   (C) En las sustancias químicas
   (D) En los seres humanos

10. En la fuente auditiva, ¿a qué exhorta el narrador?
    (A) A contribuir más a los esfuerzos de conservación
    (B) A luchar en contra de los traficantes ilegales
    (C) A apoyar las leyes que protegen estos animales
    (D) A rechazar la carne del tatú carreta en un restaurante

11. ¿Qué tienen en común las dos fuentes?
    (A) La referencia a las políticas erróneas de los gobiernos
    (B) La mención del uso de ciertos animales en la gastronomía
    (C) La referencia a la práctica del comercio sostenible
    (D) La inclusión de la cantidad de fondos recaudados

ACTIVIDAD 11
Tema curricular: La vida contemporánea
Fuente número 1
Primero tienes 4 minutos para leer la fuente número 1.

Introducción
El artículo que vas a leer considera los cambios con respecto a la publicidad en Internet y en los medios tradicionales. El artículo original apareció en el portal de la BBC Mundo.

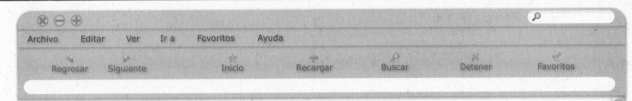

Más dinero en la red que en televisión

Línea

El dinero invertido en la publicidad en Internet en el Reino Unido supera por primera vez lo que se gasta en comerciales por televisión, revela un informe.

Aunque el sector publicitario en general ha caído significativamente en 2009 comparado con el año pasado, la inversión en la red subió en el primer semestre del año, mientras que en la televisión se

(5)   contrajo.

Campañas por correo electrónico, avisos clasificados, anuncios destacados y mercado de búsqueda son algunos de los tipos de publicidad más conocidos por Internet.

El estudio lo realizaron la Oficina de Publicidad en Internet y la firma de asesoría PricewaterhouseCoopers.

(10)   Tenía que suceder, eventualmente, pero la publicidad *online* ha sido considerada por tanto tiempo como un pariente pobre de la televisión que esto es un gran hito.

La recesión ha acelerado la migración del presupuesto de publicidad —reservado para los medios más tradicionales como prensa, radio y televisión— hacia la tecnología digital, dice el informe.

Justin Pearce, editor de New Media Age

(15)   Justin Pearce, editor del sitio sobre asuntos de la red New Media Age, dice que las dificultades económicas generaron la caída en el gasto de publicidad por televisión, el cual fue sobrepasado por el de Internet un año antes de lo esperado.

Las empresas de tecnología fueron los que más invirtieron en comerciales en la red, constituyendo 19% del mercado, seguido de las empresas de telecomunicación, finanzas, entretenimiento y

(20)   medios, señaló el informe.

Tendencia mundial

El periodista de asuntos económicos de la BBC, Mark Gregory, explica que los números reflejan la tendencia en los países desarrollados donde la gente mira menos televisión y pasa más tiempo navegando por Internet en búsqueda de información y esparcimiento.

(25)   ### ¿Qué impulsa la publicidad *online*?

La misma tendencia se está notando en muchas economías en desarrollo. La publicidad *online* es una fuerza creciente en todo el mundo, concluye Gregory.

No obstante, Lindsey Clay, directora de mercadeo de Thinkbox, un organismo que representa a los principales difusores de televisión comercial en el Reino Unido, dice que la comparación entre los dos medios no es válida.

(30)

"La Internet es una tecnología fantástica y un lugar donde se juntan muchas actividades de mercadeo. Es interesante, pero no tiene sentido representar todo el dinero invertido en cada una de estas plataformas y celebrarlo", expresó.

Clay asegura que la televisión continúa siendo el medio más efectivo de hacer publicidad por el dinero invertido, pero es más efectivo si se combina con Internet.

(35)

"Enfrentar ambos medios en competencia es un error que pasa por alto la relación complementaria que tienen", concluyó.

Fuente número 2

Tienes 2 minutos para leer la introducción y las preguntas.

Introducción

La grabación a continuación discute el poder del consumidor. Fue transmitida en Radio Nacional de España. Dura aproximadamente tres minutos.

---

1. ¿Cuál es el propósito del artículo?
   (A) Resaltar los considerables cambios en la publicidad
   (B) Comparar la satisfacción de usuarios con respecto a la publicidad
   (C) Explicar el impacto de la publicidad en los hábitos del consumidor
   (D) Afirmar los beneficios de la publicidad para las economías en desarrollo

2. Según el artículo, ¿cómo se consideraba la publicidad en línea por mucho tiempo?
   (A) Un gran beneficio para las pequeñas empresas
   (B) Una gran pérdida de dinero para las compañías
   (C) Menos atractiva que en la televisión
   (D) Bastante novedosa y ventajosa

3. Según el artículo, ¿qué impactó el cambio en el gasto de publicidad?
   (A) Las exigencias de los consumidores
   (B) La falta de interés por los medios tradicionales
   (C) El contratiempo de la economía
   (D) El alto costo de los anuncios en línea

4. En el artículo, ¿qué opina Lindsey Clay?
   (A) Las empresas deberían dedicar más dinero a la publicidad en línea.
   (B) La comparación entre la televisión y la red no es apropiada.
   (C) El uso de los métodos tradicionales y en línea a la vez no es aconsejable.
   (D) Los medios más efectivos existen en las plataformas de Internet.

5. Según el artículo, ¿por cuál medio muestra su preferencia Lindsey Clay?
   (A) Por la televisión
   (B) Por la red
   (C) Por la prensa
   (D) Por la radio

6. ¿Cómo podríamos describir la actitud del locutor al principio de la fuente auditiva?
   (A) Formal
   (B) Moralista
   (C) Irónico
   (D) Íntimo

7. Según la fuente auditiva, ¿por qué alaba el locutor la publicidad?
   (A) Por su eficiencia
   (B) Por su entretenimiento
   (C) Por su seriedad
   (D) Por su evolución

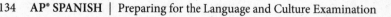

8. Según la fuente auditiva, ¿por qué vivimos en un momento mágico?
    (A) Porque la industria muestra la mayor creatividad
    (B) Porque la tecnología ha creado compañías más responsables
    (C) Porque tenemos más variedad de anuncios
    (D) Porque podemos impactar la publicidad

9. Según la fuente auditiva, ¿qué aconseja el locutor para ver mejor publicidad?
    (A) Contactar a las empresas responsables
    (B) Compartir la buena publicidad
    (C) Apoyar a las compañías prudentes
    (D) Aplaudir la creatividad de los directores

10. ¿Qué les pide el locutor a los consumidores?
    (A) Criticar la publicidad considerada inferior
    (B) Tolerar los anuncios mediocres
    (C) No hacer ningún comentario sobre la mala publicidad
    (D) No patrocinar a las compañías con anuncios malos

11. ¿Qué tienen en común las dos fuentes?
    (A) Descartan el presupuesto dedicado a la publicidad.
    (B) Presentan las nuevas tendencias con respecto a la publicidad.
    (C) Confirman las sospechas de los consumidores.
    (D) Muestran el valor de la publicidad aun cuando es inferior.

ACTIVIDAD 12
Tema curricular: La ciencia y la tecnología
Fuente número 1
Primero tienes 4 minutos para leer la fuente número 1.

Introducción

El artículo a continuación discute una nueva versión del bastón (*cane*) y sus beneficios. El artículo apareció en el portal de la BBC Mundo.

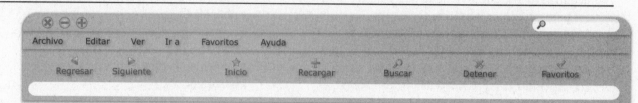

Un bastón inteligente para los ancianos del futuro

Línea

¿Qué tienen en común Moisés y Charles Chaplin? Un trozo de madera que asociamos a su imagen cada vez que los nombran: un bastón.

Sin embargo, la imagen romántica del bastón que guía los pasos de los ancianos o es utilizado como símbolo de estatus podría estar a punto de desaparecer.

(5) La versión del futuro cuenta con navegación satelital, conexión 3G y *wifi*, está conectado a un computador central que le sigue la pista y vibra cuando el usuario se desvía de la ruta trazada.

Se trata de un bastón superpoderoso, creado por el gigante tecnológico japonés Fujitsu.

El nuevo *gadget* está diseñado para ayudar a los ancianos a encontrar su camino, además de monitorear ciertos signos vitales.

(10) Su ubicación se puede seguir en línea y se puede configurar para que envíe alertas por correo electrónico si registra señales de que el usuario sufrió una caída.

¿Miedo a envejecer?

El desarrollo de tecnología para personas mayores es una preocupación esencial en un país como Japón, que experimenta una acentuada tendencia al envejecimiento de su población.

(15) Fujitsu, al igual que varias empresas de la región, está buscando formas para ayudarlos a mantener su movilidad y, potencialmente, ampliar su capacidad para seguir trabajando.

El prototipo está equipado con distintas tecnologías de conexión, tales como GPS, 3G y *wifi*. Además, cuenta con una pantalla LED en la parte superior del mango.

Si un cambio de dirección es necesario, el bastón vibra y aparece una flecha.

(20) ### "Cliente maduro"

Aunque está diseñado para las personas mayores, Fujitsu calcula que también podrá ser utilizado por personas discapacitadas.

El bastón envía datos a un computador central al que pueden estar conectados familiares o cuidadores del usuario. Estos pueden acceder a la ubicación exacta del adulto mayor, además de seguir

(25) su frecuencia cardíaca.

Si el bastón detecta un latido del corazón irregular, automáticamente puede contactarse con los servicios de emergencia.

El bastón aún no tiene fecha de lanzamiento en el mercado. Sin embargo, otro dispositivo que la firma preparó para los adultos mayores saldrá a la venta en junio.

(30)   Se trata de un teléfono inteligente diseñado para los adultos mayores o "clientes maduros" como los denomina la compañía.

El Stylistic funciona con el sistema operativo Android de Google, pero en una versión modificada, pensando en personas que no han utilizado nunca un *smartphone*.

La interfaz incluye signos de interrogación que permiten acceder a explicaciones de cada función.

(35)   El teléfono también es capaz de cambiar la frecuencia de audio para que sea más fácil oír.

Fuente número 2

 Tienes 2 minutos para leer la introducción y las preguntas.

Introducción

En este *podcast* de Sonia Marchesi, conductora de Telefe Noticias en Rosario, Argentina, se describe un nuevo tipo de casa que se está construyendo para beneficiar a las personas mayores. La grabación dura aproximadamente tres minutos y medio.

1. Según el artículo, ¿cómo cambiarán los bastones en el futuro?
   (A) Servirán para demostrar el estatus de una persona.
   (B) Serán tecnológicamente muy avanzados.
   (C) Contarán con dispositivos invisibles.
   (D) Asistirán también a personas capacitadas.

2. En el artículo, ¿cuál es uno de los beneficios de los bastones del futuro?
   (A) Ayudarán a los usuarios a no desorientarse.
   (B) Permitirán que el usuario se comunique por textos.
   (C) Podrán registrar la distancia que camina el usuario.
   (D) Ayudarán al usuario a hacer ejercicio.

3. En el artículo, ¿qué otras posibilidades tienen los poderosos bastones que se describen?
   (A) Pueden reconocer la voz y seguir instrucciones.
   (B) Pueden detectar si la persona tiene un accidente.
   (C) Pueden servir como teléfonos celulares.
   (D) Pueden alertar al usuario cuando debe tomar medicamentos.

4. Según el artículo, ¿por qué está interesado Japón en desarrollar este tipo de tecnología?
   (A) El conocimiento técnico de las empresas es ideal para este tipo de producto.
   (B) El estímulo del gobierno permite hacer estudios que mejoran el producto.
   (C) El beneficio económico será indescriptible.
   (D) El número de habitantes mayores seguirá aumentando.

5. Según el artículo, ¿qué beneficios médicos tendrá el bastón?
   (A) Monitorear los signos vitales
   (B) Alertar al usuario para tomar sus medicinas
   (C) Almacenar todo tipo de información médica
   (D) Recibir instrucciones de un profesional médico

6. Según la fuente auditiva, ¿cuál es uno de los problemas que la sociedad tendrá que enfrentar en el futuro?
   (A) La reducción de hogares para personas de tercera edad
   (B) La disponibilidad de profesionales con experiencia en geriatría
   (C) La falta de tiempo necesario para cuidar a los familiares mayores
   (D) La insuficiencia de hogares diseñados para discapacitados

7. En la fuente auditiva, ¿qué muestran muchas de las encuestas mencionadas en la narración?
   (A) Que la asistencia para personas mayores va a disminuir
   (B) Que la demanda por casas adecuadas va a aumentar
   (C) Que los ancianos necesitan más apoyo emocional que antes
   (D) Que los ancianos prefieren quedarse en sus propias casas

8. ¿Cuál es una de las soluciones que menciona la fuente auditiva?
   (A) Construir casas cerca de los familiares
   (B) Abrir más centros comunitarios
   (C) Entrenar a los familiares de los ancianos
   (D) Dar apoyo al personal de emergencia

9. Según la fuente auditiva, ¿cuál es la ventaja del tipo de casa que se describe?
   (A) Que el costo se mantiene muy bajo
   (B) Que la construcción se puede adaptar según las necesidades
   (C) Que los familiares controlan las actividades peligrosas
   (D) Que los ancianos pueden recibir toda la asistencia médica allí

10. En la fuente auditiva, ¿qué se está haciendo en Francia con respecto a las casas para las personas mayores?
    (A) Adaptar las casas según el clima de la región
    (B) Proveer personal que defienda los derechos de los ancianos
    (C) Instruir a los ocupantes sobre los peligros de vivir solos
    (D) Establecer leyes para proteger la vida privada de ellos

11. ¿Cuál es una de las ventajas del robot Héctor, según la fuente auditiva?
    (A) Entiende los mandatos orales de una persona.
    (B) Es programado según la edad de la persona a quien asiste.
    (C) Puede detectar ciertos cambios físicos en una persona.
    (D) Puede reconocer los gestos de las personas.

12. ¿Qué tienen en común las dos fuentes?
    (A) La inclusión de una explicación de los aparatos que han fracasado
    (B) La referencia al mejoramiento de la calidad de vida de los ancianos
    (C) La mención de los beneficios de los hogares para personas de tercera edad
    (D) La observación sobre la falta de atención por parte de los familiares

13. ¿Qué se puede afirmar sobre el artículo y la fuente auditiva?
    (A) El artículo no toma en cuenta el papel de la familia y la fuente auditiva sí lo toma en cuenta.
    (B) La fuente auditiva no presenta ningún beneficio médico y el artículo sí lo presenta.
    (C) La fuente auditiva menciona aspectos que tienen implicaciones para la privacidad pero el artículo no lo hace.
    (D) El artículo identifica a personas famosas que se han beneficiado del aparato pero la fuente auditiva no lo hace.

ACTIVIDAD 13
Tema curricular: Las familias y las comunidades
Fuente número 1
Primero tienes 4 minutos para leer la fuente número 1.

Introducción
El siguiente artículo discute la falta de registro civil de nacimiento y su impacto en la educación. Apareció en el portal del Banco Interamericano de Desarrollo (BID).

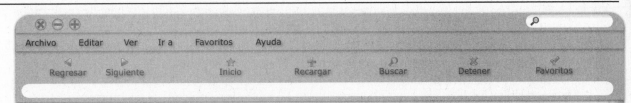

¿Cómo neutralizar el impacto de la falta de registro civil en los niveles de escolaridad?

Línea
El registro de nacimiento es el primer paso hacia la inclusión social, ya que constituye el reconocimiento oficial de la llegada de un niño al mundo y establece su existencia conforme a la ley. Las personas que no poseen un certificado de nacimiento corren el riesgo de quedar excluidas de por vida de una serie de beneficios y derechos, entre los que figuran el acceso a servicios de salud, las

(5) transferencias condicionadas de efectivo y las pensiones.

Según un riguroso estudio econométrico con datos de encuestas de hogares de la República Dominicana, no poseer registro de nacimiento se traduce también en niveles educativos más bajos. Si bien la falta de este documento de identidad no incide en las posibilidades de ingreso a la escuela —gracias a la existencia de leyes que aseguran el acceso universal a la educación—, sí reduce las

(10) tasas de culminación de estudios primarios y el número de grados o años de educación finalizados.

Las probabilidades de avanzar al segundo ciclo de la escuela primaria disminuyen en 22 puntos porcentuales, como mínimo, para los jóvenes de entre 11 y 18 años de edad que carecen de registro de nacimiento, en comparación con aquellos que sí lo tienen. Además, el nivel educativo general disminuye por lo menos en medio grado para los jóvenes de entre 7 y 18 años. En el informe se

(15) señala que una de las razones principales por las que los niños no continúan sus estudios es que carecen del certificado de nacimiento exigido para que su escuela emita un diploma, pues tal documento se solicita a la hora de matricularse en niveles educativos superiores.

¿Qué puede indicar el estudio de la República Dominicana sobre resto de América Latina?

Aunque en promedio, solo uno de cada diez niños menores de cinco años en la región se

(20) encuentra indocumentado —un nivel significativamente inferior al de otras regiones en desarrollo del mundo—, en el estudio aludido se señala que la falta de certificado de nacimiento tiene importantes efectos perjudiciales en el desarrollo porque, al traducirse en una menor escolaridad, también conlleva menores oportunidades de empleo y un mayor riesgo de pobreza.

Las pruebas presentadas en el estudio demuestran que la distancia a la oficina más cercana de

(25) registro civil puede ser un impedimento para reportar legalmente los nacimientos, razón por la cual es esencial que en la región se conciban formas innovadoras de llegar hasta los indocumentados. En tal sentido, también es necesario que las oficinas de registro civil y las escuelas trabajen en estrecha colaboración con el fin de asegurar que los estudiantes indocumentados que se inscriban en el sistema educativo también puedan obtener un certificado de nacimiento. Es un pequeño pre-

(30) cio el que hay que pagar ahora para ayudar a que estos niños tengan las oportunidades básicas de aprender y ganarse la vida en el futuro.

Fuente número 2

🔊))) Tienes 2 minutos para leer la introducción y las preguntas.

Introducción

La siguiente grabación trata de una conversación entre una madre y un empleado de un Centro de Desarrollo Infantil. La madre quiere inscribir a su hijo pero no tiene un acta de nacimiento. La grabación dura aproximadamente tres minutos.

---

1. ¿Cuál es el propósito del artículo?
   (A) La neutralización del índice de nacimientos en el Caribe
   (B) El registro civil de nacimiento y su impacto en la enseñanza
   (C) Las garantías del sistema educativo a los recién nacidos
   (D) La nueva ley para regir los registros civiles existentes

2. Según el artículo, ¿qué efecto tiene la falta del registro civil de nacimiento en el campo de la educación?
   (A) Disminuye el aporte económico de muchos gobiernos a la educación.
   (B) Corre el peligro de ofrecer estudios inferiores al estudiantado.
   (C) Perpetúa la insuficiencia de programas preventivos para evitar la deserción.
   (D) Aumenta el índice de abandono de la educación en varios niveles educacionales.

3. En el artículo, ¿qué les impide continuar los estudios a los jóvenes sin certificado de nacimiento?
   (A) No tener una base sólida de preparación
   (B) No poseer los fondos necesarios para pagarlos
   (C) No poder recibir un diploma al graduarse
   (D) No encontrar centros educativos superiores

4. ¿Cómo se beneficiarían los jóvenes con registro civil de nacimiento, según el artículo?
   (A) Mejorarían su situación económica.
   (B) Podrían participar en los estudios econométricos.
   (C) Servirían de modelos para los más jóvenes.
   (D) Reconocerían la necesidad de una educación temprana.

5. ¿Cuál es una de las razones que se menciona en el artículo para explicar la falta de certificados de nacimiento?
   (A) El temor de los padres a reportar legalmente los nacimientos
   (B) La larga distancia para llegar a las oficinas de registro civil de nacimiento
   (C) La falta de conocimientos por parte de los nuevos padres
   (D) La escasez de presupuestos para llegar a los indocumentados

6. Según la fuente auditiva, ¿qué le sucedió a la señora Arias esa mañana?
   (A) Llegó demasiado tarde a la parada de autobuses.
   (B) Tuvo dificultad en llegar al centro.
   (C) Se le había perdido la dirección del centro.
   (D) Se le había olvidado que tenía una cita.

7. En la fuente auditiva, ¿qué le preocupa al señor Ávila?
   (A) Que los autobuses directos no lleguen al centro
   (B) Que el programa de estudios no sea suficientemente riguroso
   (C) Que el tiempo para los deberes sea insuficiente para el niño
   (D) Que el niño se pierda cuando viaje al centro

8. Según la fuente auditiva, ¿qué explicación da la señora por no tener un acta de nacimiento?
   (A) El horario de oficina era muy inconveniente.
   (B) La solicitud era demasiado complicada.
   (C) La oficina de registro civil no existía entonces.
   (D) El nacimiento de su hijo tuvo lugar en su casa.

9. En la fuente auditiva, ¿cuál es uno de los requisitos para ingresar en el centro?
   - (A) Uno de los padres tiene que trabajar para la Secretaría de Educación.
   - (B) Uno de los padres tiene que ganar suficiente dinero para la matrícula.
   - (C) Los padres deben tener un horario flexible para recoger al niño al final del día.
   - (D) Los padres deben asistir a un entrenamiento obligatorio antes de empezar las clases.

10. Según la fuente auditiva, ¿qué sucede si los resultados de los análisis médicos no son satisfactorios?
   - (A) El niño tendrá que esperar hasta el próximo año escolar.
   - (B) El niño será matriculado pero solo temporalmente.
   - (C) Los padres tendrán tiempo para remediar la situación.
   - (D) Los padres tendrán que buscar otro tipo de escuela.

11. ¿Cuál de las siguientes preguntas sería la más apropiada para que la madre continuara la conversación?
   - (A) ¿Qué documentos voy a necesitar para obtener el acta?
   - (B) ¿Por qué se terminan las clases tan tarde?
   - (C) ¿Con qué frecuencia pasa el autobús escolar?
   - (D) ¿Así que puedo inscribirlo sin el registro civil de nacimiento?

12. ¿Qué tienen en común las dos fuentes?
   - (A) La mención de los datos de estudios económicos sobre el registro civil de nacimiento
   - (B) Los pasos a seguir para poder obtener el acta de nacimiento al entrar a la escuela
   - (C) Los esfuerzos del gobierno para registrar a los indocumentados
   - (D) La mención de la importancia del acta de nacimiento

ACTIVIDAD 14
Tema curricular: Las identidades personales y públicas
Fuente número 1
Primero tienes 4 minutos para leer la fuente número 1.

Introducción
Este artículo describe la creación de un documental sobre la cultura maya. Apareció en el portal del Banco Interamericano de Desarrollo.

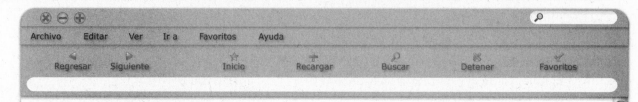

Mayas, aves del tiempo

Línea

Un nuevo documental muestra cómo una cultura de 3.500 años de antigüedad sigue vibrante en Mesoamérica.

Cuando los mayas abandonaron sus ciudades de piedra reluciente, en el siglo IX de la era cristiana, llevaron consigo algo más perdurable que sus monumentos: su cultura.

(5)   A lo largo de los siglos, a medida que la selva se apoderaba de esos vastos complejos que constituían sus templos, los descendientes de esta gran civilización continúan hablando sus idiomas ancestrales, buscando un significado a la misma cosmología y hasta se alimentan con las mismas comidas.

A esto se debe que la cultura maya, de más de 3.500 años de antigüedad, siga siendo esencial
(10)   para la identidad de seis millones de personas que viven en la península de Yucatán, en México, Guatemala, Belice, El Salvador y Honduras. Su acervo es el tema del nuevo documental *Mayas, aves del tiempo*, patrocinado por el BID y el Consejo Nacional para la Cultura y las Artes de México, y dirigida por el reconocido cineasta mexicano Sergio Yazbek.

El documental comienza con una serie de estupendas imágenes de antiguos templos erguidos
(15)   por encima de los montes y luego examina las vidas y la cultura de los mayas de hoy día.

Destaca la conexión entre los mayas y el mundo natural, especialmente las aves consideradas como símbolos religiosos por poseer la cualidad milagrosa de volar y llegar hasta el cielo.

La reverencia de los mayas ante las aves ha perdurado hasta nuestros días. Una indígena maya de Santiago de Atitlán, Guatemala, borda aves en brillantes colores en su blusa llamada huipil. "Esta
(20)   prenda es tradicional", dice. "Jamás ha cambiado".

También muestra cómo los símbolos de la antigüedad coexisten con los nuevos. Los mayas han adoptado, aparentemente, muchos elementos de la liturgia católica, a menudo los usan para expresar su cosmología tradicional.

"Soy un curandero maya, curo a la gente con plantas medicinales", dice un joven con diente de
(25)   oro, hincado ante la figura tallada de un anciano, iluminada por la luz de una vela. La imagen es la del Gran Abuelo.

"Le pedimos curaciones y ayuda para los negocios, viajes y estudios, para resolver problemas, para encontrar esposa o marido", dice. Los mayas que emigran a los Estados Unidos también piden al Gran Abuelo protección durante la larga y peligrosa travesía.

(30)   Hoy día, el pueblo maya habla 29 idiomas diferentes. Aunque esos idiomas tienen la misma raíz lingüística, muchos son mutuamente ininteligibles. Por ejemplo, un maya que habla k'iche' tendrá dificultades para entender a otro que habla yucatec.

          Estas son algunas de las escenas de esta original pieza audiovisual que contrasta el pasado de la civilización maya con el presente, poniendo en relieve los desafíos que enfrentan sus descendientes
(35)   por conservar una cultura rica en tradiciones, creencias con un especial aprecio por la naturaleza y los animales.

Fuente número 2

 ))) Tienes 2 minutos para leer la introducción y las preguntas.

Introducción

La siguiente grabación de Tamara León, una colaboradora frecuente con el portal Trending Podcast, trata del pueblo tarahumara en el norte de México que se remonta a la era prehispánica. La grabación dura unos tres minutos.

1. ¿Qué revela el artículo sobre los mayas de hoy?
   (A) Mantienen su cultura y tradiciones.
   (B) Renunciaron a su religión por la doctrina católica.
   (C) Han abandonado las selvas por las ciudades.
   (D) Han perdido sus conocimientos sobre el cosmos.

2. Según el artículo, ¿qué contribuyó a la desaparición de los templos mayas?
   (A) La insuficiencia de alimentos nutritivos
   (B) La gran abundancia de vegetación en el área
   (C) La deficiente calidad de los materiales de construcción
   (D) Las excesivas e incurables enfermedades

3. Según la información del artículo, ¿por qué veneraban los mayas a las aves?
   (A) Fueron clave en la creación de su civilización.
   (B) Admiraban la manera que ascendían hacia el cielo.
   (C) Eran una representación de los dioses de su religión.
   (D) Fueron los primeros animales que habitaron el universo.

4. ¿Con qué propósito menciona el artículo al curandero maya?
   (A) Para resaltar el impacto de la emigración a los Estados Unidos
   (B) Para explicar el efecto de las enfermedades en la desaparición de los mayas
   (C) Para demostrar los conocimientos vastos de los mayas
   (D) Para ilustrar la conservación de las tradiciones mayas

5. ¿Qué se insinúa al final del artículo?
   (A) Que las tradiciones del pasado han eliminado los retos de hoy
   (B) Que algunos de los descendientes están en riesgo de desaparecer
   (C) Que la cultura maya podría verse amenazada
   (D) Que las creencias han cambiado mucho

6. En la fuente auditiva, ¿cómo se diferencia el pueblo tarahumara de otras culturas prehispánicas?
   (A) Ha sobrevivido a lo largo de muchos años.
   (B) Ha reaparecido después de haber decaído.
   (C) Ha influenciado en muchas otras culturas.
   (D) Ha cambiado su ubicación a través de los años.

7. Según la fuente auditiva, ¿qué es admirable sobre el pueblo tarahumara?
    (A) Ha resistido la influencia de otras culturas.
    (B) Ha evolucionado para adaptarse al mundo moderno.
    (C) Ha transformado la jerarquía de la familia a través del tiempo.
    (D) Ha reconocido la importancia de la economía en su supervivencia.

8. Según la fuente auditiva, ¿qué es un siríame?
    (A) Un médico
    (B) Un gobernante
    (C) Un dios
    (D) Un religioso

9. En la fuente auditiva, ¿qué se puede apreciar en las tradiciones religiosas del pueblo tarahumara?
    (A) El respeto a los sacerdotes
    (B) El rechazo a los sacrificios humanos
    (C) La absolución de los pecados
    (D) El sincretismo de dos religiones

10. ¿Qué tienen en común el artículo y la fuente auditiva?
    (A) Presentan la importancia de la religión para los mayas.
    (B) Describen la originalidad de los idiomas que hablan los mayas.
    (C) Destacan cómo las comunidades indígenas han perdurado por siglos.
    (D) Explican las causas de la desaparición de los mayas.

ACTIVIDAD 15
Tema curricular: La vida contemporánea
Fuente número 1
Primero tienes 4 minutos para leer la fuente número 1.

Introducción
El artículo a continuación presenta ideas revolucionarias que han sido adaptadas para la enseñanza de las matemáticas en Paraguay. Proviene del sitio web del Banco Interamericano de Desarrollo.

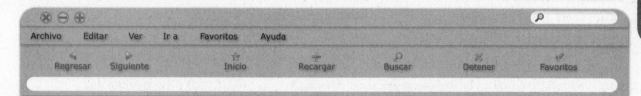

Cómo mejorar el aprendizaje de las matemáticas en las escuelas públicas

Línea   *Con puntajes desalentadores en matemáticas: ¿Importan los métodos?*

La respuesta a la pregunta planteada en el título es un sí rotundo, y en el departamento paraguayo de Cordillera se puede apreciar por qué. Allí, la mejor parte del día para los alumnos de preescolar en la Escuela Básica 201 es el momento en que el maestro comienza el juego de la Tikichuela. Los
(5)   estudiantes se ponen de pie formando un círculo y luego empieza la música. Los niños saltan, cantan, juegan con objetos de diversas formas y tamaños, y cuentan tanto en español como en guaraní.

En Paraguay, un país donde más de la mitad de los alumnos de tercer grado no logra resolver sumas sencillas, la transformación de los métodos de enseñanza es uno de los mecanismos elegidos para mejorar los puntajes de matemáticas de los estudiantes en las zonas pobres. Las lecciones
(10)   que ha dejado el primer año de aplicación de la metodología Tikichuela permiten vislumbrar de qué forma América Latina —cuyo desempeño en las pruebas internacionales de matemáticas es uno de los peores— puede darle la vuelta a los resultados de los exámenes en un período relativamente corto.

Y es cierto que el tiempo apremia. Si América Latina no se esfuerza de manera decidida en mejorar la educación, a sus estudiantes les tomará 21 años alcanzar los puntajes de matemáticas y
(15)   42 años los de ciencias que exhiben sus pares de los países de la Organización para la Cooperación y el Desarrollo Económicos (OCDE).

Son pocos los países de la región que se han atrevido a abrir esta "caja negra" para determinar si sus niños están aprendiendo realmente, en parte por miedo a descubrir precisamente lo que se encontró en Paraguay. El análisis demostró que los estudiantes paraguayos dedicaban la mayor
(20)   parte de su tiempo a copiar del pizarrón en lugar de invertirlo en resolver problemas, y que el contenido impartido durante las clases era insuficiente. Se ve que existe más una comprensión del procedimiento que una de carácter conceptual, lo cual guarda poca relación con los desafíos que tendrán que confrontar los estudiantes en la vida real.

A la luz de los resultados disponibles, y con base en las experiencias de otros países, Paraguay
(25)   emprendió un proyecto piloto destinado a mejorar las habilidades matemáticas de los niños en edad preescolar de bajos ingresos, tanto en las zonas urbanas como en las rurales. El objetivo es desarrollar paralelamente la habilidad de contar y reconocer formas y patrones, de modo que tanto los números como los cálculos se conviertan en algo natural. Esto permite que los niños posteriormente aprendan con mayor facilidad a sumar y a restar una vez comiencen la escuela primaria.

(30)   El país adoptó el programa "Matemática grande para niños pequeños", una iniciativa de enseñanza implementada con éxito en las escuelas localizadas en áreas de bajos ingresos de Nueva York. Allí los docentes siguen un plan de instrucción que utiliza el juego interactivo para involucrar a los niños en el aprendizaje y aplicar conceptos básicos de matemáticas a situaciones cotidianas, como por ejemplo contar la cantidad de objetos en un tarro o colocarlos en una bolsa y pedir a los estu-

(35) diantes que los tomen con los ojos cerrados para poder estudiar su forma.

Fuente número 2

◀))) Tienes dos 2 minutos para leer la introducción y las preguntas.

Introducción

La grabación a continuación presenta la importancia de las matemáticas y la necesidad de aprenderlas a una temprana edad. Proviene del portal del Banco Interamericano de Desarrollo y dura aproximadamente tres minutos.

1. ¿Por qué ha tomado Paraguay las medidas que se describen en el artículo con respecto al estudio de las matemáticas?
   (A) Los estudiantes tienen dificultad con el idioma.
   (B) Las zonas pobres tienen un profesorado inferior.
   (C) El resultado en las pruebas internacionales ha mejorado.
   (D) La situación ha llegado a un estado sumamente alarmante.

2. Según el artículo, ¿qué efecto tendrá la situación de los conocimientos matemáticos en América Latina a largo plazo?
   (A) Hará más difícil estar a la par con otros países.
   (B) Causará una caída económica desastrosa.
   (C) Los puntajes de matemáticas y de ciencia serán descartados.
   (D) El sistema educacional será incapaz de producir una fuerza laboral competente.

3. En el artículo, ¿qué temen descubrir los países del área con respecto al aprendizaje?
   (A) La realidad de su sistema educacional
   (B) La verdadera preparación del profesorado
   (C) Los efectos de la nueva metodología
   (D) El tiempo necesario para adquirir los conocimientos

4. ¿Qué deficiencia demostró el análisis de la enseñanza en Paraguay, según el artículo?
   (A) La falta de tecnología en las aulas
   (B) La utilización práctica de los conocimientos
   (C) La incapacidad de memorizar los conceptos matemáticos
   (D) La insuficiencia del tiempo dedicado a resolver problemas

5. Según la información del artículo, ¿qué objetivo tiene el programa Tikichuela?
   (A) Enseñarles dos lenguas a los niños de edad preescolar
   (B) Evitar la pérdida de la cultura a causa de la nueva metodología
   (C) Presentar las matemáticas de una manera entretenida
   (D) Disminuir las discrepancias entre los diferentes métodos de enseñanza

6. Según la fuente auditiva, ¿a qué les ayuda las matemáticas a los niños?
   (A) A memorizar con más facilidad
   (B) A pensar por sí mismos
   (C) A desarrollar sus habilidades lingüísticas
   (D) A conocerse a sí mismos

7. En la fuente auditiva, ¿por qué se relacionan las matemáticas con el éxito de la vida?
   - (A) Tienen un gran impacto en el salario de una persona.
   - (B) Permiten que los jóvenes puedan seguir estudios superiores.
   - (C) Se les saca provecho en todos los aspectos de la vida diaria.
   - (D) Aumentan la capacidad del individuo de mejorar su creatividad.

8. En la fuente auditiva, ¿cuál es la situación del aprendizaje de las matemáticas en Latinoamérica?
   - (A) El número de estudiantes que puede sumar o restar es muy bajo.
   - (B) Las pruebas internacionales muestran un mejoramiento modesto.
   - (C) La asignatura se les presenta a los estudiantes demasiado tarde.
   - (D) Los resultados en las escuelas primarias sobrepasan a otros países.

9. Según la fuente auditiva, ¿cómo se puede remediar la situación que existe con respecto a las matemáticas?
   - (A) Incorporando a un profesorado más capacitado
   - (B) Enseñando de una manera innovadora y positiva
   - (C) Prestando atención a la madurez de los estudiantes
   - (D) Aumentando el tiempo en que se imparte la instrucción

10. ¿Qué tienen en común las dos fuentes?
    - (A) El elogio de los éxitos obtenidos en toda América Latina
    - (B) Los resultados positivos de la enseñanza primaria
    - (C) Las discrepancias que existen en los métodos de diferentes países
    - (D) La preocupación por la enseñanza de las matemáticas

11. ¿Qué se puede declarar sobre la fuente escrita y la fuente auditiva?
    - (A) La fuente auditiva apoya las ideas sobre la importancia de las matemáticas.
    - (B) La fuente auditiva contradice algunas de las cifras que menciona la fuente escrita.
    - (C) La fuente escrita critica la postura de algunos países de la región y la fuente auditiva no lo hace.
    - (D) La fuente escrita rechaza la idea de que las matemáticas ayudan con la redacción de ensayos.

ACTIVIDAD 16
Tema curricular: Los desafíos mundiales
Fuente número 1
Primero tienes 4 minutos para leer la fuente número 1.

Introducción

El artículo a continuación trata de los retos que tiene que enfrentar la comunidad de Guna Yala, un paraíso turístico donde habitan los indígenas gunas. Proviene del portal del Banco Interamericano de Desarrollo.

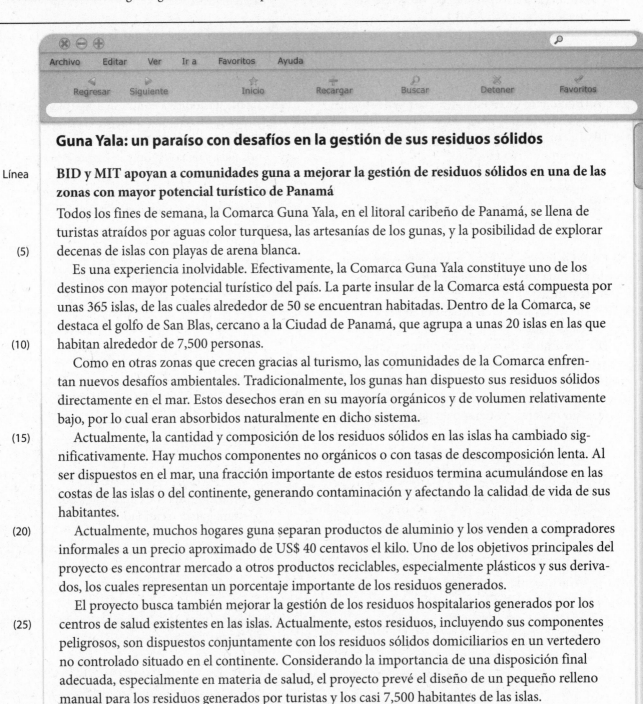

Guna Yala: un paraíso con desafíos en la gestión de sus residuos sólidos

Línea

BID y MIT apoyan a comunidades guna a mejorar la gestión de residuos sólidos en una de las zonas con mayor potencial turístico de Panamá

Todos los fines de semana, la Comarca Guna Yala, en el litoral caribeño de Panamá, se llena de turistas atraídos por aguas color turquesa, las artesanías de los gunas, y la posibilidad de explorar

(5) decenas de islas con playas de arena blanca.

Es una experiencia inolvidable. Efectivamente, la Comarca Guna Yala constituye uno de los destinos con mayor potencial turístico del país. La parte insular de la Comarca está compuesta por unas 365 islas, de las cuales alrededor de 50 se encuentran habitadas. Dentro de la Comarca, se destaca el golfo de San Blas, cercano a la Ciudad de Panamá, que agrupa a unas 20 islas en las que

(10) habitan alrededor de 7,500 personas.

Como en otras zonas que crecen gracias al turismo, las comunidades de la Comarca enfrentan nuevos desafíos ambientales. Tradicionalmente, los gunas han dispuesto sus residuos sólidos directamente en el mar. Estos desechos eran en su mayoría orgánicos y de volumen relativamente bajo, por lo cual eran absorbidos naturalmente en dicho sistema.

(15) Actualmente, la cantidad y composición de los residuos sólidos en las islas ha cambiado significativamente. Hay muchos componentes no orgánicos o con tasas de descomposición lenta. Al ser dispuestos en el mar, una fracción importante de estos residuos termina acumulándose en las costas de las islas o del continente, generando contaminación y afectando la calidad de vida de sus habitantes.

(20) Actualmente, muchos hogares guna separan productos de aluminio y los venden a compradores informales a un precio aproximado de US$ 40 centavos el kilo. Uno de los objetivos principales del proyecto es encontrar mercado a otros productos reciclables, especialmente plásticos y sus derivados, los cuales representan un porcentaje importante de los residuos generados.

El proyecto busca también mejorar la gestión de los residuos hospitalarios generados por los

(25) centros de salud existentes en las islas. Actualmente, estos residuos, incluyendo sus componentes peligrosos, son dispuestos conjuntamente con los residuos sólidos domiciliarios en un vertedero no controlado situado en el continente. Considerando la importancia de una disposición final adecuada, especialmente en materia de salud, el proyecto prevé el diseño de un pequeño relleno manual para los residuos generados por turistas y los casi 7,500 habitantes de las islas.

(30) El proyecto se encuentra en instancias iniciales de implementación. Hasta la fecha, se han realizado estudios de composición de residuos en las comunidades beneficiarias, se ha asesorado al personal de los centros de salud en materia de gestión de los residuos hospitalarios, y se está trabajando en identificar las rutas de reciclaje para los materiales reciclables que actualmente son desechados al mar.

(35) Este proyecto representa una muy buena oportunidad para mejorar la gestión de residuos en las islas del golfo de San Blas y aprovechar el potencial turístico de la zona con un enfoque de sostenibilidad.

Fuente número 2

🔊))) Tienes 2 minutos para leer la introducción y las preguntas.

Introducción

La grabación que vas a escuchar trata sobre el problema de las sustancias químicas y la contaminación producida por ellas. Fue transmitido en Radio de las Naciones Unidas y dura aproximadamente un minuto.

1. ¿Cuál es una razón por la cual se trata de mejorar el problema de los residuos sólidos?
   (A) Limitar su impacto en el resto del país
   (B) Preservar las atracciones turísticas
   (C) Hacer las islas más adecuadas para ser habitadas
   (D) Atraer mejores inversiones a la industria de la zona

2. ¿Por qué ha empeorado la situación de los residuos sólidos en la Comarca?
   (A) La descomposición de los desechos es totalmente imposible.
   (B) La proporción y las propiedades de los desechos es diferente.
   (C) El número de islas habitadas han eliminado las leyes establecidas.
   (D) El uso de los desechos para hacer otros productos no es lucrativo.

3. Según el artículo, ¿cuál es uno de los beneficios para los hogares que participan en el reciclaje?
   (A) Tiene un incentivo económico.
   (B) Ayuda a crear otros productos.
   (C) Influye en mejorar el sistema sanitario.
   (D) Reduce los precios de ciertos productos.

4. ¿Qué reto existe en los centros de salud en las islas?
   (A) Los empleados son incapaces de reciclar debidamente.
   (B) Los residuos peligrosos sobrepasan los residuos de los hogares.
   (C) No obedecen las leyes aprobadas por el gobierno.
   (D) No hay medios apropiados para deshacerse de los residuos.

5. Según la fuente auditiva, ¿cuál es el propósito de la reunión sobre los desechos peligrosos?
   (A) Decidir qué países participarán en un nuevo programa de la ONU
   (B) Reanudar con metas alcanzables la cooperación de los gobiernos del área
   (C) Cuestionar y analizar de nuevo los resultados de estudios recientes
   (D) Examinar y tratar de cumplir los objetivos previamente determinados

6. Según la fuente auditiva, ¿en que área pueden ser de importancia las sustancias químicas y la contaminación producida por ellas?
   (A) En la eliminación de la pobreza
   (B) En la erradicación de ciertas enfermedades
   (C) En el mejoramiento de los sistemas educativos
   (D) En el progreso de los estudios científicos

7. En la fuente auditiva, ¿qué parece empeorar la situación?
   (A) Residuos hospitalarios
   (B) Instrumentos plásticos
   (C) Aparatos tecnológicos
   (D) Productos radioactivos

8. Según el locutor, ¿qué países enfrentan el mayor riesgo de exposición a productos químicos?
   (A) Países en vía de desarrollo
   (B) Países sin metas específicas
   (C) Países productores de nuevas tecnologías
   (D) Países fabricantes de sustancias químicas

9. Según la fuente auditiva, ¿cuál es una de las razones por la cual estos países se ven más afectados?
   (A) Carecen del financiamiento necesario para evitar el peligro.
   (B) Desconocen el verdadero impacto de las sustancias peligrosas.
   (C) Ignoran cómo deshacerse de los productos químicos.
   (D) Rechazan participar en esfuerzos para mejorar la situación.

10. ¿Qué información tienen en común las dos fuentes?
    (A) Los avances científicos que han permitido la descomposición de los residuos
    (B) La obligación de los ciudadanos de participar en programas de reciclaje
    (C) Los pasos a seguir para la descomposición de los residuos sólidos
    (D) La necesidad de buscar una solución para deshacerse de la basura

ACTIVIDAD 17
Tema curricular: La belleza y la estética
Fuente número 1
Primero tienes 4 minutos para leer la fuente número 1.

Introducción

Los cambios en las campañas publicitarias en la industria de la moda es el tema del artículo a continuación. Fue escrito por Carmen Mañana y apareció en el periódico español *El País*.

La película de vender ropa

Línea "La industria de la moda, tal y como la conocíamos en los noventa, ya no existe, y los *fashion films* han desempeñado un papel determinante en su transformación, revolucionando
(5) la forma en la que la entendemos". Puede que esta afirmación parezca un tanto desmesurada, pero Nick Knight la defiende con argumentos incontestables. El fundador de ShowStudio, plataforma líder en el mercado de los cortos pro-
(10) mocionales, recuerda que, de Zara a Prada, no existe marca relevante que no se haya sumado a esta tendencia. El objetivo: explorar las posibilidades de un producto que, si bien continúa definiendo sus códigos, se ha distanciado de
(15) los anuncios tradicionales para satisfacer otras necesidades específicas de la era 2.0, tal y como recoge el documental *Fashion Film*, que Canal + estrena este viernes.

"Durante un siglo, todo giraba en torno a
(20) los desfiles privados. Solo una pequeña élite de periodistas y fotógrafos tenían acceso a las colecciones, que reinterpretaban para el público a través de sus revistas pasados cuatro meses. Ahora, los *fashion films*, que pueden producirse
(25) a partir de 5.000 euros, se han consolidado como la mejor herramienta para que grandes marcas y diseñadores emergentes muestren su mensaje sin intermediarios, casi al instante y en movimiento", resume Nico Montanari, del
(30) Berlin Fashion Film Festival.

"La publicidad clásica va dirigida al mercado de masas. Pero estos cortos ofrecen a los productos de lujo la posibilidad de transmitir su mensaje de una forma más sutil. Nos permite
(35) llegar a una audiencia global y, sobre todo, a una generación que está constantemente en la Red". El que habla así es Sidney Toledano, director general de Dior, una de las firmas que más intensamente ha abrazado el fenómeno, reclutando para sus minipelículas a realizadores (40) como David Lynch u Olivier Dahan (*La Vie en Rose*). No es un caso aislado: Roman Polanski rodó *A Therapy* (con Ben Kingsley y Helena Bonham Carter como protagonistas) para Prada en 2012; Sofia Coppola ha filmado *fashion films* (45) para H&M y Dior; y los hermanos Quay, para Comme des Garçons. Incluso Lena Dunham, creadora de la serie estadounidense *Girls*, acaba de facturar un corto para la diseñadora Rachel Antonoff. (50)

Contar con estos créditos parece una carambola estratégica perfecta, el siguiente nivel en la ciencia de la comunicación de marca. Porque, además de reforzar la imagen de la compañía y la notoriedad de la campaña, captan un extra de (55) atención mediática, según apunta el realizador Álvaro de la Herrán en el documental de Canal +.

Pero, en opinión de Knight, el sello hollywoodiense no es siempre sinónimo de éxito. De la misma forma que la fotografía de moda cons- (60) tituye una categoría al margen del periodismo gráfico, los *fashion films* presentan códigos y necesidades distintas de las del cine tradicional. "Se trata de acentuar la belleza de las prendas en movimiento, de crear piezas emotivas que (65) nos hagan desear poseer un objeto. Y uno de los fallos más comunes es empeñarse en darles una estructura narrativa. La ropa cuenta una historia por sí misma y modelos como Kate Moss y Karlie Kloss, mejor que muchas actrices, son (70) capaces de leerla y transmitirla".

Fuente número 2

🔊))) Tienes 2 minutos para leer la introducción y las preguntas.

Introducción

El siguiente *podcast* nos presenta la relación que existe entre el cine y la moda. Tamara León, una frecuente contribuidora al portal Trending Podcast, discute su impresión sobre el trabajo en estos dos campos. La grabación dura aproximadamente tres minutos.

1. Según el artículo, ¿qué han hecho las más conocidas marcas de moda últimamente?
   - (A) Han empezado a producir documentales sobre la industria.
   - (B) Han incorporado películas cortas en sus mensajes promocionales.
   - (C) Han conseguido grandes mejorías en la publicidad tradicional.
   - (D) Han establecido nuevas reglas para los anuncios publicitarios.

2. Según el artículo, ¿cuál es una ventaja del nuevo tipo de publicidad?
   - (A) Beneficia a los diseñadores principiantes.
   - (B) Aumenta el interés por los desfiles privados.
   - (C) Es rápido y va directamente al público.
   - (D) Es provechoso para los periodistas y fotógrafos.

3. ¿Qué proporcionan los cortos a la industria de moda?
   - (A) Dan a conocer a diseñadores nuevos
   - (B) Sirven de autobiografía de los diseñadores
   - (C) Reducen los gastos de la fabricación de productos
   - (D) Alcanzan a un público más numeroso

4. ¿Qué parece recomendar el artículo?
   - (A) Educar a la clientela sobre la moda
   - (B) Evitar demasiada narración
   - (C) Presentar historias ya conocidas
   - (D) Emular el cine tradicional

5. Según el artículo, ¿cómo es la relación entre el cine y la moda?
   - (A) El cine tiene una influencia dudable en la moda.
   - (B) Los diseñadores se apartan del cine lo más que pueden.
   - (C) El cine y la moda se complementan mutuamente.
   - (D) La moda se considera un arte mucho más sensato.

6. Según la fuente auditiva, ¿cuál es la importancia de la película *Fiebre de sábado por la noche*?
   - (A) Estableció una nueva manera de diseñar para el cine.
   - (B) Contribuyó considerablemente a la moda en ese momento.
   - (C) Demostró que la moda es incapaz de definir a una generación.
   - (D) Insinuó que es el personaje y no la moda lo que incita éxito.

7. Según la fuente auditiva, ¿cuál era el accesorio favorito del personaje Carrie Bradshaw?
   - (A) Las joyas
   - (B) Los vestidos
   - (C) El equipaje
   - (D) El calzado

8. Según la narradora, ¿qué distingue la cinta *Lo que el viento se llevó*?
   - (A) Representa exactamente la vestimenta de la época.
   - (B) Cambió la manera de representar un periodo histórico.
   - (C) Tuvo un gran impacto en los diseñadores durante varios años.
   - (D) Originó un gran debate sobre la autenticidad de la moda del periodo.

9. ¿Qué tienen en común las dos fuentes?
   (A) La inclusión de las diferentes perspectivas en cuanto al futuro de la moda
   (B) La alegación negativa a la duración de las películas recientes
   (C) Las referencias a los grandes directores y diseñadores
   (D) Las observaciones sobre el gran vínculo entre la moda y el cine

10. ¿Qué se puede confirmar sobre la fuente escrita y la fuente auditiva?
   (A) La fuente escrita establece las películas como medio de satisfacer las necesidades de la industria de la moda.
   (B) La fuente escrita hace hincapié en la falta de transformación de la industria de la moda.
   (C) La fuente auditiva expresa descontento con el constante uso de los logos de conocidos diseñadores.
   (D) La fuente auditiva compara adecuadamente a los directores de cine con los grandes diseñadores de moda.

ACTIVIDAD 18
Tema curricular: Los desafíos mundiales
Fuente número 1
Primero tienes 4 minutos para leer la fuente número 1.

Introducción
Este texto trata de los problemas que tienen que enfrentar los residentes de Lima, la capital de Perú. Proviene del sitio oficial del Banco Interamericano de Desarrollo.

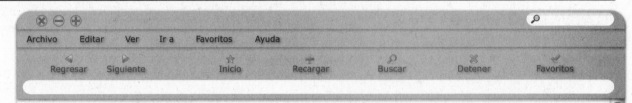

Agua en la desértica capital de Perú

Línea   Localizada en los valles de tres ríos en la costa desértica central de Perú en el océano Pacífico, Lima se reconoce por su clima templado —cálido a lo largo del año— y por ser una de las capitales más secas del mundo. En Lima llueve muy poco y su población —de casi nueve millones de personas, muchas de ellas pobres— necesita agua.

(5)   Al igual que muchas ciudades de América Latina, Lima tiene barrios marginados —denominados allí "pueblos jóvenes"— que crecen rápidamente y se expanden hacia las zonas más altas de las colinas circundantes. El acceso al agua en estas laderas secas y escarpadas es precario y las condiciones de vida son insalubres. Por esta razón, en consonancia con los Objetivos de Desarrollo del Milenio, el gobierno peruano creó el programa "Agua para todos" con el fin de contribuir a ampliar

(10)   y a mejorar los servicios de abastecimiento de agua y saneamiento en los pueblos jóvenes, así como en las zonas de bajos ingresos en otras grandes ciudades del país.

   En una evaluación realizada en 2010 sobre los tres primeros años se constató que el 83% de los hogares encuestados tenía inodoros y que el 70% contaba con conexiones de agua y desagüe instalados en el marco de la iniciativa.

(15)   La repercusión de estos programas en la salud de la población está claramente demostrada. El aumento del acceso a servicios de abastecimiento de agua y saneamiento mejora las condiciones de salud y económicas de la población. Según un informe de Naciones Unidas titulado "Análisis y evaluación mundial del abastecimiento de agua potable y saneamiento 2012", la diarrea, el cólera, la disentería, la fiebre tifoidea y algunas enfermedades respiratorias son prevenibles mediante el sumi-

(20)   nistro de agua potable y de un servicio adecuado de eliminación de aguas servidas. Al respecto, la Organización Mundial de la Salud informa que la mejora de las condiciones de saneamiento reduce en un tercio la tasa de mortalidad asociada a la diarrea, principalmente entre los niños menores de cinco años de los países en desarrollo.

   Por otra parte, la mejora de tales servicios contribuye al desarrollo económico cuando dismi-

(25)   nuye la incidencia de enfermedades, pues esto a su vez incrementa la productividad de las personas y contiene la demanda de servicios de salud. Este hecho es de particular importancia en Lima, ciudad que alberga dos tercios de la producción industrial de Perú, y por lo tanto debe contar con una fuerza laboral saludable.

   En el ámbito internacional, la inversión en agua y saneamiento ha generado un ahorro de U.S.

(30) $7.000 millones anuales para los organismos de salud y de U.S. $340 millones para los hogares,

según estimaciones de la OMS. Dicho ahorro permite que los gobiernos utilicen recursos públicos para otras iniciativas de desarrollo, y en esa medida en los pueblos jóvenes de Lima los hogares beneficiados —ahora más saludables y mejor protegidos— están contribuyendo de hecho al desarrollo económico y social general de Perú.

Fuente número 2

 Tienes 2 minutos para leer la introducción y las preguntas.

Introducción

La siguiente grabación es una entrevista con Óscar Rojas, un agrometeorólogo de la Organización de la ONU para la Alimentación y la Agricultura (FAO). Discute el peligro de las sequías. Fue transmitido por Radio de las Naciones Unidas y dura aproximadamente tres minutos.

1. Según el artículo, ¿qué aspecto contribuye a la falta de acceso al agua en Lima?
   (A) La falta de ayuda por parte del gobierno
   (B) La pobre infraestructura de la ciudad
   (C) El clima caluroso que prevalece
   (D) El lugar donde están situados los barrios

2. ¿Qué parece mostrar el estudio realizado en el año 2010?
   (A) Una mejora en la situación del abastecimiento del agua
   (B) Una reducción en el número de hogares con conexiones de agua
   (C) Una necesidad mayor de la que se esperaba
   (D) Una estabilización en el crecimiento de la población

3. Además de la economía, ¿qué otros sectores impactan la falta de agua?
   (A) Los sectores educacionales
   (B) Los sectores sanitarios
   (C) Los programas de suministro de vacunas
   (D) Los programas de ayuda psicológica para los niños

4. Según el artículo, ¿por qué es crítica la reducción de enfermedades en Lima?
   (A) Ayuda a reducir la contaminación del agua.
   (B) Provoca más interés en los estudios sobre la salud.
   (C) Causa abandono en la construcción de hospitales especializados.
   (D) Existe una necesidad de trabajadores sanos en el campo laboral.

5. Según el locutor Carlos Martínez en la fuente auditiva, ¿cómo se ve el futuro de las sequías?
   (A) Aumentarán pero solo en ciertas regiones del globo.
   (B) Serán más frecuentes y de mayor magnitud.
   (C) Serán menos frecuentes que las inundaciones y los terremotos.
   (D) Causarán pocos daños como resultado de la preparación.

6. Según Óscar Rojas en la fuente auditiva, ¿qué se ha observado en los últimos años con respecto al fenómeno de las sequías?
   (A) Ha tenido una gran propagación a través del mundo.
   (B) Ha causado la ruina de varias economías latinoamericanas.
   (C) Ha contribuido a mejorar la condición del medio ambiente.
   (D) Ha forzado a varios países a transformar el abastecimiento del agua.

7. ¿Qué recomienda Óscar Rojas a los países en riesgo de sequías cuando propongan políticas?
   (A) Deben ser apoyadas con considerables inversiones.
   (B) Deben ser las mismas para los países vecinos.
   (C) Tienen que considerar el índice de ocurrencia.
   (D) Tienen que incorporar entrenamiento para los habitantes.

8. ¿Por qué menciona la fuente auditiva a los Estados Unidos y África?
   (A) Porque el sistema de aviso temprano todavía no está perfeccionado en estas regiones
   (B) Porque el abastecimiento de agua en estas regiones está bien diseñado
   (C) Porque estas regiones ya comparten equipos de expertos que colaboran juntos
   (D) Porque ya existe un monitoreo de la situación en estas regiones

9. ¿Qué se puede afirmar sobre la fuente escrita y la fuente auditiva?
   (A) La fuente auditiva discute la sequía a nivel mundial.
   (B) La fuente auditiva discute el impacto de la sequía en la salud.
   (C) La fuente escrita solo discute los problemas y no las soluciones.
   (D) La fuente escrita contradice alguna de la información de la fuente auditiva.

10. ¿Qué tienen en común las dos fuentes?
    (A) La referencia a la poca atención que se le ha prestado al problema
    (B) La mención del impacto en la fuerza laboral a nivel mundial
    (C) El énfasis en el alarmante efecto de las sequías alrededor del mundo
    (D) El comentario sobre el efecto de la sequía en la infraestructura de las ciudades

ACTIVIDAD 19
Tema curricular: La ciencia y la tecnología
Fuente número 1

Primero tienes 4 minutos para leer la fuente número 1.

Introducción

El artículo a continuación apareció en el diario español *El País* y fue escrito por Javier Martín. Trata de las tendencias de los nuevos hábitos para mirar la televisión, las películas y otros medios de comunicación gracias a las nuevas tecnologías.

El televisor es para el salón y la tableta para la cama

Línea El televisor es para el salón, la radio para el comedor y las tabletas para el dormitorio. Son las conclusiones del barómetro anual de Motorola, que ya va por su cuarta edición. El
(5) estudio también destaca el enorme crecimiento del consumo de la imagen en todas las pantallas, que ha saltado de 15 horas semanales a 25 en un año. Mientras que las horas de vídeos suben de 5 a 6 horas, las de televisión saltan de 10 a 19
(10) horas.

Motorola Mobility (propiedad de Google) realiza el estudio entre 9.500 consumidores de 17 países. Uno de sus resultados es que el 36% de los encuestados ven programas de vídeo en
(15) su dormitorio, 46% los ven en *smartphone*, el 41% en tableta y el 36% en un televisor.

Más del 50% de los encuestados se ha descargado una película o un programa de televisión en un aparato móvil, y no solo para verlos en la
(20) cama o en el salón, pues un 16% de los propietarios de un *smartphone* y un 9% de los de una tableta reconocen que ven películas en el baño.

Otra de las conclusiones interesantes de este estudio internacional es que, cuando se trata de
(25) aparatos, no hay muchas diferencias de comportamiento entre un mexicano y un sueco. Prácticamente todos se comportan igual. La mitad de los mexicanos consultados miran sus tabletas en la cama, cuando en Suecia lo hace el
(30) 49%. En total, en el caso del dormitorio, el 36% ve la televisión, el 41% consulta la tableta y el 46% el *smartphone*.

El propietario de una tableta es el mayor consumidor de contenidos. Ve 6,7 horas de

películas a la semana, frente al 5,5 de los que no (35)
la tienen. El 80% del contenido de la tableta es grabado, frente al 65% del resto.

La segunda pantalla es otra de las tendencias crecientes. Si en el salón el 50% ve la televisión, un 40% lo hace con sus tabletas o móviles. Y va (40)
a ir a más, pues un 76% quiere mover automáticamente sus contenidos, sus películas, de un aparato a otro, lo que permite, por ejemplo, seguir viéndolas cuando van al baño o cocinan. Además el 68% de los consultados (75% de los (45)
norteamericanos), tienen aplicaciones para eliminar la publicidad cuando graban alguna película.

Respecto a los hábitos ante el televisor, un 77% graba programas para evitarse conflictos (50)
familiares con la programación en directo; el 72% graba todas las series; un tercio nunca ve lo que graba y el 50% no entra en redes sociales mientras miran la tele, sin embargo, entre los menores de 24 años, el 60% sí que lo hace. (55)

El resultado de Motorola choca con otro estudio de Rossetta realizado hace un año, enfocado únicamente al uso de la tableta dentro del hogar estadounidense. En este caso el resultado fue mayoritario para el salón, con el 81%, seguido (60)
del dormitorio (68%), estudio (41%), cocina (34%), comedor (25%) y baño (24%). Fuera de casa, el mayor uso de la tableta es durante el transporte (45%), seguido del trabajo (34%) y la escuela (18%). (65)

Fuente número 2

🔊))) Tienes 2 minutos para leer la introducción y las preguntas.

Introducción

La siguiente grabación de Tamara León, una contribuidora al portal Trending Podcast, trata de cómo han cambiado los hábitos de la locutora y algunos estudios que se han llevado a cabo sobre el tema de las nuevas tecnologías y los efectos que tienen en los seres humanos. La grabación dura aproximadamente tres minutos.

1. Según la fuente escrita, ¿qué ha demostrado el estudio que se menciona?
   - (A) Que los televidentes de ciertos países miran más televisión en la cama que en otros lugares
   - (B) Que la cantidad de horas mirando la televisión o películas ha aumentado considerablemente
   - (C) Que el consumo de la imagen en las pantallas puede tener un efecto positivo en las relaciones personales
   - (D) Que las nuevas tecnologías ofrecen opciones, pero muchas veces estas opciones son perjudiciales

2. En la fuente escrita, ¿cuál es la diferencia en el comportamiento de personas de diferentes países?
   - (A) Es bastante semejante.
   - (B) Varía según la edad.
   - (C) Depende del dispositivo usado.
   - (D) Está vinculado a la clase social.

3. Según la fuente escrita, ¿cuál es el dispositivo utilizado con más frecuencia en el dormitorio?
   - (A) El televisor
   - (B) La tableta
   - (C) El teléfono
   - (D) La computadora

4. Según la fuente escrita, ¿cuál parece ser una de las tendencias más prevalentes?
   - (A) Ver la televisión en la cama y sin publicidad
   - (B) Ver películas en la tableta
   - (C) Usar cada aparato para un objetivo en particular
   - (D) Usar un solo medio para consumir la imagen

5. Según la fuente auditiva, ¿qué es lo primero que hace ahora la narradora cuando se despierta?
   - (A) Busca cualquiera de los aparatos de las nuevas tecnologías.
   - (B) Enciende la televisión para que la ayude a abrir los ojos.
   - (C) Mira directamente a las lámparas para sentirse más alerta.
   - (D) Apaga las lámparas que había dejado encendidas durante la noche.

6. Según la fuente auditiva, ¿qué efecto tiene la luz en las personas?
   - (A) Impide la sensación de depresión.
   - (B) Es clave para mejorar el aprendizaje.
   - (C) Daña el estado mental de las personas.
   - (D) Previene la falta de sueño y descanso.

7. Según la fuente auditiva, ¿cuál fue el resultado del estudio que condujo la Universidad Johns Hopkins con respecto a los ratones que usaron en el estudio?
   - (A) Dormían demasiado a causa de estar expuestos a luz brillante.
   - (B) Participaban en las actividades, pero de manera demasiado lenta.
   - (C) Recordaban la mayoría de las tareas a las que los sometieron.
   - (D) Mostraban desinterés por ciertas comidas y actividades agradables.

8. ¿Cuál es una de las recomendaciones que ofrece la fuente auditiva?
   - (A) Asegurarse de dormir bastantes horas
   - (B) Usar lámparas que ofrezcan suficiente luz brillante
   - (C) Ajustar la intensidad de la luz según la actividad
   - (D) Asegurarse de disfrutar de la luz natural suficientemente

9. ¿A qué conclusión llega la fuente auditiva?
   (A) Dar prioridad al descanso
   (B) Limitar el tiempo en línea
   (C) Escoger actividades provechosas en línea
   (D) Disminuir el número de redes sociales

10. ¿Qué tienen en común ambas fuentes?
    (A) Resaltan el impacto de las nuevas tecnologías en los individuos.
    (B) Presentan las ventajas de limitar el uso de las nuevas tecnologías.
    (C) Contradicen las declaraciones de los expertos en el campo tecnológico.
    (D) Sugieren la necesidad de más estudios sobre el uso de dispositivos.

ACTIVIDAD 20
Tema curricular: Los desafíos mundiales
Fuente número 1

Primero tienes 4 minutos para leer la fuente número 1.

Introducción

Este artículo trata del impacto del calentamiento global en América Latina y los pasos necesarios para aliviar la situación. Apareció en el portal del periódico colombiano *El Tiempo*.

Informe dice que calentamiento global pasará factura a América Latina

Línea

Un estudio del organismo prevé que la región perderá US$ 100.000 millones para el 2050.

El impacto económico de uno de los problemas ambientales mundiales, el cambio climático, hará un hueco hondo en las finanzas de América Latina y el Caribe, según estudio realizado por el Banco Interamericano de Desarrollo (BID), la CEPAL y el Fondo Mundial para la Naturaleza.

(5)   El informe advierte que los daños anuales que se estiman por cuenta de la disminución del rendimiento agrícola, la desaparición de glaciares, las inundaciones, la sequía y otros eventos provocados por el calentamiento de la Tierra ascenderían a 100.000 millones de dólares para el 2050.

"La región debe aumentar dramáticamente sus inversiones en adaptación al cambio climático y la mitigación en las próximas décadas", advierte el estudio que será presentado en la Cumbre de la
(10)   Tierra Río+20.

Según el estudio, es más barato invertir para enfrentar estos impactos que esperar sus consecuencias en las próximas décadas.

El estudio señala que se requieren reducciones obligatorias de emisiones de gases efecto invernadero para evitar algunas de las consecuencias potencialmente catastróficas causadas por el cambio
(15)   climático a largo plazo.

"Es necesario reducir las emisiones de carbono per cápita a niveles acordes con los objetivos de estabilización del clima mundial", indica el informe.

Para eso, estima que los países deberán realizar inversiones anuales adicionales de 110.000 millones de dólares durante las próximas cuatro décadas.

(20)   **Pocas emisiones, pero...**

Si bien América Latina produce el 11 por ciento de las emisiones causantes del calentamiento global, la región es más vulnerable porque sus países dependen económicamente de las exportaciones de recursos naturales, por la red de infraestructura especialmente sensible a los fenómenos climáticos y por la presencia de áreas bioclimáticas críticas como la cuenca amazónica, el bioma
(25)   coralino del Caribe, los humedales costeros y frágiles ecosistemas montañosos.

En el continente, según el estudio, la temperatura se ha aumentado en dos grados centígrados, lo que ha provocado desórdenes en varios niveles, como en la agricultura, la exposición a enfermedades tropicales y cambios en los patrones de las precipitaciones pluviales, entre otros.

El informe hace referencia a un estudio reciente que estima que la región experimentará pérdidas
(30)   das de entre 30.000 millones y 52.000 millones de dólares en sus exportaciones agrícolas en 2050.

Además, llama la atención sobre México y Brasil, que tienen la mayor distribución de tierra apenas por encima del nivel del mar, lo que les hace vulnerables ante el aumento de este nivel.

Un aumento de un metro en el nivel del mar puede afectar 6.700 kilómetros de carreteras y causar inundaciones extensas y daño en las zonas costeras.

(35) Así las cosas, el estudio señala que las acciones de adaptación que se hagan pueden tener beneficios significativos en materia de desarrollo, desde seguridad alimentaria hasta mejoramiento de la calidad del aire y la reducción de la congestión vehicular.

"Las inversiones en adaptación son efectivas en términos de costos", dijo Luis Miguel Galindo, jefe de la Unidad de Cambio Climático de la Comisión Económica para América Latina y el Caribe

(40) (CEPAL).

Se doblarían emisiones de gases

Como consecuencia de continuar con las prácticas actuales

Si en los países de América Latina y el Caribe se continúa con las prácticas actuales, en el año 2050 la región aportará 9,3 toneladas de gases efecto invernadero por cada habitante, frente a 4,7 tonela-

(45) das per cápita que emite hoy en día.

Fuente número 2

🔊))) Tienes 2 minutos para leer la introducción y las preguntas.

Introducción

La grabación trata de la manera en que diferentes países toman medidas para adaptarse al cambio climático. Proviene de Tamara León, una frecuente contribuidora al portal Trending Podcast. La grabación dura aproximadamente tres minutos.

1. Según la fuente escrita, ¿cuál es una de las recomendaciones que hace el estudio?
   (A) Destinar más recursos económicos para disminuir el impacto de los eventos
   (B) Cooperar con los países de la región para compartir los recursos
   (C) Conducir más estudios para analizar la fuerza de los eventos desastrosos
   (D) Incorporar nuevas técnicas para aumentar el rendimiento agrícola

2. Según la fuente escrita, ¿por qué es considerada más delicada la región de América Latina?
   (A) Por la falta de interés por parte de los gobiernos del área
   (B) Por estar más predispuesta a los fenómenos climáticos
   (C) Por tener la necesidad de importar los principales recursos naturales
   (D) Por la insuficiencia de recursos disponibles para la adaptación a los cambios

3. En la fuente escrita, ¿qué ha ocasionado trastornos en el área?
   (A) Escasez de agua
   (B) Temperaturas más altas
   (C) Precipitaciones constantes
   (D) Aumento en producción agrícola

4. Según la fuente escrita, ¿qué afecta a que se vean en más peligro México y Brasil en comparación a otros países?
   (A) Las pocas ciudades bajo el nivel del mar
   (B) La abundancia de cadenas montañosas
   (C) El intolerante clima existente
   (D) El ascenso del nivel del mar

5. ¿Cuál de las siguientes afirmaciones resume mejor la fuente escrita?
   (A) Las inversiones estimularán la rendición agrícola y la exportación.
   (B) Las ganancias de las inversiones mejorará la condición de vida.
   (C) Las inversiones en la adaptación a los cambios tendrán un impacto positivo en diferentes áreas.
   (D) Los ecosistemas se pueden alterar para prevenir los daños, pero se necesita más tiempo para analizar los resultados.

6. Según la fuente auditiva, ¿qué medidas ha tomado la Ciudad de México para combatir los problemas ambientales?
   (A) Animar a la población a tomar transporte público
   (B) Ejercer control sobre la circulación de coches
   (C) Estimular el control de la población
   (D) Dictar las horas de circulación de autos

7. Según la fuente auditiva, ¿qué objetivo tiene la Red Verde Urbana de Quito?
   (A) Construir más parques en la ciudad
   (B) Emular los programas de sustento alimenticio
   (C) Aumentar el número de especies protegidas
   (D) Incrementar las áreas con vegetación

8. Según la fuente auditiva, ¿cómo se podrían caracterizar los esfuerzos de Alemania?
   (A) Ambiciosos
   (B) Inferiores
   (C) Arriesgados
   (D) Predecibles

9. ¿Qué tienen en común las dos fuentes?
   (A) El análisis de numerosos estudios cuyas conclusiones son definitivas
   (B) La mención de las posibles maneras para adaptarse al cambio climático
   (C) Las manifestaciones de indignación por parte de los ciudadanos
   (D) La inclusión de datos de estudios fiables durante los últimos años

Part B-2
Interpretive Communication: Audio Texts

In the AP® Spanish Language and Culture Examination, Part B includes both Print and Audio Texts (Combined) as well as Audio Texts on their own. However, for the purposes of this practice book, the exam's Part B has been divided into two parts, Part B-1: Print and Audio Texts (Combined) and Part B-2: Audio Texts.

In this portion of the AP® Spanish Language and Culture Examination, you will be tested on your ability to comprehend and interpret a variety of authentic audio materials chosen for their clarity, speed, diversity of regional accents, and speech patterns. The content of these audio selections relates to the curricular themes as set forth in the Curriculum Framework for the AP® Spanish Language and Culture Examination.

These audio segments will generally range from two to three minutes in length (although for practice purposes you may find some selections go slightly beyond three minutes) and are drawn from a number of sources including news broadcasts, interviews, conversations, presentations, and podcasts. Each segment is followed by multiple-choice questions that may ask you to identify the main idea of the segment and understand additional ideas, details, facts, conclusions, and inferences from the segment. These questions and the multiple-choice options appear in print.

When taking this portion of the exam, you will have a designated amount of time to read an introduction to the audio selection and then skim the questions that follow. Then you will listen to the audio selection. After listening the first time, you will have one minute to begin to answer the questions. You will then listen to the selection a second time. After that, you will have 15 seconds per question to finish answering the questions.

Because this section of the AP® exam emphasizes the honing of your listening skills, take the time to study and apply the listening strategies presented below. They will also be useful in several other parts of the exam: Part B-1, Part D, and Part E.

Strategies

1. **Determine the audio type.** This information is usually provided in the introduction to the segment. Knowing its format will help you anticipate the type of information you are about to hear. It could be a news report, an informational piece, a conversation, an interview, or a personal opinion or reflection.

2. **Follow a three-step listening process.** Practice for this section of the test can be described as a three-step process: before listening, listening, and after listening. As you become more proficient in the language and you enhance your listening comprehension skills, you will go through the process more quickly.

   - **Before listening:** Read the title and the introduction that precedes the audio selection and make predictions about what you are about to hear. Do you know anything about the theme? Start connecting thoughts to what you may already know about the subject. Remember that you can use some of the strategies you use in reading, such as reading the questions first, underlining key words, etc.

- **Listening:**
  —Be ready to determine the gist of what is being said. Remember you do not have to know every word to understand the selection. Do the people seem angry? Worried? Happy? Is it a news item? A dialogue? A narrative? An interview?

  —There may be sounds that will help you place the listening text in a specific context, such as traffic noise, crowd voices, laughter, etc.

  —Visualize scenes and images that relate to the audio as you listen: it will help you understand what you hear.

  —Focus on associations and connections (background knowledge) triggered by the audio.

  —Pay attention to details. Do the voices in the dialogues or interviews communicate a certain mood? Is a person trying to persuade, demand, complain, convey a message, etc.?

  —Derive meaning from the context. This will allow you to draw inferences.

  —Do not focus on words you do not understand: it is not very productive, as it will prevent you from fully understanding what is being said.

  —Take notes by jotting down key words and facts as you listen.

  —If you hear a proper name with which you are not familiar, write the initials or look at the questions so that you can easily identify the person who is mentioned.

- **After listening:** As you answer the multiple-choice questions, reflect back on what you heard and use the notes you took to help you reconstruct the main ideas and specific details of the segment.

3. **Scan the multiple-choice options for answers before listening.** You have the opportunity to look at the questions as well as the options before and while you are listening, and additional time is built in for you to preview the questions. This helps you know what to listen for. The questions are usually in the same order as the information in the selection. Again, with practice, you will learn to work more efficiently. You must develop your own style. Some students do better when they concentrate first on the selection; others find it easier to read the questions while they are listening. When looking at the options or the questions, highlight or underline proper names. This will help you sort out the different people in the conversation or narrative. Keep in mind that some questions require that you make inferences or predictions based on the information you have heard.

4. **Listen to authentic spoken Spanish.**
   - Beyond the classroom you should take any opportunity to listen to the radio, television, or podcasts. Usually TV news is easier to understand because you can make a connection between what you are hearing and the visuals. Soap operas come from different parts of the Spanish-speaking world, so you must give yourself time to become accustomed to the different accents and regionalisms. (You will hear different regional accents in the actual exam.) Your teacher may also provide you with different sources you may use to practice.
   - If you are not used to listening to authentic audios, you may start listening for a few minutes at a time and then increase the time as you become more comfortable. This will avoid frustration on your part.
   - Always take notes on what you hear to help you summarize or synthesize the information.

5. **Keep focused.** Finally, it is easy to lose interest or give up. Don't give up! If your mind wanders for a few seconds, concentrate again and keep listening. Sometimes the information is repeated, paraphrased, or explained further, so you may have the opportunity to gather more information about certain details later on in the selection.

The following practice activities (pp. 165–186) are arranged in order of increasing difficulty and are designed to give you practice in listening to and interpreting audio segments.

You have 1 minute to read the directions for this part.	Tienes 1 minuto para leer las instrucciones de esta parte.

| You will listen to several audio selections. For each audio selection, first you will have a designated amount of time to read the introduction and the questions. You will hear each selection twice. As you listen to each selection, you may take notes. Your notes will not be scored.

After listening to each selection the first time, you will have 1 minute to begin answering the questions; after listening to each selection the second time, you will have 15 seconds per question to finish answering them. For each question, choose the response that is best according to the audio and/or reading selection and mark your answer on your answer sheet. | Vas a escuchar varias grabaciones. Para cada grabación, primero vas a tener un tiempo determinado para leer la introducción y las preguntas. Vas a escuchar cada grabación dos veces. Mientras escuchas, puedes tomar apuntes. Tus apuntes no van a ser calificados.

Después de escuchar cada selección por primera vez, vas a tener 1 minuto para empezar a contestar las preguntas; después de escuchar por segunda vez, vas a tener 15 segundos por pregunta para terminarlas. Para cada pregunta, elige la mejor respuesta según la grabación o el texto e indícala en la hoja de respuestas. |

ACTIVIDAD 1
Tema curricular: Las familias y las comunidades

Primero tienes 1 minuto para leer la introducción y las preguntas.

Introducción
El informe a continuación discute el papel de la radio comunitaria en América Latina. Fue transmitido por Radio de las Naciones Unidas. La grabación dura aproximadamente tres minutos.

1. Según el informe, ¿cómo se considera la comunicación?
   (A) Como un negocio
   (B) Como un derecho básico
   (C) Como una herramienta para la resistencia
   (D) Como una muestra de la capacidad humana

2. ¿Qué distingue a las comunidades donde existe la radio comunitaria?
   (A) Solo se comunican en su lengua nativa.
   (B) Han sido olvidadas por la sociedad.
   (C) Representan la máxima pobreza.
   (D) Están geográficamente aisladas.

3. ¿Qué permiten las radios comunitarias?
   (A) Servir como el medio principal de comunicación
   (B) Proveer comunicación directa con los líderes comunitarios
   (C) Entrenar a futuros líderes políticos de la comunidad
   (D) Mantener las creencias religiosas en vigor

4. Según la presentadora, ¿quiénes son responsables de las emisiones de las radios comunitarias?
   (A) Personas con vastos conocimientos de tecnología
   (B) Los propios miembros de la comunidad
   (C) Maestros entrenados con este propósito
   (D) Estudiantes que quieren ser periodistas

5. ¿A qué se opone la última persona que habla?
   (A) A tener que pagar por la información
   (B) A establecer homogeneidad en la comunidad
   (C) A ser influenciada con ideas de fuera
   (D) A adaptar los avances modernos

ACTIVIDAD 2
Tema curricular: La vida contemporánea

🔊))) Primero tienes 1 minuto para leer la introducción y las preguntas.

Introducción

La grabación a continuación discute el turismo internacional. Proviene del programa *Puntos Cardinales* de Radio de las Naciones Unidas. La grabación dura aproximadamente tres minutos y medio.

1. Según la entrevista, ¿qué parece sorprendente con respecto al turismo internacional?
   - (A) Ha continuado en línea con la década anterior.
   - (B) Ha seguido aumentando pese a la crisis económica.
   - (C) Ya casi ha desparecido en Europa y Asia Pacífico.
   - (D) Ya casi ha llegado al nivel más bajo del año 2009.

2. Según Carlos Vogeler, ¿cuál es el área más visitada?
   - (A) Asia Pacífico
   - (B) Europa
   - (C) Oriente Medio
   - (D) Las Américas

3. Según la entrevista, ¿cómo ha sido el turismo internacional en las Américas?
   - (A) Ha excedido el promedio mundial.
   - (B) Está a la par de los países europeos.
   - (C) Se ha comportado igual que en Europa.
   - (D) Continúa el mismo índice que antes.

4. Según la entrevista, ¿a qué ha contribuido la crisis económica con respecto a los viajes internacionales?
   - (A) Los turistas no viajan a lugares muy lejanos.
   - (B) Los turistas no viajan a ciudades consideradas caras.
   - (C) Los turistas han encontrado lugares remotos y desconocidos.
   - (D) Los turistas han cambiado los hábitos de compras y estadía.

5. Según la entrevista, ¿qué proyecciones hay para el turismo internacional en las Américas en el año 2013?
   - (A) Se mantendrá al mismo nivel que el nivel internacional.
   - (B) Aumentará menos que el nivel mundial pero solo por poco tiempo.
   - (C) Bajará en todas partes porque la gente gastará menos.
   - (D) Estará en línea con los países del este del Oriente Medio.

6. ¿Qué pregunta sería la más apropiada para formular a Carlos Vogeler al final de la entrevista?
   - (A) ¿Por qué ha aumentado el interés por los países del Oriente Medio?
   - (B) ¿Cómo ha influenciado el turismo internacional los hábitos de los turistas?
   - (C) ¿Por cuánto tiempo piensa usted que durará esta prosperidad en el sector turístico?
   - (D) ¿Cómo se pueden conseguir reservas en lugares para larga estancia?

ACTIVIDAD 3
Tema curricular: La belleza y la estética

🔊))) Primero tienes 1 minuto para leer la introducción y las preguntas.

Introducción
La siguiente grabación trata de un importante acontecimiento durante la Exposición Internacional de París en el año 1937 cuando Francisco Franco era el caudillo de España. La grabación fue transmitida por Radio Nacional de España y dura aproximadamente dos minutos.

1. ¿Qué acontecimiento tuvo lugar durante la Exposición Internacional de París en 1937?
   (A) El comienzo de la guerra civil española
   (B) La primera vez que el público vio el cuadro de Picasso
   (C) Una gran celebración por parte del gobierno de Franco
   (D) La presentación de un premio al pabellón español

2. ¿Qué motivos tenía el gobierno republicano al pedirle a Picasso que pintara un cuadro?
   (A) Recibir el interés y la comprensión del público internacional
   (B) Revivir la fascinación por el arte español a nivel mundial
   (C) Honrar la obra de un reconocido artista español
   (D) Demostrar el impacto positivo de los republicanos en el arte

3. ¿Cuál parece ser un motivo por el cual Picasso demoró el trabajo?
   (A) Sus problemas personales
   (B) Su ideología política
   (C) La falta de materiales
   (D) La incapacidad de crear

4. ¿Qué sucedió dos meses antes de la exposición de París?
   (A) La mudanza de Picasso a la ciudad de Guernica
   (B) La renuncia por parte del gobierno a pagar por la obra
   (C) El memorable ataque a la ciudad de Guernica
   (D) Una reacción antagonista al papel de la religión

5. ¿Qué le sucedió al cuadro después de la exposición?
   (A) No pudo regresar a España.
   (B) No atrajo mucho interés.
   (C) Fue vendido a un museo neoyorquino.
   (D) Desapareció por muchos años.

6. ¿Qué permitió que el cuadro regresara a España?
   (A) Así lo había decidido el artista.
   (B) El gobierno español ya había pagado por él.
   (C) Los dos países compartían un convenio.
   (D) Había oposición a que se exhibiera en el extranjero.

ACTIVIDAD 4
Tema curricular: La ciencia y la tecnología

🔊))) Primero tienes 1 minuto para leer la introducción y las preguntas.

Introducción
Esta grabación trata del sonambulismo en los Estados Unidos y de cómo se manifiesta esta condición. La grabación proviene de un programa de Radio Nacional de España y dura aproximadamente tres minutos.

1. Según el informe, ¿cómo se puede describir la manera en la que el cine y la televisión presentan a los sonámbulos?
   (A) Ficticia
   (B) Dañina
   (C) Aceptable
   (D) Seductora

2. ¿Cuál es una de las peculiaridades que muestran los sonámbulos?
   (A) No pueden hablar.
   (B) No pueden abrir los ojos.
   (C) No pueden mover los brazos.
   (D) No pueden oír.

3. En el informe, ¿qué se recomienda que una persona haga si está en presencia de un sonámbulo?
   (A) Intentar inmovilizar los brazos a cualquier costo
   (B) Mantenerse en silencio para evitar actos peligrosos
   (C) Tratar de que la persona se acueste de nuevo
   (D) Remover cualquier mueble que le pueda hacer daño

4. ¿Cuál es la diferencia entre un sonámbulo y una persona que duerme bien?
   (A) El sonámbulo tiene habilidades extraordinarias.
   (B) El sonámbulo olvida lo que ha hecho.
   (C) La persona que duerme bien está consciente siempre.
   (D) La persona que duerme bien puede tener sueños agradables.

5. Según el presentador, ¿qué afirma el estudio llevado a cabo en los Estados Unidos?
   (A) Que los niños y los adolescentes nunca padecen de esta condición
   (B) Que los adultos son los que sufren más de esta condición
   (C) Que el sonambulismo se puede evitar fácilmente
   (D) Que el número de sonámbulos es bastante alto

6. ¿Qué parece aumentar los episodios de sonambulismo en una persona?
   (A) La soledad
   (B) La depresión
   (C) El insomnio
   (D) El ambiente

7. ¿Cuál es una de las recomendaciones que ofrece el *podcast*?
   (A) Acostumbrarse a acostarse a la misma hora
   (B) Evitar los tratamientos contra la depresión
   (C) Hacer ejercicio un poco antes de acostarse
   (D) Ir a la cama tan pronto como tenga sueño

ACTIVIDAD 5
Tema curricular: La vida contemporánea

🔊))) Primero tienes 1 minuto para leer la introducción y las preguntas.

Introducción

La grabación a continuación es parte de un diario que mantiene Damián López (Jamerboi), un argentino que habla de cómo nació su interés de viajar en bicicleta. El audio fue subido en Radioteca, un portal para el intercambio de audios, y dura tres minutos.

1. ¿Por qué decidió viajar en bicicleta Damián?
   (A) Ganaba muy poco dinero.
   (B) Necesitaba un descanso.
   (C) Era parte de su trabajo.
   (D) Beneficiaba sus estudios.

2. ¿Por qué fue difícil el primer viaje que hizo Damián?
   (A) Llevaba muy poca comida.
   (B) Tuvo inconvenientes con su bicicleta.
   (C) No conocía los lugares que atravesaba.
   (D) No estaba lo suficientemente preparado.

3. ¿Qué efecto tuvo su amigo suizo en su interés por los viajes?
   (A) Le causó un gran entusiasmo.
   (B) Aprendió la mejor manera de viajar.
   (C) Conoció la importancia de la amistad.
   (D) Comprendió el valor de ayudar a otros.

4. ¿Por qué fue duro el periodo de ocho años por el que pasó Damián?
   (A) Perdió todo el dinero que había ahorrado.
   (B) Le preocupaba mucho la crisis económica.
   (C) Tuvo que hacer muchos sacrificios.
   (D) Se vio forzado a dejar sus estudios.

5. ¿Por qué no se considera Damián un turista?
   (A) Porque su viaje es mucho más que pasajero
   (B) Porque él vive con los residentes de los lugares
   (C) Porque pasa mucho tiempo en cada lugar
   (D) Porque sufrió por la pérdida de su familia

6. ¿Cuál de las siguientes preguntas sería más apropiada para formular a Damián?
   (A) ¿Cuándo piensas regresar a la universidad para terminar tu doctorado en química?
   (B) ¿Por qué hiciste un viaje tan largo antes de comenzar el viaje que emprendes ahora?
   (C) ¿Qué recomendaciones le darías a una persona que quiera hacer lo que tú haces?
   (D) ¿Cómo te has beneficiado por llevar a algún familiar en tus viajes?

ACTIVIDAD 6
Tema curricular: La belleza y la estética

🔊))) Primero tienes 1 minuto para leer la introducción y las preguntas.

Introducción

El *podcast* a continuación trata de la industria de la publicidad. Fue transmitido originalmente por Radio 5 de Radio Nacional de España. La grabación dura aproximadamente tres minutos.

1. ¿Cuál es el propósito del *podcast*?
   (A) Criticar la manipulación por parte de la publicidad
   (B) Animar a los consumidores a prestar más atención a la publicidad
   (C) Discutir una nueva tendencia de hacer publicidad
   (D) Presentar la definición de la moda por los espectadores

2. Según el *podcast*, ¿qué nos muestra la publicidad?
   (A) Situaciones enigmáticas
   (B) Historias irracionales
   (C) Escenas de la vida diaria
   (D) Mundos utópicos

3. ¿Qué hacen las campañas publicitarias hoy en día?
   (A) Narran un cuento.
   (B) Usan experiencias personales.
   (C) Tratan de mentir al consumidor.
   (D) Desconciertan a los consumidores.

4. Según el reportero, ¿qué cambio se ve en el mundo de la publicidad?
   (A) Los anuncios son demasiados largos.
   (B) El uso de la magia es insultante.
   (C) La marca no es tan importante como antes.
   (D) La publicidad tradicional no es aconsejable.

5. ¿Cuál es la opinión del reportero sobre los métodos de publicidad que presenta?
   (A) Manipula al consumidor de un modo menos obvio.
   (B) Muestra más respeto por el intelecto del consumidor.
   (C) Son métodos que probablemente no van a durar mucho.
   (D) Son métodos que impresionan poco al consumidor.

ACTIVIDAD 7
Tema curricular: La ciencia y la tecnología

🔊))) Primero tienes 1 minuto para leer la introducción y las preguntas.

Introducción
La grabación a continuación ofrece información sobre las grasas trans en la dieta. Fue transmitida originalmente en Radio de las Naciones Unidas. La grabación dura aproximadamente tres minutos.

1. Según la grabación, ¿qué beneficios comerciales tienen las grasas parcialmente hidrogenadas?
   (A) Dan mejor sabor a la comida.
   (B) Hacen durar más la comida refrigerada.
   (C) Poseen más valor nutritivo.
   (D) Conservan los alimentos por más tiempo.

2. ¿Cuál es la opinión de Enrique Jacoby sobre las grasas trans?
   (A) Están más disponibles a la población con problemas cardiovasculares.
   (B) Se desconoce su verdadero impacto para la salud.
   (C) Son peores que el tabaco por causar una muerte más rápida.
   (D) Causan menos daños que otros alimentos a largo plazo.

3. Según la fuente auditiva, además de encontrar la grasa trans en los productos procesados, ¿dónde podemos encontrarlas también en menos cantidades?
   (A) En alimentos naturales
   (B) En bebidas dulces
   (C) En algunos medicamentos
   (D) En muchos condimentos

4. Según Enrique Jacoby, ¿quién tiene la responsabilidad de retirar las grasas trans del consumo popular?
   (A) Los políticos
   (B) Los fabricantes
   (C) Los consumidores
   (D) Los médicos

5. ¿Qué pregunta sería más apropiada para formular a Enrique Jacoby?
   (A) ¿Cuál es la razón por la que muchos estudios no tienen suficiente validez en este campo?
   (B) ¿Cuál ha sido el resultado de la eliminación de las grasas saturadas en la industria alimenticia?
   (C) ¿Qué pueden hacer los agricultores para promover cambios sensatos en la industria alimenticia?
   (D) ¿Por qué protegen las políticas actuales a los productores de alimentos con grasas trans?

6. Al querer obtener más información sobre el tema, ¿cuál de las siguientes publicaciones sería más apropiada?
   (A) *Enfermedades cardiacas hereditarias*
   (B) *La estructura de las proteínas*
   (C) *Cómo prevenir la desnutrición*
   (D) *Enfermedad cardiaca hipertensiva*

ACTIVIDAD 8
Tema curricular: Los desafíos mundiales

🔊))) Primero tienes 1 minuto para leer la introducción y las preguntas.

Introducción

El siguiente informe trata del impacto de las pequeñas y medianas empresas en la economía de América Latina y el Caribe. El informe apareció en el portal de Radio de las Naciones Unidas. La grabación dura aproximadamente tres minutos y medio.

1. Según la fuente auditiva, ¿qué opinan los expertos en la economía mundial sobre las empresas pequeñas y medianas?
   - (A) Que no se ha aprovechado su aporte
   - (B) Que no han recibido ayuda adecuada
   - (C) Que se han perjudicado a causa de la crisis económica
   - (D) Que se necesita formular políticas que las apoyen

2. Según la fuente auditiva, ¿qué son las PYMES?
   - (A) Políticas existentes en América Latina y el Caribe
   - (B) Empresas de poco tamaño o tamaño moderado
   - (C) Países participantes de la Unión Europea
   - (D) Mecanismos de protección para empresas pequeñas

3. Según Álvaro Calderón, ¿cuál es uno de los rasgos de las empresas pequeñas y medianas?
   - (A) Son muy sofisticadas.
   - (B) Son muy insignificantes.
   - (C) Son muy diversas.
   - (D) Son muy lucrativas.

4. Según la entrevista, ¿cuál es una de las recomendaciones que se encuentra en la resolución de la Cumbre de los jefes de estado?
   - (A) Que se impulse más colaboración con industrias grandes e internacionales
   - (B) Que se establezcan intercambios de expertos a nivel internacional
   - (C) Que se den a conocer mejor dentro del país antes de participar en el mercado mundial
   - (D) Que se incorporen resoluciones que favorezcan inversiones internacionales

5. Vas a dar una presentación que resume lo que escuchaste. ¿Cuál de los siguientes es el mejor título para tu presentación?
   - (A) "América Latina y el descuido de las empresas pequeñas y medianas"
   - (B) "América Latina y la vitalidad de las empresas pequeñas y medianas"
   - (C) "El impacto económico de la incorporación de las empresas pequeñas y medianas existentes"
   - (D) "Unidas pero separadas: las empresas pequeñas y medianas y sus retos para estimular la economía"

ACTIVIDAD 9
Tema curricular: Las identidades personales y públicas

🔊))) Primero tienes 1 minuto para leer la introducción y las preguntas.

Introducción

El siguiente reportaje habla del héroe medieval español Rodrigo Díaz de Vivar, conocido como el Cid Campeador, quien murió en el año 1099. Proviene del programa *En días como hoy* de Radio Nacional de España. La grabación dura aproximadamente tres minutos.

1. ¿De dónde proviene el nombre "Cid"?
   (A) De la palabra árabe *sayyid*
   (B) De una vieja leyenda medieval
   (C) Del nombre de una batalla
   (D) De la lengua castellana

2. ¿Qué hizo la viuda del Cid Campeador, doña Jimena Díaz de las Asturias?
   (A) Ordenó que enterraran al Cid en la Catedral de Burgos.
   (B) Pidió protección del sepulcro a los invasores musulmanes.
   (C) Mudó los restos del Cid a un monasterio en Burgos.
   (D) Decidió enterrar al Cid al lado de sus hijos.

3. ¿Qué hicieron los franceses al llegar a tierras españolas?
   (A) Ayudaron a restaurar muchas de las ciudades.
   (B) Celebraron su inesperada victoria.
   (C) Entregaron el sepulcro a los jefes militares españoles.
   (D) Destruyeron la tumba del Cid y la de su esposa.

4. ¿Qué les sucedió a los restos del Cid y su esposa?
   (A) Han sido dispersados por un sinnúmero de países.
   (B) Fueron prestados a un museo en Checoslovaquia.
   (C) Regresaron a España curiosamente intactos.
   (D) Fueron declarados Patrimonio Cultural Español.

5. Al escribir un informe sobre el mismo tema del informe, quisieras más información. ¿Cuál de los siguientes artículos sería más apropiado?
   (A) "Autógrafos inéditos del Cid y de Jimena en dos diplomas de 1098 y 1101"
   (B) "El primer testimonio cristiano sobre la toma de Valencia"
   (C) "La imagen del Cid en la historia, la literatura y la leyenda"
   (D) "Al-Andalus frente a la conquista cristiana: los musulmanes de Valencia, siglos XI–XIII"

ACTIVIDAD 10
Tema curricular: La belleza y la estética

🔊))) Primero tienes 1 minuto para leer la introducción y las preguntas.

Introducción
El siguiente informe discute la creatividad. Fue transmitido originalmente por Radio 5 de Radio Nacional de España. La grabación dura aproximadamente tres minutos.

---

1. Según el informe, ¿qué opinión se tiene de los creativos?
   (A) Que son vanidosos
   (B) Que son pesimistas
   (C) Que son enigmáticos
   (D) Que son atrevidos

2. Según el presentador, ¿cómo se muestra la gente ante la declaración de ser creativo?
   (A) Incrédula
   (B) Desesperada
   (C) Inquieta
   (D) Traicionada

3. ¿Cuál es la tesis que difunde Ken Robinson sobre la creatividad?
   (A) Que es superficial
   (B) Que es subestimada
   (C) Que se puede desarrollar
   (D) Que se puede transferir

4. ¿Con qué compara Ken Robinson aprender a ser creativo?
   (A) Con la timidez
   (B) Con el pensamiento
   (C) Con la inteligencia
   (D) Con la lectura

5. Según el informe, ¿qué hay que hacer para ser creativo?
   (A) Leer atentamente sobre personas creativas
   (B) Mirar las cosas con perspectivas diferentes
   (C) Tratar de solucionar problemas con datos
   (D) Rechazar la lógica como parte de la solución

6. ¿Qué es la creatividad según Ken Robinson?
   (A) Observar nuestros alrededores incesantemente
   (B) Actuar de manera compulsiva en todo momento
   (C) Aplicar nuestros conocimientos a nuevas situaciones
   (D) Poner en duda lo que nos parece auténtico

ACTIVIDAD 11
Tema curricular: La vida contemporánea

🔊))) Primero tienes 1 minuto para leer la introducción y las preguntas.

Introducción

En esta grabación el argentino Damián López (Jamerboi) habla sobre una tradición que él tiene con sus bicicletas. La grabación apareció en Radioteca, un portal para el intercambio de audios, y dura aproximadamente tres minutos.

1. ¿Cuál es la tradición que tiene Damián?
   - (A) Referirse a su bicicleta por su marca
   - (B) Nombrar sus bicicletas con nombres de sus novias
   - (C) Darles nombre femenino a sus bicicletas
   - (D) Hablarle a su bicicleta como si fuera un ser humano

2. ¿Qué sucederá si nombra una bicicleta con el nombre de su novia?
   - (A) No se sentirá a gusto si termina la relación.
   - (B) No podrá hablar de ella con sus familiares.
   - (C) No querrá echarle la culpa si tiene problemas.
   - (D) No le parece bien porque su bicicleta es muy vieja.

3. ¿Por qué tiene que ser la bicicleta robusta?
   - (A) Tiene que durar muchos años.
   - (B) Tiene que tolerar mucho peso.
   - (C) Tiene que parecer lujosa.
   - (D) Tiene que viajar a altas velocidades.

4. ¿Qué le gusta a Damián sobre Maira?
   - (A) Pesa muy poco.
   - (B) Se rompe infrecuentemente.
   - (C) Está acostumbrado a manejarla.
   - (D) Es fácil de mantener.

5. Si quisieras saber más sobre el tema, ¿cuál de las siguientes preguntas le harías a Damián?
   - (A) ¿Por qué ha subido tanto el precio de las bicicletas robustas?
   - (B) ¿Cuál ha sido el mayor reto en sus viajes en bicicleta?
   - (C) ¿Qué conocimientos lingüísticos tuvo que obtener para comunicarse?
   - (D) ¿Qué tipo de transporte usa cuando envía la bicicleta al próximo lugar?

ACTIVIDAD 12
Tema curricular: Los desafíos mundiales

🔊))) Primero tienes 1 minuto para leer la introducción y las preguntas.

Introducción

El siguiente reportaje fue transmitido por Radio de las Naciones Unidas. El informe describe un evento especial auspiciado por el Consejo Económico y Social, cuyo tema principal fue la juventud. La grabación dura aproximadamente tres minutos.

1. ¿Qué se destaca al principio del reportaje?
   - (A) La disminución del número de jóvenes que no siguen carreras científicas
   - (B) Las contribuciones de la juventud al desarrollo económico hoy en día
   - (C) La importancia de la participación de la juventud para efectuar cambios
   - (D) Las medidas adoptadas por la comunidad internacional para ayudar a los jóvenes

2. Según el reportaje, ¿qué caracteriza a la juventud de hoy?
   - (A) Su ambición por los estudios es mucho más fuerte que la de otras generaciones.
   - (B) Su número en el mundo es el más elevado que en cualquier otra época.
   - (C) Su interés por los problemas sociales ha disminuido.
   - (D) Sus preocupaciones son más bien por su propio bienestar.

3. Según el reportaje, ¿con qué propósito menciona Néstor Osorio a los científicos y a los empresarios de Internet?
   - (A) Para acentuar las contribuciones de los jóvenes
   - (B) Para reprochar los avances científicos y tecnológicos
   - (C) Para reconocer a otros que han ayudado a los jóvenes
   - (D) Para resaltar la importancia de los estudios superiores

4. Según el reportaje, ¿qué desventajas tienen los jóvenes?
   - (A) No poder inmigrar
   - (B) No poder encontrar empleo
   - (C) No tener oportunidades para carreras científicas
   - (D) No tener una preparación adecuada en las ciencias

5. Según el reportaje, ¿cuál es la importancia de educar a las mujeres?
   - (A) Levanta la autoestima de las chicas más jóvenes.
   - (B) Siempre recuerdan su misión como madres.
   - (C) Tiene un efecto estabilizador para la sociedad.
   - (D) Se convierten en modelos para otras.

6. ¿Con cuál de las siguientes afirmaciones estaría de acuerdo el Secretario General de las Naciones Unidas, Ban Ki-moon?
   - (A) El desempleo debe ser un motivo para reformar las políticas existentes.
   - (B) Los antiguos innovadores no deben desanimar a los jóvenes.
   - (C) La ciencia tiene que estar al alcance de todos los jóvenes.
   - (D) Las jóvenes deben explorar otras profesiones que no sean las ciencias.

ACTIVIDAD 13
Tema curricular: La vida contemporánea

🔊))) Primero tienes 1 minuto para leer la introducción y las preguntas.

Introducción

La grabación a continuación nos presenta las opiniones de Juan Pablo Arenas sobre la lengua y el machismo. Proviene del programa *El buscador de R5* de Radio Nacional de España. La grabación dura aproximadamente tres minutos.

1. ¿Qué opinión tiene el reportero sobre el machismo?
   (A) Que no tiene nada que ver con el lenguaje
   (B) Que no se originó como dicen los expertos
   (C) Que la lingüística distingue la connotación de las palabras
   (D) Que se puede comparar sin duda a objetos ordinarios

2. ¿Cuál fue la causa de la desaparición del tercer género en latín?
   (A) La falta de necesidad
   (B) La confusión que causaba
   (C) El paso del tiempo
   (D) El significado dudoso

3. ¿Qué enfatiza el narrador sobre la lengua en el pasado?
   (A) Se definía según su provecho.
   (B) Se mantenía bastante estable.
   (C) No evolucionaba muy rápidamente.
   (D) No había reglas formales.

4. ¿Por qué menciona el reportero las diferentes palabras que han cambiado de género?
   (A) Para enfatizar la evolución natural de la lengua
   (B) Para burlarse de los cambios absurdos
   (C) Para demostrar la nobleza del lenguaje
   (D) Para antagonizar a los radioyentes

5. ¿Qué se insinúa erróneamente sobre las lenguas que no marcan el género?
   (A) Que en esos lugares la lengua no evolucionaría
   (B) Que en esos lugares no habría machistas
   (C) Que su valor lingüístico ha disminuido
   (D) Que su riqueza se ve amenazada

ACTIVIDAD 14
Tema curricular: Las identidades personales y públicas

🔊))) Primero tienes 1 minuto para leer la introducción y las preguntas.

Introducción

La grabación a continuación discute el referéndum que convocó Francisco Franco para averiguar si los españoles apoyaban su Ley de Sucesión. Apareció en el portal de Radio Nacional de España y proviene del programa *En días como hoy*. La grabación dura aproximadamente dos minutos y medio.

1. Según la grabación, ¿qué le gustaba a Francisco Franco?
   - (A) Que las leyes se ajustaran a los acontecimientos
   - (B) Que todos estuvieran de acuerdo con él
   - (C) Que los españoles sintieran que tenían una voz
   - (D) Que el referéndum fuera bien interpretado

2. ¿Cómo reaccionaron los españoles a la encuesta de Franco sobre constituir en España un reino católico?
   - (A) Con un poco de desconfianza
   - (B) Con una firme aprobación
   - (C) Con muchas preguntas
   - (D) Con bastante ansiedad

3. ¿Por qué se veía la Ley de Sucesión como un chiste?
   - (A) Porque se había aprobado varias veces
   - (B) Porque se creía que el régimen duraría muy poco
   - (C) Porque no se habían tenido en cuenta los antecedentes históricos
   - (D) Porque no había en realidad una monarquía

4. Las personas que votaron en el referéndum, ¿por qué lo hicieron?
   - (A) Se sentían intimidados.
   - (B) Rechazaban un reino católico.
   - (C) Creían en la participación democrática.
   - (D) Trataban de cambiar el curso de la historia.

5. ¿Cómo fue la respuesta de los españoles a ese referéndum?
   - (A) Pocos manifestaron interés en el verdadero significado de la propuesta.
   - (B) Menos de la mitad de los ciudadanos participaron.
   - (C) Un número muy alto de votantes expresó su opinión en la encuesta.
   - (D) Muchos pusieron en duda las intenciones del gobierno.

ACTIVIDAD 15
Tema curricular: Los desafíos mundiales

))) Primero tienes 1 minuto para leer la introducción y las preguntas.

Introducción

El siguiente reportaje trata de los desplazados (*displaced persons*) en Colombia. Apareció en el portal del Banco Interamericano de Desarrollo. La grabación dura aproximadamente tres minutos y medio.

1. ¿Cuál fue la causa por la que tuvo que mudarse José a Bogotá?
   - (A) La pérdida de su trabajo
   - (B) La guerra dentro del país
   - (C) El interés por mejorar su situación económica
   - (D) El deseo de estar con su familia

2. ¿Cómo es considerada Colombia a nivel mundial con respecto a los desplazados?
   - (A) Es uno de los primeros países en atacar el problema.
   - (B) Ha cooperado con otros países para controlar el problema.
   - (C) Ha entrenado a trabajadores sociales para tratar a los desplazados.
   - (D) Es el país con la peor situación dado el número.

3. ¿Por qué no tienen oportunidad de recibir los beneficios del gobierno los desplazados?
   - (A) Por no estar inscritos
   - (B) Por no tener una dirección
   - (C) Por no conocer los beneficios
   - (D) Por no saber qué hacer

4. ¿Cuál es uno de los problemas que existe con respecto a los desplazados?
   - (A) No hacen mucho esfuerzo para conseguir trabajo.
   - (B) No tienen una dirección determinada.
   - (C) No quieren recibir ayuda del gobierno.
   - (D) No saben usar correctamente los celulares.

5. ¿Para qué están usando los celulares con los desplazados?
   - (A) Para saber dónde están a toda hora
   - (B) Para contactarlos en caso de emergencia
   - (C) Para informarlos sobre sus derechos
   - (D) Para mantenerse en contacto con su familia

6. ¿Cuál es una de las recomendaciones del estudio del BID que se menciona en el reportaje?
   - (A) Invertir en la educación
   - (B) Incorporar más tecnología
   - (C) Sacarle provecho a la fuerza laboral
   - (D) Aumentar los beneficios a los pobres

ACTIVIDAD 16
Tema curricular: Los desafíos mundiales

🔊))) Primero tienes 1 minuto para leer la introducción y las preguntas.

Introducción

El siguiente informe habla sobre las ideas de algunos jóvenes en América Latina y el Caribe. Proviene del portal del Banco Interamericano de Desarrollo. La grabación dura aproximadamente dos minutos.

---

1. ¿Cuál es el propósito del informe?
   - (A) Hacer un llamado a la juventud para que se involucre en programas comunitarios
   - (B) Exponer la originalidad de los jóvenes con el propósito de mejorar su comunidad
   - (C) Cuestionar la efectividad de varios programas comunitarios en manos de jóvenes
   - (D) Aclarar el papel de la creatividad y la innovación en el desarrollo social

2. Según el informe, ¿qué idea tuvo Ernesto Argüello hace diez años?
   - (A) Construir un determinado número de escuelas
   - (B) Organizar a jóvenes para que pudieran innovar
   - (C) Instruir a la comunidad sobre las innovaciones recientes
   - (D) Proveer hogares en barrios sumamente pobres

3. ¿Con qué propósito fundó Rhona Díaz una empresa?
   - (A) Para impulsar el uso de los recursos de la naturaleza
   - (B) Para ayudar a la comunidad a reciclar la basura
   - (C) Para sembrar huertos que proporcionen los alimentos necesarios
   - (D) Para restablecer los esfuerzos contra la pobreza en Panamá

4. Según la presentadora, ¿cuál es el propósito de la Jazz Jaus?
   - (A) Analizar las serias condiciones de los peruanos
   - (B) Fomentar la creatividad productiva
   - (C) Transformar la comunidad de bajos recursos
   - (D) Protestar contra la pobreza de la comunidad

5. ¿Qué afirma el experto en neurociencia Estanislao Bachrach?
   - (A) Que los participantes necesitan reflexionar después del seminario
   - (B) Que solo hay un corto periodo de tiempo para ejecutar las ideas
   - (C) Que es importante anotar las ideas antes de que desaparezcan
   - (D) Que muchas veces los estudios impiden llevar a cabo las ideas

ACTIVIDAD 17
Tema curricular: Los desafíos mundiales

🔊))) Primero tienes 1 minuto para leer la introducción y las preguntas.

Introducción

El reportaje a continuación discute los accidentes de tráfico y un programa que se implantó en Cataluña, España. Fue transmitido por Radio de las Naciones Unidas. La grabación dura aproximadamente dos minutos y medio.

1. ¿Cuál es el propósito del reportaje?
   - (A) Describir las medidas para evitar los accidentes de tráfico a través de España
   - (B) Criticar las leyes de tráfico en ciertas regiones españolas
   - (C) Analizar el comportamiento de los conductores españoles
   - (D) Presentar un estudio que evalúa el impacto social y económico de los accidentes

2. Según la entrevista, ¿cuál es uno de los efectos que se omitió en el estudio?
   - (A) Económicos
   - (B) Sociales
   - (C) Sanitarios
   - (D) Políticos

3. Según la entrevista, ¿por qué son importantes las medidas implementadas en Cataluña?
   - (A) Pueden adoptarse en otros lugares.
   - (B) Disminuyó el número de multas.
   - (C) El público participó en el planeamiento de las medidas.
   - (D) Toman en consideración la edad de los conductores.

4. En la entrevista, ¿cuál es un aspecto que enfatiza la reportera con respecto a las medidas implementadas?
   - (A) Que no causan ninguna molestia a los conductores
   - (B) Que no interfieren con los derechos de los individuos
   - (C) Que ayudan a reducir el consumo de drogas y alcohol
   - (D) Que permiten reconocer a los conductores prudentes

5. ¿Cuál de las preguntas a continuación sería la más apropiada para hacérsela a la autora del informe Anna García-Altés?
   - (A) ¿Cuál es el uso del dinero ahorrado cuando se salvan vidas?
   - (B) ¿Cuántos centros hospitalarios participan en el programa?
   - (C) ¿Cómo han reaccionado en general los conductores de Cataluña?
   - (D) ¿Por qué usa el informe la frase "muertes prematuras"?

ACTIVIDAD 18
Tema curricular: Los desafíos mundiales

🔊))) Primero tienes 1 minuto para leer la introducción y las preguntas.

Introducción

El siguiente reportaje trata de los retos de los empleadores. Apareció en el portal del Banco Interamericano de Desarrollo. La grabación dura aproximadamente dos minutos y medio.

1. ¿Qué problema tienen los empresarios encuestados en el estudio que se discute?
   (A) Proveer entrenamiento adecuado a los empleados jóvenes
   (B) Cooperar con las instituciones educativas
   (C) Encontrar a trabajadores bien formados
   (D) Hallar a jóvenes que tengan ambición para tener éxito

2. Según el experto, ¿qué les falta a los técnicos que necesitan las empresas?
   (A) Cierto nivel de destrezas necesarias
   (B) Total compromiso con las empresas
   (C) Buenos modales
   (D) Suficiente interés

3. ¿Qué dice el reportaje sobre la educación de los jóvenes en América Latina?
   (A) No reciben suficiente contenido técnico en las escuelas.
   (B) No muestran el mismo nivel de curiosidad que antes.
   (C) No continúan a menudo los estudios superiores.
   (D) No es dictada por un profesorado capacitado.

4. ¿Qué se puede confirmar sobre el estudio del BID?
   (A) Hay una brecha entre la educación de jóvenes de diferentes sexos.
   (B) Se desconoce la verdadera calidad de los programas educativos.
   (C) Se critica la manera en que los jóvenes se comunican a diario.
   (D) Existe una disparidad entre el sistema educativo y el campo laboral.

5. Según uno de los expertos, ¿sobre qué conceptos no tienen conocimiento los jóvenes?
   (A) Sobre la educación tradicional
   (B) Sobre la necesidad de tener confianza en sí mismos
   (C) Sobre lo que representa tener un empleo
   (D) Sobre lo que significa seguir las reglas

6. ¿Qué hizo el señor Gastón Acurio?
   (A) Comenzó un programa de entrenamiento físico para los jóvenes.
   (B) Estableció escuelas de gastronomía para los que no tenían recursos.
   (C) Proveyó los recursos financieros necesarios para educar a la población.
   (D) Proporcionó consejeros para resaltar las exigencias del mercado laboral.

7. ¿Cuál es una crítica que presenta el experto al final del informe?
   (A) El sector privado no aporta lo suficiente.
   (B) La creatividad no se fomenta lo suficiente.
   (C) La calidad del currículo es irregular.
   (D) El sistema educativo no ha cambiado.

ACTIVIDAD 19
Tema curricular: La ciencia y la tecnología

🔊))) Primero tienes 1 minuto para leer la introducción y las preguntas.

Introducción

La grabación a continuación discute la extracción de las células madre (*stem cells*) y un descubrimiento que hicieron unos científicos franceses. La grabación proviene de un programa de Radio Nacional de España y dura aproximadamente tres minutos.

1. Según el reportaje, ¿qué han podido lograr unos científicos franceses del Instituto Pasteur?
   - (A) Obtener nuevos métodos para tratar ciertas enfermedades
   - (B) Revitalizar los estudios abandonados de las células madre
   - (C) Analizar el comportamiento de células madre de cadáveres
   - (D) Extraer células madre de personas que han muerto

2. ¿Qué han hecho después de dar con este descubrimiento?
   - (A) Hacer renacer las células
   - (B) Detener la duplicación de las células
   - (C) Mejorar el medio en que crecen las células
   - (D) Hacer que las células sobrevivan más tiempo

3. ¿Qué otro descubrimiento sobre las células madre hicieron los científicos del Instituto Pasteur?
   - (A) Que no se podían usar para ciertos tratamientos de la leucemia
   - (B) Que no morían cuando una persona fallecía
   - (C) Que poseían cualidades desconocidas hasta ahora
   - (D) Que tenían un tiempo limitado para sobrevivir

4. Según el presentador, ¿qué distinguen a las células madre obtenidas de la piel?
   - (A) No poseen los atributos necesarios.
   - (B) No sobreviven fuera del órgano.
   - (C) Solo se pueden usar para trasplantes a pacientes con leucemia.
   - (D) Solo se pueden obtener después de un proceso bastante complicado.

5. ¿Cuál es el mejor lugar de donde se pueden extraer las células madre?
   - (A) De células usadas anteriormente
   - (B) De los músculos saludables
   - (C) De los huesos
   - (D) Del cabello

6. ¿Qué declara el informe sobre las células madre obtenidas de embriones?
   - (A) Son muy difíciles de extraer.
   - (B) Su uso es muy limitado.
   - (C) Viven solo un corto tiempo.
   - (D) Hay oposición a su uso.

7. Tienes que dar una presentación sobre el tema. ¿Cuál de los siguientes artículos sería apropiado citar?
   - (A) "Terapia genética prometedora contra leucemia en adultos"
   - (B) "Científicos crean células madre humanas a través de clonaciones"
   - (C) "Nueva terapia evita uso de fármacos en trasplante de hígado"
   - (D) "Bancos de células madre: ¿Vale la pena permitir inversiones extranjeras?"

ACTIVIDAD 20
Tema curricular: Las familias y las comunidades

🔊))) Primero tienes 1 minuto para leer la introducción y las preguntas.

Introducción

La siguiente grabación trata de la celebración del Día de los Muertos y del Día de Todos los Santos en San Cristóbal, México. Fue trasmitida por la estación de radio Moriche 95.5 FM. La grabación dura aproximadamente tres minutos y medio.

1. Según la presentadora, ¿en qué se diferencia la celebración del primero y del dos de noviembre?
   (A) Un día se va a los panteones y el otro a las capillas.
   (B) El primer día se usa para la decoración de las tumbas.
   (C) Cada día celebran a difuntos de diferentes edades.
   (D) El segundo día se cree que las almas regresan a la tierra.

2. Según el reportaje, ¿cuál es una de las tradiciones en las casas más antiguas de la ciudad?
   (A) Tienen reuniones familiares para celebrar al difunto.
   (B) Decoran con los colores favoritos del difunto.
   (C) Hacen una construcción para conmemorar al difunto.
   (D) Rezan para purificar el alma del difunto.

3. ¿Por qué se usan flores de tres diferentes colores?
   (A) Cada una representa a un ser humano.
   (B) Las tres saludan la llegada del difunto al más allá.
   (C) Cada una tiene un propósito específico según la edad del difunto.
   (D) Las tres aseguran que el difunto sea recordado por la eternidad.

4. ¿Por qué tienen siete escalones los altares?
   (A) Representan diferentes etapas de la vida del difunto.
   (B) Indican la posición social de la persona que ha muerto.
   (C) Conmemoran la relación del difunto con sus familiares y parientes.
   (D) Son los pasos por los que atraviesa el difunto antes de descansar.

5. ¿Por qué se pone un vaso de agua en uno de los escalones?
   (A) Por si el difunto tiene necesidad de beber
   (B) Por si el difunto necesita purificar su alma
   (C) Representa la luz que necesita el alma.
   (D) Representa el paso de la tierra al cielo.

6. Según el reportaje, ¿qué podemos afirmar acerca de la celebración?
   (A) Es muy elaborada y meticulosa.
   (B) Se remonta a la antigüedad.
   (C) Es motivo de desesperación.
   (D) Tiene un fondo pagano.

ACTIVIDAD 21
Tema curricular: Las familias y las comunidades

🔊))) Primero tienes 1 minuto para leer la introducción y las preguntas.

Introducción
La siguiente grabación es de una entrevista con Aurora Carrillo Gullo, una mujer que trabaja en el área de la educación en Colombia. La grabación proviene del portal de RFI en español y dura aproximadamente tres minutos y medio.

1. ¿Cuál es el propósito de la entrevista?
   (A) Presentar un programa educativo de mucho éxito
   (B) Presentar un estudio de las comunidades vulnerables
   (C) Presentar la situación actual del sistema educativo
   (D) Presentar los efectos de la tecnología en la educación

2. Según la entrevista, ¿qué efecto ha tenido "Transformemos educando" en los participantes?
   (A) Han sido entrenados para enseñar a otros.
   (B) Han ayudado a parar el conflicto armado.
   (C) Han aprendido a leer y a escribir.
   (D) Han creado nuevas empresas para la comunidad.

3. Según la locutora, ¿quiénes se benefician del sistema "Transformemos educando"?
   (A) Personas que trabajan en instituciones educacionales
   (B) Personas que han residido fuera del país
   (C) Personas que no tienen acceso a la tecnología
   (D) Personas que no han continuado su educación

4. ¿Por qué se encuentra Aurora Carrillo Gullo en París?
   (A) Para recibir un homenaje
   (B) Para recaudar fondos
   (C) Para implementar el programa
   (D) Para presentar una conferencia

5. ¿A qué se refiere Aurora Carrillo Gullo cuando dice "estamos en deuda"?
   (A) Al dinero que los gobiernos del área no han podido pagar a los bancos
   (B) Al abandono de los jóvenes por parte de las instituciones educativas
   (C) A la falta de protección en los conflictos armados
   (D) A la necesidad de proveer una educación adecuada

6. ¿A qué se refiere Aurora Carrillo Gullo cuando dice "una versión renovada de la alfabetización"?
   (A) A que los métodos de aprendizaje deben incluir la tecnología
   (B) A que la educación debe ir más allá de la educación básica
   (C) A que los objetivos de la metodología deben permanecer como en el pasado
   (D) A que la adquisición de una educación básica representa el éxito del programa

7. Si quisieras presentarles la información a tus compañeros, ¿cómo titularías la presentación?
   (A) "La educación no es la única solución"
   (B) "Actuar con creatividad no es suficiente para seguir adelante"
   (C) "La población vulnerable puede triunfar a través de la educación"
   (D) "La transformación educativa es posible con la ayuda gubernamental"

8. ¿Cuál sería la pregunta más pertinente para hacerle a Aurora Carrillo Gullo?
   (A) ¿Cuánto tienen que pagar los participantes?
   (B) ¿Qué planes tiene la organización para tener un impacto más notable?
   (C) ¿Qué efectos ha tenido el sistema en los conflictos armados del país?
   (D) ¿Qué retos teme encontrar en París?

ACTIVIDAD 22
Tema curricular: Las identidades personales y públicas

🔊))) Primero tienes 1 minuto para leer la introducción y las preguntas.

Introducción
Esta grabación presenta cómo los tribunales (*magistrate courts*) han llegado a castigar a varios dictadores argentinos que cometieron atrocidades durante la dictadura de 1976 a 1983. La grabación se trasmitió en el programa *En días como hoy* de Radio Nacional de España y dura aproximadamente tres minutos y medio.

1. ¿Qué le sucedió al dictador Jorge Rafael Videla?
   - (A) Fue condenado a muchos años en prisión.
   - (B) Fue sentenciado al exilio perpetuo.
   - (C) Fue obligado a devolver a las familias los niños robados.
   - (D) Fue torturado por los crímenes ocurridos durante su presidencia.

2. ¿De dónde obtenían los militares a los niños que se robaban?
   - (A) De miembros del gobierno anterior a la dictadura
   - (B) De las mujeres prisioneras que estaban embarazadas
   - (C) De los muchos orfanatos que habían surgido en el país
   - (D) De las familias que habían abandonado a sus hijos

3. ¿Quiénes recibían a los niños que se robaban?
   - (A) Familias extranjeras
   - (B) Mujeres incapaces de procrear
   - (C) Tribunales protectores de las familias
   - (D) Partidarios del régimen

4. Según la fuente auditiva, ¿por qué tiene importancia la sentencia?
   - (A) Ayudará a cambiar las leyes sobre los derechos humanos.
   - (B) Mostrará al mundo la tenacidad de la dictadura.
   - (C) Posibilitará dar a conocer el nombre de otros militares.
   - (D) Permitirá continuar con las investigaciones de otros casos.

5. ¿Qué son las Abuelas de Plaza de Mayo?
   - (A) Un grupo que lucha por encontrar a los familiares desaparecidos
   - (B) Un grupo que combate los abusos a las mujeres argentinas
   - (C) Un grupo que protege los derechos de los huérfanos
   - (D) Un grupo que apoya el gobierno para efectuar cambios en las leyes

6. Según la fuente auditiva, ¿por qué se menciona al ganador del Premio Cervantes Juan Gelman?
   - (A) Escribió para denunciar los crímenes de la dictadura.
   - (B) Fue condenado a pasar varios años en exilio.
   - (C) Su familia fue víctima del robo sistemático de bebés.
   - (D) Su nieta participó en las declaraciones en contra del régimen.

7. ¿Cuándo se reunió Juan Gelman de nuevo con su nieta Macarena?
   - (A) Cuando ella regresó a Uruguay
   - (B) Cuando ella ya era adulta
   - (C) Cuando ella salió de la cárcel hace poco
   - (D) Cuando ella decidió revelar su identidad

SECTION II
FREE RESPONSE

Part C
Interpersonal Writing: E-mail Reply

In this portion of the AP® Spanish Language and Culture Examination, you will be tested on your ability to read an e-mail prompt and write a formal response to it. You will have 15 minutes to read the e-mail and write your e-mail in reply. The content of the e-mails you read relates to the curricular themes as set forth in the Curriculum Framework for the AP® Spanish Language and Culture Examination.

Because this section of the AP® exam emphasizes the honing of your reading and writing skills, take the time to study and apply the writing strategies presented below.

Strategies

1. **Define the task.** Read the e-mail prompt carefully so that you know what the e-mail is asking you to do. Find the questions you need to answer and identify something in the message about which you can ask for details. Underline key words and phrases. At times you may see a list with items you need to address. Other times the questions or the information requested is embedded inside a paragraph. It will be to your advantage to number the items you need to address. That way, you will make sure that you respond to each part of the task.

2. **Study the format and language of the e-mail prompt.** Your response will be of a similar length and level of address. You will use **usted** or **ustedes** forms, along with courtesy expressions in your reply. (See item 4.) When using **usted** or **ustedes** forms, remember to be consistent with your verb forms, subject pronouns, possessive adjectives, indirect object pronouns, and reflexive pronouns.

3. **Organize your ideas.** Once you have organized your thoughts, you can use them to create a clear and organized e-mail, not just respond to the questions.

4. **Use the appropriate vocabulary.** As you write, remember that formal e-mails often require specific types of formulaic language. Make use of some of the following expressions.

- **To greet:**
  —(Muy) Estimado(a) señor / señora
  —(Muy) Estimados(as) señores / señoras

- **To refer to what has already been said:**
  —Muchas gracias por…
  —Con referencia a… / Con respecto a…
  —Le agradezco…
  —Como ya sabe…
  —He recibido / Acabo de recibir su…
  —Tengo entendido que…
  —Según la información que solicita…

- **To present information:**
  —Antes que nada…
  —Adjunto…

—Para darle una idea de…

—Quisiera informarle que…

—Es importante que usted sepa que…

—Como se imaginará… / Como se puede imaginar…

—En primer / segundo lugar, etc.…

—Finalmente…

—En contestación a su correo electrónico del [fecha]…

- **To make polite requests:**

  —Por favor… / Haga el favor de…

  —Se lo agradecería si…

  —Si usted pudiera / quisiera…

  —Me gustaría que me dijera / me informara sobre…

  —Le pido que…

  —Si fuera posible…

- **To conclude:**

  —A la / En espera de (la información)…

  —No dude en… / No deje de… / No olvide de…

  —Le / Les ruego me confirme(n)…

- **To sign off:**

  —Atentamente,

  —Saludos,

  —Un saludo,

  —Se despide,

  —Le saluda (cordialmente),

  —Un cordial saludo,

  —Respetuosamente,

  —Reciba(n) un saludo,

  —Cordialmente,

  —Esperando su pronta respuesta,

  —Un afectuoso saludo,

5. **As you write, monitor your work.** You may wonder how many words you should include in your response. There is not a set number of words you need to include. Rather, you should concentrate on making sure you address all the questions or requests for information. Don't forget that you are also being asked to request further information or ask questions. Try to stay within the topic. If you decide to include information that does not directly addresses what is being asked of you, you will not have enough time to complete the task. Always cross out the questions or instructions in the original e-mail as you complete each item you need to include in your response. Often a student's score is lowered because he or she has not included answers to all the information that is requested.

6. **After you finish writing, check your work for completeness and accuracy.** Always allow enough time to go over what you have written. Double check that you have included all the information requested and that you have completed all the items that were mentioned in the original e-mail. Don't forget to reread your work to review:

- subject and verb agreement
- noun and adjective agreement

- use of tenses
- consistent use of possessive adjectives and pronouns
- use of the preterite and the imperfect
- use of the indicative and the subjunctive
- sequence of tenses in **si** clauses
- accent marks
- capitalization, punctuation, and consistency of style throughout

7. **Learn how your work will be evaluated.** Become familiar with how your teacher scores the e-mail reply and/or the scoring guidelines that will be used to evaluate this part of the exam. This will allow you to know beforehand what is expected of you. If your teacher gives you a score for an e-mail, go back to the scoring guidelines and determine why you received that score. This will also help you to improve in those areas in which you may be lacking the skills you need to succeed in this task.

The following practice activities (pp. 192–216) are arranged in order of increasing difficulty and are designed to give you practice in reading and responding to e-mail messages.

You will write a reply to an e-mail message. You will have 15 minutes to read the message and write your reply.	Vas a escribir una respuesta a un mensaje electrónico. Vas a tener 15 minutos para leer el mensaje y escribir tu respuesta.
Your reply should include a greeting and a closing and should respond to all the questions and requests in the message. In your reply, you should also ask for more details about something mentioned in the message. Also, you should use a formal form of address.	Tu respuesta debe incluir un saludo y una despedida, y debe responder a todas las preguntas y peticiones del mensaje. En tu respuesta, debes pedir más información sobre algo mencionado en el mensaje. También debes responder de una manera formal.

ACTIVIDAD 1
Tema curricular: Las identidades personales y públicas

Introducción

Has recibido el siguiente mensaje electrónico porque te inscribiste en una lista para trabajar como voluntario(a) en el Centro Latino. La señora Montes, directora del Centro Latino, te ha escrito este mensaje.

De: María Eugenia Montes

Asunto: Voluntariado en el Centro Latino

Estimado(a) futuro(a) voluntario(a):

Gracias por haber mostrado interés en formar parte del grupo de voluntarios del Centro Latino. Somos una organización no lucrativa y dependemos de personas como usted para respaldar nuestros esfuerzos. Uno de los servicios principales que ofrecemos a través de los voluntarios es la enseñanza del inglés como segundo idioma. También ofrecemos entrenamiento laboral, traducción de documentos y apoyo para la integración legal y cultural a la comunidad estadounidense.

El programa de voluntariado es muy flexible. Puede trabajar un horario fijo semanal o un horario flexible, según su disponibilidad. Puede enseñar una clase de inglés o simplemente acompañar a una familia inmigrante a una cita médica o para ir de compras. Por favor, infórmenos sobre el área en que le gustaría trabajar y por qué. Indíquenos cuándo y con qué frecuencia quiere ayudar. También infórmenos sobre su nivel de español e indique si tiene experiencia previa de voluntariado con hispanohablantes. No dude en enviarme cualquier pregunta que tenga.

Quedo a la espera de su respuesta para que pronto se una a nuestro equipo. Estoy segura de que será muy gratificante y quizá una experiencia que le cambie la vida.

Atentamente,
María Eugenia Montes
Directora del Centro Latino

ACTIVIDAD 2
Tema curricular: La vida contemporánea

Introducción

El siguiente mensaje electrónico es de David Alba, director de la Escuela de Surf Santander. Has recibido este mensaje porque vas a estar en Santander este verano y pediste más información sobre sus cursos.

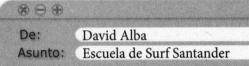

De: David Alba

Asunto: Escuela de Surf Santander

Estimado(a) surfista:

Gracias por su solicitud de inscripción en los cursos de la Escuela de Surf Santander. Ofrecemos cursos de una o dos semanas para estudiantes de diferentes niveles. Los cursos tienen lugar en una hermosa playa de la bahía de Santander, en el norte de España. Debido a que está orientada al mar abierto, la playa recibe buenas olas durante todo el año, lo cual resulta ideal para hacer surf.

El alojamiento, el transporte y el desayuno están incluidos en el precio del curso. Los estudiantes se alojan en habitaciones de cuatro camas. Para asignarlo(la) a un grupo compatible con sus intereses, necesitamos la siguiente información:

—Primero infórmenos sobre su experiencia y nivel de surf.

—También describa brevemente su personalidad, su disposición para hospedarse con otros estudiantes y algunas de las cualidades que busca en sus compañeros(as) de cuarto.

Esperamos su pronta respuesta para inscribirlo(la) en nuestro curso de surf. Aquí estamos por si necesita más información.

¡A coger olas!

Atentamente,
David Alba
Director
Escuela de Surf Santander

ACTIVIDAD 3
Tema curricular: La ciencia y la tecnología

Introducción

El siguiente mensaje electrónico es del señor Noel Torres, el presidente de la Asociación de Padres Latinos de tu colegio. Tú y tus compañeros han recibido este mensaje porque el señor Torres quiere obtener la opinión de los estudiantes.

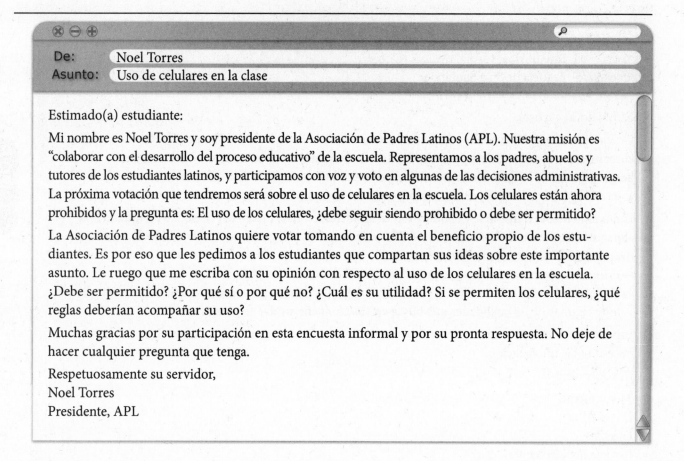

De: Noel Torres

Asunto: Uso de celulares en la clase

Estimado(a) estudiante:

Mi nombre es Noel Torres y soy presidente de la Asociación de Padres Latinos (APL). Nuestra misión es "colaborar con el desarrollo del proceso educativo" de la escuela. Representamos a los padres, abuelos y tutores de los estudiantes latinos, y participamos con voz y voto en algunas de las decisiones administrativas. La próxima votación que tendremos será sobre el uso de celulares en la escuela. Los celulares están ahora prohibidos y la pregunta es: El uso de los celulares, ¿debe seguir siendo prohibido o debe ser permitido?

La Asociación de Padres Latinos quiere votar tomando en cuenta el beneficio propio de los estudiantes. Es por eso que les pedimos a los estudiantes que compartan sus ideas sobre este importante asunto. Le ruego que me escriba con su opinión con respecto al uso de los celulares en la escuela. ¿Debe ser permitido? ¿Por qué sí o por qué no? ¿Cuál es su utilidad? Si se permiten los celulares, ¿qué reglas deberían acompañar su uso?

Muchas gracias por su participación en esta encuesta informal y por su pronta respuesta. No deje de hacer cualquier pregunta que tenga.

Respetuosamente su servidor,
Noel Torres
Presidente, APL

ACTIVIDAD 4
Tema curricular: Las familias y las comunidades

Introducción

El siguiente mensaje electrónico es de la señora Zulema Rojas Espinoza, la directora de un programa de intercambio en Chile. Has recibido este mensaje porque tú y tus padres solicitaron participar como familia anfitriona. La organización siempre le pide información preliminar al (a la) estudiante y luego a los padres.

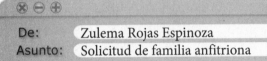

De: Zulema Rojas Espinoza

Asunto: Solicitud de familia anfitriona

Estimado(a) estudiante:

Muchas gracias por su interés y por estar dispuesto(a) a recibir a un estudiante de secundaria chileno por un año. Será una maravillosa experiencia para toda la familia.

Antes de seleccionar a su familia como anfitriona, debemos considerar una serie de factores para poder emparejar a cada estudiante con la familia idónea. Es por eso que solicitamos que nos escriba con la siguiente información:

—Brevemente explique las principales razones que le motiva a ser familia anfitriona.

—Describa los pasatiempos y actividades de interés de la familia y de usted en particular (deportes, artes, etc.).

—Indique cualquier otra experiencia que usted y su familia hayan tenido como anfitriones de estudiantes de intercambio.

Después de recibir su respuesta y evaluarla, nos pondremos en contacto. El siguiente paso será completar una solicitud y realizar una entrevista. Naturalmente, en cualquier momento del proceso, con gusto le doy respuesta a todas sus dudas e inquietudes.

Cordialmente,
Zulema Rojas Espinoza
Directora
Organización Chilena de Intercambio Estudiantil

ACTIVIDAD 5
Tema curricular: Los desafíos mundiales

Introducción

Has recibido el siguiente mensaje electrónico porque el consejo estudiantil de tu colegio está organizando un concierto benéfico y tú le pediste al grupo musical Café que participara. Pablo Vidal, el cantante principal de la banda, te ha escrito este mensaje.

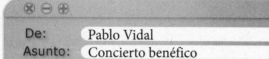

De: Pablo Vidal
Asunto: Concierto benéfico

Estimado(a) estudiante:

En nombre de la banda Café, acepto la invitación al concierto benéfico que se realizará en su colegio el próximo 15 de octubre. Todos los músicos de la banda creemos firmemente en contribuir al bienestar social de la comunidad, así que aportaremos nuestro grano de arena y tocaremos por una hora sin remuneración.

Debo admitir que no conozco el programa de asistencia social al que se ayudará por medio de este concierto. Desearía que me escribiera con mayor información sobre el programa social y por qué decidió el consejo estudiantil ayudar a este programa en particular. No se olvide de mencionar a quiénes beneficia y el impacto que el programa tiene en la comunidad, así como el resultado que ustedes esperan lograr a través del concierto.

Espero que el tiempo y el talento que la banda Café brindará al evento ayude a alcanzar sus metas. También espero que nuestra presencia anime a todos los jóvenes a participar activamente en el mejoramiento de la sociedad. Envíeme cualquier pregunta que tenga sobre nuestro grupo o el concierto.

En espera de su respuesta, reciba un atento saludo,
Pablo Vidal
Banda Café

ACTIVIDAD 6
Tema curricular: La vida contemporánea

Introducción
Has recibido el siguiente mensaje electrónico de Federico Ibáñez, director de un programa de mentores en tu comunidad. Como has mostrado interés en el programa, debes enviar información para que el comité de selección evalúe tu solicitud.

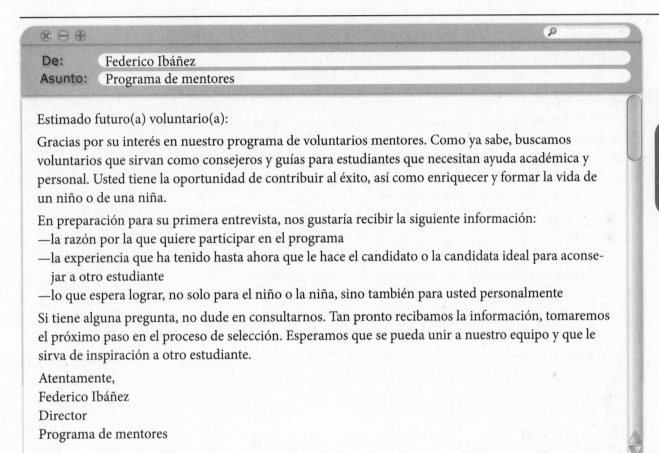

De: Federico Ibáñez
Asunto: Programa de mentores

Estimado futuro(a) voluntario(a):

Gracias por su interés en nuestro programa de voluntarios mentores. Como ya sabe, buscamos voluntarios que sirvan como consejeros y guías para estudiantes que necesitan ayuda académica y personal. Usted tiene la oportunidad de contribuir al éxito, así como enriquecer y formar la vida de un niño o de una niña.

En preparación para su primera entrevista, nos gustaría recibir la siguiente información:
—la razón por la que quiere participar en el programa
—la experiencia que ha tenido hasta ahora que le hace el candidato o la candidata ideal para aconsejar a otro estudiante
—lo que espera lograr, no solo para el niño o la niña, sino también para usted personalmente

Si tiene alguna pregunta, no dude en consultarnos. Tan pronto recibamos la información, tomaremos el próximo paso en el proceso de selección. Esperamos que se pueda unir a nuestro equipo y que le sirva de inspiración a otro estudiante.

Atentamente,
Federico Ibáñez
Director
Programa de mentores

ACTIVIDAD 7
Tema curricular: Las familias y las comunidades

Introducción

Has recibido el siguiente mensaje electrónico porque mostraste interés en trabajar en el programa extraescolar de una escuela primaria bilingüe. El señor Blanco, director del programa, te ha escrito este mensaje.

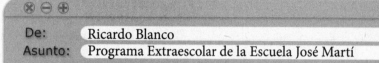

De: Ricardo Blanco

Asunto: Programa Extraescolar de la Escuela José Martí

Estimado(a) candidato(a):

Agradezco su interés en formar parte de nuestro equipo de instructores de actividades extraescolares. En este momento estamos en busca de dos personas dinámicas y entusiastas con vocación para la enseñanza de niños pequeños. Ofrecemos trabajo a tiempo parcial en horario de tarde (de 3:15 p. m. a 5:15 p. m.). El Programa Extraescolar tiene lugar en las aulas de la Escuela José Martí y actualmente cuenta con 60 participantes entre las edades de 6 y 10 años.

Antes de programar una entrevista, le ruego que me escriba con las respuestas a las siguientes preguntas:

—¿Qué prefiere enseñar: deporte, música, arte o computación? Por favor, explique el motivo de su preferencia. También diga cuánta experiencia tiene en ese campo.

—¿Qué cualidades posee para trabajar con niños entre 6 y 10 años?

—¿Se siente cómodo(a) enseñando en inglés y español? Recuerde que esta es una escuela bilingüe.

En caso de tener dudas o preguntas, por favor no deje de incluirlas en su respuesta.

Estaremos en contacto.

Atentamente,
Ricardo Blanco
Director, Programa Extraescolar
Escuela José Martí

ACTIVIDAD 8
Tema curricular: La ciencia y la tecnología

Introducción

Has recibido el siguiente mensaje electrónico porque eres usuario(a) de un servicio de video en línea. La portavoz de la compañía, Clara Cárdenas, te ha escrito este mensaje.

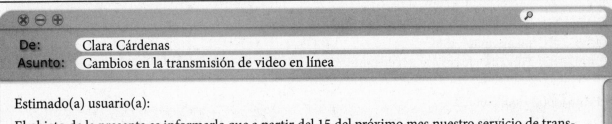

De: Clara Cárdenas
Asunto: Cambios en la transmisión de video en línea

Estimado(a) usuario(a):

El objeto de la presente es informarle que a partir del 15 del próximo mes nuestro servicio de transmisión de video en línea dejará de ser gratuito. Por más de un año nuestra compañía ha ofrecido a miles de usuarios de Internet acceso a películas y programas de televisión sin ningún costo al consumidor. Desafortunadamente, no podemos continuar brindando un servicio gratuito.

Estamos evaluando dos modelos de pago. El primero es pagar por el tiempo que dure la transmisión, y el segundo es un plan de pago mensual para la transmisión de videos sin límite. Puesto que su opinión y su reacción son muy importantes para nosotros, le suplicamos que nos escriba informando cuál de los dos modelos de pago prefiere y por qué. También díganos si continuará utilizando nuestro servicio tan pronto como deje de ser gratuito y si hay algunas mejoras en nuestro sitio web que podamos ofrecerle para retener su lealtad.

Valoramos su opinión y esperamos contar con usted entre nuestros futuros clientes. Estamos a sus órdenes para cualquier pregunta, comentario o sugerencia que tenga.

Atentamente,
Clara Cárdenas
Videomagia

ACTIVIDAD 9
Tema curricular: La vida contemporánea

Introducción

Has recibido el siguiente mensaje electrónico porque solicitaste una beca para estudiar una carrera universitaria en Argentina. El señor Osvaldo, director del programa de becas, te ha escrito este mensaje.

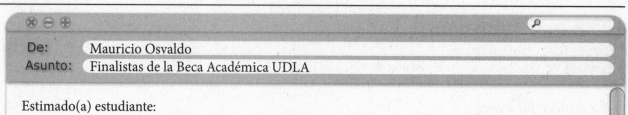

De: Mauricio Osvaldo

Asunto: Finalistas de la Beca Académica UDLA

Estimado(a) estudiante:

Reciba nuestras felicitaciones por haber sido seleccionado(a) entre los diez finalistas para la Beca Académica UDLA. ¡Enhorabuena! Como usted sabe, esta beca cubre la totalidad de la matrícula de la universidad, asistencia médica y un estipendio mensual de mantenimiento de cinco mil pesos.

En el pasado realizábamos las entrevistas por medio de Internet, pero por dificultades causadas por problemas técnicos y por la diferencia horaria entre los países, este año decidimos pedirles a los finalistas que respondan a las preguntas de la entrevista por escrito. Por favor, envíenos un mensaje con la siguiente información lo antes posible:

—la razón por la que quiere estudiar en Argentina

—lo que lo (la) diferencia personal y académicamente de los demás estudiantes

El Comité de Becas de UDLA tendrá en cuenta su información así como también su desempeño académico, motivación personal y cartas de referencia. Le avisaremos de la decisión final dentro de quince días.

No vacile en incluir cualquier pregunta que tenga sobre la beca, el proceso de selección o la universidad.

¡Mucha suerte!

Cordialmente,

Mauricio Osvaldo

Director, Programa de Becas UDLA

ACTIVIDAD 10
Tema curricular: Las familias y las comunidades

Introducción
El siguiente mensaje electrónico es de Natalia Castro, administradora de la red social que utilizas. Has recibido este mensaje porque le habías enviado una queja.

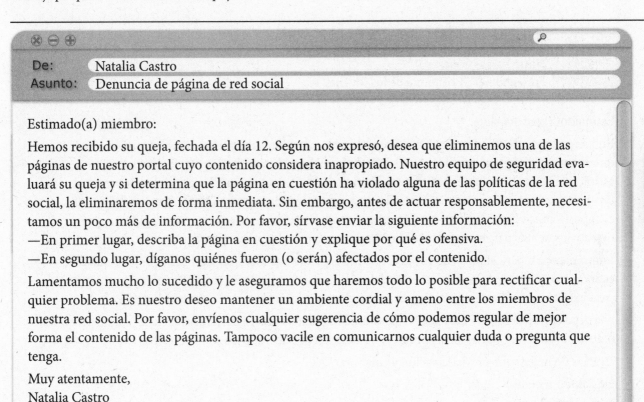

De: Natalia Castro

Asunto: Denuncia de página de red social

Estimado(a) miembro:

Hemos recibido su queja, fechada el día 12. Según nos expresó, desea que eliminemos una de las páginas de nuestro portal cuyo contenido considera inapropiado. Nuestro equipo de seguridad evaluará su queja y si determina que la página en cuestión ha violado alguna de las políticas de la red social, la eliminaremos de forma inmediata. Sin embargo, antes de actuar responsablemente, necesitamos un poco más de información. Por favor, sírvase enviar la siguiente información:

—En primer lugar, describa la página en cuestión y explique por qué es ofensiva.

—En segundo lugar, díganos quiénes fueron (o serán) afectados por el contenido.

Lamentamos mucho lo sucedido y le aseguramos que haremos todo lo posible para rectificar cualquier problema. Es nuestro deseo mantener un ambiente cordial y ameno entre los miembros de nuestra red social. Por favor, envíenos cualquier sugerencia de cómo podemos regular de mejor forma el contenido de las páginas. Tampoco vacile en comunicarnos cualquier duda o pregunta que tenga.

Muy atentamente,
Natalia Castro
Administradora

ACTIVIDAD 11
Tema curricular: Los desafíos mundiales

Introducción

El siguiente mensaje electrónico es del señor Jaime Vargas Yépez, coordinador de un foro en línea de economía. Has recibido este mensaje porque aceptaste su invitación para participar en dicho foro.

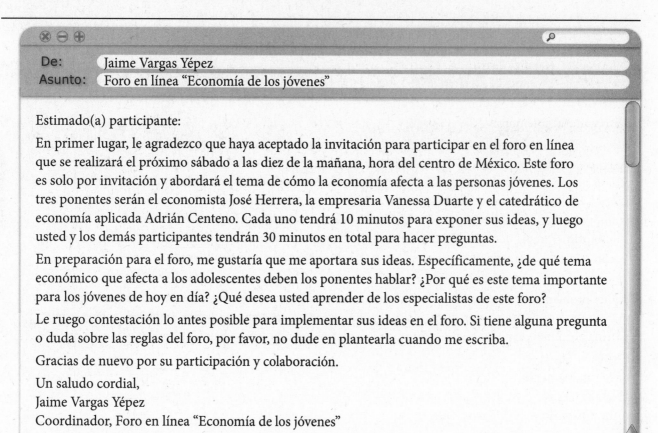

De: Jaime Vargas Yépez

Asunto: Foro en línea "Economía de los jóvenes"

Estimado(a) participante:

En primer lugar, le agradezco que haya aceptado la invitación para participar en el foro en línea que se realizará el próximo sábado a las diez de la mañana, hora del centro de México. Este foro es solo por invitación y abordará el tema de cómo la economía afecta a las personas jóvenes. Los tres ponentes serán el economista José Herrera, la empresaria Vanessa Duarte y el catedrático de economía aplicada Adrián Centeno. Cada uno tendrá 10 minutos para exponer sus ideas, y luego usted y los demás participantes tendrán 30 minutos en total para hacer preguntas.

En preparación para el foro, me gustaría que me aportara sus ideas. Específicamente, ¿de qué tema económico que afecta a los adolescentes deben los ponentes hablar? ¿Por qué es este tema importante para los jóvenes de hoy en día? ¿Qué desea usted aprender de los especialistas de este foro?

Le ruego contestación lo antes posible para implementar sus ideas en el foro. Si tiene alguna pregunta o duda sobre las reglas del foro, por favor, no dude en plantearla cuando me escriba.

Gracias de nuevo por su participación y colaboración.

Un saludo cordial,
Jaime Vargas Yépez
Coordinador, Foro en línea "Economía de los jóvenes"

ACTIVIDAD 12

Tema curricular: La vida contemporánea

Introducción

El siguiente mensaje electrónico es de Raquel Guzmán, gerente de la agencia de viajes Exploratur. Has recibido este mensaje porque participaste en un sorteo para ganar un viaje a un país de habla hispana.

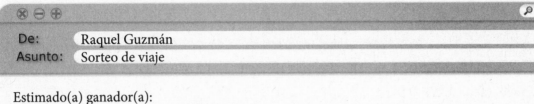

De: Raquel Guzmán

Asunto: Sorteo de viaje

Estimado(a) ganador(a):

¡Felicitaciones! Usted ha sido seleccionado(a) como ganador(a) del sorteo del viaje a un país de habla hispana, patrocinado por la agencia de viajes Exploratur.

El premio consiste en un viaje para dos personas. Incluye el vuelo de ida y vuelta, transporte dentro del país, estancia de cinco días y cuatro noches en un hotel de cinco estrellas y tres recorridos turísticos. El viaje debe realizarse durante el mes de junio de este año. El valor del viaje no podrá ser cambiado por efectivo ni tampoco podrá ser transferido a otra persona por ningún motivo.

Usted puede elegir como destino cualquier país hispanohablante. Para planificar el viaje, sírvase proporcionar a la mayor brevedad posible la siguiente información:
—la fecha de salida y el nombre y apellido de su acompañante
—el país que quiere visitar y el motivo de su selección
—tres lugares turísticos que desea visitar y el tipo de actividades que desea realizar mientras esté allí

Confío que este será el mejor viaje de su vida. Quedo a su disposición para contestar sus preguntas y ampliarle los detalles que desee. Próximamente volveré a contactarle con más información.

Sinceramente,
Raquel Guzmán
Gerente
Agencia Exploratur

ACTIVIDAD 13
Tema curricular: La belleza y la estética

Introducción

El siguiente mensaje electrónico es de Teresa Moya, directora de la Alianza de Artes Visuales. Has recibido este mensaje porque estás en la lista de distribución de correo electrónico de esta organización.

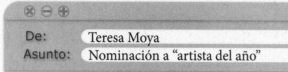

De: Teresa Moya

Asunto: Nominación a "artista del año"

Estimado(a) amigo(a) de AAV:

La Alianza de Artes Visuales tiene el gusto de invitarle a nominar "el (la) artista del año". Esta es la oportunidad en que usted puede exaltar las cualidades de quienes contribuyen de forma excepcional al ambiente artístico y creativo de nuestra comunidad.

Rogamos que nos haga llegar la siguiente información:

—el nombre del (de la) artista y la disciplina artística (pintura, dibujo, escultura, fotografía, diseño, video arte, instalación, etc.)

—una breve descripción de su arte y el motivo por el que merece el título de "artista del año"

Este es el primer paso. Más adelante le pediremos más información sobre el (la) artista y también fotos de sus obras. Al final del proceso, AAV nombrará al (a la) "artista del año", premiado(a) con cinco mil dólares y una exhibición individual.

Las nominaciones ya están siendo aceptadas y deben ser recibidas antes del fin de mes. Por favor, tenga en cuenta que los artistas nominados deben ser residentes de nuestra comunidad, pero no es necesario que sean artistas profesionales. Quisiéramos la nominación de artistas de todas las edades y de todos los ámbitos.

Quedo a la espera de su nominación. También estoy a su disposición para aclararle cualquier duda.

Atentamente,
Teresa Moya
Directora
Alianza de Artes Visuales

ACTIVIDAD 14
Tema curricular: La ciencia y la tecnología

Introducción

Has recibido el siguiente mensaje electrónico porque le escribiste una carta de protesta a una compañía farmacéutica por utilizar animales de laboratorio. El doctor Gutiérrez, director del laboratorio, te ha escrito este mensaje.

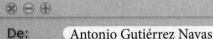

De: Antonio Gutiérrez Navas

Asunto: El uso de animales de laboratorio

Estimado(a) joven:

La compañía farmacéutica Farmetic ha recibido muchos premios a lo largo de su historia por ofrecer innovadores medicamentos y por realizar programas de asistencia social alrededor del mundo. Nos enorgullecemos de proveer productos de alta calidad que les garantizan una vida más larga y saludable a millones de personas.

Como director del laboratorio de investigación de Farmetic, es mi deber asegurar la eficacia y la seguridad de los medicamentos. Es por eso que utilizamos animales de laboratorio para pruebas de toxicidad. Si no fuese por la experimentación con animales, no tendríamos medicamentos.

En su carta de protesta usted menciona que nosotros no deberíamos experimentar en animales porque es poco ético. ¿Podría explicarme por qué piensa así? ¿Hay alguna especie animal a la que usted no se opondría que usáramos en nuestros laboratorios?

El avance científico es una de las bases de nuestra cultura. ¿Cree usted que se puede tener avances científicos y de medicina sin los experimentos en animales? ¿Qué otros métodos de experimentación sugiere?

Tenga por seguro que valoramos a los jóvenes y escuchamos sus opiniones. Gracias por continuar este diálogo sobre la medicina y la ética. Estoy a su disposición para cualquier aclaración.

Cordialmente,

Dr. Antonio Gutiérrez Navas
Director del Laboratorio de Investigación Farmetic

ACTIVIDAD 15
Tema curricular: Las identidades personales y públicas

Introducción
Has recibido el siguiente mensaje electrónico porque eres presidente(a) del consejo estudiantil. Sergio Silva, consejero de la escuela hermana de tu escuela, te ha escrito este mensaje.

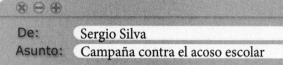

De: Sergio Silva

Asunto: Campaña contra el acoso escolar

Estimado(a) compañero(a):

Antes que nada, quiero resaltar lo privilegiados que nos sentimos de ser la escuela hermana de su colegio. Nuestro último proyecto, en el cual produjimos colectivamente una obra de arte, fue todo un éxito. Propongo que nuestra próxima colaboración sea una campaña contra el acoso escolar. ¿Qué le parece la idea?

El acoso escolar es un problema grave en nuestra escuela. No solo consiste en ataques físicos (en realidad existe muy poca violencia en nuestra escuela), sino en abuso psicológico: insultos, burlas, falsas acusaciones, intimidación, amenazas y un sinfín de acciones llevadas a cabo de forma reiterada. ¿Es el acoso escolar un problema en su escuela también? ¿Cómo se manifiesta?

A mí me preocupan las consecuencias que tiene el acoso escolar, ya que este crea baja autoestima y distorsiona el desarrollo de la personalidad. Como consejero, quiero iniciar una campaña contra el acoso escolar y quisiera la colaboración de nuestra escuela hermana para poder presentarles algunas ideas a nuestros estudiantes. ¿Podemos contar con ustedes? Pienso que entre más estudiantes se enfrenten a este problema, mejores resultados tendremos.

Por favor, envíeme sus ideas para la campaña. Quisiera saber lo que ha hecho su colegio para prevenir y reducir el acoso escolar y si ha tenido buenos resultados.

Mil gracias por su ayuda y colaboración. Espero recibir noticias muy pronto.

Cordialmente,
Sergio Silva
Consejero
Escuela Ensenada

ACTIVIDAD 16
Tema curricular: Las familias y las comunidades

Introducción

El siguiente mensaje electrónico es del señor Rodrigo Huanca Pérez, presidente de una fundación boliviana dedicada a la erradicación de la pobreza extrema. Has recibido este mensaje porque te apuntaste en su lista de contribuyentes.

| De: | Rodrigo Huanca Pérez |
| Asunto: | Campaña para erradicar la pobreza en Bolivia |

Estimado(a) ciudadano(a) global:

Quiero comenzar agradeciéndole su aporte monetario a nuestra pequeña fundación. La Fundación Esperanza está comprometida en la lucha contra la pobreza en Bolivia a través de un amplio abanico de programas de desarrollo económico y social. Gracias a la valiosa ayuda de personas como usted, hemos asistido a miles de familias marginadas.

La pobreza extrema en Bolivia es de alrededor del 25%, lo que significa que de cada 100 bolivianos, 25 no cuentan con recursos necesarios para alimentarse. Como creemos que es nuestra obligación moral no dejar que ningún niño se vaya a la cama sin haber comido nada durante el día, la Fundación Esperanza ha implementado un comedor comunitario para que las familias pobres reciban un plato de comida todos los días. Su contribución monetaria mejorará la calidad y la cantidad de los alimentos que suministramos.

Entiendo que usted va a recaudar fondos para esta causa. ¿Me puede proporcionar más detalles? En particular, dígame:
—qué actividades piensa organizar para recaudar dinero
—cuánto dinero cree que podrá recaudar y cuándo nos lo podrá enviar

Finalmente, con propósito promocional, me gustaría que me dijera por qué le parece importante ayudar a los demás —aun si estos viven en otro país—, y si me permite citar sus palabras en nuestra página web.

Permítame darle las gracias de antemano de parte de la Fundación Esperanza. No vacile en hacerme llegar sus inquietudes y preguntas.

Cordialmente,
Rodrigo Huanca Pérez
Presidente, Fundación Esperanza

ACTIVIDAD 17
Tema curricular: La vida contemporánea

Introducción

El siguiente mensaje electrónico es de la señora Carla Muñoz Echeverría, directora de admisión de la Universidad Santiago. Has recibido este mensaje porque solicitaste admisión a esa universidad.

De:	Carla Muñoz Echeverría
Asunto:	Solicitud de admisión: trabajo voluntario

Estimado(a) estudiante:

Por medio de la presente se le informa que hemos recibido su solicitud de admisión a la Universidad Santiago. A la vez se le advierte que la sección de "Trabajo voluntario" de su solicitud está en blanco, por error o porque quizá pensó que solamente podía incluir trabajo voluntario en el que ha participado a través de una organización. Para el comité de admisiones, el trabajo voluntario incluye cualquier experiencia que haya tenido ayudando a los demás, ya sea ayudando a sus maestros en la escuela, dándole una mano a un vecino, aconsejando a un niño o ayudando en su iglesia o templo.

Le ruego que me envíe lo antes posible la información para la sección de "Trabajo voluntario", el cual adjuntaré a su solicitud. Por favor, incluya los siguientes datos:

—cualquier experiencia que haya tenido ayudando a los demás y las actividades en las que haya participado
—lo que lo (la) motivó a hacerlo
—lo que aprendió sobre usted mismo(a)

Esta información es importante porque el comité de admisión no solo mira las calificaciones y los resultados de los exámenes. El trabajo voluntario que ha hecho nos ayuda a conocer quién es usted como persona y saber si posee las cualidades necesarias para tener éxito en nuestros programas académicos.

Me complació mucho recibir su solicitud de admisión a nuestra institución y le deseo el mayor de los éxitos durante todo el proceso. No se olvide de que puede enviarme cualquier pregunta que tenga.

Atentamente,
Carla Muñoz Echeverría
Directora de Admisión
Universidad Santiago

ACTIVIDAD 18
Tema curricular: La belleza y la estética

Introducción

El siguiente mensaje electrónico es del señor Ochoa, gerente de la Librería Hispana. Has recibido este mensaje porque solicitaste empleo de verano en la librería.

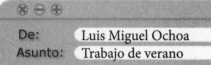

De: Luis Miguel Ochoa

Asunto: Trabajo de verano

Estimado(a) solicitante:

Gracias por su solicitud de empleo de verano en Librería Hispana. Como sabe, Librería Hispana es la única librería en la comunidad especializada en literatura latinoamericana, española y chicana. Tenemos la mejor y la más completa colección de libros en español de toda la región. También ofrecemos conferencias y talleres creativos a personas de todas las edades.

He recibido un gran número de solicitudes para el puesto de verano, lo cual hará la labor de seleccionar a quiénes entrevistar bastante difícil. Es por eso que he añadido un paso adicional en el proceso de selección: un mensaje de correo electrónico en el cual me convenza de que usted es el (la) mejor candidato(a) para el puesto.

Primero, comente sobre su conocimiento de la literatura hispana. Por favor, dígame si la ha estudiado en la escuela, las razones por las que le gusta, incluyendo alguna obra o autor que conozca.

También describa algunas de las cualidades que posee usted y que son importantes en un(a) vendedor(a) de librería.

Finalmente, envíeme cualquier pregunta sobre Librería Hispana si le interesa obtener más información sobre el puesto de trabajo.

A la espera de su mensaje, le saluda cordialmente,
Luis Miguel Ochoa
Gerente
Librería Hispana

ACTIVIDAD 19
Tema curricular: Los desafíos mundiales

Introducción
El siguiente mensaje electrónico es de la señora Calvo, asistente del director de tu escuela. Tú y los demás estudiantes han recibido este mensaje porque ella quiere saber sus opiniones.

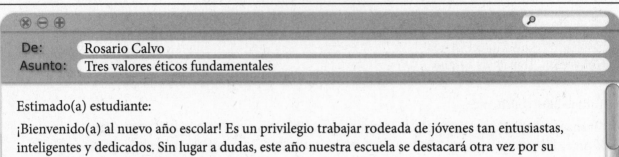

De: Rosario Calvo

Asunto: Tres valores éticos fundamentales

Estimado(a) estudiante:

¡Bienvenido(a) al nuevo año escolar! Es un privilegio trabajar rodeada de jóvenes tan entusiastas, inteligentes y dedicados. Sin lugar a dudas, este año nuestra escuela se destacará otra vez por su excelencia académica, deportiva y artística.

Los administradores y los maestros se esfuerzan por hacer de nuestros jóvenes no solo los mejores estudiantes, sino también los mejores ciudadanos, comprometidos con la sociedad en la que viven. Por este motivo, comenzaremos una serie de conferencias sobre los valores éticos fundamentales, como por ejemplo, responsabilidad, amistad, verdad y humildad. Los valores fundamentales que discutiremos dependen completamente de ustedes. ¡Necesitamos sus ideas y opiniones!

Por favor, envíeme por escrito por lo menos tres valores fundamentales que usted propone para la primera conferencia y explique el significado y la importancia de estos valores. También sugiera algunas actividades que los estudiantes de su curso podrían realizar para demostrar uno de los valores éticos.

Espero su respuesta cuanto antes.

En nombre de la administración de la escuela, muchas gracias por su colaboración. Si tiene alguna pregunta o duda con respecto a esta nueva iniciativa, no dude en comunicármelo.

Atentamente,
Rosario Calvo
Asistente del Director

ACTIVIDAD 20
Tema curricular: La ciencia y la tecnología

Introducción

Has recibido el siguiente mensaje porque has devuelto un sistema de parlantes para tu computadora que compraste en Internet. Felipe Samaniego, agente de servicio de la compañía, te ha escrito este mensaje.

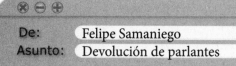

De: Felipe Samaniego
Asunto: Devolución de parlantes

Muy estimado(a) cliente:

Acabamos de recibir los parlantes para computadora que usted nos devolvió. Sin embargo, no nos envió una explicación del problema. ¿El sistema de parlantes no funciona o está defectuoso? ¿O funciona pero usted no está satisfecho(a) con la calidad del sonido? Le suplicamos que tenga la bondad de explicar detalladamente la razón exacta por la cual ha devuelto el producto.

En Ecompus, la plena satisfacción de nuestros clientes es nuestra principal prioridad. Es por eso que nos complace ofrecer la mejor política de devoluciones y reembolso. Cuando nos explique el problema de los parlantes, sírvase también decirnos si desea que le devolvamos el dinero o que le reemplacemos el artículo, ya sea por el mismo modelo u otro.

Nos interesa mucho que usted quede satisfecho(a) y continúe comprando nuestros accesorios para computadoras. Permítanos brindarle un cupón de descuento para una futura compra.

Sentimos mucha pena por el tiempo y la molestia que le hemos causado y le ofrecemos al mismo tiempo nuestra máxima cooperación en cualquier asunto.

Quedamos muy atentamente a sus órdenes.

Cordialmente,
Felipe Samaniego
Agente de Servicio
Ecompus, S.A.

ACTIVIDAD 21
Tema curricular: La belleza y la estética

Introducción

Has recibido el siguiente mensaje electrónico porque te anotaste para una encuesta de una nueva tienda de ropa. Paulina Cabrera, dueña de la tienda, te ha escrito este mensaje.

De:	Paulina Cabrera
Asunto:	Encuesta de nueva tienda de ropa juvenil

Muy estimado(a) joven:

Fue un placer hablar con usted el sábado pasado. Gracias por anotarse para esta pequeña encuesta, la cual no le tomará más de 15 minutos. Sus respuestas me informarán sobre mi nueva tienda de ropa para chicos y chicas, que se abrirá al público a fines de año en el mismo centro comercial donde hablamos la semana pasada.

En primer lugar, me gustaría saber sus gustos en ropa y su opinión sobre los estilos que les gustan a los jóvenes de hoy.

En segundo lugar, quisiera que me describiera la última experiencia que tuvo cuando salió a comprar ropa, lo que compró y los aspectos que consideró al comprarla (diseño, precio, originalidad, comodidad, etc.). Le agradecería cualquier otra información que le parezca pertinente.

Le suplico que me envíe su mensaje lo más pronto posible. En agradecimiento por su colaboración, recibirá una invitación especial a la apertura de la tienda y una tarjeta de descuento válida para su primera compra en nuestra tienda.

Atentamente,
Paulina Cabrera
Tienda Equis

ACTIVIDAD 22
Tema curricular: Los desafíos mundiales

Introducción

El siguiente mensaje electrónico es de Carmen Yanguas, directora de una organización dedicada a la conservación del medio ambiente. Has recibido este mensaje porque ofreciste ayudar en el lanzamiento de una nueva campaña ambiental.

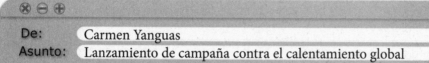

De: Carmen Yanguas

Asunto: Lanzamiento de campaña contra el calentamiento global

Estimado(a) voluntario(a):

Mis felicitaciones y profundo agradecimiento por ayudar en el lanzamiento de "El calentamiento global: ¿qué puedo hacer?", una nueva campaña para concientizar a la comunidad latina sobre el calentamiento global. La intención es explicar que este problema común a todos los seres humanos es consecuencia de las elevadas emisiones de dióxido de carbono, y que cada persona puede hacer algo para combatirlo.

Para lanzar con éxito esta nueva campaña, necesitamos la colaboración de voluntarios como usted.

—En primer lugar, pedimos que nos dé dos o tres sugerencias de algunos consejos prácticos —y creativos— de lo que la gente puede hacer para reducir la emisión de CO_2.

—En segundo lugar, precisamos sugerencias sobre el medio de comunicación más eficaz para difundir los mensajes de esta campaña de publicidad. Contamos con su conocimiento de la población latina en su comunidad para aconsejarnos en este asunto.

Finalmente, es muy importante saber su nivel de compromiso en términos del esfuerzo y tiempo que pueda dedicar a la campaña.

Desde las entidades que conformamos este proyecto le damos las gracias de antemano por toda su ayuda y apoyo. Es grato encontrar a jóvenes que apoyen este tipo de iniciativas, que se preocupen y que participen.

Estoy a sus órdenes para cualquier información que necesite.

Cordialmente,
Carmen Yanguas
Directora
Organización para la Conservación del Medio Ambiente

ACTIVIDAD 23
Tema curricular: Las identidades personales y públicas

Introducción

El siguiente mensaje electrónico es del señor Juan Vicente López, coordinador de la tertulia literaria en la que participas. Has recibido este mensaje porque te toca a ti escoger el próximo libro.

De:	Juan Vicente López
Asunto:	Tertulia literaria: un personaje histórico

Estimado(a) participante:

Tengo el agrado de invitarle a escoger el libro que discutiremos en la próxima tertulia literaria que se realizará, como siempre, el primer jueves del mes en la Biblioteca Central. Tal y como acordamos en la última reunión, el tema será la biografía de una figura histórica.

Tenga la amabilidad de darme por escrito su sugerencia. Indique sobre qué personaje histórico quisiera que los participantes de la tertulia leyéramos y explique por qué cree que ese personaje nos interesaría. En el momento de seleccionar el personaje y el libro, tome en cuenta los objetivos de la tertulia: aprender, contemplar, debatir y pasar un rato agradable.

Ofrezco mis conocimientos de bibliotecario para recomendarle títulos de novelas que traten sobre el personaje histórico que elija, a menos que ya tenga un libro o autor en mente. Si es así, simplemente indíquelo en su mensaje.

Por último, propongo que invitemos a la tertulia a un actor que se vista como el personaje histórico. Tengo varios amigos en el Teatro Comunidad que lo harían de manera voluntaria. ¿Piensa que los participantes apreciarían el acto o les parecería un poco tonto?

En espera de su respuesta, se despide cordialmente,

Juan Vicente López
Coordinador

ACTIVIDAD 24
Tema curricular: Las identidades personales y públicas

Introducción

El siguiente mensaje electrónico es de Isabel Parra, productora de un programa de radio. Has recibido este mensaje porque aceptaste participar en un panel sobre el tema "Los jóvenes de hoy no tienen disciplina".

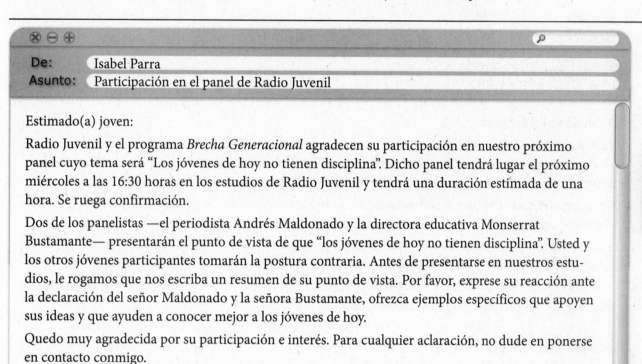

De: Isabel Parra

Asunto: Participación en el panel de Radio Juvenil

Estimado(a) joven:

Radio Juvenil y el programa *Brecha Generacional* agradecen su participación en nuestro próximo panel cuyo tema será "Los jóvenes de hoy no tienen disciplina". Dicho panel tendrá lugar el próximo miércoles a las 16:30 horas en los estudios de Radio Juvenil y tendrá una duración estimada de una hora. Se ruega confirmación.

Dos de los panelistas —el periodista Andrés Maldonado y la directora educativa Monserrat Bustamante— presentarán el punto de vista de que "los jóvenes de hoy no tienen disciplina". Usted y los otros jóvenes participantes tomarán la postura contraria. Antes de presentarse en nuestros estudios, le rogamos que nos escriba un resumen de su punto de vista. Por favor, exprese su reacción ante la declaración del señor Maldonado y la señora Bustamante, ofrezca ejemplos específicos que apoyen sus ideas y que ayuden a conocer mejor a los jóvenes de hoy.

Quedo muy agradecida por su participación e interés. Para cualquier aclaración, no dude en ponerse en contacto conmigo.

Cortésmente se despide,
Isabel Parra
Productora *Brecha Generacional*
Radio Juvenil

ACTIVIDAD 25
Tema curricular: La belleza y la estética

Introducción

El siguiente mensaje electrónico es del profesor Óscar Valverde, organizador del Cine Club de tu colegio. Has recibido este mensaje porque te apuntaste al club. Todos los miembros han recibido el mismo mensaje.

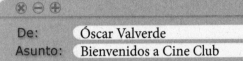

De: Óscar Valverde
Asunto: Bienvenidos a Cine Club

Estimado(a) miembro:

Me da mucho gusto darle la bienvenida a Cine Club. Como sabe, Cine Club ofrece una amplia variedad de películas producidas en el mundo hispanohablante. Nuestro objetivo es valorizar el idioma español a través del cine, así como fomentar el interés por la cinematografía.

Propongo reunirnos los viernes a las cuatro de la tarde en el auditorio. Si tiene problemas con este horario, haga su propia propuesta enviándome un mensaje y acordaremos el horario adecuado.

En esta semana necesito finalizar la lista de las proyecciones. Me gustaría que sugiriera el nombre de una película. Justifique su elección explicando por qué deberíamos ver esa película este semestre.

Finalmente, he hablado con otros profesores y algunos están muy interesados en participar en las discusiones de nuestro club. ¿Qué le parece la idea?

Le agradezco que me responda lo más pronto posible. También comuníqueme cualquier duda o comentario que tenga.

Es para mí un honor y un placer organizar las reuniones del Cine Club. Estoy seguro de que disfrutaremos enormemente de esta actividad extraescolar.

Le saluda cordialmente,
Óscar Valverde
Cine Club

Part D
Presentational Writing: Persuasive Essay

In this portion of the AP® Spanish Language and Culture Examination, you will be tested on your ability to read a print selection that presents one side of an issue, listen to an audio selection that presents a different viewpoint, and analyze the content of a visual such as a graph or table that provides data related to the issue. You will then write a persuasive essay that synthesizes information from all three sources in order to present your own point of view. The content of these sources relates to the curricular themes as set forth in the Curriculum Framework for the AP® Spanish Language and Culture Examination.

You will begin this portion of the exam with six minutes to read the essay topic and the printed source. After you read, you will hear the audio portion twice and you may take notes while you listen. After listening, you will have 40 minutes to write your essay. In your essay, you must choose a position and use the sources to persuade the reader that your point of view is the correct one.

Because this section of the AP® exam emphasizes the honing of your reading, listening, and writing skills, take the time to review your reading strategies (Part A, pp. 2–4) and listening strategies (Part B-2, pp. 163–164), as well as the writing strategies below. (You may also want to review some of the writing strategies presented in Part C, Interpersonal Writing: E-mail Response, pp. 189–191.)

Strategies

1. **Become familiar with formats for persuasive essays.** There are many ways to write a persuasive essay. As you begin to write this type of essay, it may be a good idea to follow a standard format at first. As you become more at ease with your writing, you should try to be creative with the organization of your essay as long as you make sure that:
   - your thesis is clearly stated,
   - you present arguments to support your thesis,
   - you present specific examples and details as evidence to corroborate your argument.

Before you start writing, you may want to read editorials that appear in the editorial section of Spanish-language newspapers online. Since your purpose in writing a persuasive essay is to convince your audience of a particular viewpoint, these editorials offer excellent examples of persuasion.

Here is one standard way of organizing a persuasive essay.

   - **First paragraph:** State your opinion, which will become the thesis of your essay. Make sure that you clearly state your views and beliefs about the topic while enticing your audience to read more. Do not try to introduce too much information at this stage.
   - **Second, third, and fourth paragraphs (as needed):** Present arguments that validate and substantiate your opinion. Give specific examples and facts that support your argument. Depending on the number of examples and fact you have, you can vary the number of paragraphs accordingly.
   - **Final paragraph:** Summarize your ideas by arriving at a conclusion or by leaving a final question or questions in the reader's mind. Go back and read the first paragraph of your essay again to see if you have accomplished the task or answered the question you presented there. Make sure that you summarize quickly the main ideas you stated without using the same wording as in the first paragraph.

2. **Follow a three-step approach to writing: before writing, while writing, and after writing.**
   - **Before writing**
     —Budget your time in advance so that you will have time to read, listen, organize, write, proofread, and review. As you practice for the exam, you should get used to writing essays in a forty-minute time period.
     —Try to understand exactly what the directions are asking you to do. Read the question carefully and underline the key words. Keep this information in mind while reading and listening.
     —Look for key verbs or words in the prompt and use them to help you plan your answer.
     —Read and listen to the sources provided. Take notes as you listen.
     —Examine what the three sources have in common and how they are different.
     —Decide upon the thesis for your essay, taking into account the information and perspectives provided in the three sources.
     —Use a graphic organizer of some kind to go back through the sources and take notes that will help you synthesize the information they contain and to use that information to provide supporting details, opposing points of view, and conclusions about the topic.
     —Choose a technique or techniques that will help you to support your thesis across your essay. Examples of these kinds of techniques include citing brief quotations from the sources, referencing facts and figures, comparing and contrasting, and giving examples.

   - **While writing**
     —Write the introduction that presents the thesis (your answer to the prompt).
     —Concentrate on adapting the ideas you have read and heard to respond to the prompt. Compare and contrast ideas if necessary.
     —Incorporate and integrate pertinent, meaningful references from all the sources.
     —Quote only what is necessary to support your views. If you are quoting directly from the text or audio, use quotation marks. But keep your quotations to a minimum. Instead use expressions such as: **Según la fuente número 1, 2**, etc., **Según la fuente auditiva / escrita,** etc.
     —Avoid using a dictionary, or try to keep this practice to a minimum, since in the actual examination you will not be allowed to use one. If you cannot think of a specific word or words, describe what you want to communicate by using circumlocution.
     —Remember, organization is important. You must include a clear introduction and thesis, present supporting details, and arrive at a definite conclusion.
     —Make smooth transitions between the paragraphs of your essay, so that each section follows logically from the next.
     —Stay focused and keep on task.
     —Make sure you demonstrate that you have interpreted and synthesized the three sources to support your essay's thesis statement.
     —Avoid merely paraphrasing or repeating what the sources say in your own words. Instead, you must interpret the significance of their contents and then synthesize that significance with that of the other sources.
     —Make sure that your final paragraph is not just a restatement of your thesis, but rather a conclusion that takes into consideration what you have discussed throughout the essay.

   - **After writing**
     —Is your introductory paragraph clear and does it establish the essay's thesis topic?
     —Have you developed your ideas clearly? Have you given enough examples to illustrate your point of view?

—Have you checked…

    …the agreement of verbs and subjects?

    …the agreement of adjectives and nouns?

    …the use of **ser** and **estar**?

    …the use of **por** and **para**?

    …the use of the indicative and subjunctive moods?

    …the use of the imperfect and preterite tenses?

    …the use of the personal **a**?

    …the sequence of tenses in the subjunctive?

    …the use of accents, capital letters, and punctuation?

—Do not count words. You will be wasting time because the instructions do not ask you for a definite number of words. Instead, budget your time so that you can thoroughly complete the task and allow some time to go over your work.

3. **Memorize words and phrases from Appendices B and G.** The terms in Appendix B are organized to help you with the various sections and tasks for the persuasive essay (such as presenting a thesis, citing sources, making comparisons, etc.). Those in Appendix G provide words you can use to make transitions and connect ideas. Build your vocabulary with items from these lists. Knowing them will make it easier for you to write smoothly and efficiently without having to work around too much unknown vocabulary. Increasing your "word power" is a powerful way to enhance your written (and oral) presentational skills.

4. **Learn how your work will be evaluated.** Become familiar with how your teacher scores the essay and/ or the scoring guidelines that will be used to evaluate this part of the exam. This will allow you to know beforehand what is expected of you. If your teacher gives you a score for an essay, go back to the scoring guidelines and determine why you received that score. This will also help you to improve in those areas in which you may be lacking the skills you need to succeed in this task.

The following practice activities (pp. 220–252) are arranged in order of increasing difficulty and are designed to give you practice in using print and audio selections as the basis of writing a persuasive essay.

PART D

You have 1 minute to read the directions for this task.	Tienes 1 minuto para leer las instrucciones de este ejercicio.

You will write a persuasive essay to submit to a Spanish writing contest. The essay topic is based on three accompanying sources, which present different viewpoints on the topic and include both print and audio material. First, you will have 6 minutes to read the essay topic and the printed material. Afterward, you will hear the audio material twice; you should take notes while you listen. Then, you will have 40 minutes to prepare and write your essay. In your persuasive essay, you should present the sources' different viewpoints on the topic and also clearly indicate your own viewpoint and defend it thoroughly. Use information from all the sources to support your point of view. As you refer to the sources, identify them appropriately. Also, organize your essay into clear paragraphs.	Vas a escribir un ensayo persuasivo para un concurso de redacción en español. El tema del ensayo se basa en las tres fuentes adjuntas, que presentan diferentes puntos de vista sobre el tema e incluyen material escrito y grabado. Primero, vas a tener 6 minutos para leer el tema del ensayo y los textos. Después, vas a escuchar la grabación dos veces; debes tomar apuntes mientras escuchas. Luego vas a tener 40 minutos para preparar y escribir tu ensayo. En un ensayo persuasivo, debes presentar los diferentes puntos de vista de las fuentes sobre el tema, expresar tu propio punto de vista y apoyarlo. Usa información de todas las fuentes para apoyar tu punto de vista. Al referirte a las fuentes, identifícalas apropiadamente. Organiza también el ensayo en distintos párrafos bien desarrollados.

ACTIVIDAD 1

Tema curricular: Los desafíos mundiales

Primero tienes 6 minutos para leer el tema del ensayo, la fuente número 1 y la fuente número 2.

Tema del ensayo:

¿Tendrá el calentamiento global efectos catastróficos?

Fuente número 1

Introducción

Este texto trata del aumento de especies animales y vegetales en el Ártico debido al calentamiento global. El artículo original fue publicado por el sitio web de Caracol Radio.

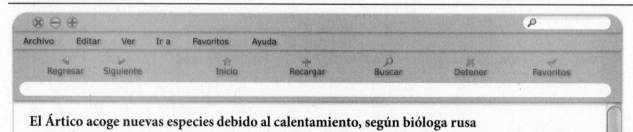

Línea

El Ártico acoge nuevas especies debido al calentamiento, según bióloga rusa

"Hemos encontrado menos hielo y, en consecuencia, más pájaros, plantas, hongos y mosquitos que antes. Además, nos hemos topado con ballenas nunca antes vistas en unas latitudes tan septentrionales del planeta", afirma.

La expedición científica rusa, que incluía a expertos en botánica, zoología y oceanografía, llegó
(5) a la conclusión de que debido a la reducción de la superficie de la capa de hielo y a que se derrite
cada vez más temprano, "las condiciones para la vida animal y vegetal son ahora más benignas" en
la región del mar de Bárents.

"Lo que aún no sabemos es si la presencia en el Ártico de fauna y flora desconocida para estas
latitudes se debe al ya conocido calentamiento global temporal o a un cambio climático más
(10) duradero", matizó.

En particular, Gavrilo se ha topado con cuatro especies de pájaros inusuales para el archipiélago
—gaviotas de Sabine, págalo grande o escúa, el pato marino de cola larga y varios tipos de anda-
rríos—, además de tres nuevas clases de mosquitos y ballenas fin.

"Se trata de ballenas sureñas. Las corrientes de agua caliente se dirigen al norte y las ballenas
(15) simplemente siguen a los organismos de los que se alimentan. Pero hay que reconocer que estos
animales son un buen indicador, ya que se encuentran en la cima de la pirámide de la alimentación", apunta.

Según Gavrilo, no cabe duda de que la reducción de la capa de hielo ártica durante los últimos
10–20 años es una "anomalía".
(20) "Ciertos tipos de gaviotas y los osos polares son los que más sufren por el derretimiento cada vez
más prematuro. En concreto, los osos son malos cazadores en tierra firme", dijo.

Con todo, la zoóloga rusa es una firme creyente en la teoría cíclica del cambio climático y
recuerda que algunos científicos ya pronostican un pronto enfriamiento del planeta a la vista de los
procesos en marcha en el Sol.
(25) "Ya hubo épocas más calientes que ahora y no se produjo ninguna catástrofe. Algunos creen que
el clima está cambiando debido a la acción del hombre y que el daño es irreversible. Yo, en cambio,
creo que la naturaleza sigue siendo más fuerte que el ser humano. No estamos ante un calentamiento eterno", indica.

Eso sí, en su opinión, la principal amenaza para la naturaleza es la agresiva ambición comercial
(30) del hombre y su deseo de acceder a territorios inhóspitos como el Ártico.

"El hielo cede, aparecen nuevas tierras y esto atrae al hombre. El peligro reside en el acceso del
hombre a las plataformas continentales, las perforaciones en busca de petróleo y la pesca intensiva",
advirtió.

Gavrilo es subdirectora científica del parque nacional El Ártico Ruso, creado en 2009 y que
(35) cubre una superficie de 1,4 millones de hectáreas cubiertas por hielo en un 85 por ciento y donde
viven osos polares, ballenas de Groenlandia y narvales.

Fuente número 2

Introducción

El siguiente gráfico muestra la variación de temperatura global a través de los años. El gráfico apareció en el sitio web del Panel Intergubernamental sobre el Cambio Climático.

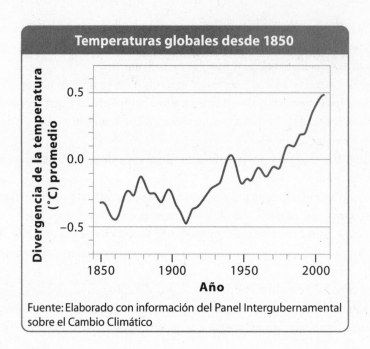

Fuente: Elaborado con información del Panel Intergubernamental sobre el Cambio Climático

Fuente número 3

🔊))) Tienes 30 segundos para leer la introducción.

Introducción

La siguiente grabación describe una nueva glaciación, la aparición de un nuevo periodo glacial que los científicos relacionan con el calentamiento global. Proviene de un anuncio para un documental transmitido por Radio y Televisión Española. La grabación dura aproximadamente dos minutos y medio.

ACTIVIDAD 2
Tema curricular: La vida contemporánea
Primero tienes 6 minutos para leer el tema del ensayo, la fuente número 1 y la fuente número 2.

Tema del ensayo:
¿Debería España cambiar su horario laboral?

Fuente número 1

Introducción
Este texto trata del horario laboral en España. El artículo original fue escrito por Ángeles Lucas y publicado por BBC Mundo.

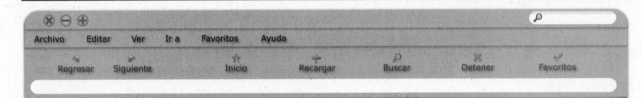

El hombre que atenta contra la siesta española

Línea

"Los horarios españoles han dejado de tener sentido", alega Ignacio Buqueras, presidente de la Comisión Nacional para la Racionalización de los Horarios Españoles, economista y doctor en Ciencias de la Información. Él abandera los cambios de ritmo para España.

(5) Normalmente, en España, las empresas de servicios, instituciones y pequeños comercios detienen su actividad durante dos horas para comer, de 14:00 a 16:00. Posteriormente se retoma el trabajo hasta las 18:00 o más, por eso se retrasa la cena y, según cálculos de la OCDE, hace que tengan de las jornadas laborales más largas de Europa.

"Estos horarios no son productivos, no se optimiza el tiempo, provocan muchos gastos de electricidad y no favorecen la conciliación familiar", resume Buqueras, que lleva nueve años en su (10) lucha.

"Acostarse tan tarde causa fracaso escolar, absentismo laboral, estrés, accidentes…", asegura.

"Pero no es fácil, encuentro por ejemplo bastante resistencia por parte de los sindicatos y empresarios", revela Buqueras, "además de que hay hombres que no quieren horarios flexibles porque eso significaría implicarse más en la vida familiar", añade. "Aunque eso nunca lo van a reconocer en (15) público".

Un caso pionero y premiado

La empresa española de energía Iberdrola fue la primera empresa de la bolsa española en aplicar la jornada continua en 2007 y ahora acumula premios de responsabilidad social.

"La decisión fue consecuencia de nuestro total convencimiento de que esta medida beneficiaría a los empleados y a la empresa, como así ha sido", confirma Ramón Castresana, director de (20) Recursos Humanos del Grupo Iberdrola.

"La productividad ha aumentado en 500.000 horas anuales. Además, hemos reducido el índice de absentismo en un 10%, y el índice de accidentalidad en un 60%". Y aclara: "El 25% de los accidentes se producían después de las horas de la comida".

(25) Y prosigue, "Con el cambio hemos apreciado una clara reducción de gastos de consumo eléctrico, de agua y de servicio de comedor". "Y otro beneficio es que el equipo está orgulloso de

trabajar aquí, un aspecto aún más relevante en periodos económicos complicados en los que es más difícil alcanzar los objetivos. Además, esto nos permite atraer e incorporar a los mejores profesionales a nuestra plantilla", asegura Castresana en conversación con BBC Mundo.

(30) **Adaptación controvertida**

Una de las cuestiones asociadas al cambio horario en España es la supresión o la reducción de la afamada siesta. "Lo más reponedor es una siesta *light*, de 10 minutos, que sigue siendo compatible con la racionalización de horarios", explica Buqueras. Pero más que esa razón, lo que está amenazando o al menos acortando esa tradición es la crisis económica.

(35) El gobierno de Cataluña le ha pedido a las escuelas que apliquen la jornada intensiva (hasta las 15:30), pero la Federación de Padres de Alumnos de Cataluña se posiciona en contra.

"Habrá cambios de costumbres y hábitos, pero será para mejor. Es una acción de todos", concluye Buqueras.

Fuente número 2

Introducción

Esta imagen muestra la jornada laboral en España y en otros países de la Unión Europea. La imagen original fue publicada en el blog del autor español Pau Solanilla Franco.

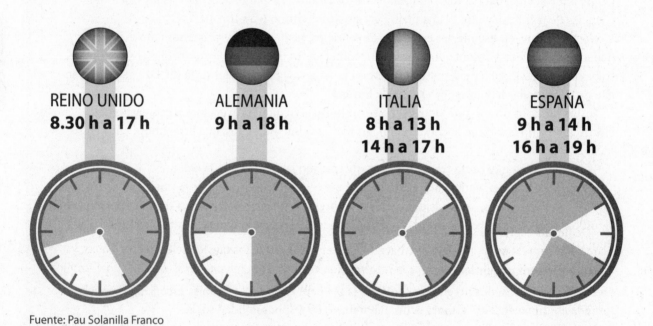

REINO UNIDO	ALEMANIA	ITALIA	ESPAÑA
8.30 h a 17 h	9 h a 18 h	8 h a 13 h	9 h a 14 h
		14 h a 17 h	16 h a 19 h

Fuente: Pau Solanilla Franco

Fuente número 3

🔊))) Tienes 30 segundos para leer la introducción.

Introducción

La siguiente grabación proviene de Radio y Televisión Española. El segmento es del programa *Miniaturas* y discute una contribución española a la victoria aliada en la Segunda Guerra Mundial: la siesta. La grabación dura aproximadamente un minuto y medio.

ACTIVIDAD 3
Tema curricular: La ciencia y la tecnología

Primero tienes 6 minutos para leer el tema del ensayo, la fuente número 1 y la fuente número 2.

Tema del ensayo:

¿Crees que el libro electrónico va a reemplazar el libro tradicional de papel?

Fuente número 1

Introducción

Este texto trata de las ventajas del libro de papel en el aprendizaje. El artículo original fue escrito por Eva Sereno y publicado en el portal educacional Aprende más.

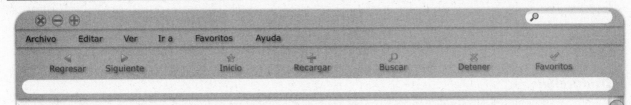

Los libros de texto presentan ventajas frente a los *e-books* en el aprendizaje y retención de lectura

Línea

Sobre si es mejor que los alumnos estudien con libros electrónicos o bien lo hagan con los libros de texto tradicionales se han realizado diferentes análisis en los que ambas posibilidades siguen enfrentadas. Y, ahora, un nuevo estudio realizado por investigadores de la Universidad de Leicester de Reino Unido y de la Universidad de Toronto en Canadá arroja nuevos resultados que reflejan

(5) que el libro de texto en papel presenta ventajas sobre el *e-book*.

En concreto, según uno de los autores del estudio, Kate Carland, profesora de Psicología en la Universidad de Leicester, el *e-book* puede beneficiar a aquellos que asimilan y entienden adecuadamente lo que leen, si bien la lectura en pantalla es más lenta y menos precisa que la lectura en un documento en papel.

(10) Y, aunque no haya diferencia en el rendimiento cuando un mismo material se presenta en los dos formatos —electrónico y papel—, se ha descubierto que los libros en papel presentan ventajas de aprendizaje que no pueden obtenerse con las herramientas informáticas.

De hecho, según el estudio, los lectores del material en papel fueron más capaces de aplicar los conocimientos sobre la materia que habían leído en el libro que los que lo hicieron en *e-books,* ya

(15) que las personas tienden a recordar la información a través de la memoria episódica, lo que implica conscientemente la identificación del contexto en el que se aprende algo, y la memoria semántica, asociada con el conocimiento, que no requiere de contexto.

De esta manera, a largo plazo, con la lectura en papel los hechos se recuerdan más rápida y fácilmente y, además, el paso que va de recordar al conocimiento se produjo antes en el caso de las per-

(20) sonas que leyeron en papel que en las que lo hicieron en pantalla.

El autor del estudio justifica este hecho por la falta de estímulos físicos en los libros *e-books,* que ayudan a la gente a recordar la información, según explica Daniel Wigdor, profesor de Ciencias de la Computación en la Universidad de Toronto.

Además, los *e-books* carecen de contacto físico en la lectura a diferencia de los libros y es

(25) precisamente esa interacción física la que ayuda a ganar esa experiencia y a aplicar la memoria espacial.

Por otra parte, a diferencia de los libros de texto, que permiten a los lectores pasar las páginas numeradas, los libros electrónicos ofrecen menos puntos de referencia espaciales. Los lectores pueden ver en ellos el avance de las barras de progreso, pero muchos no tienen los números de

(30) página porque el número de palabras en una página puede variar dependiendo del tamaño del tipo de letra y de la pantalla.

Y, si bien el hecho de tener que desplazarse a través de páginas puede ser abrumador y lento —explica Wigdor—, también se genera frustración por la falta de herramientas en los *e-books*. Y es que, por ejemplo, no se puede rodear una palabra, lo que es muy laborioso, y seguir adelante, sino

(35) que hay que parar y cambiar las herramientas y los modos.

Los investigadores creen que con el tiempo la forma de leer se adaptará a la tecnología, si bien hasta ese momento, la tecnología tiene un importante reto para fabricar herramientas para poder hacer una lectura activa.

Fuente número 2

Introducción

Este gráfico muestra los resultados de una encuesta realizada por la Biblioteca Provincial de Huelva, España y fue publicado en el blog *La mar de libros*.

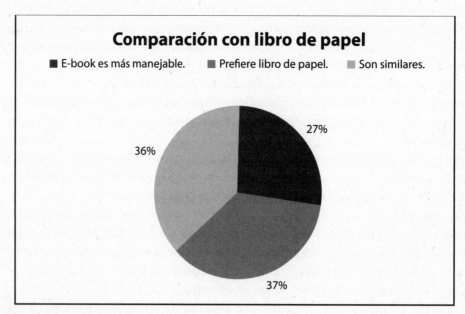

Comparación con libro de papel

■ E-book es más manejable. ■ Prefiere libro de papel. ■ Son similares.

27%

36%

37%

Fuente: La Biblioteca Provincial de Huelva

Fuente número 3

🔊))) Tienes 30 segundos para leer la introducción.

Introducción

Esta grabación trata de los libros electrónicos, o *e-books*, en Extremadura, España. El segmento original proviene de Radio y Televisión Española. La grabación dura aproximadamente tres minutos y medio.

ACTIVIDAD 4
Tema curricular: La vida contemporánea

Primero tienes 6 minutos para leer el tema del ensayo, la fuente número 1 y la fuente número 2.

Tema del ensayo:

¿Se deben prohibir las corridas de toros?

Fuente número 1

Introducción

El artículo a continuación trata de los esfuerzos de la Federación de Entidades Taurinas de Cataluña, España para impedir la prohibición de las corridas de toros. Proviene de La Afición, un portal sobre deportes.

Juntan casi 600 mil firmas a favor de las corridas de toros

Línea *Con este acto, la Federación de Entidades Taurinas de Cataluña pretende que el parlamento español tramite una ley que declare los toros bien de interés cultural.*

(5) Los aficionados españoles, entre ellos varias personalidades como el premio Nobel Mario Vargas Llosa y el cantante Joaquín Sabina, presentaron en el Congreso de los Diputados, en Madrid, una iniciativa legislativa popular ava-
(10) lada por casi 600 mil firmas a favor de la fiesta de los toros.

Las firmas, recogidas en los últimos meses por toda España por la Federación de Entidades Taurinas de Cataluña, pretenden que el parla-
(15) mento español tramite una ley que declare los toros bien de interés cultural y los blinde así frente a cualquier intento abolicionista.

El movimiento protaurino responde así a la decisión tomada en 2010 por el Parlamento de
(20) Cataluña de prohibir los toros en esa región del noreste de España, en virtud también de una iniciativa legislativa popular avalada entonces por 180 mil antitaurinos.

Las 590 mil firmas de hoy, que ocupaban
(25) cuarenta cajas, fueron depositadas en el Instituto Nacional de Estadística (INE) y, posteriormente, una delegación de aficionados y profesionales taurinos acudió al Congreso de los Diputados para formalizar la petición.
(30) En la delegación estaban los toreros Santiago Martín "El Viti", Curro Vázquez, Roberto Domínguez, Serafín Marín y Cayetano Rivera.

El presidente de la Federación taurina de Cataluña, Luis María Gibert, dijo a los periodis-
(35) tas que estaba "emocionado de poder traer al Congreso las 590 mil firmas, que de hoy al lunes serán incrementadas al menos en 10 mil más, lo que demuestra la soberanía y el taurinismo del pueblo catalán, al triplicar estas firmas las de la
(40) parte antitaurina".

Gibert hacía alusión a las 180 mil firmas que la plataforma Prou! recogió en 2010 en Cataluña para conseguir que el Parlamento debatiera, y finalmente aprobara, la prohibición de las corri-
(45) das de toros en esa comunidad autónoma.

La plaza de toros de Barcelona, la única que seguía en activo en Cataluña, cerró definitiva-mente sus puertas el 25 de septiembre de 2011. En ese momento, según una encuesta de la tele-
(50) visión La Sexta, el 37.8 por ciento de los espa-ñoles se declaraban taurinos, frente a un 50.9 por ciento de antitaurinos.

"Llegamos aquí agobiados por la pena de vernos privados del derecho de poder acudir en
(55) nuestra tierra a presenciar una corrida de toros", subrayó hoy Gibert.

Entre los firmantes, Gibert ha destacado el apoyo del escritor peruano Mario Vargas Llosa, del presidente del Gobierno español, Mariano
(60) Rajoy, y del cantante Joaquín Sabina.

El presidente del Congreso, del gobernante Partido Popular, Jesús Posada, recibió a los tau-rinos y agradeció "a los que con su esfuerzo han impulsado" la propuesta, "puesto que con un
(65) número tan importante de firmas se demuestra que viene fundamentada por un alto número de

españoles de todos los rincones del país, y seguramente de votantes de todos los partidos".

Según los plazos legales, en quince días hábiles se conocerá el resultado de la validez de las firmas presentadas. En ese caso, la iniciativa (70) será tramitada por el legislativo. Con la declaración de bien de interés cultural, los taurinos pretenden que ninguna comunidad autónoma pueda prohibir este espectáculo. (75)

Fuente número 2

Introducción

Estos gráficos tratan de una encuesta sobre las corridas de toros y fueron publicados en el sitio oficial de Nobsa, un municipio situado en el centro-oriente de Colombia.

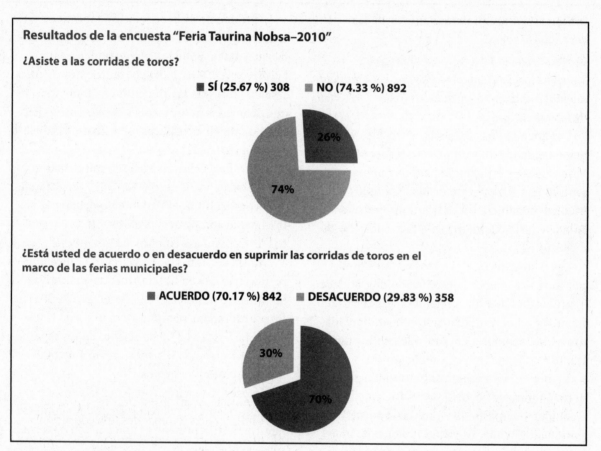

Resultados de la encuesta "Feria Taurina Nobsa–2010"

¿Asiste a las corridas de toros?

■ SÍ (25.67 %) 308   ■ NO (74.33 %) 892

26%

74%

¿Está usted de acuerdo o en desacuerdo en suprimir las corridas de toros en el marco de las ferias municipales?

■ ACUERDO (70.17 %) 842   ■ DESACUERDO (29.83 %) 358

30%

70%

Fuente: Sitio oficial de Nobsa en Boyacá, Colombia

Fuente número 3

🔊))) Tienes 30 segundos para leer la introducción.

Introducción

Esta grabación trata del sufrimiento que padecen los animales durante las corridas de toros. El segmento original fue transmitido por Radio Comunitaria La Voz Guaicaipuro en Venezuela. La grabación dura aproximadamente dos minutos y medio.

ACTIVIDAD 5
Tema curricular: Las identidades personales y públicas

Primero tienes 6 minutos para leer el tema del ensayo, la fuente número 1 y la fuente número 2.

Tema del ensayo:

Lenguas y culturas en peligro de extinción: ¿un resultado inevitable de los avances tecnológicos?

Fuente número 1

Introducción

En el siguiente texto el autor V. Rodríguez presenta la información de un informe publicado por la UNESCO sobre el peligro de la desaparición de 3.000 lenguas.

3.000 lenguas en peligro de muerte, según la UNESCO

Línea *La Organización de las Naciones Unidas para la Educación, la Ciencia y la Cultura (UNESCO) ha alertado de que cerca de la mitad de los 6.000 idiomas que se hablan hoy en el planeta corren el*
(5) *riesgo de desaparecer a lo largo de este siglo, posibilidad agravada por el uso de nuevas tecnologías como Internet.*

En un informe titulado "Hacia las sociedades del conocimiento", publicado el jueves simultánea-
(10) mente en Bruselas, París, Ginebra y Nueva York, la UNESCO explica que las nuevas tecnologías, a pesar de las ventajas que conllevan, pueden acelerar la "extinción" de ciertos idiomas al favorecer la "homogeneización" en lugar de la diversidad.

(15) "Tres de cada cuatro páginas en Internet están escritas en inglés. Sin embargo, el número de cibernautas cuya lengua materna no es el inglés excede del 50%, porcentaje que sigue aumentando", indica el documento.

(20) La Directora General Adjunta de esta orga-
nización, Francoise Riviere, explicó en rueda de prensa que las lenguas más amenazadas son las menos difundidas y especialmente las que se hablan en los países africanos.

(25) El documento indica que "según algunos lingüis-
tas, el fenómeno de la extinción de los idiomas está teniendo lugar incluso a mayor escala, hasta el punto de que entre el 90 y el 95% de las lenguas actuales podría haber desaparecido en un siglo".

(30) Habría que preguntarse cuántas de estas civilizaciones amenazadas están utilizando las nuevas tecnologías.

Pedro Luis Díez Orzas, Director Ejecutivo de Linguaserve, considera que el uso de las nuevas
(35) tecnologías es solo un factor más dentro de la globalización y la consecuente desaparición de las lenguas. "No se puede generalizar a la hora de buscar culpables. Es verdad que están desapareciendo, pero lo más grave es que con ellas desaparece una
(40) cultura. Habría que preguntarse cuántas de esas civilizaciones amenazadas están utilizando las nuevas tecnologías", afirma Díez Orzas.

Según el informe de la UNESCO, solo el 11% de la población mundial tiene acceso a Internet
(45) y el 90% vive en países industrializados.

Principales motivos de esta desaparición

Para Díez Orzas, los dos factores más deter-
minantes en la desaparición de las lenguas son por un lado que no se enseñan dentro de estas sociedades y que muchas de estas lenguas son
(50) minoritarias y están desprestigiadas.

Para garantizar su preservación, la UNESCO recomienda a los países que incentiven el aprendizaje de dos o tres idiomas desde la educación primaria y pide al sector público y privado que
(55) inviertan más para favorecer la traducción de los programas informáticos y el desarrollo de contenidos de Internet en alfabetos diferentes al latino.

Díez Orzas apunta además que sería importante la creación de una gran base documental,
(60) para lo que se podrían aprovechar las nuevas tecnologías, para evitar la desaparición de las lenguas, que comenzaría con la recogida de material por parte de lingüistas especializados con el fin de preservar estas lenguas irrepetibles. (65)

Apuesta por el *software* libre para reducir la brecha tecnológica

Para reducir la brecha tecnológica existente entre los países del norte y sur, la UNESCO aconseja la (70) difusión y el uso del *software* libre y de equipos informáticos asequibles en los países en desarrollo, la creación de más centros públicos que faciliten el acceso a Internet y la elaboración de contenidos adaptados a los grupos desfavorecidos.

(75) El informe enfatiza la necesidad de invertir más en la educación de calidad para asegurar la igualdad de oportunidades y de que los países donantes faciliten a los más pobres "recursos adicionales para lograr el objetivo de una educación universal".

Además, aboga por que universidades, museos, (80) bibliotecas y otros centros permitan el acceso libre a toda la información que sea de dominio público (ya no cubierta por la protección de los derechos de propiedad industrial o intelectual).

Fuente número 2

Introducción

Este gráfico representa los países donde los idiomas están más amenazados. Apareció en el portal de APADIM, una organización sin fines de lucro en Argentina.

PAÍSES CON MÁS IDIOMAS AMENAZADOS

					(DESDE 1950)	TOTAL
ESTADOS UNIDOS	11	25	32	71	53	192
RUSIA	21	47	29	20	19	136
BRASIL	97	17	19	45	12	190
INDONESIA	56	30	19	32	10	147
PAPÚA NUEVA GUINEA	24	15	29	20	10	98
INDIA	84	62	6	35	9	196
CHINA	41	49	22	23	9	144
SURÁFRICA				3	7	10
AUSTRALIA	17	13	30	42	6	108
KENIA	1	2	1	3	5	12

VULNERABLES:
la mayoría de los niños hablan la lengua, pero su uso está restringido (al hogar familiar, por ejemplo).

EN PELIGRO:
los niños ya no la aprenden en sus familias como lengua materna.

GRAVE PELIGRO:
solo los abuelos y las personas de las viejas generaciones hablan la lengua.

SITUACIÓN CRÍTICA:
los únicos hablantes son los abuelos, pero solo usan la lengua parcialmente y con escasa frecuencia.

EXTINTOS:
no quedan hablantes.

Fuente: FP en español

Fuente número 3

🔊))) Tienes 30 segundos para leer la introducción.

Introducción

Esta grabación viene de un video que apareció en el programa *NCI Noticias* de Radio y Televisión Española. Trata de una nueva plataforma, Lenguas en peligro de extinción, y dura aproximadamente tres minutos.

ACTIVIDAD 6
Tema curricular: Las familias y las comunidades
Primero tienes 6 minutos para leer el tema del ensayo, la fuente número 1 y la fuente número 2.

Tema del ensayo:
Las redes sociales: ¿ayudan o no a socializar a los jóvenes?

Fuente número 1

Introducción
Este texto trata de las redes sociales como el barrio virtual de los adolescentes. El artículo original fue publicado por el diario argentino *El Día*.

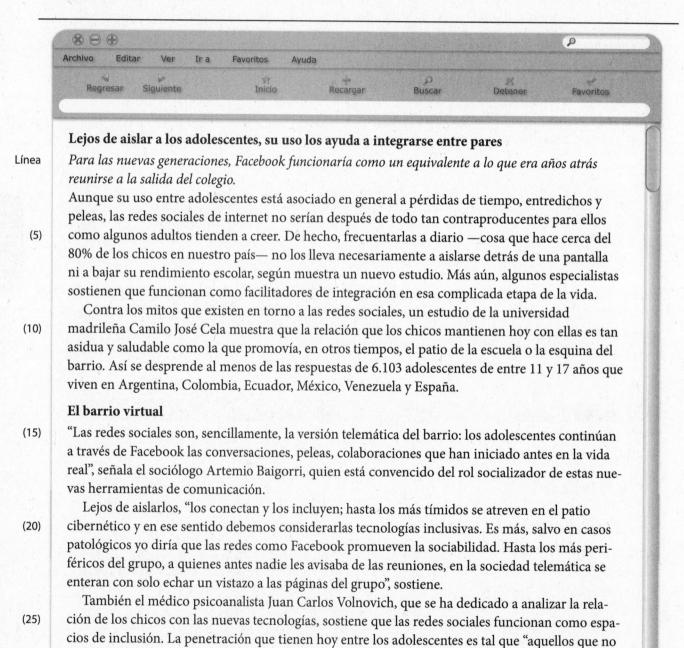

Lejos de aislar a los adolescentes, su uso los ayuda a integrarse entre pares

Línea

Para las nuevas generaciones, Facebook funcionaría como un equivalente a lo que era años atrás reunirse a la salida del colegio.

Aunque su uso entre adolescentes está asociado en general a pérdidas de tiempo, entredichos y peleas, las redes sociales de internet no serían después de todo tan contraproducentes para ellos

(5)   como algunos adultos tienden a creer. De hecho, frecuentarlas a diario —cosa que hace cerca del 80% de los chicos en nuestro país— no los lleva necesariamente a aislarse detrás de una pantalla ni a bajar su rendimiento escolar, según muestra un nuevo estudio. Más aún, algunos especialistas sostienen que funcionan como facilitadores de integración en esa complicada etapa de la vida.

     Contra los mitos que existen en torno a las redes sociales, un estudio de la universidad

(10)   madrileña Camilo José Cela muestra que la relación que los chicos mantienen hoy con ellas es tan asidua y saludable como la que promovía, en otros tiempos, el patio de la escuela o la esquina del barrio. Así se desprende al menos de las respuestas de 6.103 adolescentes de entre 11 y 17 años que viven en Argentina, Colombia, Ecuador, México, Venezuela y España.

El barrio virtual

(15)   "Las redes sociales son, sencillamente, la versión telemática del barrio: los adolescentes continúan a través de Facebook las conversaciones, peleas, colaboraciones que han iniciado antes en la vida real", señala el sociólogo Artemio Baigorri, quien está convencido del rol socializador de estas nuevas herramientas de comunicación.

     Lejos de aislarlos, "los conectan y los incluyen; hasta los más tímidos se atreven en el patio

(20)   cibernético y en ese sentido debemos considerarlas tecnologías inclusivas. Es más, salvo en casos patológicos yo diría que las redes como Facebook promueven la sociabilidad. Hasta los más periféricos del grupo, a quienes antes nadie les avisaba de las reuniones, en la sociedad telemática se enteran con solo echar un vistazo a las páginas del grupo", sostiene.

     También el médico psicoanalista Juan Carlos Volnovich, que se ha dedicado a analizar la rela-

(25)   ción de los chicos con las nuevas tecnologías, sostiene que las redes sociales funcionan como espacios de inclusión. La penetración que tienen hoy entre los adolescentes es tal que "aquellos que no

poseen una cuenta en alguna red social o están familiarizados con ellas quedan afuera de las relaciones sociales de su grupo", señala.

(30)   Ahora, "si ese espacio de inclusión contribuye o no a las relaciones personales es otra historia —aclara Volnovich—. Los contactos que mantienen los chicos en las redes no suponen necesariamente una relación o, en todo caso, no una relación convencional. Lo que es seguro es que las redes sociales hacen que estén más conectados", dice.

Fuente número 2

Introducción

Este gráfico muestra los resultados de una encuesta sobre las redes sociales realizada a adolescentes entre 13 y 17 años de centros urbanos de Argentina. El gráfico original fue publicado por Internet Sano y UNICEF.

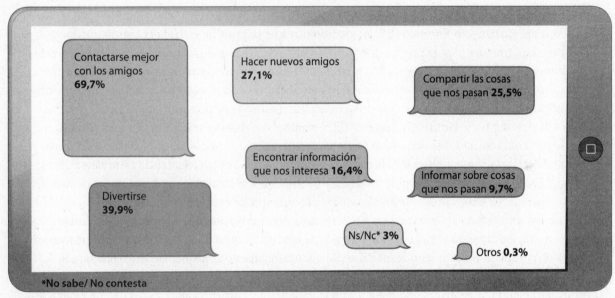

Los adolescentes y el uso de las redes sociales en Argentina
Encuesta realizada a adolescentes entre 13 y 17 años en las ciudades más importantes del país

¿Para qué usas las redes sociales?

Contactarse mejor con los amigos **69,7%**

Hacer nuevos amigos **27,1%**

Compartir las cosas que nos pasan **25,5%**

Encontrar información que nos interesa **16,4%**

Informar sobre cosas que nos pasan **9,7%**

Divertirse **39,9%**

Ns/Nc* **3%**

Otros **0,3%**

*No sabe/ No contesta

*No sabe / No contesta
Fuente: ICIC

Fuente número 3

🔊))) Tienes 30 segundos para leer la introducción.

Introducción

Esta grabación trata de cómo las redes sociales aíslan a los jóvenes y los vuelven incapaces de socializar. El artículo original fue publicado por *El Heraldo* de Chihuahua. La grabación dura dos minutos aproximadamente.

ACTIVIDAD 7
Tema curricular: La ciencia y la tecnología

Primero tienes 6 minutos para leer el tema del ensayo, la fuente número 1 y la fuente número 2.

Tema del ensayo:

¿Se debe permitir o prohibir la clonación de animales con fines alimentarios?

Fuente número 1

Introducción

Este texto trata de la prohibición de clonar animales para la producción de alimentos en la Unión Europea. El artículo original fue publicado por el periódico español *El País*.

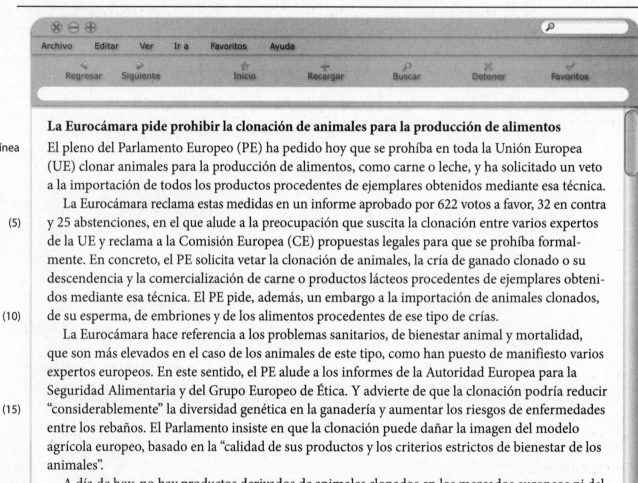

La Eurocámara pide prohibir la clonación de animales para la producción de alimentos

Línea

El pleno del Parlamento Europeo (PE) ha pedido hoy que se prohíba en toda la Unión Europea (UE) clonar animales para la producción de alimentos, como carne o leche, y ha solicitado un veto a la importación de todos los productos procedentes de ejemplares obtenidos mediante esa técnica.

(5)   La Eurocámara reclama estas medidas en un informe aprobado por 622 votos a favor, 32 en contra y 25 abstenciones, en el que alude a la preocupación que suscita la clonación entre varios expertos de la UE y reclama a la Comisión Europea (CE) propuestas legales para que se prohíba formalmente. En concreto, el PE solicita vetar la clonación de animales, la cría de ganado clonado o su descendencia y la comercialización de carne o productos lácteos procedentes de ejemplares obtenidos mediante esa técnica. El PE pide, además, un embargo a la importación de animales clonados,

(10)   de su esperma, de embriones y de los alimentos procedentes de ese tipo de crías.

La Eurocámara hace referencia a los problemas sanitarios, de bienestar animal y mortalidad, que son más elevados en el caso de los animales de este tipo, como han puesto de manifiesto varios expertos europeos. En este sentido, el PE alude a los informes de la Autoridad Europea para la Seguridad Alimentaria y del Grupo Europeo de Ética. Y advierte de que la clonación podría reducir

(15)   "considerablemente" la diversidad genética en la ganadería y aumentar los riesgos de enfermedades entre los rebaños. El Parlamento insiste en que la clonación puede dañar la imagen del modelo agrícola europeo, basado en la "calidad de sus productos y los criterios estrictos de bienestar de los animales".

A día de hoy, no hay productos derivados de animales clonados en los mercados europeos ni del

(20)   resto del mundo, pero los expertos creen que podrían comenzar a venderse en 2010.

A comienzos de este año, el Gobierno de Estados Unidos, que en 2001 aprobó una moratoria contra la venta de este tipo de productos, aseguró que la carne y la leche de clones de ganado vacuno, porcino y caprino son igual de fiables que las del resto de animales de estas especies.

Durante el debate en la Eurocámara, la comisaria europea de Sanidad, Androula Vassiliou, ha

(25)   asegurado que la Comisión Europea es consciente de las preocupaciones de los eurodiputados y que examinará si se pueden poner en marcha restricciones, teniendo en cuenta los estudios científicos.

La asociación Eurogrupo por el bienestar animal ha valorado positivamente, en un comunicado, el informe del Parlamento, pues "la clonación es un proceso ineficaz que hace sufrir a los animales". La directora de Eurogrupo, Sonja Van Tichelen, ha opinado que, tras el voto de hoy, la CE "no
(30) puede permitirse ignorar este mensaje y debe actuar para parar la clonación".

Fuente número 2

Introducción

Este gráfico trata de una encuesta realizada en Uruguay en que se preguntó al público si estaba de acuerdo o no con la clonación de animales. El gráfico original fue publicado por Interconsult.

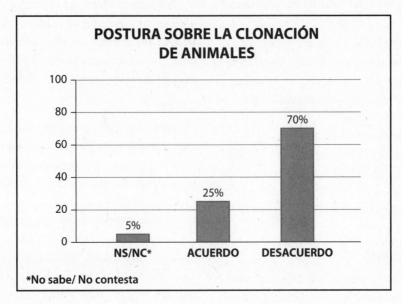

Fuente: Interconsult

Fuente número 3

🔊))) Tienes 30 segundos para leer la introducción.

Introducción

Esta grabación trata de un grupo de científicos argentinos que han logrado clonar una vaca que producirá una leche similar a la humana y tendrá muchos beneficios. El segmento original proviene de Radio y Televisión Española. La grabación dura aproximadamente dos minutos y medio.

ACTIVIDAD 8
Tema curricular: Los desafíos mundiales

Primero tienes 6 minutos para leer el tema del ensayo, la fuente número 1 y la fuente número 2.

Tema del ensayo:

¿Deben los jóvenes de 16 y 17 años tener el derecho de votar en las elecciones?

Fuente número 1

Introducción

Este texto trata de una nueva ley en Argentina que otorga el derecho del voto a jóvenes de 16 y 17 años. El artículo original fue escrito por Vladimir Hernández y publicado por la BBC Mundo.

Argentina, más cerca del voto de los jóvenes de 16 años

Línea *La reforma a la legislación electoral en Argentina dio un paso más en el Senado, con lo cual se acerca la posibilidad de que los jóvenes de 16 y 17 años puedan empezar a votar, optativamente, en las*
(5) *diferentes elecciones del país.*

La iniciativa, presentada hace algunas semanas por los senadores Elena Corregido y Aníbal Fernández, generó un agitado debate en los medios de comunicación y la opinión pública
(10) por la posibilidad de reducir el límite de edad necesario para votar.

¿Qué impacto tendrá?

- La mayoría de los analistas coinciden en que bajar la edad en la que los votantes pueden ir
(15) a las urnas probablemente no tendrá un gran impacto en los resultados de las elecciones.
- El cambio, dicen, podría significar un aumento del caudal electoral de entre 1% y el 2%, es decir unos 1,4 millones de votantes adiciona-
(20) les, según sea la participación.
- Unos 23 millones de argentinos votaron en los comicios presidenciales del año pasado.

Historia

"El proyecto reconoce una realidad de que
(25) algunas cosas para los jóvenes están empezando antes, como es el caso de la participación política", le comentó a BBC Mundo el sociólogo e historiador Federico Lorenz.

"Aunque es cierto que la idea puede parecer algo solamente atado a lo electoral inmediato, (30) porque no debería ser algo aislado sino que tendría que estar acompañado de algo que genere la noción de responsabilidad de votar", agregó.

Voces

"Si bien considero que no es algo que necesaria- (35) mente mejore la democracia, sí creo que es un avance progresivo en cuanto a la participación de aquellos jóvenes que se interesan en la política", afirmó Constanzo.

"Si uno considera que a algunos jóvenes (40) de 16 años se les trata como adultos para que encaren responsabilidades que son de los adultos, entonces es correcto darles la responsabilidad de elegir a quienes nos gobiernan", agregó.

No obstante, en este segmento de edad hay (45) matices.

"En mi colegio lo charlamos entre jóvenes de 17 años y esto no interesa. Interesa más lo social o lo económico, pero no el derecho al voto", le dijo a BBC Mundo Martín Furman. (50)

"Si el kirchnerismo[1] va a levantar la bandera de la juventud, debería hacer algo más. Como por ejemplo evitar una deserción de 50% en los colegios o mejorar la calidad de la educación", apuntó. (55)

La joven Mili Luque, en cambio, ve cosas buenas y malas en la propuesta de reforma electoral.

---

[1] El kirchnerismo es un movimiento político argentino basado en el peronismo y promovido por los presidentes Néstor Kirchner (2003–2007) y Cristina Fernández de Kirchner (2007–). El kirchnerismo se caracteriza por su rechazo al neoliberalismo y a los tratados de libre comercio, y por su defensa del Mercosur así como por iniciativas para fortalecer la relación que tiene Argentina con otros países de América Latina.

"No es 100% malo si lo aprueban, puede ser
(60) un incentivo para la juventud".

"Pero creo que es necesario establecer que primero se debe terminar la educación básica antes de votar, porque por ejemplo es importante saber de historia para saber qué
(65) votar. Yo este año recién veo lo que sucedió con la dictadura en 1976 y estoy aprendiendo cosas que me ayudarían a elegir mejor. Sobre todo si en tu casa no se habla de esto", explicó.

Para Luque, el tema de fondo puede ser derribar los estereotipos. (70)

"Los 16 apenas son dos años menos que los 18. Es conservador pensar que los jóvenes no podemos votar".

Fuente número 2

Introducción

Este gráfico muestra la participación electoral por edad en México. La investigación fue realizada por el Instituto Federal Electoral.

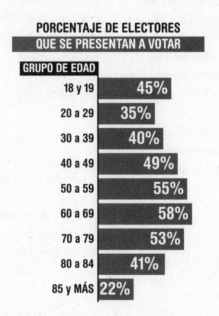

PORCENTAJE DE ELECTORES QUE SE PRESENTAN A VOTAR

GRUPO DE EDAD	
18 y 19	45%
20 a 29	35%
30 a 39	40%
40 a 49	49%
50 a 59	55%
60 a 69	58%
70 a 79	53%
80 a 84	41%
85 y MÁS	22%

Fuente: Instituto Federal Electoral, México

Fuente número 3

🔊))) Tienes 30 segundos para leer la introducción.

Introducción

La siguiente selección describe la situación presente del voto de los jóvenes para las elecciones del Parlamento Europeo así como en algunas de sus comunidades. La grabación dura dos minutos y medio aproximadamente.

ACTIVIDAD 9
Tema curricular: La vida contemporánea

Primero tienes 6 minutos para leer el tema del ensayo, la fuente número 1 y la fuente número 2.

Tema del ensayo:

¿Es mejor la educación mixta o la educación separada?

Fuente número 1

Introducción

Este texto trata de los problemas causados por la educación separada. El artículo original fue escrito por Teresa Guerrero y publicado por el periódico español *El Mundo*.

La separación de niños y niñas en las aulas fomenta el sexismo y refuerza los estereotipos

Línea Elegir el colegio en el que estudiarán los hijos es una de las decisiones más importantes para los padres. Además del centro, hay que escoger entre la posibilidad de matricularlos en una

(5) escuela mixta o bien en un colegio en el que solo compartirán aula con estudiantes de su mismo sexo.

Cada opción tiene partidarios y detractores y, aunque se trata de una decisión personal que

(10) deben tomar los progenitores, en los últimos años diversos estudios científicos han respaldado una u otra opción. La última investigación, publicada esta semana en la revista *Science*, se decanta por los colegios mixtos públicos y refuta

(15) algunas de las ventajas que suelen atribuirse a las escuelas que separan a sus alumnos por sexos.

Sexismo institucional

El estudio, realizado en EE.UU., sostiene que

(20) la segregación en las aulas fomenta el sexismo entre los niños y refuerza los estereotipos de género. Los investigadores, liderados por Diane F. Halpern, del Claremont McKenna College (California), señalan que este tipo de colegios

(25) legitiman el sexismo institucional.

Además, aseguran que ir a clase con personas del mismo sexo no mejora los resultados académicos, como defienden los partidarios de separar a niños y niñas en la escuela. Para

(30) demostrarlo, citan un informe realizado por el Ministerio de Educación de EE.UU.

para comparar los resultados académicos en centros mixtos y de un solo sexo. El estudio concluyó que el rendimiento de los alumnos era muy similar en los dos tipos de colegios (35) públicos. Conclusiones similares, aseguran los investigadores, se han obtenido en estudios parecidos y a gran escala llevados a cabo en Reino Unido, Canadá, Australia y Nueva Zelanda. (40)

Diferencias en el cerebro

El estudio hace referencia también a otras investigaciones en el campo de la neurociencia que no han encontrado pruebas de que las diferencias en los cerebros de chicos y chicas (45) justifiquen el uso de distintos métodos de enseñanza. Las diferencias halladas en la estructura cerebral de niños y niñas, señalan, no tienen relación con el aprendizaje.

Trabajar por la igualdad (50)

"Separar a chicos y chicas en la escuela pública convierte al género en un aspecto muy importante, y esto hace que se refuercen los estereotipos y el sexismo", afirma Richard Fabes, director de la Escuela de dinámicas sociales y familiares (55) de la Universidad de Arizona (UA) y uno de los autores de este estudio.

Y es que, según detectaron, los niños que están en ambientes donde los individuos son etiquetados y segregados en función de sus características físicas, ya sea el género, el color de sus (60) ojos o la camiseta que llevan, se comportaban de manera diferente.

Richard Fabes se pregunta si sería admi-
(65) sible que los estudiantes fueran separados en la
escuela en función de su raza o de sus ingresos.
"No hay pruebas que demuestren los buenos
resultados de separar y segregar. Cualquier
forma de segregación mina la igualdad en lugar
de promoverla", concluye. (70)

Fuente número 2

Introducción

Este gráfico muestra el rendimiento académico de alumnos argentinos de colegios diferenciados y de colegios mixtos. Fue publicado por el I Congreso de Evangelización de la Cultura.

**RENDIMIENTO ACADÉMICO DE LOS ALUMNOS
por modelo pedagógico del colegio de procedencia**

Promedio en el 1° año académico
(de 1 a 10)

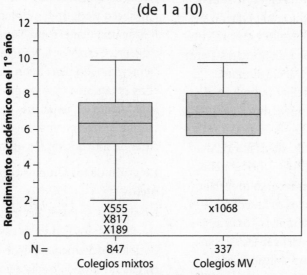

La mediana del promedio de la población que proviene de colegios de educación diferenciada (7) es superior que la de los colegios mixtos (6). La dispersión es similar. Los límites superior e inferior son coincidentes. Se observan menos valores atípicos por debajo del límite inferior en el caso de los alumnos de colegios de educación diferenciada que en los de colegios mixtos.

Fuente: Julieta Laudadio, María Pita y Ángela Corengia

Fuente número 3

🔊))) Tienes 30 segundos para leer la introducción.

Introducción

La siguiente grabación trata de una posible ley en España, apoyada por el Ministro de Educación, sobre la enseñanza diferenciada por sexo. La grabación proviene de *Noticias 24 horas* de Radio y Televisión Española y dura aproximadamente un minuto y medio.

ACTIVIDAD 10
Tema curricular: Las familias y las comunidades

Primero tienes 6 minutos para leer el tema del ensayo, la fuente número 1 y la fuente número 2.

Tema del ensayo:

¿Es beneficioso vivir con los abuelos?

Fuente número 1

Introducción

El artículo a continuación trata de la relación entre los abuelos y los nietos. Apareció en la revista digital *Guía Infantil*.

Los abuelos y los niños: un encuentro enriquecedor

Línea El nacimiento de un bebé transforma completamente el día a día de un hogar. A los compromisos y responsabilidades ya existentes, se suman otras muy distintas: la de educar al pequeño de
(5) la casa, y acompañar su desarrollo y crecimiento. Los placeres de tener un bebé son muchos, pero no se puede ignorar que el trabajo aumenta.

En muchas familias, conciliar trabajo, casa, e hijos, es una tarea que requiere mucha habi-
(10) lidad y, en muchos casos, algunos sacrificios. La llegada de un bebé no solo altera la vida de los padres, sino también la de muchos abuelos. Poder contar con ellos es un recurso muy valioso. La presencia de los abuelos es un consuelo y
(15) un desahogo para muchas familias. Los cambios que provoca el nacimiento del bebé les afectan menos que a los padres, y sus obligaciones están en un plano secundario, dependientes del "mando" de los padres del bebé, y de la disponi-
(20) bilidad que tengan para compartir los cuidados, el afecto y el tiempo del bebé con sus consuegros.

Los abuelos pueden proporcionar una asistencia práctica, apoyo y una cadena de consejos útiles para cuidar al bebé. El encuentro
(25) de los abuelos con sus nietos es siempre muy enriquecedor para ambas partes. A muchos niños les encantan estar con sus abuelos por diferentes y variadas razones. Algunos porque al lado de los abuelos no existen tantas órdenes
(30) ni obligaciones. Otros porque pueden hacer cosas distintas con ellos, como preparar galletas juntos, comer dulces, dar paseos, ir al parque y realizar una infinidad de actividades que hacen que ellos se sientan más libres.

Algunos nietos ven a sus abuelos como un (35) amigo, una especie de guía, como divertidos, cariñosos, mimosos y que les gusta estar con ellos. Pero, claro, todo depende de la forma de ser de los abuelos. Hay también los que apenas envejecen y continúan tratando a los más peque- (40) ños de una manera muy autoritaria y demasiado exigente. Pero, por lo general, los abuelos sienten mucho placer con sus nietos. Estar con ellos es también una forma de renovarse personalmente. Es tener más participación en la (45) familia, y sentirse más jóvenes y actualizados. Se aprende mucho con los niños.

Relación de los abuelos con los padres de sus nietos

No siempre se puede decir que la relación de los (50) abuelos con los padres de sus nietos sea la mejor posible. Infelizmente, pueden existir conflictos en cuanto al tipo de educación que es aplicada al niño. Las generaciones son diferentes; también lo son los criterios de educación. Los más jóvenes (55) no pueden cambiar los razonamientos de los más mayores. Los abuelos no están más para educar. Ya han educado, bien o mal, a sus hijos. Los abuelos están para dar cariño, echar una mano de vez en cuando y pasar un buen rato (60) con sus nietos. Si los abuelos van a estar con los nietos, lo ideal es que haya un acuerdo entre las partes, para el bien del niño y de todos. Para eso, es necesario que entre los padres y los abuelos exista una relación tranquila, específica y ver- (65) dadera, libre de celos, en la que reine el respeto a las exigencias y a los hábitos del otro.

Fuente número 2

Introducción

Estos gráficos tratan de las abuelas que cuidan a los nietos y fueron publicados por el periódico español *El País*.

El trabajo de las abuelas
■ **MUJERES MAYORES DE 65 AÑOS QUE CUIDAN DE SUS NIETOS**

Fuente: *Elaborado con información de INMERSO.CIS*

Fuente número 3

🔊))) Tienes 30 segundos para leer la introducción.

Introducción

La siguiente grabación trata de un nuevo libro *El arte de ser abuelos*. Fue escrito por Franco Voli, presidente honorario de la Institución de Asuntos Culturales de España, quien discute los abuelos canguros, o sea abuelos que cuidan a sus nietos. La grabación apareció en el portal de la revista digital *Guía Infantil* y dura aproximadamente dos minutos.

ACTIVIDAD 11
Tema curricular: Las identidades personales y públicas

Primero tienes 6 minutos para leer el tema del ensayo, la fuente número 1 y la fuente número 2.

Tema del ensayo:

¿Ayuda la cirugía plástica a mejorar la autoestima?

Fuente número 1

Introducción

Este texto trata de las cirugías plásticas y la autoestima. El artículo original proviene del portal de *Biomanantial*, una revista digital.

Cirugía estética y autoestima

Línea La cirugía estética se ha puesto de moda desde
hace algunos años. Parece ser que cada vez es
más natural aceptar lo que antes era un tabú
por considerarse que, al someterse a una cirugía
(5) para verse uno más bello o joven, uno pecaba de
excesiva vanidad. Sin embargo, conforme pasa
el tiempo, arreglarse el cuerpo con el bisturí se
ha convertido para muchos en algo cada vez
más aceptable y hasta normal. Ya no se esconde
(10) como antes, ahora se considera una alternativa
útil y rápida para verse mejor y, entre otras
cosas, subir la autoestima.

Razones para operarse

Querer verse mejor, más joven, con más atrac-
(15) tivo son algunas de las razones por las que
muchos deciden operarse. Nuestra apariencia
física juega un papel importante en la sociedad y, como dijimos, cuando esta no cumple
los requisitos o ideales impuestos (ya sea por
(20) uno mismo o la sociedad), o cuando el cuerpo
comienza a deteriorarse por la edad, entonces
podemos comenzar a sentir, entre otras cosas,
gran ansiedad y temor a ser rechazados, a causar
una impresión desagradable. Esta necesidad de
(25) ser aceptados y admirados nos puede llevar a
tomar muchas decisiones entre las cuales está la
de someter al cuerpo al bisturí.

Muchas veces, se guarda en silencio la ino-
cente esperanza de que el bisturí resolverá
(30) conflictos más profundos como una baja autoestima, dolores emocionales o insatisfacción personal. Cuando este es el caso, entonces lo más

probable es que cuando se realiza la operación,
quizá la persona quede contenta al principio,
pero pueden ocurrir dos cosas después de (35)
dicho arreglo: primera, que pronto la persona
se encuentre otro defecto y se quiera volver a
operar, o segunda, que simplemente la persona
note que su apariencia física no consigue hacerle
sentir mejor, es decir, más satisfecha y admirada (40)
de sí misma.

La disconformidad con el aspecto físico no
siempre puede solucionarse con estos arreglos.
En realidad, recurrimos muchas veces al arreglo del aspecto físico porque es la forma más (45)
evidente y rápida de agradar a los demás, de
gustarles, de atraerlos; y a menor valoración de
lo que somos o de carencia afectiva, más recursos necesitaremos para crear figuras modelo
con nuestros cuerpos, además de que nuestra (50)
atención se volverá frecuentemente hacia la
forma en como lucimos y nos vemos, la cual
representa la forma más rápida de seducir y
captar atención. Esto suele suceder con más
frecuencia en la adolescencia y cuando estamos (55)
jóvenes, es decir, cuando nuestra seguridad se
está formando.

Hacer lucir al cuerpo lo mejor posible
(lavarlo, arreglarlo, vestirlo, perfumarlo, alimen-
tarlo adecuadamente, ejercitarlo, etc.), es una (60)
forma de quererlo. Sin embargo, es necesario
que consideres que si vas a operarte no lo estés
haciendo nada más por agradar a los demás o
por ser aceptado o reparar dolores emocionales,
porque empezarás a hacerte dependiente de (65)

remedios rápidos para la belleza, tu atención se centrará en lo físico, y empezarás a descuidar la esencia de la verdadera aceptación y valor de lo que eres, que no está precisamente en la talla de tu senos o en tener los labios o glúteos perfectos, (70) sino en la valoración y respeto que tú logres despertar por ti mismo, por ti misma.

Fuente número 2

Introducción

Estos gráficos tratan de las cirugías plásticas realizadas en Ecuador. Fueron publicados por el portal del periódico ecuatoriano *Hoy*.

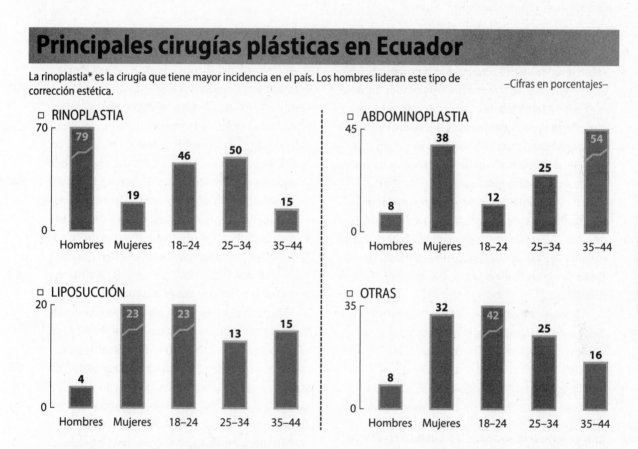

Principales cirugías plásticas en Ecuador

La rinoplastia* es la cirugía que tiene mayor incidencia en el país. Los hombres lideran este tipo de corrección estética.

–Cifras en porcentajes–

RINOPLASTIA
- Hombres: 79
- Mujeres: 19
- 18–24: 46
- 25–34: 50
- 35–44: 15

ABDOMINOPLASTIA
- Hombres: 8
- Mujeres: 38
- 18–24: 12
- 25–34: 25
- 35–44: 54

LIPOSUCCIÓN
- Hombres: 4
- Mujeres: 23
- 18–24: 23
- 25–34: 13
- 35–44: 15

OTRAS
- Hombres: 8
- Mujeres: 32
- 18–24: 42
- 25–34: 25
- 35–44: 16

Fuente: Advance Consultora Elab.: CEC/Diseño editorial/HOY

*Rinoplastia es una cirugía plástica donde se cambia la forma de la nariz (y muchas veces reduce su tamaño a la misma vez).

Fuente número 3

◀))) Tienes 30 segundos para leer la introducción.

Introducción

El siguiente audio proviene de un programa de Radio y Televisión Española. Trata de cómo los jóvenes de China tratan de cambiar su apariencia con la esperanza de conseguir un trabajo. La grabación dura aproximadamente un minuto y medio.

PART D

ACTIVIDAD 12
Tema curricular: La ciencia y la tecnología

Primero tienes 6 minutos para leer el tema del ensayo, la fuente número 1 y la fuente número 2.

Tema del ensayo:

Internet: ¿mejora o empeora nuestra vida?

Fuente número 1

Introducción

Este texto trata de los efectos negativos de pasar mucho tiempo en Internet. El artículo original fue publicado por Saludísima, un sitio web dedicado a la salud.

¿Internet provoca depresión?

Línea *Pasar mucho tiempo frente a la pantalla del orde-*
nador puede traer efectos nocivos para la salud.

Todo abuso es malo, eso ya lo sabemos, pero se debe prestar mucha atención, sobre todo con
(5) los jóvenes, acerca del uso y abuso del ordenador, o mejor dicho... de Internet, ya que puede llegar a crear una patología.

Una cantidad creciente de investigaciones han hallado que el uso excesivo de Internet
(10) conlleva los mismos riesgos que la adicción al juego: el aislamiento, la depresión y la imposibilidad de concretar con éxito proyectos laborales o escolares.

Algunas personas, especialmente aquellas que
(15) tienen dificultades para establecer relaciones sociales han encontrado almas gemelas en la Red y construido amistades saludables.

Sin embargo, psicólogos advierten que un número creciente de personas están utilizando
(20) Internet en forma compulsiva y poniendo en peligro sus relaciones de pareja y hasta sus empleos.

En una encuesta de 1.700 usuarios de Internet presentada ante la Asociación de
(25) Psicología de Estados Unidos, el seis por ciento de los consultados manifestaba las características propias de un cuadro de adicción.

Entre los síntomas se cuentan una sensación de tensión creciente antes de conectarse a
(30) Internet, el alivio de la tensión luego de conectarse, cambios en el estado de ánimo y dificultad para abandonar la computadora.

Un sitio lleva a otro sitio

Paul Gallant, del Centro de Adicciones Sierra Tucson, en Arizona, dice que mucha gente se (35) siente atraída por la posibilidad de ser alguien "diferente" en la Red y crearse una nueva identidad virtual. "Es posible que en la vida real uno sea un sujeto corriente, pero en Internet puede convertirse en un superhéroe", señaló Gallant. (40)

Otros se convierten en apostadores compulsivos o quedan atrapados en las redes de las inversiones en línea, pero Gallant advierte que hasta las inquietudes más inocentes pueden adquirir proporciones enfermizas en un medio donde el (45) acceso a la información es inagotable.

"Digamos que usted es un experto en vinos. Encuentra un sitio fantástico en Internet, lleno de información. Este sitio lo lleva a otro sitio, que a su vez lo lleva a otro sitio. De pronto han (50) pasado seis horas y usted sabe mucho más de vinos, pero no sabe cómo se le ha ido el tiempo de las manos", señaló Gallant.

"En algún punto se hace evidente que usted está obsesionado con obtener más y más infor- (55) mación y es difícil parar", añadió.

Una investigación publicada en marzo en la Gaceta de Desórdenes Afectivos estudió las respuestas de 20 personas, que al igual que Moore, afirman que Internet arruinó sus vidas. (60)

Casi todas presentaron síntomas de desórdenes mentales graves, tales como el trastorno bipolar. Muchas pasaban un promedio de 30 horas semanales conectadas a Internet, fuera de las horas de trabajo. (65)

Pero lo que no queda claro es si Internet causa la enfermedad mental o si son las personas que tienen tendencias enfermizas quienes abusan de ella.

(70)   Investigadores intentaron resolver este interrogante con un estudio en el que participaron 169 personas que se conectaban por primera vez en Internet.

Los resultados del estudio revelaron que cuanto más tiempo pasaban estas personas en Internet, menos tiempo dedicaban a sus familias, su círculo social se reducía y comenzaban a sentirse cada vez más solos y deprimidos.   (75)

Fuente número 2

Introducción

Este gráfico trata del crecimiento en el número de usuarios de Internet en las economías emergentes o países en desarrollo. Apareció en el portal de El Web Marketer.

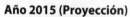

Porcentaje de usuarios globales de Internet y el notable crecimiento en los países emergentes

- ■ Países emergentes[1]
- ▨ Resto de los países en desarrollo
- ■ Países desarrollados

Año 2005

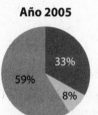

59% 33% 8%

Año 2010

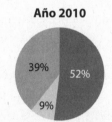

39% 52% 9%

Año 2015 (Proyección)

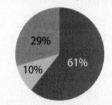

29% 10% 61%

Región	Usuarios de Internet (estimados en millones)
Países emergentes	319
Resto de los países en desarrollo	78
Países desarrollados	579
Total	**976**

Región	Usuarios de Internet (estimados en millones)
Países emergentes	974
Resto de los países en desarrollo	172
Países desarrollados	723
Total	**1,869**

Región	Usuarios de Internet (estimados en millones)
Países emergentes	1,616
Resto de los países en desarrollo	273
Países desarrollados	772
Total	**2,661**

1. Incluye Argelia, Argentina, Brasil, Chile, China, Colombia, República Checa, Hungría, India, Indonesia, Kazajstán, Malasia, México, Nigeria, Pakistán, Polonia, Rumania, Arabia Saudita, Sudáfrica, Taiwán, Tailandia, Turquía, Ucrania, Vietnam.

Fuente: Elaborado con información de Unidad de Inteligencia Económica (EIU), Datos Mundiales, Análisis de McKinsey & Co.

Fuente número 3

🔊))) Tienes 30 segundos para leer la introducción.

Introducción

Esta grabación trata de cómo Internet ha facilitado nuestra vida cotidiana. La grabación original proviene de Radioteca, un portal para el intercambio de audios. La grabación dura aproximadamente un minuto y medio.

ACTIVIDAD 13
Tema curricular: Las familias y las comunidades

Primero tienes 6 minutos para leer el tema del ensayo, la fuente número 1 y la fuente número 2.

Tema del ensayo:

La televisión: ¿afecta a los niños de forma positiva o negativa?

Fuente número 1

Introducción

Este texto trata de la influencia de la televisión en el desarrollo de los niños. El artículo fue publicado en el portal de la BBC Mundo.

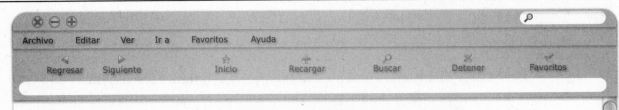

Estudio cuestiona vínculo entre televisión y mal comportamiento infantil

Línea

Expertos señalan que pasar horas mirando la televisión o con juegos de computadora al día no afecta el desarrollo social de los niños.

Un equipo del Consejo de Investigación Médica del Reino Unido (MRC, por sus siglas en inglés), que estudió a más de 11.000 estudiantes en educación primaria, informó que es incorrecto

(5)   relacionar el mal comportamiento con la televisión.

A pesar de que los especialistas descubrieron una pequeña correlación entre las dos, aseguran que otras influencias, como el estilo de educar de los padres, es probablemente la mejor explicación.

No obstante aclararon que todavía aconsejan "limitar el tiempo frente a la pantalla".

Esta advertencia cautelar se debe a que, según los expertos, pasar mucho tiempo al día mirando

(10)   la televisión podría reducir cuánto tiempo el niño utiliza en otras actividades importantes como jugar con amigos o hacer tareas.

Un estudio publicado hace diez años había sugerido que mirar TV durante la primera infancia puede causar problemas de atención a la edad de siete años.

En Estados Unidos, las directrices de pediatría recomiendan que los niños no deben ver más de

(15)   dos horas al día de TV y que esos programas deben ser educativos y no violentos.

A las tres horas

Para el estudio del MRC, publicado en la revista *Archives of Diseases in Childhood*, la doctora Alison Parkes y sus colegas le pidieron a madres de todos los estratos sociales, culturales y económicos que dieran detalles sobre los hábitos televisivos de sus hijos y sus comportamientos.

(20)   Parkes, quien es jefa de la unidad de ciencias de la salud pública y social del MRC, dijo que era incorrecto culpar a la TV de los problemas sociales.

"Descubrimos que no había ningún efecto con el tiempo frente a la pantalla para la mayoría de los problemas sociales y de comportamiento que estudiamos, y que solo había un efecto muy pequeño en problemas de conducta como peleas e intimidación".

(25)   "Nuestro trabajo sugiere que limitar la cantidad de tiempo que el niño pasa frente al televisor es, en sí mismo, improbable que mejore los cambios psicosociales".

La especialista agregó que las intervenciones enfocadas en la dinámica familiar y el niño podían hacer más la diferencia y eso podría depender mucho de lo que mira el niño y si lo hace bajo la supervisión de sus padres.

(30) Por su parte, Sonia Livingstone, profesora de psicología social de la London School of Economics, dijo que el estudio ofrecía una buena oportunidad para preguntarnos "por qué algunos niños pasan tanto tiempo mirando la televisión".

La profesora Annette Karmiloff-Smith, de la Universidad de Londres, señaló que en vez de enfocarse en los posibles efectos adversos de la TV y los videojuegos, sería bueno estudiar los posibles

(35) impactos positivos que estos podrían tener en los niños.

Mientras que Hugh Perry, miembro del cuerpo de salud mental y neurociencia del MRC, considera que "estamos viviendo en un mundo que está cada vez más dominado por el entretenimiento electrónico, y los padres están preocupados por el impacto que esto podría tener en el bienestar y la salud mental de sus hijos".

(40) "Este estudio sugiere que la relación entre la TV y el videojuego con la salud es compleja y está influenciada por muchos otros factores sociales y ambientales".

Fuente número 2

Introducción

Estos dos gráficos son los resultados de una encuesta realizada en Bogotá, Colombia. Muestran el tiempo que se pasa en familia mirando televisión por día y los programas que se comparten. Fue publicado originalmente en el blog *Televisión y familia*.

Tiempo que se ve de televisión (horas) individual y en familia

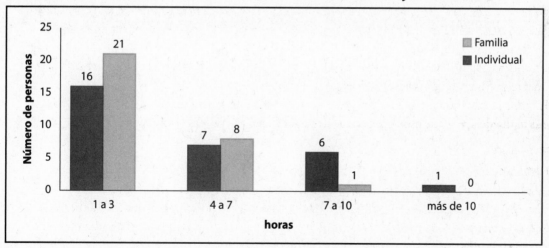

Tipos de programas vistos en familia (en porcentajes)

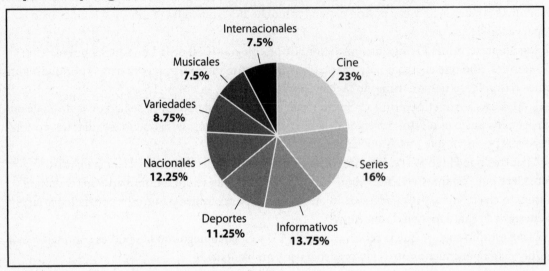

Internacionales 7.5%

Musicales 7.5%

Cine 23%

Variedades 8.75%

Nacionales 12.25%

Series 16%

Deportes 11.25%

Informativos 13.75%

Fuente: Elaborado con información de Televisión y familia

Fuente número 3

🔊))) Tienes 30 segundos para leer la introducción.

Introducción

La siguiente grabación proviene del portal de la BBC Mundo. Trata de los efectos de la televisión en el futuro de los niños. La grabación dura aproximadamente tres minutos.

ACTIVIDAD 14
Tema curricular: La ciencia y la tecnología

Primero tienes 6 minutos para leer el tema del ensayo, la fuente número 1 y la fuente número 2.

Tema del ensayo:

¿Es bueno para la salud tomar un determinado número de vasos de agua al día?

Fuente número 1

Introducción

Este texto trata de la idea de que ocho vasos al día no son necesarios para la salud. El artículo original fue publicado por el periódico ecuatoriano *El Universo*.

Tomar 8 vasos de agua al día "es un mito", según estudio

Línea   *Según un estudio australiano, la idea de que 8 vasos de agua al día son necesarios para la salud "es un mito".*

(5)   Los expertos recomiendan que tomemos dos litros (ocho vasos) de líquidos cada día para tener una salud óptima.

Pero tal como sugiere un nuevo estudio en Australia, esta recomendación ha sido malinterpretada y creemos, erróneamente, que debemos (10) tomar específicamente agua, ocho vasos de agua.

Nuestros dos litros de líquidos diarios deben incluir todo, el café, té, jugos y otras bebidas, afirma el informe publicado en *Australian* (15) *and New Zealand Journal of Public Health* (*Revista de Salud Pública de Australia y Nueva Zelanda*).

Porque estamos bebiendo inútilmente demasiada agua, principalmente agua embote-(20) llada, agrega.

Tal como expresa el profesor Spero Tsindos, del Departamento de Dietética y Nutrición Humana de la Universidad de La Trobe, en Melbourne, "esta malinterpretación de beber (25) específicamente dos litros de agua ha conducido a un crecimiento gradual en el uso de agua embotellada".

"Hace treinta años no veíamos una botella de plástico por ningún lado, ahora parecen (30) accesorios de moda". Beber agua es sano, agrega. "Pero la industria nos ha hecho creer que puede contribuir a perder peso, reducir el consumo de bebidas azucaradas y que el agua embotellada es aún más sana".

Consumo "inútil" (35)

El científico quería investigar cuántos líquidos bebe la gente a diario y si realmente necesitamos suplementar nuestro consumo con dos litros adicionales de agua.

Tras revisar el Sondeo Nacional de Nutrición (40) de Australia, que desde 1995 ha seguido los hábitos alimenticios de los australianos, encontró que las mujeres bebían en promedio 2,8 litros de líquidos y los hombres 3,4 litros diarios, incluidos los fluidos que se encuentran en ver-(45) duras, frutas y otros alimentos.

Esto quiere decir que si suplementamos nuestro consumo diario de líquidos con los dos litros adicionales que recomiendan los expertos, "estamos bebiendo demasiada agua", señala el (50) profesor Tsindos.

Según el investigador, beber tanta agua para alcanzar el consumo recomendado diario es "inútil" porque el agua no se distribuye donde es necesario en el organismo. "Esto no tiene (55) ningún efecto de hidratación, todo lo que el agua hace es diluirse en la orina", señala.

Otros estudios dicen: "tomar ocho vasos de agua diarios es un mito"

El estudio del profesor Tsindos apoya otras (60) investigaciones pasadas que muestran que beber ocho vasos de agua diariamente "es un mito".

En 2011, la doctora Margaret McCartney, médica general de Glasgow, llevó a cabo una revisión de los estudios disponibles sobre si (65) realmente los humanos necesitamos beber dos litros de agua para no deshidratarnos.

Encontró que todas las recomendaciones y afirmaciones de que no bebemos suficiente agua (70) "son una tontería" y "no hay evidencia científica que apoye esas afirmaciones".

Tal como expresó la investigadora, "los ocho vasos de agua al día, como algo necesario para la salud, es un mito".

Fuente número 2

Introducción

Este gráfico muestra el consumo de agua envasada en España. Apareció en el sitio web de Biogeociencias.

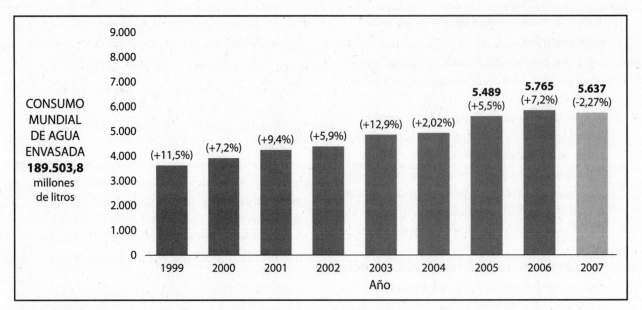

Fuente: Elaborado con información de Aneabe, Beverage Marketing Corp.

Fuente número 3

🔊))) Tienes 30 segundos para leer la introducción.

Introducción

Esta grabación trata de los beneficios del agua. El segmento original fue transmitido por Nuevo Paradigma en Venezuela. La grabación dura aproximadamente dos minutos.

ACTIVIDAD 15
Tema curricular: La belleza y la estética

Primero tienes 6 minutos para leer el tema del ensayo, la fuente número 1 y la fuente número 2.

Tema del ensayo:

¿Es la poesía relevante en la actualidad?

Fuente número 1

Introducción

Este texto trata de la extinción de la lectura de poesía. El artículo original de Pablo Torche fue publicado por la revista chilena *Intemperie*.

¿Está muriendo la poesía?

Línea

Todo el mundo habla de la muerte del libro de papel a causa de los *e-books*, pero nadie habla abiertamente de algo que parece mucho más trascendente, que es la creciente extinción de la
(5) lectura de poesía.

La gradual declinación de la poesía como un hábito y una costumbre más o menos difundida o integrada a la vida cotidiana comenzó junto con las vanguardias, a comienzos del siglo XX,
(10) a través de las cuales el lenguaje poético se actualizó y "coloquializó", pero también se volvió más difícil, y su disfrute más exigente, a veces hermético.

En estas últimas tres o cuatro décadas la
(15) poesía se ha ido transformando cada vez más en una lectura exclusiva, reservada para ciertas personas, para ciertos momentos muy específicos, para ciertos estados de ánimo. ¿Quién, hoy por hoy, se sienta una tarde o noche, "bajo
(20) la luz de las estrellas o la luz de una lámpara" a saborear el ritmo o la cadencia de unas palabras caprichosamente entretejidas o rimadas, a preocuparse de extraer su sabor, resignarse a no comprender por completo su significado? Es un gesto
(25) que está muriendo, como darle cuerda al reloj.

Descontando los clásicos escolares, hoy por hoy, ¿quién lee poesía? Creo que casi exclusivamente los mismos poetas, o los académicos especializados. En muchas librerías ni siquiera venden libros de poesía, me da la impresión de (30) que ese espacio en las estanterías ha sido ocupado gradualmente por los libros de autoayuda.

Más que la remembranza de un público estable, lo que me parece más significativo es la gradual desaparición de los momentos para leer (35) poesía. La lectura de versos está confinada cada vez más a ciertos momentos muy específicos. Me da la idea también —pero no sé si estoy en lo correcto—, que incluso en privado la poesía se lee rápido, y mal, como en la búsqueda de (40) algo, algún usufructo o ventaja concreta, aunque sea un remate sorprendente o una nota cómica. Creo que es por eso que una de las pocas poesías que se alaba hoy por hoy es la de Nicanor Parra, que lleva el último medio siglo publicando solo (45) una especie de chistes, o frases ingeniosas y sorpresivas, acompañadas de caricaturas.

Introducción

Este gráfico trata del género literario que prefieren los lectores de la encuesta. Fue publicado por el Observatorio Nacional de Lectura, un servicio de la Fundación Mempo Giardinelli.

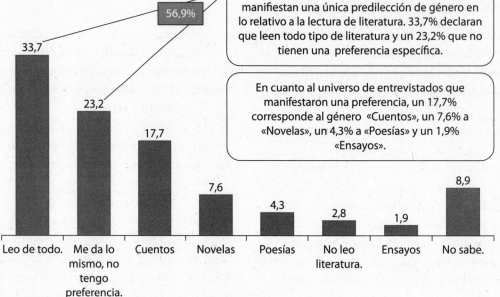

Y cuando lee literatura, ¿qué género prefiere leer?

> Más de la mitad de los entrevistados (56,9%) no manifiestan una única predilección de género en lo relativo a la lectura de literatura. 33,7% declaran que leen todo tipo de literatura y un 23,2% que no tienen una preferencia específica.

> En cuanto al universo de entrevistados que manifestaron una preferencia, un 17,7% corresponde al género «Cuentos», un 7,6% a «Novelas», un 4,3% a «Poesías» y un 1,9% «Ensayos».

Fuente: Observatorio Nacional de Lectura de la Fundación Mempo Giardinelli

Fuente número 3

))) Tienes 30 segundos para leer la introducción.

Introducción

Este segmento de audio trata de la trascendencia de la poesía. La grabación original fue transmitida por Radio Naciones Unidas. La grabación dura aproximadamente un minuto y medio.

Part E
Interpersonal Speaking: Conversation

In this portion of the AP® Spanish Language and Culture Examination, you will be tested on your ability to respond to recorded conversational prompts and participate in an informal conversation. The content of these simulated conversations relates to the curricular themes as set forth in the Curriculum Framework for the AP® Spanish Language and Culture Examination.

These simulated conversations integrate three skills: reading, listening, and speaking. Before you begin, you will have one minute to read an introduction and an outline of the conversation. Then the recorded conversation will begin with its first prompt, following the outline. You will respond five times during the conversation and each time you will be expected to speak for 20 seconds.

Because this section of the AP® exam emphasizes the honing of your reading, listening, and speaking skills, take the time to review your reading strategies (Part A, pp. 2–4) and listening strategies (Part B-2, pp. 163–164), as well as the speaking strategies below.

Strategies

1. **Read the conversational outline carefully before beginning.** Perhaps the most important part of this task is recognizing the context in which the conversation takes place. This information is presented in the **Introducción** that appears before the conversation outline. It is very important that you understand this context and recall the vocabulary and grammatical forms you will need to express yourself in that situation. In some of the conversations you will be asked to follow a conversation initiated by someone else. In other cases you will be expected to initiate the conversation yourself, responding to a voice mail message.

2. **Use the correct form of address.** Remember that this section practices your ability to speak in an *informal* situation. Use **tú** verb forms throughout, as well as the corresponding possessive, indirect object, and reflexive pronouns.

3. **While you read the outline, pay attention to the verbs that describe what you will communicate.** Jot down some vocabulary dealing with the topic and a few expressions to express your emotions and reactions, as well as to connect your ideas (see Appendices C and G) that you can integrate while responding to the prompts. Here are some descriptive verbs you may see in the outlines; as you come across others, add them to the list:

Acepta…	Despídete…	Pide…
Aconseja…	Di…	Pregunta…
Agradece…	Explica…	Propón…
Anima…	Expresa…	Reacciona…
Comunica…	Finaliza…	Recomienda…
Convence…	Incluye…	Saluda…
Cuenta…	Insiste…	Sugiere…
Da…	Menciona…	Termina…
Describe…	Ofrece…	Trata…

4. **Pay careful attention to the written prompts.** Even if you don't understand every single word of the speaker's recorded comments, the outline of the conversation will help you get a general idea of what the conversation is about. As you respond to each written prompt, it's a good idea to cross it out so that you do not lose your place in the conversation.

5. **Put yourself in the situation that is described to you.** As you respond to each recorded comment or question, think about the situation as if it were real, and pretend you are in it. You do not have to say things that are factual or real to you or your life, but rather say something that is appropriate in that situation, something that shows your ability to express yourself in Spanish within that context.

6. **Use your imagination.** This is a task to show your ability to speak in Spanish. It is simulated, so it doesn't have to be factual. Just focus on responding appropriately!

7. **Make sure you stay within the general theme of the conversation.** Going into a different direction, although it may be appropriate, may be construed as you are not understanding the question or statement to which you are responding.

8. **If you make a mistake, go ahead and correct yourself.** Just keep in mind that you have a total of 20 seconds for each response, so do not spend too much time on self-correction.

9. **Pay attention to verb tenses.** It helps to stay within the same verb tense of the statement or question, although it is not necessary as long as the tense you choose is appropriate and grammatically correct.

10. **Make sure you say something when prompted, even if you are not sure you understood.** The possibilities that you will say something that may be appropriate are good, especially if you have focused on the idea of the setting.

11. **Draw upon your thematic vocabulary in Spanish.** It will help if, before you take the exam, you become familiar with some expressions you may need to react easily in different situations in Spanish (see Appendix C).

12. **Speak clearly and loudly.** You want to make sure that your voice records well, which will make it easier for your teacher to evaluate your work.

13. **Learn how your work will be evaluated.** Become familiar with how your teacher scores the simulated conversation and/or the scoring guidelines that will be used to evaluate this part of the exam. This will allow you to know beforehand what is expected of you. If your teacher gives you a score for a conversation, go back to the scoring guidelines and determine why you received that score. This will also help you to improve in those areas in which you may be lacking the skills you need to succeed in this task.

The following practice activities (pp. 255–274) are arranged in order of increasing difficulty and are designed to give you practice in participating in a simulated informal conversation.

You will participate in a conversation. First, you will have 1 minute to read a preview of the conversation, including an outline of each turn in the conversation. Afterward, the conversation will begin, following the outline. Each time it is your turn to speak, you will have 20 seconds to record your response. You should participate in the conversation as fully and appropriately as possible.	Vas a participar en una conversación. Primero, vas a tener 1 minuto para leer la introducción y el esquema de la conversación. Después, comenzará la conversación, siguiendo el esquema. Cada vez que te corresponda participar en la conversación, vas a tener 20 segundos para grabar tu respuesta. Debes participar de la manera más completa y apropiada posible.

ACTIVIDAD 1
Tema curricular: La vida contemporánea

🔊))) Tienes 1 minuto para leer la introducción.

Introducción

Tu amiga Lucía quiere hacer trabajo voluntario en Costa Rica este verano. Vas a participar en una conversación con ella porque quiere compartir una noticia contigo.

Lucía:	Te saluda y te habla sobre su día.
Tú:	Salúdala y pídele detalles.
Lucía:	Explica la situación.
Tú:	Reacciona y dale tu opinión.
Lucía:	Te da más información.
Tú:	Dale tu opinión.
Lucía:	Te da más información.
Tú:	Propón una posible solución.
Lucía:	Continúa la conversación.
Tú:	Anímala y despídete.

You have 1 minute to read the directions for this task.	Tienes 1 minuto para leer las instrucciones de este ejercicio.

You will participate in a conversation. First, you will have 1 minute to read a preview of the conversation, including an outline of each turn in the conversation. Afterward, the conversation will begin, following the outline. Each time it is your turn to speak, you will have 20 seconds to record your response. You should participate in the conversation as fully and appropriately as possible.	Vas a participar en una conversación. Primero, vas a tener 1 minuto para leer la introducción y el esquema de la conversación. Después, comenzará la conversación, siguiendo el esquema. Cada vez que te corresponda participar en la conversación, vas a tener 20 segundos para grabar tu respuesta. Debes participar de la manera más completa y apropiada posible.

ACTIVIDAD 2
Tema curricular: Las identidades personales y públicas

🔊))) Tienes 1 minuto para leer la introducción.

Introducción

Esta es una conversación con Leticia, una amiga de la escuela. Vas a participar en esta conversación porque ella tiene un problema con un animal que acaba de encontrar.

Leticia:	Te explica lo que pasó ayer.
Tú:	Reacciona y haz un comentario.
Leticia:	Explica su problema.
Tú:	Dale algunos consejos.
Leticia:	Reacciona y te hace una pregunta.
Tú:	Expresa tu opinión.
Leticia:	Te hace otras preguntas.
Tú:	Responde a las preguntas con detalles.
Leticia:	Reacciona y te propone algo.
Tú:	Finaliza los planes y despídete.

You have 1 minute to read the directions for this task.	Tienes 1 minuto para leer las instrucciones de este ejercicio.

You will participate in a conversation. First, you will have 1 minute to read a preview of the conversation, including an outline of each turn in the conversation. Afterward, the conversation will begin, following the outline. Each time it is your turn to speak, you will have 20 seconds to record your response. You should participate in the conversation as fully and appropriately as possible.	Vas a participar en una conversación. Primero, vas a tener 1 minuto para leer la introducción y el esquema de la conversación. Después, comenzará la conversación, siguiendo el esquema. Cada vez que te corresponda participar en la conversación, vas a tener 20 segundos para grabar tu respuesta. Debes participar de la manera más completa y apropiada posible.

ACTIVIDAD 3
Tema curricular: Las familias y las comunidades

🔊))) Tienes 1 minuto para leer la introducción.

Introducción

Mario es uno de tus mejores amigos. Vas a participar en una conversación con él porque no puede asistir a tu fiesta.

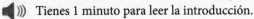

Mario:	Te saluda y te hace una pregunta.
Tú:	Responde y explica por qué.
Mario:	Te comenta sobre un problema.
Tú:	Reacciona y pídele una explicación.
Mario:	Continúa la conversación.
Tú:	Ofrécele algunas sugerencias.
Mario:	Continúa la conversación.
Tú:	Responde con detalles.
Mario:	Continúa la conversación.
Tú:	Acepta y sugiere una actividad.

You have 1 minute to read the directions for this task.	Tienes 1 minuto para leer las instrucciones de este ejercicio.

You will participate in a conversation. First, you will have 1 minute to read a preview of the conversation, including an outline of each turn in the conversation. Afterward, the conversation will begin, following the outline. Each time it is your turn to speak, you will have 20 seconds to record your response. You should participate in the conversation as fully and appropriately as possible.	Vas a participar en una conversación. Primero, vas a tener 1 minuto para leer la introducción y el esquema de la conversación. Después, comenzará la conversación, siguiendo el esquema. Cada vez que te corresponda participar en la conversación, vas a tener 20 segundos para grabar tu respuesta. Debes participar de la manera más completa y apropiada posible.

ACTIVIDAD 4
Tema curricular: La belleza y la estética

 Tienes 1 minuto para leer la introducción.

Introducción

Tu amiga Julia te ve en el pasillo de la escuela. Vas a participar en una conversación con ella porque quiere invitarte a un concierto.

Julia:	Te saluda y te hace unas preguntas.
Tú:	Acepta y comenta sobre el cantante.
Julia:	Reacciona y te hace una pregunta.
Tú:	Responde a su pregunta y explícale por qué.
Julia:	Continúa la conversación.
Tú:	Responde con detalles.
Julia:	Te hace un comentario y una pregunta.
Tú:	Responde negativamente y explícale por qué.
Julia:	Continúa la conversación.
Tú:	Confirma el plan y despídete.

You have 1 minute to read the directions for this task.

Tienes 1 minuto para leer las instrucciones de este ejercicio.

You will participate in a conversation. First, you will have 1 minute to read a preview of the conversation, including an outline of each turn in the conversation. Afterward, the conversation will begin, following the outline. Each time it is your turn to speak, you will have 20 seconds to record your response.

You should participate in the conversation as fully and appropriately as possible.

Vas a participar en una conversación. Primero, vas a tener 1 minuto para leer la introducción y el esquema de la conversación. Después, comenzará la conversación, siguiendo el esquema. Cada vez que te corresponda participar en la conversación, vas a tener 20 segundos para grabar tu respuesta.

Debes participar de la manera más completa y apropiada posible.

ACTIVIDAD 5
Tema curricular: La ciencia y la tecnología

🔊))) Tienes 1 minuto para leer la introducción.

Introducción

Estás en el centro comercial para devolver un teléfono móvil que está roto cuando te encuentras con tu amigo Guillermo. Vas a participar en una conversación con él porque te quiere ayudar.

Guillermo:	Te saluda y te hace una pregunta.
Tú:	Salúdalo y explica lo que haces allí.
Guillermo:	Reacciona y te hace otra pregunta.
Tú:	Contéstale con detalles.
Guillermo:	Continúa la conversación.
Tú:	Contesta su pregunta.
Guillermo:	Te hace otra pregunta.
Tú:	Responde y explica por qué.
Guillermo:	Reacciona y te hace otra pregunta.
Tú:	Responde negativa y cortésmente y despídete.
Guillermo:	Se despide.

You have 1 minute to read the directions for this task.	Tienes 1 minuto para leer las instrucciones de este ejercicio.

You will participate in a conversation. First, you will have 1 minute to read a preview of the conversation, including an outline of each turn in the conversation. Afterward, the conversation will begin, following the outline. Each time it is your turn to speak, you will have 20 seconds to record your response. You should participate in the conversation as fully and appropriately as possible.	Vas a participar en una conversación. Primero, vas a tener 1 minuto para leer la introducción y el esquema de la conversación. Después, comenzará la conversación, siguiendo el esquema. Cada vez que te corresponda participar en la conversación, vas a tener 20 segundos para grabar tu respuesta. Debes participar de la manera más completa y apropiada posible.

ACTIVIDAD 6
Tema curricular: La belleza y la estética

 Tienes 1 minuto para leer la introducción.

Introducción

Recibes un mensaje telefónico de tu amiga Cecilia, quien te pide que la llames por teléfono. Escucha el mensaje. Luego vas a participar en una conversación con ella porque necesita escribir un informe sobre una obra literaria.

Cecilia:	Contesta el teléfono.
Tú:	Salúdala y explica por qué la has llamado.
Cecilia:	Te explica la tarea y te pide una idea.
Tú:	Dale una sugerencia y explica por qué te gustó.
Cecilia:	Continúa la conversación.
Tú:	Dale un resumen y responde a la pregunta.
Cecilia:	Reacciona y te hace otra pregunta.
Tú:	Responde a la pregunta con detalles.
Cecilia:	Te agradece y termina la conversación.
Tú:	Ofrécele tu ayuda y despídete.

You have 1 minute to read the directions for this task.	Tienes 1 minuto para leer las instrucciones de este ejercicio.

You will participate in a conversation. First, you will have 1 minute to read a preview of the conversation, including an outline of each turn in the conversation. Afterward, the conversation will begin, following the outline. Each time it is your turn to speak, you will have 20 seconds to record your response.
 	
    You should participate in the conversation as fully and appropriately as possible.
	Vas a participar en una conversación. Primero, vas a tener 1 minuto para leer la introducción y el esquema de la conversación. Después, comenzará la conversación, siguiendo el esquema. Cada vez que te corresponda participar en la conversación, vas a tener 20 segundos para grabar tu respuesta.
	
	    Debes participar de la manera más completa y apropiada posible.

ACTIVIDAD 7
Tema curricular: La vida contemporánea

🔊)) Tienes 1 minuto para leer la introducción.

Introducción

Recibes un mensaje telefónico de tu amigo Ricardo, quien te pide que lo llames por teléfono. Escucha el mensaje. Luego vas a participar en una conversación con Ricardo porque él quiere contarte algo sobre sus amigos Ignacio y Gloria.

Ricardo:	Contesta el teléfono.
Tú:	Salúdalo y dile por qué no respondiste cuando él te llamó.
Ricardo:	Continúa la conversación.
Tú:	Reacciona y pídele detalles.
Ricardo:	Continúa la conversación.
Tú:	Reacciona y aconséjalo.
Ricardo:	Continúa la conversación.
Tú:	Reacciona y sugiere algo apropiado.
Ricardo:	Reacciona a tu idea y se despide.
Tú:	Termina la conversación y despídete.

You have 1 minute to read the directions for this task.	Tienes 1 minuto para leer las instrucciones de este ejercicio.

You will participate in a conversation. First, you will have 1 minute to read a preview of the conversation, including an outline of each turn in the conversation. Afterward, the conversation will begin, following the outline. Each time it is your turn to speak, you will have 20 seconds to record your response. You should participate in the conversation as fully and appropriately as possible.	Vas a participar en una conversación. Primero, vas a tener 1 minuto para leer la introducción y el esquema de la conversación. Después, comenzará la conversación, siguiendo el esquema. Cada vez que te corresponda participar en la conversación, vas a tener 20 segundos para grabar tu respuesta. Debes participar de la manera más completa y apropiada posible.

ACTIVIDAD 8
Tema curricular: Las identidades personales y públicas

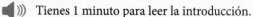 Tienes 1 minuto para leer la introducción.

Introducción

Vas a participar en una conversación telefónica con tu amiga Camila. Vas a hablar con ella porque tiene un problema con sus padres y necesita tu consejo.

Camila:	Te saluda.
Tú:	Salúdala y averigua qué le pasa.
Camila:	Continúa la conversación.
Tú:	Expresa tu opinión.
Camila:	Continúa la conversación y te hace unas preguntas.
Tú:	Responde a sus preguntas.
Camila:	Reacciona y te hace otra pregunta.
Tú:	Dale tu opinión.
Camila:	Muestra agradecimiento y se despide.
Tú:	Anímala y despídete.

You have 1 minute to read the directions for this task.	Tienes 1 minuto para leer las instrucciones de este ejercicio.

You will participate in a conversation. First, you will have 1 minute to read a preview of the conversation, including an outline of each turn in the conversation. Afterward, the conversation will begin, following the outline. Each time it is your turn to speak, you will have 20 seconds to record your response. You should participate in the conversation as fully and appropriately as possible.	Vas a participar en una conversación. Primero, vas a tener 1 minuto para leer la introducción y el esquema de la conversación. Después, comenzará la conversación, siguiendo el esquema. Cada vez que te corresponda participar en la conversación, vas a tener 20 segundos para grabar tu respuesta. Debes participar de la manera más completa y apropiada posible.

ACTIVIDAD 9
Tema curricular: Las familias y las comunidades

◀))) Tienes 1 minuto para leer la introducción.

Introducción

Amanda es reportera del periódico escolar. Vas a participar en una entrevista con ella porque tú quieres ser presidente(a) del consejo estudiantil.

Amanda:	Empieza la entrevista.
Tú:	Explica con detalles.
Amanda:	Continúa la entrevista.
Tú:	Responde y da algunos ejemplos.
Amanda:	Te hace otra pregunta.
Tú:	Sugiere algunas ideas.
Amanda:	Continúa la conversación.
Tú:	Responde a su pregunta con detalles.
Amanda:	Te pregunta sobre tus planes.
Tú:	Explícale lo que piensas hacer.
Amanda:	Muestra agradecimiento y se despide.

You have 1 minute to read the directions for this task.	Tienes 1 minuto para leer las instrucciones de este ejercicio.

You will participate in a conversation. First, you will have 1 minute to read a preview of the conversation, including an outline of each turn in the conversation. Afterward, the conversation will begin, following the outline. Each time it is your turn to speak, you will have 20 seconds to record your response. You should participate in the conversation as fully and appropriately as possible.	Vas a participar en una conversación. Primero, vas a tener 1 minuto para leer la introducción y el esquema de la conversación. Después, comenzará la conversación, siguiendo el esquema. Cada vez que te corresponda participar en la conversación, vas a tener 20 segundos para grabar tu respuesta. Debes participar de la manera más completa y apropiada posible.

ACTIVIDAD 10
Tema curricular: Los desafíos mundiales

🔊))) Tienes 1 minuto para leer la introducción.

Introducción

Esta es una conversación con tu amigo Ángel. Vas a participar en una conversación con él porque quiere comprarse una tableta pero no tiene dinero.

Ángel:	Te saluda y te pide tu opinión.
Tú:	Salúdalo y responde a la pregunta.
Ángel:	Continúa la conversación.
Tú:	Expresa tu opinión.
Ángel:	Continúa la conversación y te hace una pregunta.
Tú:	Responde y ofrécele algunas sugerencias.
Ángel:	Reacciona y te hace una propuesta.
Tú:	Responde afirmativamente y explícale por qué es buena idea.
Ángel:	Continúa la conversación y se despide.
Tú:	Confirma y despídete.

You have 1 minute to read the directions for this task.	Tienes 1 minuto para leer las instrucciones de este ejercicio.

You will participate in a conversation. First, you will have 1 minute to read a preview of the conversation, including an outline of each turn in the conversation. Afterward, the conversation will begin, following the outline. Each time it is your turn to speak, you will have 20 seconds to record your response. You should participate in the conversation as fully and appropriately as possible.	Vas a participar en una conversación. Primero, vas a tener 1 minuto para leer la introducción y el esquema de la conversación. Después, comenzará la conversación, siguiendo el esquema. Cada vez que te corresponda participar en la conversación, vas a tener 20 segundos para grabar tu respuesta. Debes participar de la manera más completa y apropiada posible.

ACTIVIDAD 11
Tema curricular: La belleza y la estética

 Tienes 1 minuto para leer la introducción.

Introducción

Jorge, un estudiante universitario de bellas artes, viene a visitar tu escuela. Vas a participar en una conversación con él porque te interesa estudiar bellas artes.

Jorge:	Te saluda y empieza la conversación.
Tú:	Salúdalo y responde a la pregunta.
Jorge:	Continúa la conversación y te hace una pregunta.
Tú:	Responde a su pregunta con detalles.
Jorge:	Continúa la conversación.
Tú:	Responde con detalles.
Jorge:	Te ofrece una gran oportunidad.
Tú:	Acepta y pide más información.
Jorge:	Te hace una sugerencia y se despide.
Tú:	Reacciona y despídete.

You have 1 minute to read the directions for this task.	Tienes 1 minuto para leer las instrucciones de este ejercicio.

You will participate in a conversation. First, you will have 1 minute to read a preview of the conversation, including an outline of each turn in the conversation. Afterward, the conversation will begin, following the outline. Each time it is your turn to speak, you will have 20 seconds to record your response. You should participate in the conversation as fully and appropriately as possible.	Vas a participar en una conversación. Primero, vas a tener 1 minuto para leer la introducción y el esquema de la conversación. Después, comenzará la conversación, siguiendo el esquema. Cada vez que te corresponda participar en la conversación, vas a tener 20 segundos para grabar tu respuesta. Debes participar de la manera más completa y apropiada posible.

ACTIVIDAD 12
Tema curricular: Las identidades personales y públicas

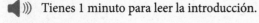 Tienes 1 minuto para leer la introducción.

Introducción

Esta es una conversación con Sofía, la hermana menor de una amiga tuya. Vas a participar en una conversación con ella porque estás ayudándola con su tarea.

Sofía:	Inicia la conversación.
Tú:	Reacciona y pídele más información.
Sofía:	Continúa la conversación y te hace una pregunta.
Tú:	Responde a su pregunta con detalles.
Sofía:	Reacciona positivamente y te hace otra pregunta.
Tú:	Responde y dale algunas sugerencias.
Sofía:	Continúa la conversación.
Tú:	Responde a la pregunta apropiadamente.
Sofía:	Continúa la conversación.
Tú:	Termina la conversación y despídete.

You have 1 minute to read the directions for this task.	Tienes 1 minuto para leer las instrucciones de este ejercicio.

You will participate in a conversation. First, you will have 1 minute to read a preview of the conversation, including an outline of each turn in the conversation. Afterward, the conversation will begin, following the outline. Each time it is your turn to speak, you will have 20 seconds to record your response. You should participate in the conversation as fully and appropriately as possible.	Vas a participar en una conversación. Primero, vas a tener 1 minuto para leer la introducción y el esquema de la conversación. Después, comenzará la conversación, siguiendo el esquema. Cada vez que te corresponda participar en la conversación, vas a tener 20 segundos para grabar tu respuesta. Debes participar de la manera más completa y apropiada posible.

ACTIVIDAD 13
Tema curricular: La vida contemporánea

🔊))) Tienes 1 minuto para leer la introducción.

Introducción

Imagina que esta es una conversación con tu padre. Hablas con él sobre los planes que él tiene para las vacaciones de verano.

Tu padre:	Inicia la conversación con una noticia.
Tú:	Reacciona negativamente y ofrece una alternativa.
Tu padre:	Trata de convencerte.
Tú:	Explica por qué te parece mejor tu idea.
Tu padre:	Continúa la conversación.
Tú:	Expresa tu reacción y explica por qué.
Tu padre:	Continúa la conversación.
Tú:	Reacciona y trata de convencerlo.
Tu padre:	Continúa la conversación.
Tú:	Responde y termina la conversación.

You have 1 minute to read the directions for this task.	Tienes 1 minuto para leer las instrucciones de este ejercicio.

You will participate in a conversation. First, you will have 1 minute to read a preview of the conversation, including an outline of each turn in the conversation. Afterward, the conversation will begin, following the outline. Each time it is your turn to speak, you will have 20 seconds to record your response. You should participate in the conversation as fully and appropriately as possible.	Vas a participar en una conversación. Primero, vas a tener 1 minuto para leer la introducción y el esquema de la conversación. Después, comenzará la conversación, siguiendo el esquema. Cada vez que te corresponda participar en la conversación, vas a tener 20 segundos para grabar tu respuesta. Debes participar de la manera más completa y apropiada posible.

ACTIVIDAD 14
Tema curricular: La ciencia y la tecnología

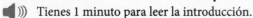 Tienes 1 minuto para leer la introducción.

Introducción

Esta es una conversación telefónica con tu amiga Mayra. Vas a hablar con ella porque hay alerta de tornado y está un poco preocupada.

Mayra:	Te saluda y explica la razón por la llamada.
Tú:	Reacciona y pídele más información.
Mayra:	Continúa la conversación y te hace una pregunta.
Tú:	Responde a su pregunta con detalles.
Mayra:	Continúa la conversación.
Tú:	Reacciona y explícale por qué es mala idea.
Mayra:	Continúa la conversación y te hace otra pregunta.
Tú:	Responde con detalles.
Mayra:	Continúa la conversación.
Tú:	Dale otros consejos y despídete.

You have 1 minute to read the directions for this task.	Tienes 1 minuto para leer las instrucciones de este ejercicio.

You will participate in a conversation. First, you will have 1 minute to read a preview of the conversation, including an outline of each turn in the conversation. Afterward, the conversation will begin, following the outline. Each time it is your turn to speak, you will have 20 seconds to record your response. You should participate in the conversation as fully and appropriately as possible.	Vas a participar en una conversación. Primero, vas a tener 1 minuto para leer la introducción y el esquema de la conversación. Después, comenzará la conversación, siguiendo el esquema. Cada vez que te corresponda participar en la conversación, vas a tener 20 segundos para grabar tu respuesta. Debes participar de la manera más completa y apropiada posible.

ACTIVIDAD 15
Tema curricular: Los desafíos mundiales

◀))) Tienes 1 minuto para leer la introducción.

Introducción

Esta es una entrevista con Alicia Robledo, ganadora del concurso "Ayuda a tu comunidad" del año pasado. Vas a participar en una conversación con ella porque tu propuesta es una de las tres finalistas en el concurso. Alicia te va a hacer la entrevista.

Alicia:	Te da la bienvenida.
Tú:	Salúdala y expresa tu reacción a la entrevista.
Alicia:	Te pide más detalles de tu proyecto.
Tú:	Describe tu proyecto detalladamente.
Alicia:	Te hace otra pregunta.
Tú:	Responde a la pregunta con detalles.
Alicia:	Continúa la entrevista.
Tú:	Ofrece tu explicación.
Alicia:	Termina la entrevista.
Tú:	Reacciona y despídete.
Alicia:	Se despide.

You have 1 minute to read the directions for this task.	Tienes 1 minuto para leer las instrucciones de este ejercicio.

You will participate in a conversation. First, you will have 1 minute to read a preview of the conversation, including an outline of each turn in the conversation. Afterward, the conversation will begin, following the outline. Each time it is your turn to speak, you will have 20 seconds to record your response. You should participate in the conversation as fully and appropriately as possible.	Vas a participar en una conversación. Primero, vas a tener 1 minuto para leer la introducción y el esquema de la conversación. Después, comenzará la conversación, siguiendo el esquema. Cada vez que te corresponda participar en la conversación, vas a tener 20 segundos para grabar tu respuesta. Debes participar de la manera más completa y apropiada posible.

ACTIVIDAD 16
Tema curricular: Los desafíos mundiales

 Tienes 1 minuto para leer la introducción.

Introducción

Recibes un mensaje telefónico de tu amiga Valeria, quien te pide que la llames por teléfono. Escucha el mensaje. Luego vas a participar en una conversación con ella porque está preocupada por sus padres.

Valeria:	Contesta el teléfono.
Tú:	Salúdala y averigua por qué te llamó.
Valeria:	Te explica la situación.
Tú:	Reacciona a la noticia.
Valeria:	Continúa la conversación.
Tú:	Comenta sobre la situación económica.
Valeria:	Expresa su preocupación.
Tú:	Anímala y propón una distracción.
Valeria:	Sugiere otra opción.
Tú:	Finaliza los planes y despídete.

You have 1 minute to read the directions for this task.	Tienes 1 minuto para leer las instrucciones de este ejercicio.

You will participate in a conversation. First, you will have 1 minute to read a preview of the conversation, including an outline of each turn in the conversation. Afterward, the conversation will begin, following the outline. Each time it is your turn to speak, you will have 20 seconds to record your response. You should participate in the conversation as fully and appropriately as possible.	Vas a participar en una conversación. Primero, vas a tener 1 minuto para leer la introducción y el esquema de la conversación. Después, comenzará la conversación, siguiendo el esquema. Cada vez que te corresponda participar en la conversación, vas a tener 20 segundos para grabar tu respuesta. Debes participar de la manera más completa y apropiada posible.

ACTIVIDAD 17
Tema curricular: Las familias y las comunidades

🔊))) Tienes 1 minuto para leer la introducción.

Introducción

Esta es una conversación con Federico, un amigo de la escuela. Vas a participar en una conversación con él porque tiene un pequeño problema en casa.

Federico:	Te saluda y te hace una pregunta.
Tú:	Salúdalo y contesta la pregunta.
Federico:	Continúa la conversación.
Tú:	Reacciona y pregunta por qué.
Federico:	Explica la situación.
Tú:	Expresa tu opinión.
Federico:	Reacciona y menciona un problema.
Tú:	Ofrécele algunas sugerencias.
Federico:	Reacciona y continúa la conversación.
Tú:	Acepta y despídete.

You have 1 minute to read the directions for this task.	Tienes 1 minuto para leer las instrucciones de este ejercicio.

You will participate in a conversation. First, you will have 1 minute to read a preview of the conversation, including an outline of each turn in the conversation. Afterward, the conversation will begin, following the outline. Each time it is your turn to speak, you will have 20 seconds to record your response.
 	
    You should participate in the conversation as fully and appropriately as possible.
	Vas a participar en una conversación. Primero, vas a tener 1 minuto para leer la introducción y el esquema de la conversación. Después, comenzará la conversación, siguiendo el esquema. Cada vez que te corresponda participar en la conversación, vas a tener 20 segundos para grabar tu respuesta.
	
	    Debes participar de la manera más completa y apropiada posible.

ACTIVIDAD 18
Tema curricular: La belleza y la estética

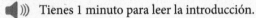 Tienes 1 minuto para leer la introducción.

Introducción

Jorge es un empleado en el Museo Nacional de Arqueología y Etnología en Guatemala. Vas a participar en una conversación con él porque quieres comprar una entrada para el museo.

Jorge:	Te saluda y te hace una pregunta.
Tú:	Responde apropiadamente.
Jorge:	Continúa la conversación y te hace otra pregunta.
Tú:	Responde a su pregunta con detalles.
Jorge:	Continúa la conversación.
Tú:	Responde negativamente y explica por qué.
Jorge:	Continúa la conversación.
Tú:	Agradece la información y haz un comentario.
Jorge:	Termina la conversación.
Tú:	Termina la conversación y despídete.

You have 1 minute to read the directions for this task.	Tienes 1 minuto para leer las instrucciones de este ejercicio.

You will participate in a conversation. First, you will have 1 minute to read a preview of the conversation, including an outline of each turn in the conversation. Afterward, the conversation will begin, following the outline. Each time it is your turn to speak, you will have 20 seconds to record your response. You should participate in the conversation as fully and appropriately as possible.	Vas a participar en una conversación. Primero, vas a tener 1 minuto para leer la introducción y el esquema de la conversación. Después, comenzará la conversación, siguiendo el esquema. Cada vez que te corresponda participar en la conversación, vas a tener 20 segundos para grabar tu respuesta. Debes participar de la manera más completa y apropiada posible.

ACTIVIDAD 19
Tema curricular: La ciencia y la tecnología

◀))) Tienes 1 minuto para leer la introducción.

Introducción

Esta es una conversación con Fernando, un estudiante universitario que necesita hacer una investigación para su clase de sociología. Hablas con él porque aceptaste participar en una encuesta sobre el impacto de la tecnología.

Fernando:	Inicia la encuesta pidiéndote información.
Tú:	Responde con detalles.
Fernando:	Continúa la encuesta.
Tú:	Responde con detalles.
Fernando:	Continúa la encuesta.
Tú:	Contesta y explícale por qué.
Fernando:	Te pide tu opinión.
Tú:	Responde con detalles.
Fernando:	Termina la entrevista.
Tú:	Reacciona y despídete.

You have 1 minute to read the directions for this task.	Tienes 1 minuto para leer las instrucciones de este ejercicio.

You will participate in a conversation. First, you will have 1 minute to read a preview of the conversation, including an outline of each turn in the conversation. Afterward, the conversation will begin, following the outline. Each time it is your turn to speak, you will have 20 seconds to record your response. You should participate in the conversation as fully and appropriately as possible.	Vas a participar en una conversación. Primero, vas a tener 1 minuto para leer la introducción y el esquema de la conversación. Después, comenzará la conversación, siguiendo el esquema. Cada vez que te corresponda participar en la conversación, vas a tener 20 segundos para grabar tu respuesta. Debes participar de la manera más completa y apropiada posible.

ACTIVIDAD 20
Tema curricular: Los desafíos mundiales

 Tienes 1 minuto para leer la introducción.

Introducción

Javier, un compañero de clase, te habla sobre un informe que tiene que escribir para una de sus clases. Vas a participar en la conversación porque tuviste que escribir un informe similar el año pasado.

Javier:	Te saluda y te hace una pregunta.
Tú:	Salúdalo y responde a su pregunta.
Javier:	Te da más información y te hace una pregunta.
Tú:	Dale algunas sugerencias.
Javier:	Continúa la conversación.
Tú:	Responde a su pregunta con detalles.
Javier:	Expresa una preocupación.
Tú:	Tranquilízalo y dale algunas sugerencias.
Javier:	Te da las gracias y te ofrece algo.
Tú:	Comenta sobre lo que dice y despídete.
Javier:	Se despide.

Part F
Presentational Speaking: Cultural Comparison

In this portion of the AP® Spanish Language and Culture Examination, you will be tested on your ability to create an oral presentation that makes a cultural comparison in response to a written question. The content of the cultural comparisons you will make relates to the curricular themes as set forth in the Curriculum Framework for the AP® Spanish Language and Culture Examination.

You will begin this portion of the exam with four minutes to read the topic and prepare your presentation. You will then have two minutes to record your presentation. The topics give you the opportunity to show what you know about Spanish-speaking cultures and are broad enough for you to interpret in a variety of ways, reflecting an abundance of possible content directions. For example, in some cases the community you are comparing could be your family, your town or city, your state, etc.

Because this section of the AP® exam emphasizes the honing of your speaking skills, take the time to review the speaking strategies below. You may also want to review the speaking skills presented in Part E, Interpersonal Speaking: Conversation (pp. 253–254).

Strategies

1. **Understand the format of the presentation.** You will be expected to answer the question and show the following:
    * an effective treatment of the topic,
    * a clear comparison of your own community with the target culture,
    * an understanding of the target culture.

2. **Read the question prompt carefully.** Make certain that you understand the question and its require-ments so that you know exactly what you need to do. Your presentation must compare your community with a cultural product, practice, or perspective of the Spanish-speaking world. You should explain how the cultural topic relates to your own community and include supporting details, specific examples, and other relevant information to substantiate your explanation. Make sure your response makes a clear cul-tural comparison between your community and the Spanish-speaking world, using transitional elements as needed to highlight the similarities and differences.

3. **Take notes strategically.** As time permits, use simple outlines and graphic organizers to help you plan your response. You may want to jot down some key words and phrases as you outline, but do not waste time writing out long phrases and sentences that you will recall anyway.

4. **Pay attention to verb tenses.** Try to maintain a consistent framework of tenses and to use tenses that are appropriate for the theme.

5. **Include references, allusions, and opinions.** Mention books and stories that you have read or tell about famous people and events with which you are familiar or have studied.

6. **Review transition words in Appendix G of this book and use them in your presentation.** Transition words make your presentation sound smoother, and they help you link thoughts and ideas or signal a slight shift in direction.

7. **Listen to yourself speak.** If you make an error, correct yourself. This will show that you do know the correct speech pattern.

8. **Speak clearly and enunciate.** Speaking quickly is not a sign of fluency, and you want to make sure that your recording is clear enough for your teacher (and the person who will eventually score your presentation on the actual exam) to be able to evaluate it.

9. **Learn how your work will be evaluated.** Become familiar with how your teacher scores the cultural comparisons and/or the scoring guidelines that will be used to evaluate this part of the exam. This will allow you to know beforehand what is expected of you. If your teacher gives you a score for an oral presentation, go back to the scoring guidelines and determine why you received that score. This will also help you to improve in those areas in which you may be lacking the skills you need to succeed in this task.

10. **Practice speaking about cultural topics related to the various themes of the AP® Spanish Language and Culture curriculum guidelines.** Practicing in advance of the exam will help you learn to organize your ideas under time pressure and to gauge your time in order to make a two-minute presentation. Frequent practice will help you determine how much information and how much detail you will need to include in your presentation.

The following practice activities (pp. 277–281) are arranged in order of increasing difficulty and are designed to give you practice in preparing an oral presentation that is focused on cultural comparisons.

You have 1 minute to read the directions for this task.	Tienes 1 minuto para leer las instrucciones de este ejercicio.

You will make an oral presentation on a specific topic to your class. You will have 4 minutes to read the presentation topic and prepare your presentation. Then you will have 2 minutes to record your presentation.
 	
    In your presentation, compare your own community to an area of the Spanish-speaking world with which you are familiar. You should demonstrate your understanding of cultural features of the Spanish-speaking world. You should also organize your presentation clearly.
	Vas a dar una presentación oral a tu clase sobre un tema cultural. Vas a tener 4 minutos para leer el tema de la presentación y prepararla. Después vas a tener 2 minutos para grabar tu presentación.
	
	    En tu presentación, compara tu propia comunidad con una región del mundo hispanohablante que te sea familiar. Debes demostrar tu comprensión de aspectos culturales en el mundo hispanohablante y organizar tu presentación de una manera clara.

Compara tus observaciones acerca de las comunidades en las que has vivido con tus observaciones de una región del mundo hispanohablante que te sea familiar. En tu presentación, puedes referirte a lo que has estudiado, vivido, observado, etc.

ACTIVIDAD 1
Tema curricular: La vida contemporánea
Tema de la presentación:
¿Qué efecto tiene el trabajo voluntario en el bienestar de las personas en tu comunidad?

ACTIVIDAD 2
Tema curricular: Las identidades personales y públicas
Tema de la presentación:
¿Qué evento histórico ha afectado profundamente al carácter de tu comunidad?

ACTIVIDAD 3
Tema curricular: Los desafíos mundiales
Tema de la presentación:
¿Qué papel juegan los espacios públicos en la vida de los miembros de tu comunidad?

ACTIVIDAD 4
Tema curricular: La ciencia y la tecnología
Tema de la presentación:
¿Cómo han afectado los fenómenos naturales la vida de las personas en tu comunidad o en las comunidades vecinas?

ACTIVIDAD 5
Tema curricular: Las familias y las comunidades
Tema de la presentación:
¿Qué importancia tiene la familia en la vida de los individuos de tu comunidad?

ACTIVIDAD 6
Tema curricular: La belleza y la estética
Tema de la presentación:
¿Qué importancia tienen las instituciones culturales en la vitalidad de tu comunidad?

ACTIVIDAD 7
Tema curricular: Las identidades personales y públicas
Tema de la presentación:
¿Cómo ha afectado el liderazgo de las mujeres la vida de las personas en tu comunidad?

ACTIVIDAD 8
Tema curricular: La ciencia y la tecnología
Tema de la presentación:
¿Qué pasos ha tomado tu comunidad para la prevención de enfermedades y para mantener saludables a sus miembros?

ACTIVIDAD 9
Tema curricular: Las identidades personales y públicas
Tema de la presentación:

¿Qué importancia tiene la celebración de los días patrióticos en tu comunidad?

ACTIVIDAD 10
Tema curricular: Los desafíos mundiales
Tema de la presentación:

¿Cómo se manifiestan los esfuerzos de los miembros de tu comunidad para garantizar los derechos humanos?

ACTIVIDAD 11
Tema curricular: Las familias y las comunidades
Tema de la presentación:

¿Qué evento festivo reúne y solidariza a las personas en tu comunidad?

ACTIVIDAD 12
Tema curricular: La belleza y la estética
Tema de la presentación:

¿Qué importancia tienen las artes en tu comunidad?

ACTIVIDAD 13
Tema curricular: La ciencia y la tecnología
Tema de la presentación:

¿Qué efecto han tenido los avances tecnológicos en la calidad de vida de las personas en tu comunidad?

ACTIVIDAD 14
Tema curricular: La vida contemporánea
Tema de la presentación:

¿Cómo han contribuido los deportistas profesionales al bienestar de tu comunidad?

ACTIVIDAD 15
Tema curricular: Las familias y las comunidades
Tema de la presentación:

¿Cuáles son los desafíos del sistema educativo en tu comunidad?

ACTIVIDAD 16
Tema curricular: La belleza y la estética
Tema de la presentación:

¿Cuál es la importancia de la música como expresión de la identidad cultural de tu comunidad?

ACTIVIDAD 17
Tema curricular: Los desafíos mundiales
Tema de la presentación:
¿Qué efecto económico han tenido los inmigrantes en tu comunidad?

ACTIVIDAD 18
Tema curricular: Las identidades personales y públicas
Tema de la presentación:
¿Cómo han influido (positiva o negativamente) las figuras políticas en la vida de tu comunidad?

ACTIVIDAD 19
Tema curricular: Los desafíos mundiales
Tema de la presentación:
¿Cómo ha afectado el desempleo en tu comunidad a las personas individualmente y a la comunidad en general?

ACTIVIDAD 20
Tema curricular: La vida contemporánea
Tema de la presentación:
¿En qué tipo de actividades participan los miembros de tu comunidad para disfrutar su tiempo libre?

ACTIVIDAD 21
Tema curricular: La ciencia y la tecnología
Tema de la presentación:
¿Qué efectos ha tenido la participación en las redes sociales en tu comunidad?

ACTIVIDAD 22
Tema curricular: Las identidades personales y públicas
Tema de la presentación:
¿Cómo muestran su independencia los jóvenes en tu comunidad?

ACTIVIDAD 23
Tema curricular: Los desafíos mundiales
Tema de la presentación:
¿Qué efecto han tenido los inmigrantes en la vida cultural de tu comunidad?

ACTIVIDAD 24
Tema curricular: La vida contemporánea
Tema de la presentación:
¿Qué importancia tiene la celebración de las diferentes tradiciones culturales en tu comunidad?

ACTIVIDAD 25
Tema curricular: La belleza y la estética
Tema de la presentación:
¿Cómo contribuye la arquitectura al carácter de tu comunidad?

ACTIVIDAD 26
Tema curricular: La ciencia y la tecnología
Tema de la presentación:
¿Qué efecto han tenido los avances tecnológicos médicos en la calidad de vida de las personas en tu comunidad?

ACTIVIDAD 27
Tema curricular: Los desafíos mundiales
Tema de la presentación:
¿Qué papel juega la religión en la vida de los miembros de tu comunidad?

ACTIVIDAD 28
Tema curricular: Las familias y las comunidades
Tema de la presentación:
¿Qué oportunidades educacionales existen en tu comunidad para mejorar la vida de sus miembros?

ACTIVIDAD 29
Tema curricular: La belleza y la estética
Tema de la presentación:
¿Qué papel juega la literatura en la vida de las personas de tu comunidad?

ACTIVIDAD 30
Tema curricular: La vida contemporánea
Tema de la presentación:
¿Cómo se ha visto afectada tu comunidad a causa del ritmo de vida que llevan sus miembros?

ACTIVIDAD 31
Tema curricular: Los desafíos mundiales
Tema de la presentación:
¿Qué desafíos tiene que enfrentar tu comunidad con respecto a las personas sin hogar?

ACTIVIDAD 32
Tema curricular: Las identidades personales y públicas
Tema de la presentación:
¿Qué relevancia han tenido los personajes históricos en la identidad o el bienestar de tu comunidad?

ACTIVIDAD 33
Tema curricular: Las familias y las comunidades
Tema de la presentación:
¿En qué formas se manifiestan las tradiciones familiares en las celebraciones de tu comunidad?

ACTIVIDAD 34
Tema curricular: La belleza y la estética
Tema de la presentación:
¿Cómo ha cambiado con el tiempo el concepto de la belleza en tu comunidad?

ACTIVIDAD 35
Tema curricular: La vida contemporánea
Tema de la presentación:
¿Qué efecto tienen los deportes en la vida de las personas de tu comunidad?

ACTIVIDAD 36
Tema curricular: Los desafíos mundiales
Tema de la presentación:
¿Qué actitud han adoptado los miembros de tu comunidad con respecto a la diversidad cultural en ella?

ACTIVIDAD 37
Tema curricular: Las identidades personales y públicas
Tema de la presentación:
¿Qué valores se usan en tu comunidad para determinar el éxito?

ACTIVIDAD 38
Tema curricular: Las familias y las comunidades
Tema de la presentación:
¿Cuáles son los desafíos más grandes que enfrentan las familias de tu comunidad?

ACTIVIDAD 39
Tema curricular: La belleza y la estética
Tema de la presentación:
¿Cómo se refleja la identidad de tu comunidad en el modo de vestir de la gente?

ACTIVIDAD 40
Tema curricular: Los desafíos mundiales
Tema de la presentación:
¿Cómo se ve manifestada la desigualdad y la igualdad de género en la vida cotidiana de tu comunidad?

Appendix A

Reading Tables and Graphs

Tipos de gráficos y tablas

gráfica	*chart*
gráfico de barras (m)	*bar graph*
gráfico de líneas (m)	*line graph*
gráfico de sectores / circular (m)	*pie graph*
tabla	*table*

Elementos de los gráficos y tablas

altura	*height*
ancho, anchura	*width*
barra	*bar*
celda, casillero	*cell in a table*
cifra, dígito	*number*
columna	*column*
curva	*curve*
dato	*fact, piece of information*
eje (m) horizontal / vertical	*horizontal / vertical axis*
elemento	*element*
estadísticas	*statistics*
fila	*row*
intervalo	*interval*
longitud, largo	*length*
línea	*line*
parte	*part*
punto	*point*
variable	*variable*

Para interpretar las cifras

ascender	*to ascend*
aumentar	*to increase*
cambiar	*to change*
cambio	*change*
caer por debajo	*to fall below*
comparación (f)	*comparison*
constantemente	*constantly*
correlación (f)	*correlation*
crecer	*to grow*
creciente	*increasing*
crecimiento	*growth*
de forma continua	*continuously*
decreciente	*decreasing*
diferir	*to be different*
disminuir	*to decrease*
distribución (f)	*distribution*
(es) equivalente a	*equivalent to*

fluctuación (f)	*fluctuation*
fluctuar	*to fluctuate*
frecuencia	*frequency*
índice (m)	*index; rate*
máximo	*maximum*
mayoría	*majority*
medida	*measurement*
mínimo	*minimum*
minoría	*minority*
mostrar	*to show*
nivel (m)	*level*
patrón (m)	*pattern*
porcentaje (m)	*percentage*
proporcional	*proportional*
reducción (f)	*decrease, reduction*
reflejar	*to reflect*
representar	*to represent*
restante	*remaining*
seguir cayendo / aumentando	*to continue falling / increasing*
ser proporcional	*to be proportional*
subir	*to climb*
superar	*to exceed*
tasa	*rate*
tendencia	*trend*
variación (f)	*variation*
valor (m)	*value (mathematics)*

Las cantidades y cifras

decimal (m)	*decimal*
fracción (f)	*fraction*
mil	*one thousand*
mil millones	*one billion (1,000,000,000*)*
millón	*one million (1,000,000)*
por ciento	*percent*
porcentaje	*percentage*
promedio, medio	*average, mean; mid point*
total (m)	*the whole*

1/2 un medio, 1-1/2 uno y medio, etc.
1/3 un tercio, 2/3 dos tercios, etc.
1/4 un cuarto, 2/4 dos cuartos, etc.
1/5 un quinto, 2/5 dos quintos, etc.
1/6 un sexto, 2/6 dos sextos, etc.
1/7 un séptimo, 2/7 dos séptimos, etc.
1/8 un octavo, 2/8 dos octavos, etc.
1/9 un noveno, 2/9 dos novenos, etc.
1/10 un décimo, 2/10 dos décimos, etc.

*En muchos países hispanohablantes se usa un punto (.) en vez de una coma (,) con los números: 1,000,000 = 1.000.000. También se puede usar una coma en vez de un punto con los decimales: 1.5 = 1,5.

Appendix B

Words and Expressions Used to Write a Persuasive Essay

Para analizar y establecer conexiones entre las fuentes

ambas / las dos fuentes	*both sources*
el artículo	*article*
la entrevista	*interview*
la (primera, segunda, tercera) fuente	*(first, second, third) source*
la fuente auditiva	*audio source*
la grabación	*recording*
la gráfica	*graph / chart*
el gráfico	*graph*
la tabla	*table / chart*
Como afirma / describe / indica / muestra la fuente (etc.)…	*As the source (etc.) states / describes / indicates / shows…*
Con referencia a…	*With reference to…*
Con relación a…	*With relation to…*
Con respecto a… / En cuanto a…	*With respect to…*
De acuerdo con… / Según…	*According to…*
Referente a lo que dice/relata la fuente (etc.)…	*Referring to what the source (etc.) says…*

Para presentar y apoyar una opinión

A mi parecer… / En mi opinión…	*In my opinion…*
A pesar de (que)…	*In spite of…*
Al analizar / examinar las fuentes, creo que…	*Upon analyzing / examining the sources, I think that…*
Dado que…	*Given that…*
En primer (segundo, tercer) lugar…	*In the first (second, third) place…*
En vista de que…	*Considering that…*
Es cierto / evidente / obvio / seguro que…	*It's true / evident / obvious / certain…*
La razón por la que…	*The reason for which…*
La verdad es (que)…	*The truth is…*
Lo más importante es (que)…	*The most important (thing) is…*
Los datos de (la fuente, etc.)… muestran que…	*The facts from (the source, etc.)… show…*
No hay duda de que…	*There is no doubt…*
Para ilustrar con un ejemplo…	*To illustrate with an example…*
Queda claro…	*It remains clear…*
Teniendo en cuenta que…	*Taking into consideration…*
También hay que considerar…	*It's also important to consider…*

Para comparar ideas

A diferencia de…	*Unlike…*
Al contrario…	*To the contrary…*
Así como… / De igual modo…	*Just like / in the same way…*
De la misma manera…	*In the same way…*
De este modo…	*In this way…*
De otra manera… / De otro modo…	*In another way…*
En cambio… / Por otra parte…	*On the other hand…*
Esta idea (etc.) se diferencia de…	*This idea (etc.) is different from…*
Está(n) relacionado(s) / relacionada(s) con…	*It is / They are related to…*
(La fuente) expresa la misma / otra idea…	*(The source) expresses the same / another idea…*
Igual que…	*The same as…*
Por un lado… / Por otro lado…	*On one hand… / On the other hand…*
Sin embargo…	*Nevertheless…*
Sino (que)…	*But (rather)…*
Tanto… como…	*Both… as well as…*

Para concluir

A fin de cuentas…	*After all / Anyway…*
Así que…	*So that, thus, therefore…*
Como consecuencia / resultado….	*As a consequence / result…*
De todas formas / maneras…	*In any case…*
Debido a…	*Due to…*
En conclusión / resumen…	*In conclusion / summary…*
En fin…	*Anyway…*
En todo caso…	*In any case…*
Esto demuestra que…	*This shows that…*
Finalmente…	*Finally…*
Para atar cabos…	*To wrap up the loose ends…*
Para concluir / finalizar / resumir…	*To conclude / finish / summarize…*
Por consiguiente…	*As a result…*
Puesto que… / Ya que…	*Since…*
Resulta que…	*It turns out…*
Sobre todo…	*Above all…*

Appendix C

Useful Expressions for Informal Speaking (Simulated Conversation)

As you prepare for the simulated conversations in the exam, the following expressions will help you express different ideas more effectively. Study a few expressions from each list regularly and try to incorporate them into your communication in class with your classmates, or when practicing this type of exercise on your own. This is far from an exhaustive list, but as you master these expressions, you will be able to add more to your repertoire. You will see that some words may appear more than once according to the situation.

To accept an invitation

¡Claro!	*Of course!*
¡Claro que sí!	*Of course!*
¡Cómo no!	*Of course!*
¡Con mucho gusto!	*It will be a pleasure!*
¡Desde luego!	*Of course!*
¡Por supuesto!	*Of course!*

To turn down an invitation

¡De ninguna manera!	*No way!*
Lo siento, pero…	*I am sorry, but…*
No voy a poder…	*I am not going to be able to…*
Ya tengo planes.	*I already have plans.*

To express apathy

Como quieras.	*Whatever you say.*
(Me) Da igual.	*It makes no difference (to me). / It's all the same (to me).*
(Me) Da lo mismo.	*It makes no difference (to me). / It's all the same (to me).*
No (me) importa.	*It doesn't matter (to me).*

To express agreement

Creo que sí.	*I believe so.*
(Estoy) De acuerdo.	*I agree.*
En efecto.	*Yes, indeed.*
Es verdad.	*It is true. It is so.*
Eso es.	*That's it.*
No cabe duda.	*There's no room for doubt.*
Por supuesto que sí.	*Agreed. Of course.*
Tienes razón.	*You are right.*

To express disagreement

¡Claro que no!	*Of course not!*
De ninguna manera.	*No way.*
Estás equivocado(a).	*You are wrong.*
Ni hablar.	*No way.*

¡Ni lo sueñes!	*Don't even think about it!*
No estoy de acuerdo.	*I do not agree.*
No puede ser.	*It is impossible (can't be done).*
¡Por supuesto que no!	*Of course not!*
¡Qué va!	*No way!*

To express surprise

¿De verdad?	*Is that true?*
¿En serio?	*Seriously?*
¡Figúrate!	*Imagine!*
Lo dudo.	*I doubt it.*
¡Mentira!	*You are kidding me!*
¡No lo puedo creer!	*I can't believe it!*
¡No me digas!	*You don't say!*
Parece mentira.	*It's hard to believe.*
¡Qué bárbaro!	*I can't believe it!*
¡Qué raro!	*That's odd/weird!*

To express an alternative

¿Has pensado que…?	*Have you thought about…?*
¿No te parece que…?	*Don't you think that…?*
¿Por qué no consideras…?	*Why don't you consider…?*
¿Qué te parece si…?	*What do you think if…?*
Sería mejor que…	*It would be better that…*

To express preferences

A mí me parece que…	*It seems to me that…*
Después de pensarlo, yo…	*After thinking about it, I…*
Para mí…	*For me…*
Personalmente, yo prefiero…	*Personally, I prefer…*

To express uncertainty or indecision

Estoy un poco confundido(a).	*I am a little confused.*
No estoy seguro(a) de lo que dijiste, pero…	*I am not sure what you said, but…*

To express indignation or disbelief

¡Eso es el colmo!	*That is the last straw!*
¡Ni lo sueñes!	*Don't even think about it!*
¡No es posible!	*It can't be!*
¡No puedo más!	*I can't take it anymore!*
¡Qué barbaridad!	*Good grief!*
¡Qué horror!	*That's terrible!*

To express concern

¡Cuánto lo siento!	*I am so sorry!*
¡Qué lástima!	*What a shame!*
¡Qué pena!	*What a pity!*

To ask for another opinion or suggestions

¿Qué te parece si…?	*What do you think if…?*
Y tú, ¿qué piensas?	*And what do you think?*

To explain further

Como…	*As…*
Por esa razón…	*For that reason…*
Por lo tanto…	*Therefore…*
Ya que…	*Because…*

To express acquiescence

Está bien.	*O.K., It's all right.*
No hay más remedio.	*There is no other solution.*

To express disbelief

¿En serio?	*Seriously?*
Lo dudo.	*I doubt it.*
Parece mentira.	*It's hard to believe.*

To express regret

Lo siento.	*I'm sorry.*
¡Qué lástima!	*What a pity!*
¡Qué pena!	*What a pity!*

To express dissatisfaction or frustration

Eso no vale.	*That's not fair.*
No puedo más.	*I can't stand it anymore.*

To express an opinion

Creo (Pienso) que…	*I think that…*
(Me) Parece que…	*It seems (to me) that…*
Que yo sepa…	*As far as I know…*

To express probability

Debe de ser…	*It is probably…*
Es probable que…	*It's likely that…*

To explain or clarify what you have said

A mí me parece que…	*It seems to me that…*
En otras palabras…	*In other words…*
Es decir…	*That is to say…*
Es que…	*The fact is (that)…*
O sea…	*That is to say…*

To ask for an opinion or a suggestion

¿Qué crees (piensas) tú?	*What do you think?*
¿Qué harías tú?	*What would you do?*
¿Qué te parece?	*How do you like it? What about it? What do you think of…?*
¿Te importa?	*Do you mind?*
¿Te parece bien?	*Do you like the suggestion?*

To suggest an alternative

¿No crees que…?	*Don't you think that…?*
Propongo que…	*I propose that…*
Sería mejor…	*It would be better to…*
Sugiero que…	*I suggest that…*

To ask for permission

¿Me permites (dejas)…?	*May I…?*
¿Se puede…?	*May I…?*
¿Te molesta que…?	*Do you mind if…?*

Appendix D

Thematic Vocabulary

The vocabulary lists that appear here have been grouped thematically in order to make it easier for you to learn new words and review already familiar ones. Your teacher may add additional words and themes depending on what other topics or themes arise in the classroom.

Please note that within each theme's list of nouns, sometimes verbs and other words related with the subject are included. Although this is far from an exhaustive list, it is a good way to review useful vocabulary and learn some new words.

Los animales, pájaros e insectos

abeja	bee
águila	eagle
araña	spider
ballena	whale
búho	owl
burro	donkey
caballo	horse
cerdo, puerco	pig
cisne (m)	swan
conejo	rabbit
cordero	lamb
elefante (m)	elephant
gallina	hen
gallo	rooster
gato	cat
golondrina	sparrow
gusano	worm
jirafa	giraffe
león (m)	lion
lobo	wolf
loro	parrot
mariposa	butterfly
mono	monkey
mosca	fly
oso	bear
oveja	sheep, ewe
paloma	dove
pato	duck
pavo	turkey
perico	parakeet
perro	dog
rana	frog
rata	rat
ratón (m)	mouse
sapo	toad
serpiente (f)	serpent, snake
tigre (m)	tiger
toro	bull
tortuga	turtle
vaca	cow
venado	stag, deer
zorro	fox

Los árboles y las flores

árbol (m)	tree
arbusto	bush, shrub
corteza	bark, peel
espina	thorn
hoja	leaf
palmera	palm tree
pétalo	petal
raíz (f)	root
rama	branch
ramo	bouquet, bunch
semilla	seed
tallo	stem
tronco	trunk

La casa

alfombra	carpet, rug
almohada	pillow
ascensor (m)	elevator
aspiradora	vacuum cleaner
balcón (m)	balcony
bandeja	tray
baño	bathroom
barrer	to sweep
batidora	blender, mixer
bombilla	light bulb
calefacción (f)	heating
cazuela, cacerola	pan
césped (m)	lawn
cesto, canasta	basket
chimenea	fireplace, chimney
cocina	kitchen
colchón (m)	mattress
comedor (m)	dining room
cortina	curtain
cubiertos	cutlery
desván (m)	attic
dormitorio, alcoba	bedroom
ducha	shower
entrada	hall, entrance
escalera	staircase, stepladder
escoba	broom

Appendix D

espejo	mirror	flaco	skinny
estufa, cocina	stove	fuerte	strong
florero	vase	gordo	fat
fregadero	kitchen sink	grande	big
fregar	to wash the dishes	guapo	handsome
garaje (m)	garage	hermoso	beautiful
grifo	faucet	joven	young
habitación (f), cuarto	room	lento	slow
horno	oven	listo	clever
lámpara	lamp	negro	black
lavamanos (m)	bathroom sink	blanco	white
lavaplatos (m)	dishwasher	manco	one-armed, one-handed
lavar	to wash	moreno	dark-skinned
limpiar	to clean	mudo	dumb, mute
llave (f)	key	pálido	pale
luz (f)	light	pequeño	small
manta	blanket	pelirrojo	redheaded
mantel (m)	tablecloth	pesado	heavy
nevera	icebox, refrigerator	rápido	quick
olla	pot	robusto	robust
pared (f)	wall	rubio	fair, blond
pasillo	hall	sano	healthy
persiana	blind	sordo	deaf
piscina	pool	tuerto	one-eyed
piso	floor (as in level or story)	viejo	old
plancha	iron	zurdo	left-handed
planchar	to iron		
refrigerador (m)	refrigerator		
sábana	sheet (of a bed)		

Características de la personalidad e inteligencia

sacudir	to dust	aburrido	boring
sala	living room	agradable	pleasant
sartén (m/f)	frying pan	alegre	happy
sótano	basement, cellar	antipático	unpleasant, disagreeable
suelo, piso	floor	cortés	polite, courteous
techo	ceiling	cuerdo	sane
tejado	roof	culto	well educated, cultured
teléfono	telephone	descortés	impolite
timbre (m)	doorbell	diligente	diligent, laborious
toalla	towel	distraído	absentminded
trapear	to mop	encantador	charming
vajilla	table service, dinner service	generoso	generous
ventana	window	grosero	rude
vestíbulo	vestibule, hall	hablador	talkative
		honrado	honest, trustworthy
		inteligente	intelligent
		listo	clever

Características físicas

		loco	mad, crazy
ágil	agile, nimble	malcriado	spoiled
alegre	happy	mentiroso, embustero	liar
alto	tall	nervioso	nervous
anciano	elderly	perezoso	lazy
bajo	short	quieto	calm
bizco	cross-eyed	responsable	responsible
calvo	bald	sensato	sensible
canoso	gray-haired	sensible	sensitive
ciego	blind	serio	serious
cojo	lame	simpático	nice
corpulento, grueso	stout, portly	sincero	sincere
delgado	slim, thin	terco, testarudo	stubborn
elegante	elegant	tonto	foolish, silly, dumb
enfermo	sick	trabajador	hard-working
esbelto	slender	tranquilo	calm
feo	ugly		

triste	*sad*	archivo	*file*
valiente	*courageous*	asignatura, materia	*subject*
vanidoso, engreído	*conceited*	aula, salón de clase (m)	*classroom*
		biblioteca	*library*

El cuerpo humano

		bolígrafo	*ballpoint pen*
barba	*beard*	borrador (m)	*blackboard eraser*
barbilla	*chin*	calculador (m)	*calculator*
bigote (m)	*mustache*	computadora	*computer*
boca	*mouth*	conferencia	*lecture*
brazo	*arm*	copiadora	*copy machine*
cabeza	*head*	cuaderno, libreta	*notebook*
cadera	*hip*	curso	*course*
cara, faz (f), rostro	*face*	dibujar	*to draw*
ceja	*eyebrow*	director/directora	*principal*
cerebro	*brain*	ejercicio	*exercise*
cintura	*waist*	enseñar	*to teach*
codo	*elbow*	escritorio	*desk*
corazón (m)	*heart*	escuela, colegio	*school*
cuello	*neck*	estante (m)	*bookcase*
cuerpo	*body*	examen (m), prueba	*test*
dedo	*finger, toe*	goma de borrar	*eraser*
diente (m)	*tooth*	impresora	*printer*
espalda	*back*	lápiz (m)	*pencil*
estómago	*stomach*	lectura	*reading*
frente (f)	*forehead*	libro	*book*
garganta	*throat*	móvil, celular (m)	*cellphone*
hombro	*shoulder*	nota, calificación (f)	*grade, mark*
hueso	*bone*	papel (m)	*paper*
labio	*lip*	papelera	*wastepaper basket*
lágrima	*tear*	pizarra	*chalkboard*
lengua	*tongue*	pluma	*pen*
mano (f)	*hand*	pupitre (m)	*school desk*
mejilla	*cheek*	regla	*ruler*
muela	*molar, tooth*	reprobar	*to fail an examination*
muñeca	*wrist*	sello	*stamp*
nariz (f)	*nose*	sobre (m)	*envelope*
oído	*inner ear*	sujetapapeles (m)	*paper clip*
ojo	*eye*	suspender	*to fail*
ombligo	*navel, belly button*	tableta	*tablet*
oreja	*outer ear*	tarea	*homework*
párpado	*eyelid*	tiza	*chalk*
patillas	*sideburns*		

La familia

pecho	*chest*		
pelo, cabello	*hair*	abuelo/abuela	*grandfather/grandmother*
pestaña	*eyelash*	ahijado/ahijada	*godson/goddaughter*
pie (m)	*foot*	bebé (m/f)	*baby*
piel (f)	*skin*	bisabuelo/bisabuela	*great-grandfather/great-*
pierna	*leg*		*grandmother*
pulmón (m)	*lung*	bisnieto/bisnieta	*great-grandson/great-*
rodilla	*knee*		*granddaughter*
sangre (f)	*blood*	casado	*married*
seno	*breast*	cuñado/cuñada	*brother-in-law/sister-in-law*
sudor (m)	*sweat*	esposa, mujer	*wife*
talón (m)	*heel*	esposo, marido	*husband*
tobillo	*ankle*	hermano/hermana	*brother/sister*
uña	*nail*	hermanastro/hermanastra	*stepbrother/stepsister*
		hijastro/hijastra	*stepson/stepdaughter*

La escuela y la oficina

		hijo/hija	*son/daughter*
		madrastra	*stepmother*
alumno/alumna, estudiante (m/f)	*student*	madre	*mother*
aprobar	*to pass*	madrina	*godmother*

nieto/nieta	grandson/granddaughter	sofá (m)	sofa
novio/novia	boyfriend/girlfriend	tocador (m)	dressing table
nuera	daughter-in-law	vitrina	display case
padrastro	stepfather		
padre	father		

nieto/nieta	grandson/granddaughter
novio/novia	boyfriend/girlfriend
nuera	daughter-in-law
padrastro	stepfather
padre	father
padres	parents
padrino	godfather
pariente(s) (m)	relative(s)
primo/prima	cousin
sobrino/sobrina	nephew/niece
soltero/soltera	single
solterón/solterona	bachelor/spinster
	bachelor/old maid
suegro/suegra	father-in-law/mother-in-law
tío/tía	uncle/aunt
viudo/viuda	widower/widow
yerno	son-in-law

Los materiales

algodón (m)	cotton
cuero	leather
hule (m), caucho	rubber
lana	wool
lino	linen, flax
mezclilla	denim
pana	corduroy
piel (f)	fur
seda	silk
tela	material / fabric
terciopelo	velvet

Los metales y los minerales

acero	steel
aluminio	aluminum
bronce (m)	bronze
cinc (m)	zinc
cobre (m)	copper
hierro	iron
mármol (m)	marble
oro	gold
plata	silver
platino	platinum

Los muebles y las partes de los muebles

armario	wardrobe, cupboard
butaca, sillón (m)	armchair
cajón (m)	drawer, case, chest
cama	bed
cómoda	chest of drawers, bureau
cuadro	picture
escritorio	desk
espejo	mirror
estante (m)	shelf
gaveta	drawer
lámpara	lamp
librero	bookcase
mesa	table
mueble (m)	piece of furniture
silla	chair

sofá (m)	sofa
tocador (m)	dressing table
vitrina	display case

Las profesiones y los oficios

abogado/abogada	lawyer
acomodador/acomodadora	usher
actor/actriz	actor/actress
albañil	bricklayer
ama de casa	housewife
arquitecto/arquitecta	architect
artesano/artesana	artisan, craftsperson
autor/autora	author
bailarín/bailarina	dancer
banquero/banquera	banker
barbero	barber
bombero/bombera	firefighter
botones	bellhop
cajero/cajera	teller, cashier
camarero/camarera	waiter/waitress
cantante (m/f)	singer
carnicero/carnicera	butcher
carpintero/carpintera	carpenter
cartero/cartera	postman, mail carrier
cirujano/cirujana	surgeon
cocinero/cocinera	cook
comerciante (m/f)	merchant, shopkeeper
conductor/conductora	conductor, driver
contador/contadora	accountant
criado/criada, sirviente (m/f)	servant
cura, padre, sacerdote	priest
dentista (m/f)	dentist
dependiente (m/f)	clerk
desempleo	unemployment
despedir	to fire
diseñador/diseñadora	designer
empleado/empleada	employee
empleo	employment, job
empresario/empresaria	agent, businessperson
enfermero/enfermera	nurse
escritor/escritora	writer
escultor/escultora	sculptor
farmacéutico/famacéutica	pharmacist
florista (m/f)	florist
fontanero/fontanera, plomero/plomera	plumber
fotógrafo/fotógrafa	photographer
gerente (m/f)	manager
guía (m/f)	guide
huelga	strike
informática	computer technology
ingeniero/ingeniera	engineer
intérprete (m/f)	interpreter
jardinero/jardinera	gardener
joyero/joyera	jeweler
juez/jueza	judge
locutor/locutora	announcer
maestro/maestra	teacher
marinero/marinera	sailor
mayordomo/mayordoma	butler
mecánico/mecánica	mechanic

mecanógrafo/mecanógrafa	*typist*
médico/médica	*doctor*
modisto/modista	*dress designer, dressmaker*
músico/música	*musician*
oculista (m/f)	*occulist*
odontólogo/odontóloga	*dentist*
oficio	*occupation*
panadero/panadera	*baker*
paro	*lockout, unemployment*
pastor/pastora	*shepherd/shepherdess*
peluquero/peluquera	*hair stylist*
periodista (m/f)	*journalist*
pescador/pescadora	*fisherman/fisherwoman*
pianista (m/f)	*pianist*
piloto (m/f)	*pilot*
pintor/pintora	*painter*
poeta (m/f)	*poet*
profesor/profesora	*professor, teacher*
reportero/reportera	*reporter*
sastre/sastra	*tailor*
secretario/secretaria	*secretary*
soldado (m/f)	*soldier*
sueldo	*salary*
taxista (m/f)	*taxi driver*
tenedor/tenedora de libros	*bookkeeper*
trabajo	*work, job*
traductor/traductora	*translator*
vendedor/vendedora	*salesperson*
zapatero/zapatera	*shoemaker*

El restaurante

alimento	*food*
almuerzo	*lunch*
azucarero	*sugar bowl*
camarero/camarera, mozo/moza	*waiter/waitress*
cena	*supper, dinner*
cocinero/cocinera	*cook, chef*
comida	*meal, food*
copa	*wine glass*
cubiertos	*utensils, cutlery*
cuchara	*spoon, tablespoon*
cucharita	*teaspoon*
cuchillo	*knife*
cuenta	*bill, check*
desayuno	*breakfast*
entremeses (m)	*hors d'oeuvres, appetizers*
mantel (m)	*tablecloth*
merienda	*light meal, snack*
plato	*dish, plate*
postre (m)	*dessert*
servilleta	*napkin*
taza	*cup*
tenedor (m)	*fork*
vaso	*glass*

La ropa y los artículos personales

abrigo	*coat, overcoat*
anillo	*ring*
anteojos, lentes (m), espejuelos, gafas	*eyeglasses*

arete (m), pendiente (m)	*earring*
bastón (m)	*walking stick, cane*
billetera	*wallet, billfold*
blusa	*blouse*
bolsa, bolso	*purse, handbag*
bolsillo	*pocket*
bota	*boot*
botón (m)	*button*
calcetín (m)	*sock*
calzoncillos	*underpants, boxer shorts*
camisa	*shirt*
camiseta	*undershirt, t-shirt*
cartera	*purse, wallet*
cepillo	*brush*
cepillo de dientes	*toothbrush*
cepillo para el pelo	*hairbrush*
chaleco	*vest*
chaqueta	*jacket*
cinturón (m)	*belt*
collar (m)	*necklace*
corbata	*necktie*
cuello	*collar*
falda	*skirt*
gorra, gorro	*cap*
guante (m)	*glove*
maleta	*suitcase*
pantalón (m)	*pants*
pañuelo	*handkerchief*
paraguas (m)	*umbrella*
peine (m)	*comb*
pijama (m)	*pajamas*
pulsera	*bracelet*
ropa	*clothes*
sandalia	*sandal*
sombrero	*hat*
traje (m)	*suit*
vestido	*dress*
zapato	*shoe*

El tiempo

aguacero, chaparrón (m)	*heavy shower, downpour*
arcoíris (m)	*rainbow*
brillar	*to shine*
brisa	*breeze*
calor (m)	*heat*
cielo	*sky*
clima (m)	*climate*
despejado	*cloudless, clear*
estrella	*star*
frío	*cold*
gota	*drop*
granizo	*hail*
helar	*to freeze*
hielo	*freeze, ice*
huracán (m)	*hurricane*
llover	*to rain*
llovizna	*drizzle*
lloviznar	*to drizzle*
lluvia	*rain*
lluvioso	*rainy*

neblina	*mist*	camino	*road, path*
nevar	*to snow*	camión (m)	*truck*
niebla	*fog, mist*	coche (m), carro,	*car*
nieve (f)	*snow*	automóvil (m)	
nube (f)	*cloud*	equipaje (m)	*luggage*
nublado	*cloudy*	estación (f)	*station*
ola	*wave*	ferrocarril (m)	*railway, railroad*
rayo	*thunderbolt*	horario	*schedule*
relámpago	*lightning*	itinerario	*itinerary*
relampaguear	*to flash with lightning*	llegada	*arrival*
sol (m)	*sun*	maleta	*suitcase*
soleado	*sunny*	mapa (m)	*map*
tormenta	*storm*	metro	*subway*
tronar	*to thunder*	motocicleta	*motorcycle*
trueno	*thunder*	parada	*bus stop*
viento	*wind*	pasajero/pasajera	*passenger*
		pasaporte (m)	*passport*

Los medios de transporte y los viajes

		pensión (f)	*inn*
		puente (m)	*bridge*
aduana	*customs*	puerto	*port, harbor*
aeropuerto	*airport*	sala de espera	*waiting room*
asiento	*seat*	salida	*departure*
asistente de	*flight attendant*	senda	*path*
vuelo (m/f)		tranvía (m)	*street car, tram*
autobús (m)	*bus*	tren (m)	*train*
autopista, carretera	*highway*	viaje (m)	*trip, journey*
avión (m), aeroplano	*airplane*	volar	*to fly*
barco	*ship, boat*	vuelo	*flight*
bicicleta	*bicycle*		

Appendix E

Useful Idiomatic Expressions

The following is not an exhaustive list of idiomatic expressions, but instead, a useful starting place for learning these kinds of vocabulary items. You should add new expressions to your list as you come across them. You should focus on ten to fifteen expressions a week, try to memorize them, and then use them in class in your conversations and in your written work. They will not only help you express yourself with ease, but they will also be useful in many parts of the examination, especially in the Writing (Paragraph Completion With and Without Root Words) section.

Using *dar(se)*

dar a	*to face, to look out on*
dar con	*to run into*
dar a conocer	*to make known*
dar cuerda	*to wind (up)*
dar gritos	*to shout, to scream*
dar la hora	*to strike (the hour)*
dar las gracias	*to thank*
dar recuerdos a	*to give regards to*
dar un abrazo	*to hug*
dar un paseo	*to take a walk*
dar un paseo (una vuelta) en coche	*to go for a ride*
dar una vuelta	*to take a walk*
darse cuenta de (que)	*to realize (that)*
darse la mano	*to shake hands*
darse prisa	*to hurry*

Using *echar*

echar (una carta, una tarjeta, etc.)	*to mail (a letter, a card, etc.)*
echar la culpa	*to blame*
echar(se) a perder	*to spoil, to ruin, to lose its good taste*
echar de menos a alguien	*to miss someone*
echarse a reír	*to burst out laughing*

Using *estar*

estar a punto de	*to be about to*
estar al día	*to be up to date (current)*
estar bien enterado	*to be well-informed*
estar de acuerdo	*to agree unanimously*
estar de buen (mal) humor	*to be in a good (bad) mood*
estar de moda	*to be in style (fashionable)*
estar de pie	*to be standing*
estar de vuelta	*to be back*
estar enamorado de	*to be in love with*
estar harto de	*to be fed up with*
estar muerto de hambre	*to be starving*
estar muerto de cansancio	*to be dead tired*
estar muerto de sueño	*to be very sleepy*
estar para + *infinitive*	*to be about to, to be at the point of*

(no) estar para bromas	*(not) to be in the mood for jokes*
estar por	*to be in favor of*
estar seguro	*to be sure*

Using *hacer*

(no) hacer caso a	*(not) to pay attention, (not) to listen to, to ignore*
hacer el papel de	*to play the part (role) of*
hacer escala	*to stop over*
hacer hincapié	*to emphasize*
hacer la cama	*to make the bed*
hacer la maleta	*to pack one's suitcase*
hacer pedazos	*to smash, to tear into pieces*
hacer un viaje	*to take a trip*
hacer una pregunta	*to ask a question*
hacer una visita	*to pay a visit*
hacerle daño a alguien	*to hurt someone*
hacer(le) falta	*to lack, to be in need of, to be lacking*
hacer(le) saber	*to inform, to let someone know (something)*
hacerse cargo	*to take charge of*
hacerse daño	*to get hurt, to hurt (oneself)*
hacerse tarde	*to get late*

Using *hacer* to talk about weather

¿Qué tiempo hace?	*What is the weather like?*
Hace buen tiempo.	*The weather is good.*
Hace (mucho) calor.	*It is (very) hot/warm.*
Hace (mucho) fresco.	*It is (very) cool.*
Hace (mucho) frío.	*It is (very) cold.*
Hace mal tiempo.	*The weather is bad.*
Hace (mucho) sol.	*It is (very) sunny.*
Hace (mucho) viento.	*It is (very) windy.*

Using *ir*

ir al centro	*to go downtown*
ir de compras	*to go shopping*
ir de tiendas	*to go shopping*

Using *llegar*

llegar a ser	to become (goal achieved over time)
llegar a tiempo	to be (arrive) on time
llegar atrasado	to be (arrive) late
llegar con atraso	to be (arrive) late
llegar con retraso	to be (arrive) late
llegar tarde	to be (arrive) late
llegar temprano	to be (arrive) early

Using *ponerse*

ponerse de acuerdo	to agree, to come to an agreement
ponerse de pie	to stand
ponerse de rodillas	to kneel (down)

Using *tener*

tener… años	to be…years old
tener buena (mala) cara	to look good (bad)
tener (mucha) calma	to be (very) calm
tener (mucho) calor	to be/feel (very) hot
tener (muchos) celos (de)	to be (very) jealous (of)
tener (mucho) cuidado	to be (very) careful
tener deseos de	to feel like, to have an urge to
tener dolor de (garganta, cabeza, etc.)	to have a (sore throat, headache, etc.)
tener en cuenta	to take into account
tener (mucha) envidia (de)	to be (very) envious (of)
tener (mucho) éxito	to be (very) successful
tener (mucho) frío	to be/feel (very) cold
tener ganas de	to feel like, to have an urge to
tener (mucha) hambre	to be (very) hungry
tener la culpa (de)	to be blamed (for), to be one's fault
tener la palabra	to have the floor
tener (mucha) lástima de	to feel (very) sorry for
tener lugar	to take place
tener (mucho) miedo (de)	to be (very much) afraid (of)
tener mucho gusto en	to be pleased to
tener presente	to keep in mind, to take into account
tener (mucha) prisa	to be in a (big) hurry
tener que + *infinitive*	to have to
tener que ver con	to have to do with
(no) tener razón	to be right (wrong)
tener (mucha) sed	to be (very) thirsty
tener (mucho) sueño	to be (very) sleepy
tener (mucha) suerte	to be (very) lucky
tener (mucha) vergüenza (de)	to be (very much) ashamed (of)

Using other verbs

andar mal (de salud, de dinero, etc.)	to be (sick, broke, etc.)
aprender de memoria	to memorize, to learn by heart
caerle bien (mal) a alguien	to make a good (bad) impression on someone

caerse muerto	to drop dead
cambiar de idea	to change one's mind
contar con	to rely on
costarle trabajo	to be difficult for someone
creer que sí (no)	(not) to think so
cumplir… años	to turn…years old
deberse a	to be due to
decir (muchos) disparates	to talk (a lot of) nonsense
decir que sí (no)	to say yes (no)
dejar caer	to drop
dormir a pierna suelta	to sleep like a log (soundly)
ganarse la vida	to earn one's living
llamar a la puerta	to knock on the door
llevar a cabo	to carry out, to accomplish, to finish
llevarse bien (mal) con	(not) to get along with
mantener el interés	to hold one's interest
morirse de risa	to die laughing
no servir para nada	to be good for nothing
pagar al contado (en efectivo)	to pay cash
pasar lista	to call the roll
pasarlo bien (mal)	to have a good (bad) time
pedir prestado	to borrow
perder el tiempo	to waste one's time
ponerse de acuerdo	to agree
ponerse de pie	to stand (up)
portarse bien (mal)	to behave (misbehave)
prestar atención	to pay attention
quedar(le) bien (mal) a alguien	to look good (bad) (on somebody)
querer decir	to mean
saber a	to taste like
sacar una nota	to get a grade (on a paper or assignment)
sacar una foto(grafía)	to take a picture
sentarle bien	to agree with, to suit
ser aficionado a	to be a fan of, to be fond of
ser hora de	to be time to
tocarle a uno	to be one's turn
tomar el sol	to sunbathe
tomarle el pelo a alguien	to pull someone's leg, to fool someone
valer la pena	to be worthwhile, to be worth the trouble
volverse loco	to go crazy

Other idiomatic expressions

¡Basta!	Enough!
a (algunas) veces	sometimes, at times
a bordo	on board
a ciegas	blindly
a diario	daily
a fin de cuentas	in the end, after all (is said and done), in the final analysis
a fondo	thoroughly, in detail
a la + *nationality* (f)	in (nationality) style
a la carrera	quickly, on the run
a la fuerza	by force
a la larga	in the long run

a la vez	*at the same time*	de ningún modo	*by no means, on no account, absolutely not*
a lo largo	*throughout, along*	de ninguna manera	*by no means, on no account, absolutely not*
a lo lejos	*in the distance, far off, at a distance*	de noche	*by night*
a más tardar	*at the latest*	de nuevo	*again*
a menudo	*often, frequently*	de otra manera	*in another way*
a mi parecer	*in my opinion*	de otro modo	*otherwise*
a pie	*on foot, walking*	de par en par	*wide open*
a propósito	*by the way*	de postre	*for dessert*
a solas	*alone*	de prisa	*quickly*
a su vez	*in turn*	de pronto	*suddenly, all of a sudden*
a tiempo	*on time*	de repente	*suddenly, all of a sudden*
a tropezones	*by fits and starts*	de todos modos	*at any rate, anyway, anyhow*
a última hora	*at the last minute*	de última moda	*in the latest style*
a ver	*let's see*	de una vez	*at once, at one time*
ahora mismo	*right now, right away, at once*	de veras	*really, truly, honestly*
al aire libre	*outdoors*	de vez en cuando	*from time to time, once in a while*
al amanecer	*at dawn, at daybreak*		
al anochecer	*at dusk, at nightfall*	dentro de poco	*in a short while, in a little while*
al contado	*cash, for cash*	derecho	*straight ahead*
al contrario	*on the contrary*	desde luego	*of course*
al fin	*finally, at last*	día de fiesta (m)	*holiday*
al fin y al cabo	*in the end, after all (is said and done)*	en alguna parte	*somewhere*
		en balde	*in vain*
al menos	*at least*	en broma	*in fun, jokingly*
al mismo tiempo	*at the same time*	en casa	*at home*
al parecer	*apparently, seemingly*	en cuanto	*as soon as*
al pie de la letra	*literally*	en efecto	*as a matter of fact, indeed*
al por mayor	*wholesale*	en el acto	*immediately*
al por menor	*retail*	en el fondo	*at heart*
al principio	*at first, at the beginning*	en fin	*finally, in short, lastly*
al revés	*upside down, inside out, backwards*	en la actualidad	*presently*
		en primer lugar	*in the first place*
así es que	*so*	en punto	*on the dot, sharp (telling time)*
así, así	*so-so*	en realidad	*actually, in fact*
cada vez	*each time*	en resumidas cuentas	*in short*
cada vez más	*more and more*	en seguida	*immediately, at once*
cada vez menos	*less and less*	en serio	*seriously*
claro que sí (no)	*of course (not)*	en todas partes	*everywhere*
como siempre	*as usual*	en todo caso	*in any case*
con (sin) cuidado	*carefully (carelessly)*	en voz alta (baja)	*aloud (in a low voice)*
con (su) permiso	*excuse me, with your permission*	entre paréntesis	*in parentheses, by the way*
con frecuencia	*frequently*	hace poco	*a (short) while ago*
con mucho gusto	*gladly*	hasta la fecha	*up until now*
Creo que no.	*I don't think so.*	hoy día	*nowadays*
Creo que sí.	*I think so.*	hoy mismo	*this very day*
cuanto antes	*as soon as possible*	lo de menos	*the least important thing*
de antemano	*beforehand*	lo de siempre	*just as usual, the same old story*
de aquí en adelante	*from now on*	lo más pronto posible	*as soon as possible*
de buena (mala) gana	*willingly (unwillingly)*	lo mismo	*the same thing*
de costumbre	*usually*	lo que importa	*what matters*
de día	*by day*	mejor dicho	*in other words, rather*
de ese (este) modo / de esa (esta) manera	*in that way, so*	mejor que nunca	*better than ever*
		menos mal	*so much the better, it's a good thing that...*
de excursión	*on an excursion*		
de frente	*facing forward, from the front*	mientras tanto	*meanwhile, in the meantime*
de golpe	*all at once, suddenly*	ni siquiera	*not even*
de hecho	*in fact, as a matter of fact, actually*	no obstante	*nevertheless, however*
		otra vez	*again, once more*
de hoy en adelante	*from now on, henceforth*	para siempre	*forever*
de memoria	*by heart*	peor que nunca	*worse than ever*
de nada	*you're welcome*		

pocas veces	*rarely*	por lo visto	*apparently*
poco a poco	*little by little, gradually*	por más que	*no matter how much*
por ahora	*for now, for the present*	por otra parte	*on the other hand*
por allí	*that way, around there, through there*	por otro lado	*on the other hand*
		por poco	*almost, nearly*
por aquí	*this way, around here, through here*	por supuesto	*of course, naturally*
		por teléfono	*by phone*
por casualidad	*by chance, by any chance*	por todas partes	*everywhere*
por cierto	*by the way, incidentally*	por un lado	*on one hand*
por consiguiente	*therefore, consequently*	rara vez	*rarely*
por desgracia	*unfortunately*	sano y salvo	*safe and sound*
por ejemplo	*for example*	sin duda	*without a doubt*
por el (lo) contrario	*on the contrary*	sin embargo	*however, nevertheless*
por escrito	*in writing*	sin querer	*unintentionally, without meaning to*
por ese motivo	*for that reason*		
por eso	*therefore, that's why, because of that*	sobre todo	*above all, especially*
		tal como	*such as*
por favor	*please*	tal vez	*perhaps*
por fin	*finally, at last*	tanto mejor	*so much the better*
por la mañana	*in the morning*	tarde o temprano	*sooner or later*
por la noche	*in the evening*	todavía no	*not yet*
por la tarde	*in the afternoon*	todo el mundo	*everyone, everybody*
por lo común	*as a rule, usually*	un poco de	*a little (bit of)*
por lo general	*generally, usually*	una vez que	*as soon as*
por lo menos	*at least*	uno(a) por uno(a)	*one by one*
por lo mismo	*for that very reason*	vivo o muerto	*dead or alive*
por lo pronto	*for the time being, in the meantime*	ya	*already*
		ya lo creo	*I should say so, of course*
por lo tanto	*so, therefore, consequently*	ya no	*no longer*

Appendix F

Deceptive Words and Important Spanish Verbs with More than One Translation

Deceptive words: Spanish-English

actual	*current, of the present time (day)*
actualmente	*at present, at the present time*
anciano/anciana	*old man (woman)*
antiguo	*ancient, former, old*
apoyar	*to support*
arena	*sand*
asistir a	*to attend, to be present at, to take care of someone*
atender	*to take care of, to attend to, to pay attention to*
auditorio	*audience*
bien educado	*well mannered*
campo	*field, countryside*
carácter (m)	*character*
collar (m)	*necklace*
colorado	*red*
conferencia	*lecture*
confidencia	*secret, trust*
constipado	*common cold*
copa	*wine glass*
calidad (f)	*quality*
cualidad (f)	*quality, attribute, characteristic*
cuenta	*bill*
dato	*fact*
decepcionado	*disappointed*
diario	*newspaper*
disgusto	*unpleasantness, annoyance, displeasure*
editor/editora	*publisher, editor*
embarazada	*pregnant*
en realidad	*actually*
éxito	*success*
fábrica	*factory*
funcionar	*to work (device, apparatus, machine)*
grande	*large*
idioma (m)	*language*
ignorar	*not to know*
introducir	*to insert, to usher in*
largo	*long*
lectura	*reading*
letra	*letter (alphabet)*
librería	*bookstore*
mantel (m)	*tablecloth*
mayor	*older*

pan (m)	*bread*
pariente(s) (m)	*relative(s)*
personaje (m)	*character (in a play)*
presentar	*to introduce (a person)*
realizar	*to fulfill, to carry out, achieve*
realmente	*actually*
recordar	*to remember*
restar	*to subtract, to deduct*
sano	*healthy*
sensible	*sensitive*
sopa	*soup*
soportar	*to tolerate, to bear, to endure*
suceso	*event, happening*
tabla	*board, plank, table of contents*
tinta	*ink*
vaso	*glass*

Deceptive words: English-Spanish

actually	en realidad, realmente
assist (to)	ayudar
attend, take care of	atender
attend, be present at	asistir
audience (formal interview with somebody important)	audiencia
auditorium	auditorio, salón de actos
blind (window)	persiana
camp	campamento
carry out, fulfill	realizar
collar	cuello
confidence	confianza
cup	taza
date (calendar)	fecha
disgust	asco
editor	redactor/redactora
embarrassed	avergonzado
event, happening	suceso
exciting	emocionante
exit	salida
fabric	tela
factory	fábrica
hearing (trial)	audiencia
idiom	modismo
introduce a person (to)	presentar
large	grande
lecture	conferencia
letter (missive)	carta
library	biblioteca

mayor	alcalde/alcaldesa	know (be acquainted with a person, place, thing)	conocer
memory	recuerdo, memoria		
older	mayor	know (facts)	saber
parents	padres	know how to + infinitive	saber + *infinitive*
present (day)	actual		
publisher	editor/editora	leave (behind)	dejar
realize (become aware of)	darse cuenta de	leave (go away)	irse
record	grabar	leave (go out)	salir
relative(s)	pariente(s) (m)	move (change location of something)	mudar
sane	cuerdo(a)		
sensitive	sensible	move (change place of residence, work, etc.)	mudarse
soap	jabón (m)		
soup	sopa	move (put in motion)	mover
story	cuento	move (to put oneself in motion)	moverse
succeed (in)	lograr		
success	éxito		
vase	florero, jarrón (m)	spend (money)	gastar
well mannered	bien educado	spend (time)	pasar

Important Spanish verbs with more than one translation

		play (sport/game)	jugar
		play (a musical instrument/music)	tocar
ask (a question)	preguntar, hacer una pregunta		
ask for (inquire about)	preguntar por		
ask for (request)	pedir	return (come back)	volver
		return (give back what has been borrowed)	devolver
be	ser/estar		
become (change in physical or emotional state)	ponerse + *adjective*	take (carry from place to place)	llevar
become (change through conscious effort)	hacerse	take (catch, grasp, seize, take in)	tomar
become (goal achieved over time)	llegar a ser	think of/about (used to ask for an opinion)	pensar de
become (sudden, involuntary change)	volverse + *adjective*	think of/about (used to express what is on someone's mind)	pensar en

Appendix G

Some Words and Expressions Used to Connect Ideas

Conjunctions

A conjunction is a word that is used to link sentences, clauses, phrases, or words. Some conjunctions require the use of the subjunctive—in some cases always; in others only when there is doubt.

Some common conjunctions are:

*a condición de que	on condition that, provided that	una vez que	once
*a fin de que	so that, in order that	**y	and
*a menos que	unless	ya que	since, seeing that
*a no ser que	unless		

*always followed by the subjunctive
**when followed by a word that begins with *i* or *hi*, use *e* instead of *y* (*padre e hijo*)
***when followed by a word that begins with *o* or *ho*, use *u* instead of *o* (*septiembre u octubre*)

a pesar de que	in spite of
*antes (de) que	before
así que	as soon as
aun	even
aun cuando	even when
aunque	even if, even though, although
cada vez que	each time that
como	as, since
*como si	as if
*con tal (de) que	provided that
cuando	when
de manera que	so, so that, in such a way that
de modo que	so, so that, in such a way that
desde que	since
después de que	after
*en caso de que	in case that
en cuanto	as soon as
hasta que	until
luego que	as soon as, after
mientras	while
*mientras que	while, so long as, as long as
mientras tanto	meanwhile
ni… ni	neither…nor
ni siquiera	not even
***o	or
*para que	so that, in order that
pero	but
por más que	no matter how, however much
porque	because
puesto que	since, inasmuch as, seeing
que	that
si	if, whether
siempre que	whenever, provided that
sin embargo	nevertheless, however
*sin que	without
sino	but, but rather
sino que	but that, but rather that
tan pronto como	as soon as

Connecting words and expressions

The following words and expressions allow you to connect your thoughts and show the relationship between different parts of a sentence. The lists are by no means exhaustive, but they will help you to connect ideas, to summarize, to emphasize, and so on. Learning them will enrich your vocabulary and help you to speak and write more fluently.

1. **To begin to introduce an idea,** you may use the following:

a partir de	beginning with
al + *infinitive*	upon (action); for example, upon learning = al saber, upon leaving = al salir, etc.
al principio	at the beginning
como punto de partida	as a point of departure
en primer lugar	in the first place
para empezar	to begin

2. **To add another idea,** or if you are telling a story and want to add the next step or express sequence (ideas that were taking place before, after, or at the same time), you may use the following:

a la (misma) vez	at the same time
además	besides, furthermore
ahora mismo	right now
al mismo tiempo	at the same time
antes de + *infinitive*	before (action)
con respecto a	with respect to, regarding

de antemano	*beforehand, in advance*
de aquí (ahora, hoy) en adelante	*from now on*
dentro de poco	*shortly, in a short while*
hace poco	*a short while ago*
después de + *infinitive*	*after (action)*
durante	*during*
en cuanto	*as soon as*
en la actualidad	*presently*
entonces	*then*
hasta el momento / la fecha	*until now*
hoy día	*nowadays*
luego	*then, later*
mientras	*while*
mientras tanto	*meanwhile*
para continuar	*to continue*
primero	*first*
también	*also*
tampoco	*neither, not...either*
tan pronto como	*as soon as*
y	*and*

3. To express a contrasting point of view or to restrict another one previously expressed, you may use the following:

a pesar de (que)	*in spite of (the fact that)*
aunque	*although*
como	*as, in as much as*
de lo contrario	*otherwise*
de ninguna manera	*by no means*
en cambio	*on the other hand*
pero	*but*
por el / al contrario	*on the contrary*
sin embargo	*however, nevertheless*
sino	*but*
sino que	*but rather*

4. To present different aspects of a topic or to make transitions, you may use the following:

así que	*so, therefore*
con relación a	*in relation to*
con respecto a	*with respect to*
conviene indicar/ señalar	*it is suitable to indicate/ point out*
de ese modo	*in that way, so*
de modo/manera que	*so (that)*
en cuanto a	*regarding*
hablando de	*speaking of, in reference to*
no... sino (que)	*not...but rather*
por lo común	*as a rule, usually*
por lo general	*generally*
por otro lado	*on the other hand*
por un lado	*on the one hand*
también viene al caso	*it is also relevant*

5. To emphasize, you may use the following:

a mi parecer	*in my opinion*
además	*furthermore, in addition*
de hecho	*in fact, as a matter of fact*
en otras palabras	*in other words*
en realidad	*actually, in fact*
es decir	*that is to say, in other words*
hay que tomar en cuenta que	*one must realize (take into account) that*
lo importante es que	*what is important is that*
lo que importa es que	*what matters is that*
o sea	*that is to say, in other words*
sin duda	*without a doubt*
sobre todo	*above all*

6. To give examples, you may use the following:

para ilustrar	*to illustrate*
por ejemplo	*for example*

7. To draw a conclusion or show cause and effect, you may use the following:

a causa de	*on account of, because of*
a fin de cuentas	*in the end, after all*
al fin	*finally, at last, in the end*
al fin y al cabo	*in the end, after all (is said and done)*
al parecer	*apparently, seemingly*
así que	*so, therefore*
como	*because*
como consecuencia	*as a consequence*
como resultado	*as a result*
de todos modos	*at any rate, anyhow*
debido a	*owing to, because of*
en conclusión	*in conclusion*
en definitiva	*in conclusion, definitively, finally*
en fin	*finally, in short, lastly*
en resumen	*in summary*
en resumidas cuentas	*in short*
en todo caso	*in any case*
finalmente	*finally*
para concluir	*to conclude*
para resumir	*to summarize*
para terminar	*to end*
por	*because of*
por consiguiente	*therefore*
por ese motivo	*for that reason*
por fin	*finally, at last*
por lo mismo	*for the same reason*
por lo tanto	*therefore, consequently*
porque	*because*
puesto que	*since, inasmuch as, seeing that*
ya que	*since, seeing that*

Source Acknowledgments

FRONT MATTER
Page iv: The College Board. AP® Spanish Language and Culture Curriculum Framework 2013–2014 (chart). Used by permission.

PART A
INTERPRETIVE COMMUNICATION: PRINT TEXTS
Page 5, "TALLER INTERNACIONAL CON EL MAESTRO JUAN CRISTÓBAL BOTERO (COLOMBIA)," from lpimatch.com. Liga Profesional de Improvisación. Used by permission. Page 7, "Feria de la Piñata de Acolman," from mexicodesconocido.com. ® México Desconocido / Impresiones Aéreas, S.A. de C.V. 2013. Used by permission. Page 9, "Museo de la Música Puertorriqueña," by Mark Holston. June/July 2011. Reprinted from *Américas,* the official publication of the Organization of American States (OAS). Used by permission. Page 11, "Gastronomía peruana: "Patrimonio cultural de las Américas," by Gina Ochoa. June/July 2011. Reprinted from *Américas,* the official publication of the Organization of American States (OAS). Used by permission. Page 13 Excerpt from "El avión de la bella durmiente," *Doce cuentos peregrinos.* Copyright © Gabriel García Márquez, 1992. Agencia Literaria Carmen Balcells, S.A. Reprinted by permission. Page 15, excerpt from "Antes de la cita con los Linares," by Alfredo Bryce Echenique. Copyright © 1973. Alianza Editorial, S. A. Used by permission. Page 17, "Una comunidad protege el idioma indígena en México," United Nations. Page 18, "Pueblo – Mazahua," from "Censo de Población y Vivienda 2010: Tabulados de Cuestionario Básico," Instituto Nacional de Estadística y Geografía (INEGI). Used by permission. Page 20, excerpt from "A través de las ondas," by Soledad Puértolas. Copyright © Soledad Puértolas. RDC Agencia Literaria, S.L. Used by permission. Page 22, "Carta a D. Jaime Ignacio Muñoz Llinás" by Madrid Ciudadanía y Patrimonio / Vicente Patón Jiménez. Used by permission. Page 24, "Amor secreto," by Manuel Payno. From *El cuento hispanoamericano.* Fondo de Cultura Económica, S.A. de C.V. Used by permission. Page 26, "Ciberadictos," by Tony Dokoupil, from Finanzas (9/2/2012). Used by permission of *Newsweek.* Page 29, excerpt from "Y Matarazo no llamó," by Elena Garro. Copyright © 1989 Elena Garro. Agencia Literaria de Elena Garro y Helena Paz Garro. Used by permission. Page 31, "La narrativa dominicana empieza a ser conocida," by Juana Vera. October 2003. © Ecos de España y Latinoamérica, www.ecos-online.de. Page 33, "El mayor tesoro anterior al dominio inca," from ELMUNDO.es. Used by permission of ELMUNDO.es. Page 35, *"El Cementerio de los Libros Olvidados"*(excerpt) from LA SOMBRA DEL VIENTO, by Carlos Ruiz Zafón. © Carlos Ruiz Zafón. Used by permission of Antonia Kerrigan Agencia Literaria. Page 37, "Regalos solidarios en Navidad, una alternativa válida al consumismo que nos inunda," by Belén Palanco. From Practica Español. Used by permission of EFE News Services, Inc. Page 39, excerpt from "Chupa Chups," by Lola Tanibo. 2004. © Ecos de España y Latinoamérica, www.ecos-online.de. Page 41, excerpt from "El asco," by Silvina Ocampo. Copyright © 1982, 1996. Alianza Editorial, S.A. Used by permission. Page 42, "Los cuatro tipos de compradores «online» y cómo atraparlos," from abc.es. Used by permission of TICbeat. Page 43, "El 65% de los entrevistados han comprado por Internet," AMIPCI (La Asociación Mexicana de Internet). Used by permission. Page 45, "Arte con-ciencia: divulgación de la ciencias a través del arte," by Yaihara Fortis-Santiago. From CienciaPR.org. Used by permission. Page 47, "El mate, rito y objeto de culto en La Rural," by María Rosa Bouzón (7/26/2012), from www.clarin.com. Used by permission of Grupo Clarín. Page 48, "Importaciones de yerba mate en Chile," from INFOR, based on foreign trade statistics of the National Customs Service, 2008. Dirección Nacional de Aduanas. Used by permission. Page 50, excerpt from "Las palabras del mundo," by José María Merino. Copyright © 2000 by José María Merino. Antonia Kerrigan Agencia Literaria. Used by permission. Page 52, excerpt from "Un mendigo," by Manuel Rojas. From *El delincuente, el vaso de leche y otros cuentos.* Ed. Zig-Zag, 56ª ed., Santiago, 2011. Used by permission. Page 54, excerpt from "El viaje de Lucio" by María Esther Vázquez. Copyright © María Esther Vázquez. Used by permission of the author. Page 56, "Rechacemos los estereotipos para la tercera edad" by Roxana Kreimer (5/22/2012), from www.clarin.com. Used by permission of Grupo Clarín. Page 58, "Alemania comenzó a producir sus propias telenovelas," from cooperativa.cl (11/1/2004). Used by permission of EFE News Services, Inc. Page 60, excerpt from "Y Matarazo no llamó," by Elena Garro. Copyright © 1989 Elena Garro. Agencia Literaria de Elena Garro y Helena Paz Garro. Used by permission. Page 62, "Al encuentro de Venus y el Sol," from mexicodesconocido.com. ® México Desconocido / Impresiones Aéreas, S.A. de C.V. 2013. Used by permission. Page 64, excerpt from "Un hombre," by José María Gironella. Copyright © Ediciones Destino, S.A. Grupo Planeta. Used

by permission. Page 66, excerpt from "El hermano asno," by Eduardo Barrios. Copyright © 1946 Editorial Losada, S.A. Reprinted by permission. Page 68, "Siete de cada 10 jóvenes españoles de entre 20 y 29 años vive con sus padres" (7/10/2012), from ELMUNDO.es. Used by permission of ELMUNDO.es. Page 69, "Motivos aducidos para la ayuda proporcionada para gastos corrientes." Reproduced by permission of Colección de Estudios Sociales de la Fundación La Caixa. Page 71, "Santiago Calatrava: la construcción de una leyenda," by Ana Cristina Reymundo. Used by permission of Nexos Magazine/American Airlines Publishing. Page 73, excerpt from "La paciente y el médico" by Silvina Ocampo. Copyright © 1982, 1996. Alianza Editorial, S.A. Used by permission. Page 74, excerpt from "La casa de azúcar" by Silvina Ocampo. Copyright © 1982, 1996. Alianza Editorial, S.A. Used by permission. Page 76, "Los chicos se divierten cada vez más puertas adentro" (3/15/2010), from www.clarin.com. Used by permission of Grupo Clarín. Page 77, *Lugar de uso de ordenador e Internet de adolescentes de 10 a 15 años* (graph) by Cecilia Castaño Collado, fromCEE Participación Educativa, July 9, 2009. Page 79, "Elena Poniatowska: Entrelíneas de los olvidados," by Elizabeth Coonrod Martínez. December, 2005. Reprinted from *Américas,* the official publication of the Organization of American States (OAS). Used by permission. Page 81, "El traje flamenco," by Luisa Moreno. July 2002. © Ecos de España y Latinoamérica, www.ecos-online.de. Page 83, "Chullpas en Bolivia," by Chris Hardman. May/June 2010. Reprinted from *Américas,* the official publication of the Organization of American States (OAS). Used by permission. Page 85, excerpt from "El lobizón," by Silvina Bullrich. Copyright © Silvina Bullrich. Used by permission of Dr. Daniel Palenque Bullrich. Page 87, "Aprenda a hablar argentino," by Leslie M. Mira. Nov/Dec 2003. Reprinted from *Américas,* the official publication of the Organization of American States (OAS). Used by permission. Page 89, "Vuelta a las aulas" (2/3/2003). Used by permission of Ediciones El País. Page 90, "Alumnado Matriculado en 1 y 2 Ciclo, y Grados. Curso 2011–2012." Junta de Andalucía. Page 92, "Efecto Mozart," from elcultural.es (1/26/2006). From ELMUNDO.es. Used by permission of ELMUNDO.es. Page 94, excerpt from "Tormento," by Benito Pérez Galdós. Copyright © 1986. Alianza Editorial, S.A. Used by permission. Page 95, "Judíos en la España de hoy," by Juana Vera. March 2003. © Ecos de España y Latinoamérica, www.ecos-online.de. Page 97, "Perú exporta su cocina como arma social," by Rosa Rivas (10/4/2012). Used by permission of Ediciones El País. Page 98, "800 soles es el sueldo promedio…," APEGA (Sociedad Peruana de Gastronomía). Used by permission. Page 100, excerpt from "Talleres de fotografía social," by Luisa Moreno. November 1997. © Ecos de España y Latinoamérica, www.ecos-online.de. Page 102, "Libros viejos," by Arturo Pérez-Reverte. Copyright © Arturo Pérez-Reverte, from *XLSemanal,* 2 de enero de 2000. RDC Agencia Literaria, S.L. Used by permission. Page 104, "Nuevas identidades de mujeres mexicanas," by Elizabeth Coonrod Martínez. April, 2005. Reprinted from *Américas,* the official publication of the Organization of American States (OAS). Used by permission.

PART B-1
INTERPRETIVE COMMUNICATION: PRINT AND AUDIO TEXTS (COMBINED)

Page 109, "El peligro de ser atropelladas impulsa la evolución de un tipo de golondrinas," by Emilio de Benito Cañizares (3/18/2013). Used by permission of Ediciones El País; "Solitario George," by Jorge Pedraza. Used by permission. Page 111, "BID inaugura histórica exhibición arqueológica maya en Washington," from iadb.org. Used by permission of Inter-American Development Bank (IADB). Page 113, "Dejemos que los niños se aburran," by Hannah Richardson (4/2/2013). Copyright BBC © 2009, 2010, 2011, 2012, 2013. Reproduced by permission. Page 114, "Aprender sin libros," by Daniel Canelo Soria. Used by permission. Page 116, "La 'alarmante' actitud censora de los gobiernos en Internet" (6/19/2012). Copyright BBC © 2009, 2010, 2011, 2012, 2013. Reproduced by permission. Page 117, "¿Internet en Corea?" by Jorge Pedraza. Used by permission. Page 119, "Manaus: De los pilotes a la tierra firme," from iadb.org. Used by permission of Inter-American Development Bank (IADB). Page 120, "Manaus: la transformación de una ciudad," from iadb.org. Used by permission of Inter-American Development Bank (IADB). Page 122, "El microrrelato que se convirtió en 'best seller,'" by Pedro Zuazua Gil (3/20/2013). Used by permission of Ediciones El País; "El best seller, ¿nace o se hace?," by Tamara León. From www.trendingpodcast.com. Used by permission. Page 124, "La brusca y peligrosa caída de la población de mariposas monarca en México" (3/15/2013). Copyright BBC © 2009, 2010, 2011, 2012, 2013. Reproduced by permission. Page 125, "La sequía reduce el número de mariposas monarca" (12/27/2011). Copyright BBC © 2009, 2010, 2011, 2012, 2013. Reproduced by permission. Page 127, "Escribir correos electrónicos... en el aire" (3/8/2013). Copyright BBC © 2009, 2010, 2011, 2012, 2013. Reproduced by permission. Page 128, "Palabras al alcance de la mano," by Sonia Marchesi. Used by permission. Page 129, "Había una vez... o cómo la escritura ayuda a controlar emociones" (3/22/2013). Copyright BBC © 2009, 2010, 2011, 2012, 2013. Reproduced by permission. Page 130, "Música: Un remedio para el alma," by Sonia Marchesi/Voice: María Noel

Raschetti. Used by permission. Page 131, "Protegidos por su aleta," by Juana Viúdez (3/11/2013). Used by permission of Ediciones El País; "De la prehistoria al plato principal," by Sonia Marchesi/Voice: Leonardo Farhat. Used by permission. Page 133, "Más dinero en la red que en televisión" (9/30/2009). Copyright BBC © 2009, 2010, 2011, 2012, 2013. Reproduced by permission. Page 134, podcast "La publicidad," from *Diseño sensato*, RTVE. Aired 6/17/2012. Page 136, "Un bastón inteligente para los ancianos del futuro" (3/28/2013). Copyright BBC © 2009, 2010, 2011, 2012, 2013. Reproduced by permission. Page 137, "Mayores cuidados," by Sonia Marchesi. Used by permission. Page 139, "¿Cómo neutralizar el impacto de la falta de registro civil en los niveles de escolaridad?" From iadb.org. Used by permission of Inter-American Development Bank (IADB). Page 142, "Mayas, aves del tiempo." From iadb.org. Used by permission of Inter-American Development Bank (IADB). Page 143, "Tarahumaras en el siglo XXI," by Tamara León. From www.trendingpodcast.com. Used by permission. Page 145, "Cómo mejorar el aprendizaje de las matemáticas en las escuelas públicas." From iadb.org. Used by permission of Inter-American Development Bank (IADB). Page 146, "Todos los niños cuentan." From iadb.org. Used by permission of Inter-American Development Bank (IADB). Page 148, "Guna Yala: un paraíso con desafíos en la gestión de sus residuos sólidos." From iadb.org. Used by permission of Inter-American Development Bank (IADB). Page 149, "Discuten fórmulas para la mejor gestión de desechos tóxicos." 11/28/2012. United Nations. Page 151, "La película de vender ropa," by Carmen Mañana Díaz (3/23/2003). Used by permission of Ediciones El País. Page 152, "El cine y la moda y viceversa," by Tamara León. From www.trendingpodcast.com. Used by permission. Page 154, "Agua en la desértica capital del Perú." From iadb.org. Used by permission of Inter-American Development Bank (IADB). Page 155, "Las sequías: el peligro natural más destructivo del planeta." 3/11/2013. United Nations. Page 157, "El televisor es para el salón y la tableta para la cama," by Javier Martín (3/20/2013). Used by permission of Ediciones El País. Page 158, "La luz de los gadgets y el estrés," by Tamara León. From www.trendingpodcast.com. Used by permission. Page 160, "Informe dice que calentamiento global pasará factura a América Latina," from eltiempo.com (6/10/2012). Casa Editorial El Tiempo, S.A. Used by permission. Page 161, "Medidas de adaptación al cambio climático," by Tamara León. From www.trendingpodcast.com. Used by permission.

PART B-2
INTERPRETIVE COMMUNICATION: AUDIO TEXTS

Page 165, "El papel de la radio comunitaria." 3/6/2013. United Nations. Page 166, "Turismo mundial: un sólido pilar de la economía" 3/21/2013. United Nations. Page 167, podcast "75 años de la primera exhibición del 'Guernica' de Picasso," from *En días como hoy*, RTVE. Aired 7/13/2012. Page 168, podcast "Sonambulismo en Estados Unidos," from *El buscador de R5*, RTVE. Aired 5/27/2012. Page 169, "Las dos personalidades de Damián Jamerboi," Radioteca. Used by permission. Page 170, podcast "Storytelling," from *Diseño sensato*, RTVE. Aired 7/15/2012. Page 171, "Los graves daños de consumir grasas trans en la dieta." 4/3/2013. United Nations. Page 172, "Las pequeñas y medianas empresas, agentes de dinamismo económico." 1/30/2013. United Nations. Page 173, podcast "El fallecimiento del Cid Campeador," from *En días como hoy*, RTVE. Aired 7/10/2012. Page 174, podcast "¿Podemos ser todos creativos?" from *Diseño sensato*, RTVE. Aired 4/15/2012. Page 175, "¿Quién es Maira?" Radioteca. Used by permission. Page 176, "Los jóvenes son la mejor inversión de futuro" 3/27/2013. United Nations. Page 177, podcast "El género de la lengua no crea machistas," from *El buscador de R5*, RTVE. Aired 3/25/2012. Page 178, podcast "65 años del referéndum de Franco sobre la Ley de Sucesión," from *En días como hoy*, RTVE. Aired 7/6/2012. Page 179, "Conectar a los desplazados." From iadb.org. Used by permission of Inter-American Development Bank (IADB). Page 180, "Ideas para cambiar el mundo." From iadb.org. Used by permission of Inter-American Development Bank (IADB). Page 181, "Seguridad vial: salvar vidas y ahorrar dinero." 1/3/2013. United Nations. Page 182, "Desconectados." From iadb.org. Used by permission of Inter-American Development Bank (IADB). Page 183, podcast "Células madre de cadáver," from *El buscador de R5*, RTVE. Aired 6/23/2012. Page 184, "Día de los Muertos," Radioteca. Used by permission. Page 185, *"Aurora Carrillo, transformando a Colombia a través de la educación"* by María Carolina Piña from El invitado de RFI, Sept. 12 2009. Used by permission. Page 186, podcast "El robo de bebés fue la práctica más perversa de la dictadura argentina," from *En días como hoy*, RTVE. Aired 7/6/2012.

PART D
PRESENTATIONAL WRITING: PERSUASIVE ESSAY

Page 220, "El Ártico acoge nuevas especies debido al calentamiento, según bióloga rusa," from Planeta Caracol (11/23/2012). Used by permission of EFE News Services, Inc. Page 222, "Temperaturas globales desde 1850" (chart). Data from Panel Intergubernamental sobre el Cambio Climático; Gulf Stream: "La corriente del Golfo y la nueva glaciación." Used by permission of Grand Angle Productions. Page 223, "El hombre que atenta contra la siesta española", by Ángeles Lucas (07/13/2012). Copyright BBC © 2012. Reproduced by permission. Page 224, "Los horarios en Europa," from La Vanguardia. Pau Solanilla Franco. Used by permission; podcast "Siesta, un invento español," from *Miniaturas*, RTVE. Aired 11/2/2011, Used by permission of RTVE. Page 225, "Los libros de texto presentan ventajas frente a los *e-books* en el aprendizaje y retención de lectura" from APRENDE MAS – Junglebox S.L. March 30, 2003. Used by permission. Page 226, "Comparación con libro de papel." Reproduced by permission of Biblioteca Provincial de Huelva (España); podcast "Libro electrónico," from *Reportaje emisora Cáceres*, RTVE. Aired 3/5/2012. Page 227, "Juntan casi 600 mil firmas a favor de las corridas de toros," from milenio.com (3/22/2012). Used by permission of EFE News Services, Inc. Page 228, "Resultados Encuesta 'Feria Taurina Nobsa–2010,'" Nobsa, Boyacá, Colombia. Used by permission; "El toro," Radioteca. Used by permission. Page 229, "3.000 lenguas en peligro de muerte, según la UNESCO," by V. Rodríguez. From www.20minutos.es (11/3/2005). Used by permission of EFE News Services, Inc. Page 230, "Países con más idiomas amenazados," from Living Tongues Institute for Endangered Languages. Used by permission. Page 231, podcast "Lenguas en peligro de extinción," from *Noticias Culturales Iberoamericanas*, RTVE. Aired 9/8/2012. Page 232, "Lejos de aislar a los adolescentes, su uso los ayuda a integrarse entre pares". From El Día. (July 30, 2011) Used by permission. Page 233, "Los adolescentes argentinos y las redes sociales"(graph); *"Influye el uso excesivo de redes sociales en conducta"* (audio) March 20, 2013. Used by permission of El Heraldo de Chihuahua. Page 234, "La Eurocámara pide prohibir la clonación de animales para la producción de alimentos" from El País (9/3/2008). Used by permission of EFE News Services, Inc.. Page 235, Postura sobre la clonación de animales (chart). Data from Interconsult; "Clonar leche humana" from Alimento y salud, Aired – 8/28/2011. Used by permission of RTVE. Page 236, "Argentina, más cerca del voto de los jóvenes de 16 años," by Vladimir Hernández (10/18/2012). Copyright BBC © 2009, 2010, 2011, 2012, 2013. Reproduced by permission. Page 237, "Porcentaje de electores que se presentan a votar," from www.mx360.tv. Instituto Federal Electoral (IFE). Used by permission. Page 238, "La separación de niños y niñas en las aulas fomenta el sexismo y refuerza los estereotipos," by Teresa Guerrero, (9/24/2011). Used by permission of ELMUNDO.es Page 239, "RENDIMIENTO ACADÉMICO DE LOS ALUMNOS por modelo pedagógico del colegio de procedencia" (graph) Universidad Austral/Julieta Laudadio, María Pita y Ángela Corengia. Used by permission; "Wert no descarta cambiar la ley para que los colegios por sexos puedan ser concertados," *Noticias 24 horas*, RTVE. Aired 8/24/2012. Page 240, "Los abuelos y los niños: un encuentro enriquecedor," from guiainfantil.com. Used by permission of Polegar Medios S.L. Page 241, "El trabajo de las abuelas"(chart) from INMERSO.CIS; "Franco Voli: El arte de ser abuelos," from guiainfantil.com. Used by permission of Polegar Medios S.L. Page 242, "Cirugía estética y autoestima," from biomanantial.com. Used by permission. Page 243, "Principales cirugías plásticas en Ecuador" from Advance Consultora; "Los jóvenes en China confían en las cirugía estética para conseguir un buen trabajo," from *A la carta*, RTVE. Aired 7/5/2009. Page 244, "¿Internet provoca depresión?", from saludisima.com. Used by permission of saludisima.com, Page 245, "Porcentaje de usuarios globales de Internet y el notable crecimiento en los países emergentes" (chart). Data from Unidad de Inteligencia Económica (EIU), Datos Mundiales, Análisis de McKinsey & Co.; "La tecnología nuestra de cada día" from radioteca.net (3/1/2011). Used by permission. Page 246, "Estudio cuestiona vínculo entre televisión y mal comportamiento infantil," by Michelle Roberts (4/1/2013). Copyright BBC © 2009, 2010, 2011, 2012, 2013. Reproduced by permission. Pages 247–248, "Tiempo que se ve de televisión (horas) individual y en familia" y "Tipos de programas vistos en familia" (graph). Data from Televisión y familia; "Daño duradero de la TV en los niños" (5/4/2010). Copyright BBC © 2009, 2010, 2011, 2012, 2013. Reproduced by permission. Page 249, "Tomar 8 vasos de agua al día 'es un mito', según estudio" by BBC Salud, from BBC Mundo (6/6/12). Copyright BBC © 2012. Reproduced by permission. Page 250, "Consumo mundial de agua envasada," (chart) Data from International Bottled Water Association (IBWA); "Beneficios del agua," Radioteca. Used by permission. Page 251, "¿Está muriendo la poesía?" by Pablo Torche, from Revista Intemperie. Used by permission of the author. Page 252, "Y cuando lee literatura, ¿qué género prefiere leer?"(graph). From Observatorio Nacional de la Lectura (http://fmg-observatorio-nacional-lectura.blogspot.com.ar). Used by permission of Fundación Mempo Giardinelli (www.fundamgiardinelli.org.ar); "La trascendencia de la poesía, from Radio ONU. Used by permission of Radio UN.